교직실무론

장재천 저

도서출판 원미사

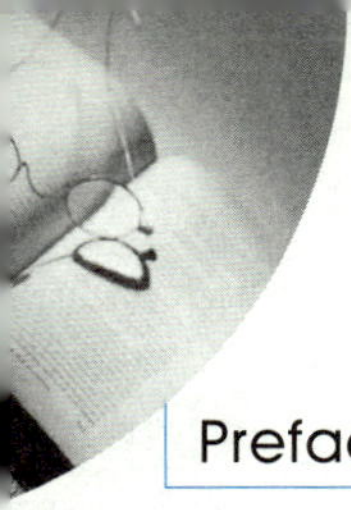

Preface

머리말

대학의 학부와 교육대학원에서 여러 해 동안 교직실무에 관한 강의를 해오면서 항상 생각해 오던 것이 있었는데, 그건 다름이 아니라 어차피 앞으로 계속 가르치게 될 바에야, '교직실무 교재를 직접 한 번 만들어야겠다.'는 것이었다. 물론, 시중에는 교육학계의 저명한 분들이 공을 들여 지은 교육실무 교재들이 많이 출판되어 있고, 교재마다 나름대로 주관을 가지고 학교현실을 반영한 훌륭한 저서들이라는 점을 높이 평가하며 그분들을 한없이 존경해마지 않는다.

하지만 강의자가 교재 하나 못 만든다는 것이 부끄럽기도 하고, 또 타인이 만든 교재를 가지고 수업을 하면서 여러 가지로 생각되는 바가 많았다. 그래서 다양한 교재들을 수집하고 특징과 장점들을 분석하며 이 책의 체제를 구상하였다. 많은 교재들이 어느 것은 분량이 많거나 또 어느 것은 현실적 감각이 부족하거나 하여, 강의자와 학생들 모두가 100% 만족할 수는 없었다. 그래서 이러한 점들을 해소할 필요가 있다고 생각해, 필자는 22년에 걸친 중등교사 경험을 반영하고 변화된 현실에 맞는 교직실무 교재를 만들게 되었다. 다만, 좋은 부분과 참고자료들을 인용하면서 일일이 출처를 표기하지 못한 점은 양해를 바랄 뿐이다.

대학의 학기가 16주 수업인데 중간고사와 기말고사를 제외하면 14주 동안 수업을 본격적으로 진행하게 될 때, 그러나 사실 또 첫 시간은 오리엔테이션을 하느라고 제대로 진도를 나가는 수업을 진행할 수 없으므로, 13장으로 구성되어 있으면 그나마 좀 편리할 듯싶었다. 그러나 현실은 또 축제다 특강이다 뭐다 해서 진도를 나가지 못하는 경우도 자꾸 생겨서 13장도 다 잘 다루지 못하는 일이 허다하다.

또 중간고사나 기말고사 때도 시험 후 남는 시간에 수업을 진행하는 학교도 더러 있어서 분량과 장수를 맞추기가 생각만큼 쉽지가 않았다. 그러나 좀 긴 단원도 있고 또 짧은 단원도 있어서 강의자가 대략 진도 조정을 해나가면 어느 정도 진도를 맞출 수가 있을 것이라고 생각해 보았다.

한편 교직실무(Educational Practices)는 교육 전문인을 위하여 교원의 임용에서부터 교육공무원의 복무, 교원의 휴직 및 복직, 상훈 및 징계, 교원 연수 자격 및 인사기록, 교원의 보수체제, 교육공무원의 평정, 학교 및 학급 운영, 학사 관리, 학교 환경 및 보건 관리, 사무 관리, 교육 기본 법규 및 관련 규정 등을 다루는 게 원칙이며, 교직실무의 내용은 사실 교사들이 기본적으로 갖추어야 할 지식이며 기능이기도 하다.

본서는 바람직한 교육실습에서부터 시작하여, 교직의 올바른 이해, 교원의 윤리와 단체, 교원의 인사와 복무, 바람직한 학급경영, 수업과 성취도평가, 생활지도와 학교폭력, 진로지도와 상담활동, 학사업무 관리의 이해, 학교장학과 수업장학, 교육과정의 편성과 운영, 교권과 학생의 인권, 교육법과 관련 법규만을 중심으로 다루었다.

끝으로 지식산업과 출판계의 불황에도 불구하고 교재출판을 허락하여 힘써 출간을 마쳐 주신 '원미사' 박준식 사장님과 편집실 관계자분들께도 심심한 감사의 말씀을 드리고 싶다.

2014년 1월 31일

저자 장재천 씀

Contents

목 차

제4장 교원의 인사와 복무

제5장 바림직한 학급경영

제6장 수업과 성취도평가

제7장 생활지도와 학교폭력

제1장
바람직한 교육실습

1. 교육실습의 의의와 목적
2. 교육실습의 신청과정과 학교선정 및 시기
3. 교육실습생의 준수사항
4. 참관실습
5. 학급경영의 실습
6. 수업의 실습
7. 연구수업
8. 교육실습의 평가

1. 교육실습의 의의와 목적

1) 교육실습의 의의

교육실습은 그동안 대학에서 교직과정을 이수하면서 습득한 각종 전문적인 지식을 실제 학교현장에 나가서 활용하고 적용하여 얼마나 이론과 실제의 차이가 있는지와 자신이 이를 극복할 수 있는지를 경험하며, 자신을 수정하고 새로운 자세를 가다듬기 위한 것이다.

즉 교사자격증을 취득하기 위한 통과의례적인 절차로서 그치는 것이 아니라, 예비교사로서의 소양을 좀 더 풍부하게 갖추고 교육현장실습을 통해서 바람직한 교직관을 더욱 공고히 하고자 하는 것이다.

따라서 대학에서 학습한 교육적 지식과 이론을 적용하며 한 달 동안 시험할 기회를 가진다. 그리고 교직에 대한 소질과 적성도 점검하고 장차 교사로서 성공할 수 있을지를 가늠해보는 직접적인 기회를 가지는 것이다. 물론 한 달 정도의 교육실습 기간으로는 현실적으로 충분하다고 볼 수는 없다. 위의 내용들을 다시 한 번 정리해보면 다음과 같다.

① 교직과정을 이수하는 동안에 학습한 교육이론들을 직접 테스트할 기회를 가진다.
② 교직에 대한 소질과 적성이 과연 풍부한지 스스로 점검할 수 있는 기회를 가진다.
③ 교직에 대한 자신의 능력이 어느 정도인지 주관적·객관적으로 평가할 기회를 가진다.

2) 교육실습의 목적

교육실습의 목적은 형식적으로는 교사자격증을 취득하기 위하여 법령이 규정한 것을 절차에 따라 이수하는 것을 뜻하지만, 실질적인 목적은 교직이수과정에서 학습한 기초적인 교양과 전문적인 교과이론을 실제 교육현장에서 활용해보는데 있다.

그러므로 교육실습을 통해서 교사로서의 자질과 적성 여부를 확인함과 동시에 교사로서의 전문성을 더욱 향상시켜야 한다. 이는 교사로서의 역할수행에 필요한 제반업무나 대인관계의 기술을 익히는 것이며, 그동안 익힌 지식과 기술을 통합적으로 재구성하여 교육활동 전반에 적절히 적용할 수 있는 기본적인 능력을 배양하고자 하는 것이다.

따라서 궁극적으로는 시대적 감각에 맞는 훌륭한 교사, 민주적인 교사, 이상적인 교사가 되기 위해 교직실무 소양을 직접 체득하는 것이다. 이상을 다시 정리해보면 다음과 같다.

① 대학에서 익힌 교육적 지식과 이론을 교육현장에서 직접 적용해본다.
② 학교교육 현장의 이슈들을 직접 체험해보고 그 개선방안을 생각해본다.
③ 교사로서의 역할수행에 필요한 제반업무나 대인관계의 테크닉을 체득한다.
④ 그동안 익힌 지식과 기술을 통합·재구성하고 새롭게 응용할 수 있는 능력을 키운다.

2. 교육실습의 신청과정과 학교선정 및 시기

1) 교육실습의 신청과정

- 3학년 2학기 9월 중에 교직과의 안내에 따라 교육실습학교 신청서를 제출한다.
- 3학년 2학기 9월부터 4학년 1학기 3월 중에 희망 교육실습학교와 교섭을 한다.
- 3학년 2학기 10월부터 4학년 1학기 3월 중에 교육실습학교에 의뢰공문을 발송한다.
- 4학년 1학기 3월 이전에 실제 교육실습학교 신청 조정을 완료한다.

- 이후 학생배정 공문을 교육실습학교로 발송하며 교육실습학교 지정을 완료한다.

2) 교육실습학교의 선정

- 교육실습학교의 선정은 반드시 취득하고자 하는 교사자격증에 해당하는 학교급에서 실시하여야 하며, 보건·사서·전문상담·영양교사의 경우 초·중등·특수학교에서 모두 실시가 가능하다.
- 보건교사는 보건실이 있는 학교에서, 사서교사는 도서관이 있는 학교에서, 전문상담교사는 상담실이 있는 학교에서, 영양교사는 학교급식시설이 있는 학교에서, 각각의 해당 담당교사 또는 지도교사에 의하여 학교현장실습을 이수해야 한다.
- 교육실습 협력학교의 선정은 원칙적으로 대학이 책임지고 해야 하나, 교육실습 학생이 희망하는 경우 학생이 개별적으로 선정하는 것도 가능하다.
- 교육실습 협력학교는 교육실습대상 인원 및 협력학교의 규모를 감안하여 선정함으로써 실습생이 실습기간 중 실제수업 또는 실무를 경험할 수 있도록 해야 한다.
- 교육실습 실시 가능학교는 〈유아교육법〉 제7조에 의해 설립된 유치원(〈영·유아보육법〉에 의한 보육시설에서는 교육실습 불가)이나, 〈초·중등교육법〉 제2조에 의한 초등학교, 중학교, 고등학교, 특수학교, 각종학교, 고등기술학교, 산업체 부설 중·고등학교, 외국인학교, 〈초·중등교육법〉 제2조에 의한 각종학교로 인가된 대안학교, 〈평생교육법〉에 의하여 설립된 학력인정 평생교육시설 또는 학교, 타 법령에서 〈초·중등교육법〉 제2조에 준하는 학교로 규정되어 설립된 학교, 외국의 정규 유치원 및 초·중등학교 즉 대학이 학점교류협정을 체결한 외국대학이 지정한 학교 또는 해당 국가대사관에서 정규학교임을 공증 받을 수 있는 학교 등이다.

3) 교육실습의 시기

- 교육실습 중 학교현장실습의 실시 학년 및 시기 등은 대학에서 자율적으로 결정하며, 교육실습 대상학교의 방학기간 중 실시는 양교의 협의에 따라 실시가 가능하다.
- 대체로 학부의 경우는 4학년 1학기 중인 4월이나 5월 중에 실시하는 것이 일반적이다.
- 학과와 교직과에서 실시하는 교육실습오리엔테이션에 꼭 참가하여 준수사항을 숙지한다.
- 수강하는 과목 담당교수에게 사전에 교육실습생임을 알려 결석처리가 안 되도록 한다.
- 교육실습 종료 후 학교현장실습평가서는 교육실습 학교에서 당해 대학으로 우편으로 송부한다.
- 교육실습 종료 후 교육실습일지를 교직과에 반드시 제출하여 교육실습 4학점(교육봉사활동 2학점 포함)을 획득하는 일에 미비 됨이 없어야 한다.

4) 교육봉사활동

- 교육봉사활동은 유·초·중·고에서 학생들을 대상으로 60시간 이상을 해야 하는데 2009학년도 이후의 대학 및 교육대학원 입학자부터 실시되었고 면제는 불가능하다.
- 교육봉사활동 대상학교는 교직과정 이수중인 학생들이 선정하는 것을 원칙으로 하나, 대학이 대상학교를 선정할 수 있으며, 취득하고자 하는 교사자격증과 교육봉사활동의 학교급이 일치하지 않아도 된다.
- 교육봉사활동은 학교현장실습의 실시가 가능한 학교 전체와 전공분야와 관련된 사회교육기관(시설)이면 된다.
- 교육봉사활동은 원칙적으로 실시 학년 및 시기 등의 제한이 없으나, 입학 시부터 졸업 시까지 지속적으로 실시할 수 있도록 하고, 마지막 학기에 교육봉사활동 수강신청을 하여 이수 여부만 성적표에 표기한다.

- 교육봉사활동은 이수학점(2학점)을 부여하고 교원자격무시험검정 시에는 이수 여부만을 확인하며, 성적은 부여하지 않아도 되며 구체적인 사항은 대학의 장이 정한다.

3. 교육실습생의 준수사항

1) 근무자세

- 교육실습생(약칭 교생)들은 반드시 출근시간과 퇴근시간을 엄수하여야 한다.
- 해당학교의 교사들보다 조금 더 일찍 출근하고 조금 더 늦게 퇴근하는 것이 좋다.
- 교생들은 출근하는 대로 교감 책상 위의 교육실습생 출근부에 바로 날인(싸인)을 한다.
- 부득이한 사유로 지각, 조퇴, 결근, 외출 등을 하게 될 때는 반드시 사전 승낙을 얻는다.
- 교육실습 중에는 해당 실습학교의 규칙과 지시에 따르며 적극적으로 협력한다.
- 담당 지도교사뿐만 아니라 실습학교 교직원 모두에게 항시 정중한 예의를 갖춘다.
- 학교에서는 금연하며 잡담을 삼가고 단정한 복장과 언행 및 품위를 유지한다.
- 학교 내의 모든 곳에서 이어폰을 삼가고 핸드폰은 필요시 진동모드로 해놓는다.
- 교육실습생 상호 간에도 경어를 사용하며 항상 밝은 표정으로 인사를 나눈다.
- 교육실습 기간 중에 여유 있는 시간이 생기더라도 잡기로 시간을 보내선 안 된다.

- 각종 회의나 수업참관 시 5분 전에 입실하며 각종 질서와 규칙을 반드시 준수한다.
- 교직원들과 학생들을 빨리 익히고 원만한 관계를 유지하되 절대 문제를 일으키지 않는다.
- 교육실습생들은 학생들을 체벌해서는 안 되며 부득이한 경우에는 담당교사에게 알린다.
- 어떤 의견을 꼭 피력하고자 할 때는 때와 장소를 고려하고 절차와 계통을 지켜야 한다.
- 교육실습 기간 중에 알게 된 각종 정보와 기밀사항들은 결코 외부에 누설해서는 안 된다.

2) 교육실습일지

- 교육실습사항을 매일매일 정확하고 자세하게 그리고 깨끗하게 기록하여 결재를 받는다.
- 교육실습일지에 기록해서는 안 되는 것들이 있을 수 있으므로 지도교사의 조언을 받는다.
- 교육실습일지는 자신의 학생관이나 교육관이 그대로 나타나도록 성실히 작성하여야 한다.

참고자료 1 교육실습일지

<table>
<tr><td rowspan="2">교생</td><td colspan="2">지도교사</td><td rowspan="2">연구부장</td><td rowspan="2">교감</td><td rowspan="2">교장</td></tr>
<tr><td>학급담임</td><td>교과담임</td></tr>
<tr><td></td><td></td><td></td><td></td><td></td><td></td></tr>
</table>

<table>
<tr><td colspan="4">년 월 일 요일 날씨</td></tr>
<tr><td colspan="2">중요행사 및
전달사항</td><td colspan="2"></td></tr>
<tr><td colspan="2">활동영역</td><td colspan="2">내용(관찰, 참가, 협의, 조사, 연구, 계획, 실습 등)</td></tr>
<tr><td colspan="2">학급경영 및
생활지도</td><td colspan="2"></td></tr>
<tr><td colspan="2">학습지도</td><td colspan="2"></td></tr>
<tr><td colspan="2">소감 및 반성</td><td colspan="2"></td></tr>
<tr><td>내일의
계획</td><td></td><td>지도교사의 조언</td><td></td></tr>
</table>

4. 참관실습

1) 학급관리의 참관

교육실습생으로서의 관찰은 계획적이고 의도적이며 능동적인 관찰이 되어야 한다. 그리고 필요한 경우 지도교사의 허락을 받아 녹음이나 녹화도 병행하여 겸손하게 배우는 자세를 견지하며 가치중립적인 결과에 대한 해석을 하여야 한다.

담임교사의 언행과 자세 및 교육공무원으로서의 봉사 자세와 조회 및 종례, 학생생활지도, 교실관리, 청소검사 등 학급경영 전반에 걸친 내용들을 참관하며 학급관리 경영능력을 익혀야 한다. 아울러 학급환경과 좌석배치 및 학생들의 교과학습과 수업준비, 교우관계까지도 상세히 파악하는 것이 좋다.

교육실습 첫째 주에는 학교에 대한 소개와 적응을 마치고 이르면 바로 참관실습에 들어가기도 한다. 둘째 주에는 보통 학급관리의 참관과 수업의 참관을 실시한다. 이상의 내용들을 다시 정리해보면 다음과 같다.

① 학생들의 동태를 정확히 파악하고 있는지 관찰한다.
② 교실환경과 비품들을 잘 관리하고 있는지 관찰한다.
③ 민주적 방법으로 학급을 운영하고 있는지 관찰한다.
④ 교사로서의 인격과 품위를 가지고 있는지 관찰한다.
⑤ 학생들의 인격과 인권을 존중하고 있는지 관찰한다.

2) 수업의 참관

수업참관의 태도는 최대한 정숙을 유지해야 하며 절대로 수업에 방해가 되는 일을 해서는 안 된다. 그리고 주의 깊게 관찰해서 반드시 배울 점과 고쳐야 할 점을 찾는다. 수업참관에 대한 기록은 교사와 학생의 모든 것을 서술식으로 기록하거나, 또는 약어나 부호를 사용해서 기록하며, 준비된 체크리스트를 활용하여 기록할 수도 있다.

기타 수업진행자의 태도나 발문(發問) 및 동기유발, 학생들의 수준이나 태도, 교실의 여건, 수업목표나 학습지도안, 판서나 과제제시 등등에 대해서도 주의 깊게 관찰하여야 한다. 이상의 내용들을 다시 정리해보면 다음과 같다.

① 학습 목표를 적절히 제시하고 있는지 관찰한다.
② 학습 자료의 배치가 잘 되어 있는지 관찰한다.
③ 교수-학습과정은 체계적으로 이루어지는지 관찰한다.
④ 학생들이 개념과 문제를 잘 이해하도록 도와주는지 관찰한다.

5. 학급경영의 실습

학급은 학교생활에서 학생들이 공부하고 생활하는 가장 중요한 곳이요 공간이므로, 각종 조건의 정비와 함께 개성의 신장 및 집단생활을 통한 사회성 연마에 힘을 기울여야 한다.

- 학급관리 참관을 통해서 배운 학급담임교사의 학급경영지침을 훼손하지 않는 범위 내에서 자신의 학급경영 방식을 적용한다.
- 개성적이거나 창조적인 것도 좋지만 학급분위기를 크게 흐트러트리지 않도록 주의한다.
- 학급의 환경과 시설을 경영할 때도 학급담임교사와 반드시 사전에 충분히 협의해서 실행한다.
- 학급사무를 처리하는 데 있어서도 학급담임교사와 반드시 사전에 충분히 상의해서 처리한다.
- 학급의 교과지도나 생활지도에 있어서도 각종 계획과 교수자료 및 교육기자재의 활용을 적극적으로 하되 반드시 학급담임교사와 충분히 협의하고 조언을 구하도록 힘쓴다.

6. 수업의 실습

1) 수업실습의 의의

수업실습은 교육실습생들이 교사 자격 과목의 단위시간 수업을 단독으로 행하게 하여 수업경험을 쌓게 하는 것인데, 자신이 교사로서의 자질과 적성이 적합한 것인가? 또 자신의 장점을 살리고 단점을 개선하기 위해서는 어떤 노력을 계속해야 할 것인가? 그리고 자신의 수업에 대한 학생들의 반응은 어떠한가? 등등의 문제에 대한 해답을 직접적인 수업실습을 통하여 스스로 찾도록 하는 것이다.

이 수업실습은 보통 셋째 주부터 본격적으로 실시하지만 학교사정에 따라 이르면 둘째 주부터 실시하기도 한다.

2) 수업실습의 목적

- 교육실습생들이 실제수업을 설계하고 전개하는 기본능력을 익히게 한다.
- 해당 교과과정의 구조를 이해하고 단원 학습내용의 전체적인 체계를 파악하게 한다.
- 수업진행과정에서 나타날 수 있는 여러 형태의 상호작용과 그 효과를 인식하게 한다.
- 학생들의 특성을 파악하여 실제수업에 반영할 수 있는 감각을 익히게 한다.
- 교사로서의 자질을 평가하게 하고 타인으로부터 평가 받는 기회를 갖게 한다.
- 수업준비와 수업진행 및 수업결과에 대한 객관적 평가를 바탕으로 보다 향상된 자질을 함양하게 한다.

3) 마음가짐

- 교과서를 가까이 하고 사전 연구를 철저히 하자.
- 학생들의 신체적, 심리적, 정서적 발달단계를 잘 이해하자.
- 수업기능을 극대화하는 다양한 교수이론에 정통하자.
- 최근의 구성주의에 대한 이해와 적용방법을 탐색하자.
- 인간의 본성과 인본주의적 상담 원리를 이해하자.
- 아직은 현직교사가 아니고 예비교사임을 명심하자.
- 수업과정에서 교사의 역할은 항시 가변적이라는 점을 명심하자.
- 최고보다 최선을 다하고 인내하며 즐겁게 가르치려고 노력하자.

4) 수업의 전략

- 교과서의 내용을 철저히 분석하고 종합한다.
- 발달단계를 고려한 다양한 교수기법을 개발한다.
- 단원내용을 분석하여 자기 주도적 학습능력에 맞추어 재구성한다.
- 수업진행의 절차와 중간 확인 및 발문을 철저히 준비한다.
- 교실 공간의 특성을 파악하고 학습 집단의 구성을 잘 배치한다.
- 수업목표와 평가목표를 설정하고 확실히 인지한다.
- 학생들의 반응을 적극적으로 권장하고 격려한다.
- 학습과정에서 학생들의 책임성도 있음을 강조한다.
- 구성원 상호 간의 인간적인 만남을 이루고자 노력한다.
- 교과과목에 대한 전문성 신장을 위해서 계속 노력한다.

5) 수업지도안의 작성

교수-학습지도안은 매수업마다 작성해야 하는 것이 원칙이지만 한 학기에 한 두 개 정도 모델을 작성하고 있는 것이 우리나라 대부분 학교들의 현실이다. 형식적인 측면이 많다는 지적도 있으나 교사들이 수업의 형식, 절차, 방법 등에 대해서 포괄적으로 고민한 산출물이어야 한다는 점은 부인할 수 없다. 그러므로 수업의 기본인 수업설계를 담은 교수-학습지도안 작성의 능력은 교사로서의 필수능력이다. 그 작성요령과 모델은 다음과 같다.

- **단원명** : 대단원과 소단원을 같이 적는다.
  ① 제목식 : 어떤 제목을 명사 그대로 적는다.
  예) 〈남북통일〉
  ② 방법식 : 능동적으로 무엇을 하자는 식으로 적는다.
  예) 〈남북이 통일되어야 하는 이유를 알아보자〉
  ③ 문제식 : 질문식으로 적는다.
  예) 〈남북통일은 과연 가능한가?〉
- **단원설정의 이유 : 단원의 핵심과 단원의 성격을 적는다.**
  ① 사회관 : 국가나 사회의 요구에서
  ② 교재관 : 교재의 계열적인 요구에서
  ③ 학생관 : 학습자의 목적 필요에 따라서
  이 세 가지는 각 항목별로 쓰거나 종합하여 간단히 기재해도 무방하다.
- **지도목표** : 단원 전체 지도목표는 이해, 기능, 태도로 나누어 자세히 그 목표를 서술한다.
- **지도계획** : 차시, 내용, 시간배당, 자료, 준비, 관련, 기타 순으로 적는다.
- **대상** : 수업을 실시하는 학급을 기록한다.
- **차시** : 예컨대 3차시 중 2차시라면 2/3이라고 적는다.
- **지도일시** : (　　)월 (　　)일 (　　)요일 (　　)교시로 표시한다.
- **지도장소** : 예컨대 3학년 3반 교실 또는 특별실, 운동장 등으로 기재한다.
- **본시학습목표** : 주제에서 배분된 학습내용의 목표를 이해, 기능, 태도로 기록한다.
- **시발행동** : 학생들의 신체적, 지적, 정의적 준비도와 학습태도, 학습양식 등을 적는다.
- **학습자료** : 교사와 학생의 자료를 구분해서 적고, 학습자료에는 교과서명, 괘도, 슬라이드, 참고도서명, PPT, 현장에서 사용하는 모든 자료가 포함된다.
- **학습지도의 전개과정** : 도입, 전개, 정리, 평가, 차시예고로 나눈다.

- **종합평가** : 본시에 학습한 내용과 경험에 의한 종합적인 평가계획을 적는다. 즉 단원의 전체, 또는 본시에 대하여 학습지도자의 자기평가, 지도교사의 평가 등을 기록하되 사전, 진행도중, 사후 등 시기별로 자세히 평가한다.

참고자료 2 수업지도안 양식

(　　　　)과 수업지도안　　지도교사 : (　　　　)

학교 :	일시 :	장소 :	대상 :

단원					
수업 목표					
단계	수업내용	교수·학습 활동		시간 (분)	자료 및 지도상의 유의점
		교사	학생		
도입					
전개					
정리					

참고자료 3 수업능력개발을 위한 평가표

영역번호	평가 지표	평가 지표 문항	매우우수	우수	보통	미흡	매우미흡
1	교육과정의 이해 및 교수학습방법 개선노력	교과특성에 맞는 수업을 설계하였는가?					
		교수학습방법 개선을 위해 구체적으로 노력했는가?					
2	학습자 특성 및 교과내용 분석	학년 및 교과특성을 반영한 수업계획을 수립하였는가?					
		수업과 관련된 교재 및 교과내용 연구에 충실했는가?					
3	교수학습 전략수립	수업목표와 교과내용이 일치하고 구체적인가?					
		학습주제에 적합한 수업방법과 계획이 수립되었는가?					
4	수업의 도입	학습자의 학습동기를 유발하는가?					
		학습목표를 명확하게 전달하는가?					
5	예비교사의 발문	수업내용을 분명한 발음과 어조로 전달하는가?					
		교사의 발문이 학생들의 다양한 사고를 유발하는가?					
6	예비교사의 태도	학생의 질문에 허용적인 태도를 보이는가?					
		교사의 태도가 안정되고 자신감이 있는가?					
7	교사와 학생의 상호작용	학생의 수업참여를 적극적으로 유도하였는가?					
		칭찬과 격려가 적시에 이루어지는가?					
8	학습자료의 활용	수업내용과 목표에 적합한 학습자료를 준비했는가?					
		학습자료가 학습효과를 극대화하는데 도움이 되었는가?					
9	수업의 진행	학생들의 이해수준을 정기적으로 확인하는가?					
		학습의 흥미를 지속시키면서 수업내용을 제시하는가?					
10	학습정리	전체적인 학습내용에 대해 요약 및 정리하였는가?					
		다음 차시에 대한 안내가 적절하게 제시되었는가?					

* 매우우수 : 5점 / 우수 : 4점 / 보통 : 3점 / 미흡 : 2점 / 매우미흡 : 1점 총점 :

6) 수업의 도입·전개·정리

수업의 4대원리, 즉 개별화의 원리, 자발성의 원리, 직접 경험의 원리, 사회화의 원리 등에 맞추어 도입, 전개, 정리단계로 준비하고 진행한다.

- **도입단계** : 동기유발과 선수학습 확인 및 학습목표의 제시
- **전개단계** : 좋은 발문, 학습의 형태, 판서요령, 학습자료의 활용
- **정리단계** : 학습결과의 확인, 형성평가, 과제제시, 차시예고

* 동기유발의 방법

① 학습목표를 학습문제나 과제의 형태로 분명하게 제시한다.
② 학생들의 학습욕구 즉 수용, 인정, 성취 등의 욕구를 자극한다.
③ 학생들을 장려하며 칭찬하거나 반응에 대한 적절한 보상을 해준다.
④ 학생들의 심리상태를 활용하며 개별적인 동기유발 방법을 구사한다.
⑤ 오답이더라도 억제하지 말고 발생할 수 있는 모든 불안요인을 제거한다.
⑥ 학생들 간의 가벼운 경쟁심을 유발하고 성취감을 맛보게 한다.
⑦ 역할놀이, 문제해결방법, 각종 매체나 시청각 기자재도 활용한다.

* 좋은 발문의 조건들

① 가급적 간결하고 명확한 발문
② 모호하지 않은 구체적인 발문
③ 학생들의 개인차를 고려한 발문
④ 별로 복잡하지 않고 단순한 발문
⑤ 학생의 사고를 자극하는 개방적인 발문
⑥ 학생들이 생각할 수 있는 틈을 주는 발문
⑦ 하나의 응답이 아닌 여러 가지 응답이 나오는 발문

* 학습의 형태들

① 학습지도의 측면에서 : 자율학습, 타율학습, 지도학습 등

② 학습조직의 측면에서 : 개별학습, 일제학습, 분단학습, 공동학습, 팀티칭학습 등

③ 학습목적의 측면에서 : 문제학습, 구안학습, 문답학습, 토의학습 등

④ 학습활동의 측면에서 : 독서학습, 청취학습, 감상학습, 보고학습, 실험학습, 설명학습, 조사학습, 극화학습 등.

* 판서의 요령

① 교사의 위치와 판서과정을 고려한다.

② 학생들의 발달단계에 알맞은 판서를 한다.

③ 판서의 내용은 명확성, 정확성, 간결성이 필요하다.

④ 교사가 판서하는 동시에 학생들도 들으면서 쓰도록 한다.

⑤ 학생수준, 학습내용의 양, 교실조명 등을 고려해서 판서의 크기를 정한다.

* 교수매체의 활용문제

① 변화하는 교육환경에 적극적으로 적응하려는 노력을 다해야 한다.

② 최신 교수매체에 대한 기초적인 기능습득을 위해 노력을 다해야 한다.

③ 학생들도 최신 교수매체에 대한 관심과 흥미를 통해 친밀감을 갖게 해야 한다.

④ 학생들의 생활경험 및 능력수준에 맞는 적절한 교육용소프트웨어의 개발에 적극 참여해야 한다.

7. 연구수업

연구수업은 보통 교육실습 마지막 주에 실시하는데 교육실습 기간의 둘째 주가 되면 대표교생을 통해 교육실습생들의 회의를 거쳐 연구수업을 하게 될 교육실습생을 미리 선발하여 교과담임 교사와 협의하여 연구수업지도 및 여러 가지 준비를 진행한다.

1) 연구수업의 목적

① 연구수업은 실험적인 수업방식이다.
② 연구수업은 문제해결중심의 수업이다.
③ 연구수업은 창의성을 발휘하는 수업이다.
④ 연구수업은 교육방법의 구체적인 지도를 받기 위한 수업이다.
⑤ 연구수업은 수업참관만으로는 얻기 어려운 반성의 기회와 자신감을 획득하기 위한 수업이다.

2) 연구수업의 계획

① 수업 전에 연구문제의 결정, 문제선정의 검토, 사전실태조사 등을 계획한다.
② 수업지도안 작성에 있어서 교재내용에 대한 용의주도한 계획을 세워야 한다.
③ 수업지도의 목표와 예상되는 학습활동 및 질문처리 등을 충분히 고려해야 한다.
④ 학습자의 흥미감소, 긴장, 산만한 분위기의 발생에 대한 예방과 대처방안을 마련한다.
⑤ 교사의 조언과 판서사항 준비 및 교사의 행동과 동작에 대한 검토계획을 세워야 한다.
⑥ 교실환경의 준비와 각종 유인물 준비 즉 연구수업안내서, 연구수업프로그램, 연구수업평가회 요령 등을 준비해야 한다.

3) 연구수업의 참관

① 수업이 시작되기 5분 전에 입실하여 교실 뒤에서 대기한다.

② 수업이 시작되면 개인적인 대화와 교실 밖으로의 출입을 삼간다.

③ 학습자의 노트나 교과서 및 가방 등을 들추어보는 일을 삼간다.

④ 학습자에게 말을 걸거나 가르쳐주거나 조언해주는 행위도 일체 삼간다.

⑤ 연구수업 교생의 실수나 수업방법의 부적절성에 대하여 내색하지 않는다.

⑥ 참관 중에는 연구수업 교생의 입장에 서서 시종 연구수업의 참관에 임한다.

⑦ 수업지도안을 눈으로 읽어가며 수업지도안의 계획대로 잘 진행되고 있는지 체크한다.

⑧ 학습환경의 관찰과 아울러 학습자들의 태도와 수업집중 여부를 잘 살펴보며 파악한다.

4) 연구수업의 평가

① 연구수업이 종료된 후 연구수업 교과지도 교사와 참관자가 모두 합석한다.

② 연구수업 교육실습생의 반성 및 소감을 듣고 상호 질의응답 시간을 가진다.

③ 연구수업의 성과와 장·단점, 보완, 고쳐야 할 점, 태도, 기술 등에 대하여 토의한다.

④ 교과지도교사의 총평과 학교장의 총평을 끝으로 감사인사를 나누고 마무리한다.

8. 교육실습의 평가

1) 교육실습의 평가내용

- **근무태도 평가** : 예로서 결근은 1일 3점씩, 지각 및 결강은 매회 1점씩 감점한다(상고, 결혼, 입원, 출장, 천재지변, 총장의 승인, 실습학교장의 사전승인을 받은 경우는 학칙과 규정에 의함).
- **자질 평가** : 언어, 복장, 자세, 역할, 사명감, 학생이해 및 지도, 청소활동, 행사참여 등.
- **수업능력 평가** : 수업계획 및 수업진행, 수업자료제작 및 활용, 개별 및 소집단지도, 정리 및 예습과제 등.
- **연구 및 조사활동 평가** : 교재연구, 수업참관, 연수기록, 실습일지기록, 학생관찰기록 등.
- **학급경영 및 사무처리능력 평가** : 학급경영에 대한 모든 업무와 컴퓨터 사용 능력 등.

2) 교육실습의 평가영역별 점수

- 근무태도 10점, 자질 15점, 학습지도 능력 50점, 연구조사 활동 15점, 학급경영 및 사무처리 능력 10점 등 합계 100점.

참고자료 4 교육실습 영역별 평가점수표

학교 및 학과명	실습생	근무태도	일반자질	학습지도	연구조사	학급경영	총점
		10%	15%	50%	15%	10%	100

- NEIS에 대하여

교육부는 교육행정 전반의 효율성을 높이고, 교원의 업무환경 개선을 위하여 전국단위의 〈교육행정정보시스템〉을 구축하였다. 영어 약칭인 이 NEIS는 전국 1만여 개의 초·중등학교, 16개 시·도교육청 및 산하기관, 교육부를 인터넷으로 연결하여, 교육관련 정보를 공동으로 이용할 전산환경을 구축하는 전국단위의 교육행정정보시스템을 말한다. 쉽게 말하면 학생생활기록부를 전산화 한 것으로 초등학교부터 최종학교를 졸업할 때까지 성적, 신체발달사항, 질병여부, 장애여부, 징계와 포상, 가정환경, 행동발달사항 등 모든 정보가 기록된다. 학교에서 기록한 모든 사항들을 특별한 경우를 제외하고는 학생들의 신상명세를 언제든지 온라인상으로 볼 수 있다.

제2장
교직의 올바른 이해

1. 교사의 개념
2. 교사의 직무
3. 교사의 기능
4. 교사의 역할
5. 교사의 자질
6. 교사의 전문성
7. 교사의 권리
8. 교사의 의무
9. 교사의 일상
10. 이상적 교사

1. 교사의 개념

교직은 '교원이 몸담아 일하는 교사직'으로 '교육현장에서 학생들을 가르치는 임무를 수행하는 직종'을 말한다. 교사는 학생 및 교육내용과 더불어 교육을 구성하는 3대 요소의 하나이며, 교육의 방향과 성과를 결정하는데 가장 핵심적인 요소로 교사 없는 교육은 존재할 수 없다.

교사는 다른 직종과 달리 남다른 사명감을 가져야 하며, 언제나 모범적인 삶을 살아야 하고, 직업적인 전문성을 가져야 한다. 뿐만 아니라 학생들을 대상으로 하기 때문에 반드시 인간에 대한 믿음과 애정이 있어야 한다. 즉, 교사의 인격과 학생의 인격이 만나 교육이 이루어지므로 교사는 훌륭한 교양인이어야 하고, 인격자이어야 하며, 동시에 전문인이어야 하고, 사랑을 베풀 수 있는 사람이라야 한다.

법률적인 용어로서의 교원은 '각 학교에서 학생을 직접 지도 교육하는 자'이다. 다시 말해서 '교원이란 각 학교에서 근무하는 자를 말하며 그 종별에 따른 자격을 가진 자로서 법령이 정하는 일정한 합법 절차에 의하여 임명되거나 승인된 자'를 말하는 것이다. 교사의 개념적 특성을 정리하면 다음과 같다.

① 교사라 함은 〈교육기본법〉에 의하면 교원자격의 한 종류로 되어 있다.
② 교사는 교장·교감 등 학교 관리직에 대한 대비 개념이다.
③ 대학의 교수 직급에 대한 초·중·고등학교 교원의 개념이다.
④ 교사는 국·공·사립을 불문하고 통용되는 법률 용어이다.
⑤ 교사는 자격증에 따라 정교사 1급·2급, 준교사, 특수학교교사, 상담교사, 실기교사, 보건교사, 영양교사, 사서교사 등으로 나눈다.
⑥ 교사는 국·공·사립을 막론하고 〈교원자격검정령〉에 의하여 교육부장관이 수여하는 자격증을 가진 자이다.
⑦ 교직원이라 함은 교원과 사무직원을 혼합하여 사용하는 것으로, 사무직은 학교의 관리운영에 관한 사무를 담당한다. 사무직에는 일반행정과 잡무 및 노역을 담당하는 기능직과 고용원 등이 있다.

참고자료 5 교원과 교육공무원의 구분

구 분	범 위
교원	국·공·사립유치원의 원장, 원감 및 교사 국·공·사립 초·중·고등학교의 교장, 교감 및 교사 국·공·사립대학교 및 대학의 교원
교육공무원	국·공립 유치원의 원장, 원감 및 교사 국·공립 초·중·고등학교의 교장, 교감 및 교사 국·공립대학교 및 대학의 교원 교육부, 각급 교육청 등 교육행정기관 및 교육연구기관과 교육연수기관의 교육전문직

2. 교사의 직무

교사의 직무보다 큰 개념이라고 할 수 있는 교사의 책무는 크게 보면 학사운영, 행정규정 준수, 사무관리와 같은 행정적인 책무가 있고, 연구·연수 활동, 수업, 평가, 생활지도와 같은 전문적 책무가 있으며, 자질, 품성, 근태, 품위유지와 같은 도덕적 책무가 있고, 교육과정 편성의 운영, 교재의 선택 등과 같은 서비스적인 책무가 있다.

그리고 교사의 구체적인 직무를 살펴보면 교수·학습의 지도, 생활지도, 학급경영, 교무업무, 연수 등으로 나누어 볼 수 있다.

① **교수·학습 지도**는 수업지도안의 작성, 교재의 연구, 수업에 필요한 자료의 제작, 수업자료의 검색과 제작 및 편집, 수업의 실행, 수업의 관리 및 통제, 자율학습의 지도, 방과 후 학습지도의 관리, 결·보강 처리, 학습방법의 개선 및 전수, 진학 및 진로의 지도, 성적통지표의 작성 및 발송, 과제물의 제시와 평가 및 피드백, 학습우수아 지도, 학습부진아 지도, 평가문항의 작성 및 출제, 채점, 평가의 관리 및 감독, 평가 후 관리 및 피드백 등으로 세분화 될 수 있다.

② **생활지도**는 등·하교의 지도, 학생규율과 통제활동, 교내·외 생활 지도, 부적응아 상담 및 지도, 청소상태의 점검, 문제행동의 예방과 지도, 각종 사고·사건의 처리, 학생상담, 용의복장의 지도, 교우관계의 지도, 교외생활 지도, 결손가정 자녀의 보호, 빈곤계층아동 지도 및 보호, 실직자 및 불우아동의 보호 및 지도, 다문화가정 아동의 보호 및 지도, 특수아 관리, 급식 지도, 기본생활습관 지도, 가정통신문 발송, 예절생활 지도 등이다.

③ **학급경영**은 학급경영 계획의 수립, 급훈과 학급규칙의 제정, 교실청소의 방법지도 및 관리, 학급간부의 선출과 관리 및 역할부여, 교실환경의 구성 및 정비, 게시판 점검 및 관리, 학급시설기자재의 점검 및 관리, 체험학습과 교외활동의 계획 및 실행, 체육대회의 준비 및 실시, 백일장 준비 및 실시, 합창대회 준비 및 실시, 미술실기대회 준비 및 실시, 수련활동의 준비 및 실시, 진로체험의 날 준비 및 지도, 과학의 날 준비 및 지도, 자율학습의 지도, 행사 시 학생인솔 및 질서의 유지, 조회 및 종례, 학년회의 참가, 생활기록부의 기재 및 관리, 학부모 상담, 자치활동의 준비 및 지도, 적응활동의 준비 및 지도, 계발활동의 준비 및 지도, 봉사활동의 준비 및 지도, 행사활동의 준비 및 지도 등이다.

④ **교무업무**는 자신의 업무파악 및 계획, 교무분장에 따른 업무의 수행, 학교교육활동계획서의 작성, 공문서의 보고 및 처리, 각종 기록과 자료의 처리 및 보관, 업무개선을 위한 연구, 동료교사와의 업무조정 및 협조, 업무관련 각종회의 참석, 업무관련 각종 출장, 상부 및 대외기관과의 업무협조, 복무관련 업무처리, 친목회 행사참여, 동호회 활동참여, 교내 비공식 회합 참여 등이다.

⑤ **연수**는 교내연수의 준비 및 참가, 동료교사의 수업참관, 공개수업의 준비 및 실시 혹은 참관, 교육관련 기관의 연수 참여 및 평가, 민간기

관 연수회 참석, 교과연구회 및 자율연수 참석, 타 학교 공개수업 참석, 대학원 혹은 교육대학원 진학, 교과연구모임 참가, 특기적성연수 참가, 원격연수 참가, 교직단체연수 참가, 대학주최 교사연수 참가, 외부인사 초청특강 참가 등이다.

3. 교사의 기능

1) 산파로서의 기능

산파술(產婆術)이란 일종의 문답법인데 상대방에게 질문을 던져 스스로 무지(無知)를 자각하게 함으로써 사물에 대한 올바른 개념에 도달하게 하는 방법으로 고대 희랍의 소크라테스가 유명하다. 정확하게 말하면 산파술은 상대방에게 질문을 거듭함으로써 당사자가 의식하지 못했던 새로운 사상을 낳게 하는 문답법이다. 소크라테스는 사람들이 스스로가 새로운 지혜를 낳을 수 있는 능력은 없으나, 그것을 낳을 수 있게끔 도와주는 문답법을 자신의 어머니의 직업이었던 산파에 비유해서, 산파술이라고 불렀다.

그러므로 교사는 학생들에게 일방적인 지식의 주입이 아니라 소크라테스의 방식처럼 학생들이 스스로 깨달아가게끔 산파로서의 기능을 하여야 한다.

2) 동일시 모델로서의 기능

가정에서 부모들처럼 학교에서는 교사의 성격이나 정서, 취미, 특기, 가치관, 태도, 언어, 예절, 행동 하나하나가 학생들에게 영향을 줄 수 있다. 즉 교사가 가지고 있는 교육관이나 학생관들이 교육활동 중에 직접적 또는 간접적으로 나타나는 것이기 때문에 교사들과 장기간 시간을 함께 하는 학생들은 계속 훈습(薰習)되어가거나 닮아가거나 크고 작은 영향을 항시 받게 되어 있다. 그러므로 교사들은 일거수일투족이 학생들에게 관찰되고 있기 때문에 매사에 모든 행동거지(行動擧止)를 조심스럽게 해야 하는 것이다.

3) 학생변화 촉진자로서의 기능

교육을 효과적으로 극대화하기 위해 형식화된 학교교육은 2차 사회화 기관이지만, 1차 사회화 기관인 가정 못지않게 학생 행동의 변화를 조성하고 촉진시킬 수 있다. 학교는 제2의 가정이고 교사는 제2의 부모이기 때문이다.

그러므로 형식화 되고 조직화 된 학교교육은 교사가 계획적으로 학생들에게 최대의 영향을 줄 수 있는 유일한 존재이므로, 교사는 학생들의 잘못된 것을 바로 잡아주고 올바른 방향으로 나아가도록 이끌어주어야 한다.

4) 사회모범으로서의 기능

교사는 사회의 지적, 문화적, 정신적, 도덕적 사표(師表)로서 교사에 대한 학부모들과 지역주민들의 기대는 크다. 그러므로 교사는 시대적 상황을 올바로 인식하고 사회와 문화를 유지할 뿐만 아니라, 사회를 자극하여 변화를 유도하고 개혁을 이루는데 선도적인 역할을 다해야 한다. 나아가 사회의 모범적인 집단으로서 타락한 세상에 물들지 않고 도덕 및 교육 강대국으로서 발전해 나아가는 통일된 민주국가의 앞날을 준비하는 사람들이 되어야 한다.

5) 교권신장 주체로서의 기능

교사들은 교권(교사의 권리와 의무)이 확립되어야 교육이 제대로 행해질 수 있으므로 이의 신장을 위해 노력해야 한다. 교육은 가르치고 기르는 것이다. 가르친다는 것은 학문적 지식을 주로 말하고, 기른다는 것은 인성, 덕성, 체력 등을 말하는데 교사가 학생을 잘 교육하기 위해서 꼭 필요한 것이 교사의 권위 즉 교권이다. 이는 교사의 전문성과 학생, 학부모, 사회 등의 존경심으로 이루어진 복합적인 개념이다.

그간 교권실추의 원인들로는 일제 식민지교육을 답습한 교육풍토와 학부모의 고학력화로 교사의 학력이 학부모들과 비슷해지거나 상대적으로 낮아지게 된 점, 교사의 권위적인 태도가 학부모들로부터 외면을 초래한 점, 경제발전으로 교사의 경제적 지위가 다른 전문직 직종보다 상대적으로 낮아짐, 입시위주의 교육으로 인한 사교육의 팽창, 국가의 잘못된 교육정책, 교사의 자율성과 자긍심의 약화, 교육계 부정에 대한 언론의 일부 허위·과장보도, 개선되지 않는 악덕 사학재단의 문제 등이라고 할 수 있겠는데, 이러한 문제들을 해결하기 위해서는 교육계뿐만이 아니라 국가와 사회 모두가 함께 노력해야 한다.

4. 교사의 역할

학교에서 교사가 수행하는 역할은 기본적인 역할과 심리적인 역할로 나누어 설명할 수 있다. 교사들이 수행하는 역할이 다양함에도 불구하고 가르치는 일, 사회화를 돕는 일, 평가하는 일, 생활지도를 하는 일 등은 어느 교사나 공통적으로 수행하는 기본적인 역할로 인식하고 있다. 그리고 이러한 역할들을 효과적으로 수행하기 위해서 교사는 무엇보다도 학급을 통제할 수 있어야 하고 학습 분위기를 조성할 수 있어야 한다. 그러므로 교사의 기본적인 역할도 교사와 학생과의 상호작용을 통해서만이 가능해진다.

가르치는 일이란 교사가 학생의 능력과 필요에 알맞은 지식과 기능을 전달하는 것을 말한다. 즉 수업(instruction)은 교사의 역할 중에서 가장 핵심적이다. 학교의 주된 일이 수업이기 때문이다. 전통적으로 교사는 지식의 전달자였다. 그러므로 교사들에게는 가르치는 교과에 대한 소양과 강한 음성 그리고 적절한 전달수단이 필요하였다.

그러나 오늘날의 지식정보화 사회에서는 달라질 수밖에 없게 되었는데, 교사들은 지식의 유일한 원천으로서가 아니라 수업관리자로서의 교사가 되어야 하는 시대가 되었다. 첨단기자재를 활용하거나 교육용소프트웨어를 활용하는 수업관리자로서의 역할을 수행해야 하는 시대가 된 것이다. 따라서 교사들은 목표를 설정하고, 학습자를 진단하고, 수업활동을 계획하고, 교육프로그램을 적용하고, 학습의 성과를 평가하는 일련의 과업을 수행해야 한다.

사회화(socialization)를 돕는 일이란 학생들로 하여금 사회에서 요구되는 지식·기능·태도·가치관·사회규범·동기·인성 등을 두루 갖추게 하여 건전한 사회생활을 할 수 있도록 도와주는 것이다. 이 사회화는 교사와 학생의 상호작용 과정에서 다양한 방법으로 습득될 수 있다. 또한 사회화의 과정은 사회적 학습의 과정이기도 하다. 그러나 사회적 학습의 과정은 학교나 교사의 역할로서만 이루어지는 것은 아니다. 가정과 사회에서 실현되는 부분이 많지만 현실은 학부모나 사회가 교사들에게 기대를 한다.

평가(evaluation)하는 일이란 수업의 결과를 확인하는 것이다. 물론 학습과정에만 적용되는 것이 아니라 교육과정 그 자체에도 필요하다. 교육에서 평가기능은 교육의 목적을 설정하고 그것을 달성하기 위한 학습지도를 할 수 있도록 교육적 상황을 전개했을 때 과연 그 교육목적을 얼마나 달성했느냐가 중심문제가 된다. 교사가 평가자로서 학생들의 성취수준을 결정하는 일이나 판단자로서 장래 적절한 진학과정 및 취업의 가능성 등에 관하여 학생 또는 학부모들과 상담도 해야 한다.

생활지도와 상담(guidance and counseling)을 하는 일이란 수업기능과 더불어 교사들의 중요한 활동영역이다. 교사들은 학생들이 학업·진로·성격 등에 대한 문제를 가지고 접근해 오는 것에 대비할 필요가 있다. 교사 자신의 능력으로 해결해주지 못할 때는 전문상담교사나 전문가에게 조력을 구해야 하며, 그러지 않기 위해서는 상담에 관한 기본소양을 갖추어야 한다. 상담기능을 수행하는 데 있어서 교사들은 무엇보다도 긍정적인 자아개념을 소유한 안정감이 있는 사람이 되어야 한다.

이상과 같이, 여러 가지 교사의 역할에 관한 것들을 재정리하여 보면 다음과 같다.

① 교사는 친구로서의 역할을 한다.
② 교사는 부모대행자로서의 역할을 한다.
③ 교사는 인간형성자로서의 역할을 한다.
④ 교사는 학습조력·지도자로서의 역할을 한다.
⑤ 교사는 판단·심판·훈육자로서의 역할을 한다.

⑥ 교사는 지식 자원으로서의 역할을 한다.
⑦ 교사는 불안 제거자로서의 역할을 한다.
⑧ 교사는 자아 옹호자로서의 역할을 한다.
⑨ 교사는 적대 감정의 표적으로서의 역할을 한다.
⑩ 교사는 문화유산을 전달하는 역할을 한다.
⑪ 교사는 사랑의 실천가로서의 역할을 한다.
⑫ 교사는 동일시 대상으로서의 역할을 한다.
⑬ 교사는 인생 안내자로서의 역할을 한다.
⑭ 교사는 사회대표·개조자로서의 역할을 한다.
⑮ 교사는 시민도덕 수호자로서의 역할을 한다.
⑯ 교사는 계속적인 교육연구자로서의 역할을 한다.
⑰ 교사는 국민과 사회에 대한 봉사자로서의 역할을 한다.
⑱ 교사는 민족과 국가·사회발전의 촉진자로서의 역할을 한다.

5. 교사의 자질

교사의 자질(資質)은 교사의 자격과는 구분된다. 자격이란 법적으로 규정된 교사자격증을 가지고 있음을 말하는 것이며, 자질이란 교사가 될 수 있는 어떤 인간적인 바탕을 뜻하는 것으로 해석되고 있다. 즉, 교사의 자질이란 일정한 범주 속에 넣어 규정하기는 힘든 것이며, 교육 작용의 본질에서 자연적으로 유래하는 것으로 보기도 한다.

그리고 교사로서의 자질은 교사이기 전에 먼저 인간으로서의 자질이 요구되기도 하는데, 인간다운 인간이어야 하고, 사람을 사랑해야 하며, 희생과 봉사를 즐길 줄도 알아야 한다. 또 자유인이면서 민주주의자이어야 하고, 원만한 대인관계의 유지와 함께 진보적인 사회 개조자가 되어야 하며, 명랑하고 쾌활한 성격의 소유자가 되어야 한다. 뿐만 아니라 열성적인 지도자여야 하고, 공평무사하며, 이해심도 높고 유머가 풍부하며, 심신이 모두 건강해야 한다는 것이다.

또 전문직에 종사하는 사람으로서 요구되는 전문적 자질인데, 자기 교과목에 대한 전문적 지식의 소유와 함께 쉽게 설명할 수 있고 질문에 대한 대답들도 명쾌하게 할 수 있어야 한다. 그리고 학생들의 관심을 무시하지 말아야 하며 동시에 투철한 교육관을 가지고 학생들을 공정하게 평가하며 학생들의 조력자가 되어야 한다. 뿐만 아니라 학생들의 인격을 존중하며 호감적인 교사가 되어야 하고, 학생 복지문제에도 깊은 관심을 가져야 한다. 이러한 것들을 종합해서 일반적으로 받아들여지는 교사로서의 자질을 재정리하여 보면 다음과 같다.

1) 계속 노력하는 교사

대체로 교사가 될 수 있는 첫째 조건으로 들고 있는 원만한 인격은 어떤 인간에게도 적용되는 조건이기도 하다. 하지만, 인간은 아무리 노력을 해도 불완전하며, 원만성이 결여된 것이 인간이라고 할 수 있다. 원만한 인격이란 모든 인간이 지향해 나아가야 하는 하나의 이념일 뿐이다. 역설적으로 말하면, 이 이념을 향해 정진할 수 있는 인간, 이를 위해서 자신의 불완전성을 자각할 수 있는 인간, 그 인간 속에서 교사의 기초인 인간적인 특질을 찾아볼 수 있다.

2) 학생과 함께 하는 교사

학생과 함께 하는 교사는 한 결 같이 학생을 사랑할 수 있는 사람이며, 학생과 진지하게 모든 것을 같이 할 수 있는 사람이다. 교사가 학생과 부딪혀 나가는 활동장면에는 두 가지가 있다. 하나는 교재(教材)의 논리를 내세워 부딪쳐 나가는 교과지도이며, 다른 하나는 지도내용을 생각 속에 두고, 몸소 부딪혀 나가는 생활지도나 도덕지도의 장면이다. 이 두 가지 장면이 모두 성립되기 위해서는, 학생을 사랑하고 좋아하며, 가르치고 키우는 기쁨을 느끼고, 학생과 함께 하며, 학생과 함께 성장하는 자질이 요청된다.

3) 젊음과 총명성을 지닌 교사

이를 위해서는 루소(Jean Jacques Rousseau, 1712~1778)가 《에밀》 속에서 말하고 있는 것과 같은 젊음과 총명을 찾아야 한다. 교사가 접촉하는 것이 학생인 만큼, 교사는 항상 선각자로서 어른스러운, 혹은 그러한 자세를 보이기 쉽다. 말할 것도 없이 교사는 내성적 태도와 모범적 태도의 양면을 지니고 있어야 하는데, 이 모범적 태도란 노성한 도학자(道學者)와 같은 몸가짐을 해야만 이루어질 수 있는 것은 아니다. 오히려 젊음이 있음으로 해서, 반대로 모범적 태도나 교육적 효과를 발휘할 수 있는 것이다. 학생과 함께 성장해 나가는 일을 가능하게 하는 것은 정신적 젊음이다. 학생과 함께 꿈을 추구할 수 있는 자, 학생에게 참된 공감을 느낄 수 있는 자, 학생 앞에서 자신의 잘못을 고백할 수 있는 마음의 젊음을 지닌 자라야 한다. 그런데, 젊음이란 때때로 일정한 방향과 규칙이 없고 착오를 낳기 쉽다. 젊으면 젊을수록 그 젊음을 인도하는 교육적 예지(叡智)가 요구된다.

4) 수업에 있어서의 전문가적 자질

교사란 어린이를 지도하는 자이며, 그 가장 중요한 터전은 교실이다. 그래서 교실에서 수업에 승부를 걸 수 있는 자질을 양성해 두어야만 한다. 교사에게 처음이자 마지막 보루는 교실이다. 교사가 교실에서의 수업을 위해서 산다는 것은 본질적으로 전문가로서 살아 나가는 것이 되어야 한다. 바로 여기에 교육기술이 필요하다.

교육기술은 공장에서 물건을 대상으로 하는 생산기술, 동·식물을 대상으로 하는 농업기술, 사물을 대상으로 하여 자기의 개성을 실현하는 예술가가 지니는 기술과도 다르다. 왜냐하면, 살아 있는 인간, 가치실현의 가능성을 지닌 학생들을 대상으로 하고 있기 때문이다. 더 나아가서는 인간을 대상으로 하고 있기 때문이다. 더 나아가서는, 인간을 대상으로 하고 있는 듯이 보이는 의술과도 다르다. 의사가 직접적으로 대상으로 하고 있는 것은 인간이 가지고 있는 질환 그 자체이며, 그런 점에서 볼 때에는 그것도 일종의 사물에 불과하다. 이에 대해서 교사가 대상으로 하고 있는 학생은 살아 있는 인간 그 자체이며, 살아 있는 한 무한한 발전을 계속할 학생, 즉 개성을 지닌 인간으로서의 학생인 것이다.

교사로서의 자질은 모두 교사가 교사이기 전부터 하나의 인간적인 소질로서 가지고 있는 것이 바람직한 일인지는 모르나, 각 항목에서 이미 설명을 했듯이 미리 그 자질을 보유하고 있는 것 이상으로 중요한 것은 교사가 학생들과 함께 생활해 가는 동안에 교사 자신의 내부에서 스스로 형성되어 가는 성장·발전인 것이다. 교사의 소질은 학생의 성장과 함께 신장을 계속한다. 예를 들어, 교사는 특정적(特定的)인 단정된 전문직으로 출발되는 것이 아니라, 자신의 노력으로 전문직의 지위에까지 도달한다. 바로 이러한 점에 교육의 참다운 뜻이 있다고 할 수 있다. 이렇게 생각할 때 교사에게 요구되는 자질 중의 자질이라고 하는 것은, 교사가 항상 자기평가를 하고 자기진단을 하여, 자기개조를 해 나갈 수 있는 능력을 말하는 것이다.

6. 교사의 전문성

1) 전문직의 개념과 특성

전문직(profession)이란 사회의 중심적 가치와 관련이 깊은 여러 가지 문제에 대하여 일련의 체계적 지식을 응용하는 직업을 말한다. 전형적인 전문직에는 여러 가지의 복합적인 특성이 있으며, 그것에 다소 가까운 직업은 이들 몇 가지 특성이 부분적으로 발달하고 있다. 이 여러 가지 특성의 복합체가 전문가주의(professionalism)이다.

전문직은 어떤 분야의 학문 내지는 과학의 이론구조에 대한 이해이며, 이런 이해에 부합하는 여러 가지 능력에 기초하여 실천되는 직업이다. 이 이해와 이들의 능력이 인간에게 매우 중요한 실천적 제 문제에 적용된다. 전문직은 고객에 대한 이타적 서비스에 윤리적 요청이 있다.

전문직은 첫째, 이론적 지식에 기초한 기능을 필요로 한다. 둘째, 그 기능은 훈련과 교육을 필요로 한다. 셋째, 전문직 종사자는 시험에 합격하는 것과 같이 자신의 능력이 입증되어야 한다. 넷째, 행동규범을 준수함으로써 청렴성을 보여야 한다. 다섯째, 공공의 복리에 도움이 되는 봉사를 해야 한다. 여섯째, 전문직은 조직화를 이루고 있다.

원래 전문직이라는 용어는 법률가, 의사, 목사 등의 직업을 의미하는 것이었다. 이런 직업은 산업화 이전의 유럽에 있어서는 상업과 육체노동을 필요로 하지 않는 생활의 기회를 부여받은 유일한 직업이었다.

전문직은 전문조직을 활용하고 공중에 대한 신념, 자기규제(self regulation) 신념, 소명의식(sense of calling), 전문적 자율성(professional autonomy), 특수한 능력(special competence), 기술(techniques), 실천가(practitioners), 서비스 개발에 대한 관심, 개인적인 책임 등을 지녀야 한다.

2) 교직의 전문성

교육전문직은 교원이나 교육행정가 등과 같이 교육에 관련된 전문적 업무를 수행하는 직을 말한다. 전문성은 교육의 전문성, 교직의 전문성, 교육행정의 전문성, 교육행정가의 전문성 등과 같이 교육에서 널리 사용되고 있는 용어로서, 교육의 전문성은 〈헌법〉 제31조 4항에서 보장되어 있다.

오늘날 교직(Teaching profession)은 점차로 전문직으로서 그 위치를 굳히고 있다. 적어도 이념적 측면에서는 교직의 전문성을 부인하지 않으려는 경향이 있는 것이 사실이다. 하지만 이념과 실제 사이에는 괴리가 없지 않으며 교직의 전문성은 적어도 부분적으로는 미흡한 점이 적지 않다.

교육행정직의 경우 그 전문성이 점차 확립되고 있으나 현실적으로는 실제와의 괴리가 없지 않은 것이 사실이다. 교육개혁을 위한 각종 자문위원회가 매번 교육행정의 전문화를 미결의 정책과제중 하나로 제시하고 있음은 이를 반증한다. 그러나 교육행정직은 1980년대 초에 행정고시에서 교육행정직을 분리하여 선발하고, 1993년에 행정직의 직렬 구분에서 교육행정직이 분리됨으로써 전문직을 향한 큰 획을 긋게 되었다. 이러한 과정을 거쳐 그동안 교원이나 교육행정가가 전문직에 속하는가에 대해서는 많은 논란이 있어 왔으나, 교직을 전문직에 포함시키려는 것이 일반적이다.

그러므로 다른 일반직과 달리 깊은 이론적 뒷받침과 기술을 필요로 하고 있는 교직의 전문적 특성은 다음과 같다.

① 고도로 체계화되고 일반화된 지식과 기술을 요구하고 있다. 즉, 가르치는 일은 단순한 지식의 전수(傳授)가 아니고 인간개발을 꾀하는 활동이기 때문에 강력한 이론적 뒷받침이 없이는 소기의 목적을 달성하기가 어렵다.
② 교사가 되려면 누구나 대학교육 이상의 장기간의 전문적 교육과 훈련을 받아야 한다.
③ 사회봉사를 위한 봉사적 기능을 띠고 있다. 즉, 교직은 개인적 성장이나 영달보다는 타인을 위한 봉사의 직업으로 여겨지고 있다.
④ 교직에 종사하기 위해서는 높은 수준의 지적·도덕적·인격적 표준에 도달해야 한다.
⑤ 교사는 그들의 윤리강령(倫理綱領)에 의해 다스려지고 있다.
⑥ 교직자는 전문적 자치단체를 조직할 수 있다. 교사는 교직의 발전이나 사회적 지위향상을 위한 집단적 노력의 일환으로 전문적 자치기구인 교직단체를 만들어 전문적 신장을 꾀하고 있다.
⑦ 교직은 다른 전문직과 달리 미성숙한 인간을 대상으로 하고 있다는 점 등이다.

그러나 교사가 학생의 상황과 학교의 특성에 맞게 대처하기 위해서 교직의 전문성이 달리 요구되어야 하는 이유들은 다음 세 가지로 나누어 볼 수 있다.

첫째는 교수·학습 방법의 변화이다. 지금까지 주입식 교육이 학생들의 사고력과 창의성을 기르는데 한계를 보였기 때문에 교사는 다양한 교수·학습 방법을 연구하여 학생들에게 스스로 문제를 해결하는 방식으로 전환되어야 한다는 것이다.

둘째는 지식영역의 다양성이다. 정보화 사회에서 폭발적으로 늘어나는 지식을 모두 수용할 수는 없으며, 그렇다고 단순한 지식만을 전달하는 것으로 학습의 효과를 기대할 수도 없다. 그러므로 교사가 할 일은 교육적인 바탕위에서 학습자에게 지식을 안내하고 가르칠 수 있는 다양하고 전문적인 기술이 필요한 것이다.

셋째는 교육업무의 다양화이다. 교사가 가지고 있는 지식을 전달하기 전에 학생들의 학업성취의 정도, 준비도, 수용능력 등을 고려하고 학생들 개개인의 다양한 능력을 향상시켜 줄 수 있는 능력이 요구된다. 교사는 학교에서 학생을 위한 교육지도뿐만이 아니라 개인의 평생진로를 결정하는데도 중요한 역할을 한다.

3) 교직이 전문직이 되어야 할 필요성

교육을 지식의 전달에서 벗어나 인간의 자아실현과 사회개조의 과정으로 볼 때, 그 규정에 맞는 업무의 수행에는 특별한 이론적 배경이 필요하다. 이러한 이론적 필요도를 충족시키지 못하면 교직은 범속직(occupation)에 머물 수밖에 없다. 인격도야나 전인교육의 말들처럼, 교육은 인간의 행동을 바람직한 방향으로 변화시키는 작용이다. 이러한 일에 관계하는 교사가 범속직(凡俗職)에 빠져 있는 한 교육의 생산성과 그 성과는 크게 기대할 수 없다.

인간의 잠재적인 능력은 전문가에 의해 의도적으로 계발될 때, 그 결실이 기대되는 것이다. 교사는 그 활동을 분석해 보면, 가르치는 일 이외에도 교육과정계획, 학급 경영, 평가, 집단 활동의 지도, 사례연구, 정신위생지도, 학생 및 학부모 상담 등 여러 가지 영역에 관계되고 있으며 이러한 활동들은 철학적, 심리학적, 사회학적, 경영학적, 정치학적, 통계학적인 소양들이 필요하다.

교직이 범속직에 빠져 있는 한 이러한 활동들은 원만히 이루어질 수가 없다. 특히 '인간을 형성한다.'라고 말하지만 인간을 만들고 길러내는 교직자 자신이 훌륭한 인간이 못되거나 전문적인 소양이 없이는 이러한 일은 성공할 수가 없다. 교육은 인간을 대상으로 한 것이기에 교육은 범속직에 머물러 있을 수가 없는 것이다.

그러므로 교직이 왜 전문성을 필요로 하는지에 대한 특징들을 요약하면 다음과 같다.

① 교직은 학생과 학부모들로부터 존경 받기 위하여 전문성을 지녀야 한다.
② 교직은 학교라는 현장에서 업무와 연구를 수행하므로 전문성이 필요하다.
③ 교직은 학생들의 인격성장과 장래문제를 다루어야 하므로 전문성이 필요하다.
④ 교직은 기본적으로 인간을 대상으로 하고 있으므로 특별한 전문성이 필요하다.

4) 교직관의 변천

교직관은 교직의 본질을 어떻게 보고 생각하느냐의 문제, 즉 교직이라는 직업이 가지는 직무의 기본적인 성격을 어떤 관점에서 파악하느냐의 문제와 관련되는 개념이다. 그런데 교직관은 사람마다 다를 수밖에 없는데, 교사들 자신이 생각하는 가치관 이외에도 학생과 학부모가 생각하는 교직관, 나아가서 사회에서 바라보는 관점과 국가가 요구하는 관점 등 다양해서 차이가 있으므로, 교사들의 사회적 지위향상이나 교권의 확립 및 신장을 하는데 있어서도 접근방식이 다를 수밖에 없다.

전통적으로 교직관은 우리나라에서 군사부일체(君師父一體)라는 말로 표현되었으며, 천직(天職)이니 성직(聖職)이니 하는 것들이 지배적이었다. 그래서 '스승의 그림자는 밟지도 않는다.' '훈장의 배설물은 개도 안 먹는다.'는 등의 속담이 생겨난 것이다. 그리고 동·서양 모두 남자들이 다소의 학식만 있으면 교사가 될 수 있다는 생각에서 학문, 학식, 지식의 전달 기능의 입장에서 전문성이란 인정되지 아니 하였다. 또한, 금욕적이고 청교도적인 청빈한 생활의식을 강조하는 등 윤리적인 기대수준이 높아 교사의 사회성도 부정되었고, 직업적인 교사상은 더욱 부정 시 되었다.

지금에 와서 교직관은 국가와 국민의 봉사자로서의 사명감을 갖게 되었으며, 교직을 사회생활을 영위해 나가는 한 방편으로서의 직업 또는 노동직으로 간주하는 일까지 발전하였다. 한편 사회개조의 기수나 민주적 지도자로서도 인식하게 되었으며, 또 하나의 전문직으로 인식하게 되었다. 뿐만 아니라 교사를 인적 자원(human resource)을 개발하는 역군으로 간주하고 국가가 교사양성과 처우에도 적극적으로 관심을 갖게 되었던 것이다.

그래서 현재 존재하고 있는 교직관의 3대 유형은 다음과 같이 정리된다.

가. 성직관

성직관(聖職觀)은 교직을 성스러운 직업으로 간주하는 것이며, 원래 특수지배층을 위해 학교가 발생했으므로 특수지배층을 위해 교사직이 생겨났고, 중세사회에서는 신부들이 동시에 교회 소속의 학교 교사였으므로 하나님의 부름을 받아 미션(mission)을 수행하는 특별한 소명의식(calling)을 가져야만 되었다.

특별히 사명의식(vocation)을 가져야 하는 직업의 경우는 세속직(occupation)과 달리 스승 사(師) 자가 붙는데 영혼을 인도하는 목사(牧師), 정신을 교육하는 교사(敎師), 육체의 질병을 다스리는 의사(醫師)의 세 가지 경우가 이에 해당된다. 따라서 이러한 직업은 세상의 부귀영화, 금전, 명예, 권력 등을 멀리 해야 한다고 생각하였다.

교사가 의무감에 못 이겨 기계적으로 교육행위를 되풀이 하며 생계수단으로 삼는다면 이는 분명히 노역(勞役)이다. 그러나 교사가 올바른 가치관과 사명감을 가지고 학생들의 성장과 발달을 돕고 잠재가능성을 계발(啓發)하여 행복한 생활을 영위하게 하고, 나아가 나라와 겨레와 인류의 발전을 돕는 길이라는 신념을 가진다면 희열(喜悅)과 보람의 원천이 되어 교직은 성직이 될 것이다.

그러므로 이 성직관은 윤리적 측면이 특히 강조된다. 왜냐 하면, 성직관은 교사가 사회의 도덕공동체를 책임지는 중차대한 역할을 맡았다고 보기 때문이다. 교육사회학의 창시자인 프랑스의 에밀 뒤르껭(Emile Durkheim)이 말하는 '세속적인 성직자'라는 용어가 바로 그것을 대변한다. 자본주의의 보편화와 전통사회의 해체는 공동체로부터 분리된 수많은 노동자들의 이주를 야기하였고, 자연히 이들의 자녀문제가 심각한 사회문제로 출현하였다.

이들의 도덕적인 타락은 사회에 대한 위협으로까지 간주되었다. 『국부론』의 저자 아담 스미스(Adam Smith)도 이 도덕적 타락의 해법으로 공교육을 제시하였다. 특히 근대민족주의의 발흥과 함께 신세대의 도덕적 성장과 민족의식과 애국심을 보장하기 위한 대중적인 공교육제도가 확립되었다. 이에 따라 교사는 바로 이러한 고귀한 일을 담당하는 성직으로 간주되었다.

교원양성을 위한 특별한 교육기관이 체계화된 것은 바로 이런 성직관으로서 교직관이 보편화 되면서부터이다. 교사는 이런 중요한 직책을 담당하기 때문에 그 양성과정부터 고도의 도덕성과 소명감을 갖도록 훈련되어야 한다.

이 입장에서 보면 교사의 덕은 노동자관과는 판이하다. 교사는 무엇보다 학생들에 대한 사랑, 공동체에의 헌신(commitment) 등이 요구된다. 언제든지 공동체를 위해 희생을 감수해야만 한다. 이런 고도의 도덕성에 터하므로 현실사회의 규정이나 상급자의 지시는 그다지 중요하지 않다. 교사는 오직 빛나는 공동체의 전통, 양심, 도덕적 호소에 의해 정당화되거나 비난 받을 뿐이다. '교사는 있어도 스승은 없다'라는 말 속에 이 관점의 핵심이 나타나고 있다. 그러므로 성직관은 교원노조 역시 결성해서는 안 되며 오히려 교사가 사회발전에 기여하기 위한 단체가 필요하다고 본다.

나. 전문직관

전문직관(專門職觀)은 교직을 전문직(profession)으로 보는 관점이다. 전문직관은 직무에 필요한 전문적인 지식과 기술 및 엄격한 자격과 함께 봉사, 자율성, 사회적 책임성, 윤리성 등을 필요로 하는 직업이라고 생각하고, 교원의 자질향상과 사회적·경제적 지위향상을 위해 교직단체를 구성하여 적극적인 노력을 기울여야 한다고 생각한다.

다만 소명의식이 요구되는 측면이 있으므로 다른 전문직과는 달리 특수전문직이라고 할 수 있다. 왜냐하면 교직은 사람을 대상으로 가르치고 기르는 직업이기 때문에 특별한 자질과 사명감을 가져야 한다고 보기 때문이다. 전문직관은 이론적 기반과 실제적 기술을 보유한 전문가라는 관점이므로 어떤 의미에서 보면 가장 오래된 교직관이라고 할 수 있다.

실제 고대에서 중세에 이르기까지 거의 모든 학자들은 교사이기도 하였다. 이들이 분리되기 시작한 것은 대중교육이 확대된 근대 이후의 일이다. 즉 프로페서(professor)와 티처(teacher)가 분리된 것이다. 이때 프로페서는 결코 대학의 교수만 지칭하는 용어가 아니었다. 한 동안 유치원과 초등학교 교사는 티처로, 중등학교 이상의 교사는 프로페서로 부르기도 하였다. 20세기에 들어서서 대학교수 이외에는 모두 티처가 되었지만 프로페서의 의미는 여전히 남아서 성직관과 상호간섭 된 채 오늘날까지 내려오고 있다. 20세기 초반까지는 초등은 성직관이, 중등은 전문직관이 더 큰 영향을 주었지만 교육학과 심리학의 비약적인 발전을 통해 초등학교 교사에게도 전문직관의 영향이 확대되었다.

전문직관에서 보면 교사는 나름대로의 철학적·이론적 입장에 따라 교육목적을 수립해야 하며, 그 목적달성에 가장 적절하고 효과적인 방법을 선택할 수 있어야 한다. 상급자의 지시보다는 철학적·과학적 옳음이 더 중요하며 각종 규정들도 여러 가지 이론적 입장을 가진 교육자들이 토론하고 갱신해야 하는 대상이다. 즉 교사의 가장 중요한 덕은 이론적이고 과학적인 지식과 양식이다. 교사에 대한 정당화와 비난 역시 어떤 이론적, 방법론적 근거에 대한 것이라야 한다.

이 관점에서 보면 특수한 교원양성기관이 필요하다는 점은 성직관과 같지만 그 기관에서 행해지는 교육과 훈련의 내용은 상당히 달라진다. 교원노조의 설립이 정당화된다는 점에서는 노동자관과 같지만 교원노조의 성격 역시 임금과 근로조건보다는 교사의 전문적인 판단과 작업의 권리를 부당한 간섭에서 보호하기 위해서라는 점에서는 차이를 보인다. 그러므로 전문직관은 업무수행의 전문성이 주로 강조된다.

다. 노동직관

노동직관은 성직관과는 매우 대조되는 관점으로 교직도 정신노동을 주로 하는 노동직으로서 본질적으로 다른 직종과 차이가 없다고 본다. 말하자면 정신노동과 육체노동으로 구분하는 자체를 인정하지 않는다. 그러므로 교사도 노동의 보상을 받고 처우개선과 근무조건의 개선을 위해 노동권을 행사할 필요가 있으며, 그들 자신의 권익옹호와 근무조건의 개선을 위해 노동조합을 결성해야 하고, 집단행동을 통해서 정부나 경영자 또는 고용자와 맞서서 투쟁해야 한다고 본다.

그러나 교육행위 자체를 거부하면 안 되므로 정부는 교원노조를 합법화하고 있지만 단체행동만큼은 절대로 인정하지 않는다. 이렇게 보면 성직관이나 노동직관은 양극단에 있지만 사실 교사들이 바라는 것은 전문직으로서의 교직이다.

한편 노동직관은 교사가 공공부문에서 교육이라는 특수한 영역에서 종사하는 노동자라는 것이다. 사실 노동자라는 말을 어떤 의미로 쓸 것인가 자체가 많은 설명을 요구하는 일이지만, 재생산비용을 임금으로 지급 받고 사용자가 지정한 시간만큼 노동력을 지출하는 사람이라는 뜻으로 보면 된다.

이런 관점에서 본다면 교사의 업무는 다른 직종과 크게 질적으로 다르지 않으며 단지 일정 시간 동안 노동력을 지출하는 활동들 중의 한 양식일 뿐이다. 교사가 다른 분야 노동자가 아니라 교사인 것이 특별한 의미가 없기 때문이다. 그러므로 교사를 양성하기 위한 특별한 교육기관은 필요하지 않다. 교사는 건전한 양식을 갖춘 성인이라면 누구나 할 수 있는 일이기 때문이다. 이는 근대시대 공장에서 금속노동자가 섬유노동자로 전환하기 위해 별다른 훈련프로그램이 요구되지 않는 것과 같다.

따라서 교사에게 요구되는 덕목이 다른 노동자들에게서 요구되는 덕목과 크게 다르지 않다. 결국 교사는 공공부문 노동자이기 때문에 여타 공공부문 노동자들에게 요구되는 덕목이 그대로 적용된다. 그 행위의 기준은 상급자의 지시나 문서화 된 규정이고, 바람직한 교직문화는 규정과 규칙을 꼼꼼히 완수하고 상급자 지시에 복종하며 맡은 일을 분명히 하는 풍토에 도움이 되는 태도와 양식이다.

그래서 교사에 대한 도덕적인 판단은 규정이나 상급자의 지시를 위반했느냐의 여부에 따라 정당화 혹은 비난을 받게 된다. 이런 관점은 교원노조의 정책에도 영향을 주어 교사에 대한 처우와 복지 등을 주된 목적으로 삼게 만들며, 학교와 지역사회 및 정부를 철저히 고용주로 간주하게 만든다. 따라서 노동자관은 경제적 측면이 가장 중요시 되는 것이다.

7. 교사의 권리

〈헌법〉과 〈교육기본법〉, 〈국가공무원법〉, 〈교육공무원법〉, 〈교원지위향상을 위한 특별법〉 등 교육관계 법령에 규정된 교원의 권리와 의무를 중심으로 내용들을 정리하면 다음과 같다.

1) 교육할 권리

가. 교육과정 결정 및 편성권

교육과정의 결정 및 편성권은 교육활동의 핵심인 교육내용을 결정하고 교과서를 작성하는 권한이다. 그리고 교재의 선택권은 출판된 교육용 도서를 선택하는 권한이다. 교육부장관은 교육과정의 기준과 내용에 관한 기본적인 사항을 정하며, 교육감은 그 범위 안에서 지역의 실정에 적합한 기준과 내용을 정할 수 있다. 그리고 학교의 교과는 대통령령으로 정하도록 돼 있다(〈초·중등교육법〉 제23조).

그리고 초·중등학교에서는 국가가 저작권을 가지고 있거나 교육부장관이 검정 또는 인정한 교과용 도서를 사용해야 하고, 교과용 도서의 범위·저작·검정·인정·발행·공급·선정 및 가격사정에 관해 필요한 사항은 대통령령으로 정하도록 하고 있다(동 법 제29조, 구 교육법 제157조).

그리고 학교의 장은 1종도서(1종 교과서 또는 1종 지도서)가 있을 때에는 이를 사용해야 하고, 1종도서가 없을 때에는 2종도서를 사용해야 한다고 규정하고 있다(〈교과용 도서에 관한 규정〉 제3조). 또 학교 교육과정의 운영방법에 관한 사항과 교과용 도서 및 교육자료의 선정에 관한 사항을 학교운영위원회의 심의사항으로 정하고 있다(동 법 제32조). 따라서 교육과정 결정·편성 및 교과서 작성, 교재 선택권에 대해서 교사들은 사실상 법률적으로 제약을 받고 있다.

나. 교재의 선택·결정권

〈초·중등교육법〉 제29조 제1항에 따라 각급학교의 교과용 도서를 교육부가 저작권을 가졌거나 검정 또는 인정한 것으로 국한시키고 있다. 또 교과용 도서에 관한 규정 제3조에서 학교의 장은 1종도서(1종교과서 또는 1종지도서)가 있을 때에는 이를 사용해야 하고, 1종도서가 없을 때에는 2종도서를 선정, 사용해야 한다고 규정해 교사의 교재선택·결정권이 현실적으로는 제약을 받고 있다.

다. 교육내용과 방법 및 수업할 권리

교육내용의 결정권은 교원이 교실에서 수업할 때 교과서 범위 내에서 구체적 내용을 선택, 결정할 권리이다. 〈교육기본법〉 제12조는 교육내용·교육방법·교재 및 교육시설은 학습자의 인격을 존중하고 개성을 중시하며 학습자의 능력을 최대한으로 발휘될 수 있도록 강구되어야 한다고 규정하고 있다. 그리고 〈초·중등교육법〉 제20조 제3항에는 교사는 법령이 정하는 바에 따라 학생 또는 원아를 교육한다고 규정되어 있다.

교원에게 〈헌법〉 상 학문의 자유에 근거해 교과에 대한 연구의 자유와 연구결과 발표의 자유 내지 수업의 자유(대학의 교수의 자유와 구분해 수업의 자유라 함)가 있는가, 즉 교과서 내용과 다르게 자신이 진리라고 믿는 내용을 수업할 수 있는가이다. 수업의 자유가 초·중등학교에서도 보장되느냐 하는 문제에 대해 우리나라의 학설은 일반적으로 소극적인 평가를 내리고 있다.

보통교육기관에서는 법정대로 교육내용, 교수방법 등이 이행되어야 하고, 이에 대한 국가의 관여가 인정된다는 것이 통설이다. 즉 보통교육기관에 있어서는 학생들이 완성된 인격자가 아니고 비판능력을 갖고 있지 못하기 때문에 절대적인 세계관을 주입시키거나 정치적 선동, 한 정당에 치우친 논설이나 정당 활동을 해서는 안 되며, 과학성이란 이름 아래 외설한 내용을 교육해서도 안 된다. 그리고 교사가 학생에게 강한 영향력을 가지고 있고, 또한 교육의 기회균등을 도모할 필요에서도 전국적으로 일정한 수준을 확보해야 할 사회적 필요가 있으며, 학생이 학교와 교사를 선택할 수 없으므로 대학의 경우와는 달리 학문·연구·발표의 자유가 수업현장에서는 제한받지 않을 수 없다는 것이다.

이렇게 볼 때 교사에게 완전한 수업의 자유를 인정하기는 어렵다. 그러나 보통교육기관은 수업의 자유를 전혀 가질 수 없다고 한다면 그것 역시 타당하다고 볼 수 없다. 따라서 교과서의 선택에 있어서 교사의 관여를 일체 배제한다든가, 학습지도 방법에 대해 자세한 사항에까지 구속력을 갖게 하여 교사에게 강제한다든가 하는 것은 위법의 소지가 있다.

라. 성적평가권

교원의 학생교육권(〈초·중등교육법〉 제20조)에는 학생에 대한 교과성적 및 생활상태 평가권이 당연히 포함된다. 교육평가는 교육목표에 대한 학생들의 도달수준을 평가함으로써 학생들의 학습을 계속적으로 강화하고 이를 위한 교사의 학습지도방법을 개선하기 위해 실시하는 것이다. 따라서 성적평가권의 독립성이 교육적 재량으로 인정되어야 한다는 점은 분명하지만 동시에 학생의 올바른 성장을 위해 평가의 타당도, 신뢰도, 객관도가 고려되어야 하며 중립적인 기준을 가지고 실시해야 한다.

마. 학생지도 및 징계권

학생에 대한 징계는 학교에서 교육상 필요하다고 인정되는 경우에 부과되는 제재이다. 이러한 징계에는 꾸짖거나 체벌과 같은 사실 행위로서 행해지는 것, 퇴학, 정학과 같은 법적 효과가 따른 형태로 구분된다. 특히 법적 효과가 따르는 징계는 학생의 재학관계에서의 지위와 권리의 변동으로 학생이 학교에서 법적 지위를 정지당하거나 잃게 되는 것을 말한다.

〈초·중등교육법〉 제18조에서는 '학교의 장은 교육상 필요할 때에는 법령 및 학칙이 정하는 바에 의하여 학생을 징계하거나 기타의 방법으로 지도할 수 있다. 다만 의무교육과정에 있는 학생을 퇴학시킬 수 없다. 학교의 장은 학생을 징계하고자 하는 경우 해당 학생 또는 학부모에게 의견진술의 기회를 부여하는 등 적정한 절차를 거쳐야 한다.'고 규정하고 있다. 그리고 동 법 시행령 제31조에는 학생징계의 종류로 교내봉사, 사회봉사, 특별교육 이수,

퇴학처분 등을 규정하고 있다. 그리고 퇴학처분의 사유로 품행이 불량해 개전의 가망이 없다고 인정된 자 등을 들고 있다.

학생의 징계절차에 대해 구체적으로 적법절차를 거치도록 한 것은 학생의 기본적 인권을 보장하는 입법태도다. 그러나 퇴학의 사유로 여전히 '품행이 불량하여 개전의 가망이 없다고 인정된 자'라고 하는 것은 막연하고 모호한 표현이며 이에 대해 구체적이고 실체적인 사유로 개정하는 것이 마땅하다.

그리고 동 조 제7항에서 학교의 장은 법 제18조 제1항 본문의 규정에 의한 지도를 하는 때에는 '교육상 불가피한 경우'를 제외하고는 학생에게 신체적 고통을 가하지 아니하는 훈육·훈계 등의 방법으로 행해야 한다고 정하고 있는데 이는 체벌과 관련해 문제가 있다고 본다. 이 조항을 반대로 해석하면 교육상 불가피한 경우라는 것을 교원이 입증하거나 객관적으로 입증될 수 있으면 신체적 고통을 주는 방법으로 지도할 수 있다고 해석될 수 있다. 체벌은 학생을 때리거나 세우는 등 신체적 고통을 주고, 그 고통에서 피하려는 노력에 호소하여 학업에 더욱 정진하게 한다든가, 비행을 교정하려는 교육방침을 말한다. 그러나 체벌을 통한 교육은 민주주의 교육방침에 어긋나고 기본적 인권사상에 있어서 학생들의 인격을 침해하는 것이므로 일반적으로 허용될 수 없는 것이다.

2) 신분상의 권리

가. 신분 및 직위보유권

교원은 법령이 정하는 사유와 절차에 의하지 않고는 그 신분과 직위로부터 일방적으로 배제되거나 그 직위에 속하는 직무의 집행을 방해 당하지 않을 권리를 가진다. 즉 교원은 형의 선고, 징계처분 또는 법률에 정한 사유에 의하지 않고는 그 의사에 반한 휴직, 해임 또는 면직을 당하지 아니한다(〈국가공무원법〉 제68조, 〈지방공무원법〉 제60조).

나. 직무집행권

교원은 자기가 담당하고 있는 직무의 집행을 방해 당하지 않을 권리를 가진다. 이를 방해할 때에는 공무방해죄를 구성한다. 그러나 교원의 직무집행권에 대한 구체적인 법규는 없고, 외부로부터의 부당한 간섭에 대해 한계를 제시한 법적 규정도 없는 실정이다.

다. 재심청구 및 행정소송권

교원이 징계처분 기타 그 의사에 반하는 불리한 처분에 대해 불복할 때에는 그 처분이 있은 것을 안 날로부터 30일 이내에 교육부에 설치된 재심위원회에 재심을 청구할 수 있다. 재심위원회는 재심청구를 접수한 날부터 60일 이내에 이에 대한 결정을 하여야 한다. 다만 재심위원회가 불가피하다고 인정하는 경우에는 그 의결로 30일을 연장할 수 있다. 재심위원회의 결정은 처분권자를 기속(羈束 : 얽어매어 묶음)한다. 교원은 재심위원회의 결정에 대하여 그 결정서의 송달을 받은 날로부터 60일 이내에 행정소송법이 정하는 소송을 제기할 수 있다(〈교원지위향상을 위한 특별법〉 제10조).

라. 의사에 반한 신분조치를 당하지 않을 권리

공공 봉사자로서의 교원은 법령이 정하는 사유와 절차에 의하지 않고는 신분 조치(휴직·강임·면직)를 당하지 않을 권리를 가지고 있다(〈교육공무원법〉 제43조 제2항, 〈사립학교법〉 제56조). 그러나 사립학교 교원은 학급, 학과의 개폐에 의해 폐직이나 과원이 된 때, 또는 조건부로 임용된 경우에는 예외로 규정하고 있다.

마. 권고사직을 당하지 않을 권리

교원은 사회적으로 우대되어야 한다는 〈교육기본법〉(제13조)의 정신에 입각해 권고사직 당하지 않을 신분상의 권리를 가진다(〈교육공무원법〉 제43조 제3항).

바. 불체포특권

교원은 현행범인 경우를 제외하고는 소속학교의 장의 동의 없이 학원 안에서 체포되지 않을 특권을 가진다(〈교원지위향상을 위한 특별법〉 제4조, 〈사립학교법〉 제60조). 그러나 이러한 교원의 특권은 학원 안에서 현행범을 은닉하려는 목적에 이용될 수 없다. 한편, 교원의 불체포특권의 법익은 교원의 신분 보장뿐만 아니라 교원의 자율성과 학원의 불가침성을 보호하는데 중요한 의미를 가진다.

사. 처분사유 설명서 교부권 및 후임자 보충발령의 유예

교원은 직권에 의해 처분 당할 때, 그 처분권자 혹은 처분제청권자로부터 처분의 사유를 기재한 설명서를 교부 받을 권리를 가진다(〈국가공무원법〉 제75조, 〈사립학교법〉 제66조). 그리고 교원이 그 처분에 불만해 소청할 경우에는 그 사건의 최종 결정이 있을 때까지 후임자를 보충발령하지 못한다(〈국가공무원법〉 제76조). 이 제도는 임용권자의 판단착오로 인한 부당한 직권면직조치에 대해 교원의 신분을 보장하는 것으로도 본다.

아. 여교원의 동등 신분보장권

여자와 연소자는 특별한 보호를 받도록 〈헌법〉(제32조)이 규정하고 있다. 여교원에 대한 신분 보장상의 차이는 없다. 여교원은 출산 전후를 통하여 60일 이내에 휴가를 얻을 수 있다(〈공무원복무규정〉 제20조). 그리고 여교원에게는 산모의 건강 및 자녀양육을 위해 3년간의 휴직청구권이 보장되어 있다(〈교육공무원법〉 제44조).

3) 재산상의 권리

재산상의 권리로는 보수청구권 등이 있다. 보수의 법적인 의미는 봉급과 기타 각종 수당을 합산한 금액을 말한다(〈공무원보수규정〉 제4조). 따라서 교원의 봉급은 보수의 기본적인 재산권이 되며, 교원의 경제적 지위의 기초가 된다. 교원의 봉급은 교원의 동일 자격·학력·경력에 의하여 동일호봉의 원칙에 준한다. 봉급 외의 보수청구권은 수당청구권(특수업무수당, 상여수당, 가계보전수당, 초과근무수당, 명예퇴직수당 등)과 연금청구권, 실비변상청구권(〈국가공무원법〉 제48조) 등이 있다.

참고자료 6 교육 관련 법규들

분야	관련법규
교육제도의 기본에 관한 법	헌법, 교육기본법
학교교육제도에 관한 법	유아교육법, 초·중등교육법, 고등교육법, 사립학교법, 각종 학교에 관한 규칙, 특수교육진흥법, 도서·벽지교육진흥법, 조기진급 및 조기졸업에 관한 규정, 고등학교 졸업학력 검정고시규칙, 고등학교 입학자격 검정고시규칙
평생교육제도에 관한 법	평생교육법, 학원의 설립·운영 및 과외교습에 관한 법률, 학점인정 등에 관한 법률, 독학에 의한 학위취득에 관한 법률
학교의 설립에 관한 법	고등학교 이하 각급 학교 설립·운영규정, 특수학교시설 설비규정, 국립학교 설치령, 서울대학교 설치령
교육과정 및 학교운영에 관한 법	교육과정운영에 대한 교육과학기술부고시, 교과용도서에 관한 규정, 연구학교에 관한 규칙, 학교생활기록 작성 및 관리지침
교원 및 교직원에 관한 법	국가공무원법, 교육공무원법, 교육공무원 임용령, 교육공무원승진규정, 교원자격검정령, 교육공무원징계령, 교육공무원징계양정 등에 관한 규정, 교원지위향상을 위한 특별법, 교원예우에 관한 규정, 공무원보수규정, 공무원수당 등에 관한 규정, 국가공무원복무규정, 공무원근무사항에 관한 규칙, 교원휴가업무처리요령, 교원 등의 연수에 관한 규정
교육행정기구 및 조직에 관한 법	정부조직법, 지방자치법, 지방교육 자치에 관한 법률, 교육과학기술부와 그 소속기관 직제 및 동 시행규칙, 지방교육행정기관의 기구와 정원기준 등에 관한 규정, 시(도)교육청 직제 조례
학교보건·급식·환경에 관한 법	학교보건법, 학교보건법시행령, 학교신체검사규칙, 학교급식법, 학교급식법 시행규칙, 어린이보호구역의 지정 및 관리에 관한 규칙
교육재정에 관한 법	교육세법, 지방교육재정교부금법, 학교용지확보에 관한 특례법, 학교수업료 및 입학금에 관한 규칙, 시(도)학교 수업료 및 입학금에 관한 규칙
회계 및 재산관리에 관한 법	예산회계법, 지방재정법, 지방재정법시행령, 국가를 당사자로 하는 계약에 관한 법률, 국립 초·중등학교의 회계규칙, 학교발전기금의 조성·운영 및 회계관리에 관한 규칙, 시(도)교육비 특별회계 재무회계규칙
교육시설에 관한 법	학교시설사업촉진법
사무 관련	사무관리규정, 공공기록물관리에 관한 법률, 국립 및 공립 각급학교 관인 규칙, 관공서의 공휴일에 관한 규정, 고등학교 이하 각급학교시설의 개방 및 이용에 관한 규칙, 보안업무규정, 보안업무 규정시행규칙, 공공기관의 개인정보보호에 관한 법률, 행정규제기본법, 공공기관의 정보공개에 관한 법률, 행정절차법, 민원사무처리에 관한 법률
기타	청소년기본법, 청소년보호법, 청소년의 성보호에 관한 법률

8. 교사의 의무

교원은 〈교육기본법〉 등 교육관계법과 〈국가공무원법〉 및 〈사립학교법〉 등이 정한 의무를 이행해야 한다. 국·공립학교 교원은 공무원으로서 교육공무원법의 적용을 받으면서 아울러 〈국가공무원법〉의 적용을 받고, 사립학교 교원도 〈사립학교법〉에 의하여 〈교육공무원법〉과 〈국가공무원법〉의 준용을 받으므로 공·사립학교의 모든 교원은 그 의무에 있어서 〈국가공무원법〉의 적용을 받게 된다.

〈헌법〉은 공무원이 국민 전체에 대한 봉사자이며, 국민에 대하여 책임을 진다고 정하고 있다. 또 공무원의 신분과 정치적 중립성은 법률이 정하는 바에 의해 보장된다고 규정하고 있다(〈헌법〉 제7조). 〈교육기본법〉 제4조는 '교원은 교육자로서 갖추어야 할 품성과 자질을 향상시키기 위해 노력하여야 한다(제2항)', '교원은 특정 정당 또는 정파를 지지하거나 반대하기 위하여 학생을 지도하거나 선동하여서는 안 된다(제3항)', '교원은 법률이 정하는 바에 의하여 다른 공직에 취임할 수 있다(제4항)'고 규정하고 있다.

1) 성실 의무

교원은 주권을 가진 국민 전체에 대한 봉사자로서 공공권리를 위해 성실히 직무를 수행하여야 한다(〈국가공무원법〉 제56조, 〈지방공무원법〉 제48조). 이 성실의무는 공공봉사자의 모든 의무의 원천이 되는 기본적 의무로서, 각종의 개별적인 직무상의 의무는 물론이고, 직무 이외에서 기품을 유지해야 하는 의무까지 설명할 수 있다. 다만 성실의 의무는 국가에의 신복적(臣服的) 구속을 의미하는 무정량(無定量)의 충성의 의무가 아니고 원칙적으로 부여된 일정한 직무에 관련하여 국민 전체의 이익을 도모해야 하는 법적 의무이다.

2) 법령준수 의무

'공무원은 법령을 준수하며, 성실히 직무를 수행하여야 한다(〈국가공무원법〉 제56조, 〈지방공무원법〉 제48조)'는 규정은 공무원의 법령 준수의무를 뜻한다. 교원이 직무 수행과정에서 법령에 위배될 때에는 위법행위로서 교원의 지위에 불리한 변경이 오거나 법률상의 제재를 받게 된다.

법치주의 하의 행정은 법령에 의거하고, 또 법령에 따라서 행해져야 하므로, 법령을 성실히 준수하여야 한다는 것은 당연한 일이다. 교원이 법령에 위반되는 행정 행위를 한 경우에는 당해 행정 행위가 하자(瑕疵) 있는 것이 될 뿐만 아니라, 교원 자신은 징계책임, 형사책임 또는 민사책임을 지게 된다.

3) 복종 의무

교원은 소속 상관의 직무상의 명령에 복종하여야 하며(〈국가공무원법〉 제57조, 〈공무원복무규정〉 제3조), 특히 교사는 교장의 명을 받아 학생을 교육할 것을 〈교육법〉 제75조에 규정하고 있다. 직무명령이란 상관이 직무에 관하여 부하에게 발하는 명령을 말한다. 직무명령의 형식이 결정되어 있는 경우에는 그 형식을 갖추어야 하지만, 그렇지 않은 경우에는 서면·구술의 어느 형식에 의하여도 직무명령이 가능하다.

여기에서 소속상사란 그 기관이 관청 또는 보조기관인지의 여부에 관계없이 당해 공무원의 직무의 관하여 지휘·감독권을 가진 자를 총칭한다. 직무상의 명령이란 상사가 그 부하에 대하여 발하는 명령인데, 특별한 규정이 있는 경우 외에는 구술이나 문서의 어느 형식에 의하여도 무방하다.

복종의 의무를 인정한 것은 공무원 관계의 질서를 유지하고 행정의 능률성과 통일성을 확보하기 위한 것이다. 직무명령에 대한 위배는 위법은 아니나, 공무원 관계에서의 의무위반으로 징계사유가 된다(〈국가공무원법〉 제78조). 직무명령은 일정한 요건을 갖춰야 하는데 정당한 권한을 가지지 않은 자가 발하였거나, 직무에 관한 명령이 아니거나, 그 내용이 법령에 위배되는 것이 아니어야 한다.

그러므로 부하는 상사의 명령에 대하여 의견을 진술할 수 있고, 위법한 직무명령에는 복종할 의무가 없다. 그러나 하자가 있더라도 단순히 법령 해석상의 견해 차이에 불과하다든지, 직무명령이 부당하다고 인정되는 데 불과한 경우에는 그에 대한 최종 판단권은 상사에게 있는 것이므로, 그러한 직무 명령에는 복종하여야 한다.

4) 직무전념 의무

〈헌법〉 제7조에서 규정한 바와 같이, 공무원은 국민 전체에 대한 봉사자로서 국민에 대하여 책임을 지므로 교원도 이와 같은 의무가 있다. 또 〈국가공무원법〉 제56조는 모든 공무원은 법령을 준수하며 성실히 직무를 수행하여야 한다고 규정하고 있다. 교원은 직장의 무단이탈이나 영리업무에 종사, 또는 소속 장관의 허가를 받지 아니한 겸직이 금지된다(〈국가공무원법〉 제58조, 제64조, 〈지방공무원법〉 제50조, 제56조).

교원은 소속 상관의 허가 없이 또는 정당한 이유 없이 학교를 이탈하지 못한다(〈국가공무원법〉 제58조 제1항). 이 의무는 근무시간(〈공무원복무규정〉 제2장)중에 성립되는 것이지만, 시간외 근무명령(동 규정 제11조)이 있는 경우에도 성립된다. 이 의무의 위배는 형법 상 직무유기죄를 구성한다.

교원은 영리를 목적으로 하는 업무에 종사하지 못하며, 소속 기관장의 허가 없이 다른 직무를 겸하지 못한다(〈국가공무원법〉 제64조). 여기서 영리란 상업·공업·금융업 기타 영리적인 업무를 스스로 경영하여 영리를 추구함이 현저한 업무, 상업·공업·금융업 기타 영리를 목적으로 하는 사기업체의 이사·감사·업무를 집행하는 무한책임사원·지배인·발기인 기타 임원이 되는 것, 그의 직무와 관련이 있는 타인의 기업에 투자하는 행위, 기타 계속적으로 재산상의 이득을 목적으로 하는 업무를 행하는 것이다(〈공무원복무규정〉 제25조). 이러한 영리행위는 직무상 능률의 저하, 직무에 대한 부당한 영향, 국가의 이익과 상반되는 이익의 취득 또는 정부에 대해 불명예스러운 영향을 초래할 우려가 있기 때문이다.

한편, 위에서 말한 업무에 해당하지 아니하는 다른 직무를 겸직하고자 할 때에는 소속기관의 장의 사전 허가를 받아야 한다(〈공무원복무규정〉 제26조). 이때 다른 직무는 영리를 목적으로 하지 않는 업무로서 집무에 지장이 없는 경우에 한한다.

5) 친절·공정 의무

교원은 국민 전체에 대한 봉사자로서 직무를 친절하고 공정히 집행하여야 한다(〈국가공무원법〉 제59조). 교원에게 국민 전체라는 뜻은 교육받을 아동·학생, 즉 교원이 교육하는 대상 국민을 말한다. 친절·공정이란 학생에게 최선의 온정적인 지도방법과 공평하고 편견 없는 지도 및 평가방법을 말한다.

이 친절·공정의 의무는 공무원에게 있어서는 단순한 도덕성의 의무에 그치지 않고 법적 의무인 것이며, 이를 위반하면 징계사유가 된다.

6) 비밀엄수 의무

공무원은 재직 중은 물론 퇴직 후라도 직무상의 비밀을 엄수해야 한다(〈국가공무원법〉 제60조). 직무상의 비밀은 자신이 처리하는 직무에 관한 비밀뿐만 아니라 직무와 관련하여 알게 된 비밀도 포함한다. 직무 상 알고 있는 구술시험문제를 누설하는 것은 공무상 누설이며, 〈형법〉 제131조 제1항의 부정한 행위에 해당한다. 공무원으로서 무엇을 비밀로 해야 하느냐는 법령 또는 처분에 의하여 결정된다.

무엇이 비밀에 속하는 사항인지는 분명하지 않으나, 직무상 비밀문서로 취급된 사항(〈보안업무규정〉 제2조 1호) 및 법령에 특히 비밀사항으로 규정된 사항을 뜻하는 것으로 볼 것이다. 비밀누설은 행정상의 징계사유가 될 뿐만 아니라, 형사상의 피의사실 공표죄(〈형법〉 제126조), 또는 공무상 비밀누설죄(〈형법〉 제127조)를 구성한다.

비밀유지 의무는 직무상의 의무가 아닌 까닭에 퇴직 후에도 존속된다. 다만 퇴직 후의 비밀누설에 관해서는 형사책임을 물을 수 있는 경우를 제외하고는 징계책임을 물을 수 없으나, 그 후에 있어서의 공무원 관계의 설정을 거부할 수는 있다. 또한 공무원은 이 의무를 지는 까닭에 법원, 기타 법률상의 권한을 가진 관청의 증인 또는 감정인이 되어 직무상의 비밀에 대하여 심문을 받은 때에는, 관계 장관의 허가를 받은 사항에 한해 진술할 수 있다. 따라서 관계 장관의 허가를 받지 않은 사항에 대해서는 증언을 거부할 수 있다(〈형사소송법〉 제147조, 〈민사소송법〉 제276조, 제305조).

7) 청렴 의무

공무원은 직무와 관련하여 직접 또는 간접으로 사례, 증여 또는 향응을 받을 수 없으며 직무상의 관계 여하를 불문하고 그 소속 상관에게 증여하거나 소속 공무원으로부터 증여를 받아서는 안 된다(〈국가공무원법〉 제61조). 이 의무의 위반은 징계사유가 될 뿐만 아니라 형사상의 증·수뢰죄를 구성한다(〈형법〉 제 129조).

청렴의무의 취지는 대법원이 '공무원이 직무에 관하여 사전에 부정한 청탁을 받고 직무 상 부정행위를 하는 것을 방지하려는 데에 그치는 것이 아니고, 사전에 부정한 청탁이 있었는지 여부나 금품수수의 시기 등을 가릴 것 없이 공무원의 직무와 관련된 금품수수행위를 방지하여 공무원의 순결성과 직무행위 불가매수성을 보호하고, 공무원 직무집행의 적정을 보장하려는 데에 있다(대법원 판결 1992년 11월 27일, 92 누 3366)'고 판시한 바와 같이 공무원의 결백성과 공무의 불가매수성을 확보하려는 것이다.

〈공직자윤리법〉은 공무원의 청렴의무의 제도적 확보를 위해 일정한 공무원의 재산등록과 공개에 관하여 정하고 있다(동 법 2장). 즉 〈공직자윤리법〉은 공직자 및 공직 후보자의 재산 등록과 재산공개를 제도화하고 공직을 이용한 재산취득의 규제, 공직자의 선물신고, 퇴직공직자의 취업제한 등을 규정함으로써 공직자의 부정한 재산증식을 방지하고 공무집행의 공정성을 확보하여 국민에 대한 봉사자로서 공직자의 윤리를 확립하여 청렴의무를 다하도록 한 것이다(동 법 1조). 이 의무의 위반은 징계사유가 될 뿐만 아니라 형법상의 처벌사유가 된다.

8) 품위유지 의무

공무원은 직무의 내외를 불문하고 그 품위를 손상하는 행위를 하여서는 안 된다(〈국가공무원법〉 제63조). 이 의무는 공직의 체면, 신용, 위신을 유지하기 위한 것으로 마약·알콜중독·방탕·낭비·과도한 부채 등과 같이 공직의 체면에 직접적인 영향이 있는 경우와 관련이 있다. 그러나 여기에서 품위란 종래 관료주의 아래에서의 특수한 지위나 품격을 뜻하는 것이 아니라, 주권자인 국민의 수임자로서 직책을 다함에 손색이 없는 인품을 뜻한다.

공무원은 대통령의 허가 없이 외국정부로부터 영예나 증여를 받지 못한다(〈국가공무원법〉 제62조, 〈지방공무원법〉 제54조). 이는 공무원은 국민 전체에 대한 봉사자로서 오로지 국가적 이익을 추구하여야 함에 비추어, 외국정부로부터의 영예나 증여로 인한 영향을 배제하기 위한 것이다.

공무원 또는 그 가족이 공무원의 직무와 관련하여 외국인이나 외국 단체로부터 당해 국가에서의 시가 미화 100달러 또는 국내 시가 10만 원 이상 상당의 선물을 받을 때에는 지체 없이 소속기관의 장에게 신고하고 선물을 인도하여야 하며, 신고 된 선물은 신고 즉시 국고에 귀속된다(〈공직자윤리법〉 제25조, 제16조).

9) 정치활동금지 의무

공무원은 정당 기타 정치단체의 결성에 관여하거나, 이에 가입하는 것을 비롯한 일정한 정치적 행위가 금지된다(〈국가공무원법〉 제65조, 〈지방공무원법〉 제57조). 이와 같이 공무원의 정치활동을 금지한 것은 공무원의 국민 전체에의 봉사자의 지위를 보장하고 그의 정치적 중립성을 유지할 수 있도록(〈헌법〉 제7조) 하기 위한 것이다. 다만 그 직무의 성질상 일정한 범위 내에 정치성이 예견되는 특수경력직 공무원(대통령, 국무총리, 국무위원, 국회사무처의 장, 정무장관 보좌관, 각 원·부처의 차관 및 차장과 위의 각 비서실장, 비서관 등)에 대하여는 정치활동 금지에 관한 〈국가공무원법〉 규정이 적용되지 않는다(〈국가공무원법〉 제3조 단서).

10) 집단행동금지 의무

공무원은 대통령령(〈국가공무원법〉 제3조 단서, 공무원의 범위에 관한 건 제2조, 〈공무원복무규정〉 제27조, 영리사업의 한계 및 노무에 종사하는 지방공무원의 범위에 관한 건 제3조)으로 정하는 공무원과 사실상 노무에 종사하는 공무원을 제외하고는 노동운동 기타 공무 이외의 일을 위한 집단행위를 할 수 없다(〈헌법〉 제33조 2항, 〈국가공무원법〉 제66조, 〈지방공무원법〉 제

58조, 〈사립학교법〉 제58조). 여기에서 공무 외의 집단행위는 '공무원으로서 직무에 관한 기강을 저해하거나 기타 본분에 배치되는 등 공무의 본질을 해치는 특정목적을 위한 다수인의 행위로서 단체의 결성단계에는 이르지 아니한 상태에서의 행위를 말한다(대법원 판결 1992년 3월 27일, 91 누 9145)'고 함이 대법원의 견해이다.

그러나 〈교원노조법〉에 의하여 교원의 노동조합 조직 및 가입권이 보장되었으므로 이 부분에 대한 집단행위 금지규정은 적용되지 않는다. 〈사립학교법〉에서도 교원이 집단적으로 수업을 거부하거나 어느 정당을 지지, 또는 반대하기 위하여 학생을 지도 또는 선동한 때에는 면직의 사유가 된다(제58조).

9. 교사의 일상

1) 매일 해야 할 일

- 매일 출결 및 전·출입 사항을 정리하여 출석부와 교무실 칠판, NEIS 등에 기록한다.
- 매일 도우미활동을 확인하고 조회와 종례, 청소검사를 실시하며 교실환경을 점검한다.
- 매일 쉬는 시간에도 학생들의 동태를 파악하고 학교폭력문제를 예방하고 지도한다.
- 매일 자신이 맡은 교과목에 대한 수업준비를 하고 과제를 점검하며 수업을 실시한다.
- 매일 학생들을 상담하고 교우관계를 파악하며 진로지도와 교내·외 생활지도를 실시한다.
- 매일 학생들의 급식문제를 지도하고 건강을 체크하며 신체발달의 이상 유무를 확인한다.
- 매일 자신이 맡은 행정적인 교무분장 업무를 점검하고 협조를 구하며 해결·처리한다.

- 매일 학생들의 민원을 처리하고 재학증명서와 같은 각종 증명서 발급신청을 처리한다.
- 매일 학생들로부터 각종 제출물들을 수합하고 정리하며 문서분류에 따라 철해 놓는다.
- 매일 필요한 문서의 기안이나 결재 및 보고, 공문서와 관련된 각종 업무들을 처리한다.
- 매일 SNS, 학급카페 및 홈페이지, 또는 학교홈페이지에 들어가 필요사항을 체크한다.

2) 주별로 해야 할 일

- 한 주간 실천해야 할 과제들을 알림장을 통해 확인하고 점검한다.
- 주말에 출석부 기재사항의 이상 유무를 확인하고 주말통계를 작성한다.
- 주 단위로 일기쓰기와 글쓰기 및 봉사활동, 기타 등을 지도한다.
- 학생들을 위한 주간학습안내서와 자신의 교재연구록을 작성한다.
- 토요휴무에 대한 교육을 하고 방과 후 교육활동에 대해 점검한다.

3) 월별로 해야 할 일

- 한 달 간의 출결사항을 확인하여 출석부 월말통계를 작성하고 NEIS에 월마감을 한다.
- 월별 주요업무추진계획안을 작성한다. 더불어 자신이 맡은 학교업무에 대하여 평가한다.
- 학생들의 생일난이나 게시판의 작품란을 생동감 있게 재구성하고 게시물을 재정리한다.
- 월별 중점을 둔 학급경영 핵심이나 학교전체 행사에 대해 확인하며 점검하고 지도한다.
- 이 달의 풍속이나 역사인물 및 문화인물 등에 대한 교육을 하고 실천사항을 점검한다.

4) 학기별로 해야 할 일

- 한 학기 출결사항을 확인하여 출석부 기말통계를 작성하고 NEIS에 학기말마감을 한다.
- 한 학기 성적을 정리하여 NEIS에 입력하고 종합의견을 작성하여 생활통지표를 만든다.
- 학급의 반장선거나 임원선거를 관리하며 학급조직이나 학년조직에 대하여 점검한다.
- 준비된 설문지를 배부하여 자신과 학급운영 및 학교에 대하여 평가를 받는다.
- 한 학기 교육과정을 제대로 운영했는지 교육과정평가표를 통해 평가를 받는다.
- 방학식, 개학식, 종업식, 공개수업, 학부모총회, 시상 등에 관련된 업무를 처리한다.

5) 연도별로 해야 할 일

- 출석부 1년 통계를 작성하여 마감한다.
- NEIS에 입력하여 출력하고 마감한다.
- 학교생활기록부를 기록하고 정리한다.
- 특별활동 등에 대해 기록하고 정리한다.
- 봉사활동 등에 대해 기록하고 정리한다.
- 1년 예산요구서를 작성하여 제출한다.
- 연간교육계획서를 작성하여 제출한다.
- 학교운영위원회와 관련된 업무를 처리한다.
- 교원능력개발평가에 관련된 업무를 처리한다.
- 입학식, 졸업식 등에 관련된 업무를 처리한다.
- 업무추진실적 및 1년간의 자기평가서를 제출한다.
- 학년승급이나 졸업사정에 관련된 업무를 처리한다.
- 교무분장, 전근, 승진, 승급 등에 관련된 업무를 처리한다.

10. 이상적 교사

흔히 시대에 따라 바람직한 교사상이 유행하는데, 협동적이며 민주적인 태도를 지닌 교사, 학생들의 개성에 대한 인정과 존중을 할 줄 아는 교사, 학생들의 다양한 흥미를 존중할 줄 아는 교사, 융통성이 있고 공명정대한 교사, 수업을 잘하는 교사, 바람직한 인품을 갖춘 교사, 유머가 풍부한 교사, 친절하고 우호적인 교사, 학생들의 참여를 잘 유도하는 교사, 자기 교과에 전문적인 지식과 실력이 있는 교사, 이해심이 많고 학생들을 사랑하며 봉사자로서의 자세를 가진 교사, 학생들에게 희망을 주는 교사, 국제화 감각을 갖춘 교사, 신체적으로 건강한 교사, 정신적으로도 또 정서적으로도 건강한 교사, 상식과 교양이 풍부한 교사, 인생의 통합성을 갖춘 교사 등으로 나타나고 있다. 이러한 여러 가지들을 종합해서 다시 분류해 보면 다음과 같다.

1) 인격자로서의 교사

교사의 기본적인 과업은 미성숙한 인간을 인간다운 인간으로 성숙하도록 도와주는 것이다. 이를 성공적으로 수행하기 위해서는 교육자 자신이 먼저 인간다운 인간이 되어 아동이나 학생들에게 사람다운 사람으로서의 모습을 보여줄 수 있어야 한다. 이러한 점에서 교사는 학생들에게 인간적인 면에서 하나의 모델이 되어야만 한다.

① 교사는 폭넓은 교양을 쌓아야 한다.

교사는 오늘날 급속도로 변화하는 사회 속에서 지적 고립을 면하고 격변하는 사회에 신축성 있게 적응하기 위해서는 무엇보다도 폭넓은 교양이 필요하다. 폭넓은 교양은 교사로 하여금 견실한 인생관, 사회관, 국가관, 세계관을 가지게 하는 원천이 된다.

② 교사는 바람직한 인격의 소유자가 되어야 한다.

교사는 스스로 주체성, 개성, 내면성을 간직하는 인격체로 각성되어야 한다. 교사는 한 인간으로서 인격적인 존재이어야 하며, 조화된 인격자로서 사표로서의 품성과 자질을 구비한 사람이어야 한다. 왜냐하면 교육은 인간형성을 위한 활동이므로 교사의 인격적 감화를 중시하지 않을 수 없기 때문이다.

2) 뚜렷한 가치의식과 윤리의식의 소유자

① 교사는 뚜렷하고 건전한 가치의식과 윤리의식을 지니고 있어야 한다.

교사는 아동, 학생들에게 건전한 가치의식과 윤리적 태도를 갖게 하는 데 결정적인 영향을 미치고 있다. 교육자에게는 올바른 가치의 선택과 결정, 그리고 평가의 능력이 요구된다. 그러므로 교육자는 인류의 최고 이상이 도덕적 가치에 기초를 둔 민주주의적 사회질서를 수립하는 데 있다고 믿고, 모든 교육적 노력은 이를 위해 경주되어야 한다는 것을 올바로 인식해야 한다.

② 교사는 바람직한 윤리의식을 지녀야 한다.

교육자에게 요구되는 윤리의식을 다른 말로 표현하면 도덕적 자질이다. 교육에 있어서 지표가 되는 인간상은 반드시 바람직하고 이상적인 인간상이 아니어서는 안 된다. 동시에 이것은 교사 자신이 이상으로 하는 인간상이기도 하다.

그러므로 이 같은 이상향에 도달하고자 하는 윤리적 노력은 특히 교사에게 있어서 중요한 직업윤리인 것이다. 따라서 교육자는 윤리적 노력을 게을리 해서는 안 된다. 또한 교직은 국민의 생활과 국가발전에 지대한 영향을 주는 직업이다. 따라서 교사에게는 학생지도나 조직생활에서 요구되는 윤리적 실천이 이론보다도 더욱 중요하다고 볼 수 있다.

3) 바람직한 교육관과 교직관의 소유자

① 교육과업에 생애를 건 교육자에게는 바람직한 교육관과 교직관이 요청된다.

교육은 인간형성을 위한 전문적 과업이므로 교육자는 나름대로의 뚜렷하고 바람직한 교육적 신념을 가지고 있어야 한다. 무엇이 올바른 교육이며, 내가 교육을 통하여 이루려는 이상적 인간상은 어떤 것이며, 어떤 자세를 가지고 교육에 임해야 하는 지는 그의 교육활동에 있어서 가장 기본적인 토대가 된다.

② 이상적인 교사는 올바른 교육관과 교직관을 가지고 있으면서, 또한 뛰어난 교육실천력을 갖춘 교사이다.

교사는 인간형성을 위한 전문적 과업이므로 교육자는 나름대로의 뚜렷하고 바람직한 교육적 신념을 가지고 있어야 한다. 무엇이 올바른 교육이며, 내가 교육을 통하여 이루려는 이상적 인간상은 어떤 것이며, 어떤 자세를 가지고 교육에 임하는가 하는 것은 그의 교육활동에 있어서 가장 기본적인 토대가 된다.

4) 전문적 자질의 소유자

① 교사는 교육전문가이어야 한다.

전문직 종사자로서의 교육자는 교육이라는 전문직 과업에 대해 폭넓은 지식과 이해 및 교직수행에 필요한 능력이 필요하다.

② 교사는 교육학자적인 식견을 가져야 한다.

교사는 폭넓은 교양을 갖추고 있어야 할 뿐만 아니라 자기가 담당한 교과에 정통하여야 하고, 풍부한 교육학적 식견을 가지고 있어야 한다. 또한 교사는 학습자에 대한 포괄적 이해와 교육내용에 관한 폭넓은 지식을 가지고 있어야 한다.

5) 투철한 역사의식의 소유자

① 교사는 역사의식을 지니고 있어야 한다.

훌륭한 교사는 탁월한 실력과 품성의 소유자임과 투철한 역사의식의 소유자여야 한다. 다시 말해서 교육의 주체자로서 교사는 적어도 세계적 시야에 서서 교육적 노력에 몸 바쳐야 하는 역사의식이 있는 사람이어야 한다. 올바른 역사의식을 지닌 교사만이 심오한 통찰력으로 인류와 사회를 올바른 방향으로 인도할 수 있다. 과거의 모든 위대한 교육자들은 투철한 역사의식의 소유자였다. 나아가 미래의 교사도 또한 투철한 역사의식의 소유자이어야 한다.

② 교사는 민족의 통일에 대한 역사관을 가져야 한다.

교사는 우리 민족의 앞날에 대해 무관심해서는 안 된다. 통일될 조국의 앞날을 위해 투철한 역사의식을 가지고 교육에 임해야 한다.

6) 교육에 대한 사명감과 교육애의 소유자

① 진정한 교사는 교사로서의 사명감을 가지고 있어야 한다.

교육의 중요성을 인식하고 교사로서의 긍지와 사명감을 가지고 어떠한 악조건 속에서라도 끝까지 교사로서의 자세를 견지할 수 있는 뚜렷한 사명감이 있어야 한다. 교사에게 있어서 사명감은 교육 그 자체에 생명을 부여하는 일과도 같다. 왜냐하면 사명감이 없는 교직생활은 무의미하고 메마른 기계의 움직임과도 같은 것이기 때문이다.

② 교사에게 있어서 무엇보다도 중요한 것은 인간애이다.

교사의 교육애는 인간애를 토대로 한다. 바람직한 교사는 교육애에 불타는 사람으로서 교직을 성직으로 여기고 모든 정력과 정열을 교육에 바치는 사람이어야 한다. 가르침을 받는 학생의 성장과 발달에 기쁨과 만족을 느끼고 교육활동에 최선을 다하며 보다 나은 교육을 위한 연구에 진력하며, 바람직한 교육을 다하는 일에 생애를 거는 사람이다. 이처럼 교육은 사람을 대상으로 하는 것이므로 사람을 사랑하고 귀중히 여기는 마음이 없으면 교육자가 될 수 없다. 따라서 천직의식을 가진 교육자, 사명감이 투철한 교육자는 바로 교육애가 있는 교육자를 말하는 것이다.

7) 개혁적 자질의 소유자

① 교사는 개혁자로서의 자질과 능력이 필요하다.

교사는 특히 교육에서 교육혁신에 대하여 수동적이거나 방관적인 태도를 취할 것이 아니라 이에 능동적으로 참여하며, 스스로의 위치에서 교육의 혁신을 추진하고 실천하는 변화의 촉진자 구실을 할 것이 기대된다. 교육자는 발전과 쇄신을 위한 구상을 항상 가지고 이를 능동적이고 창의적으로 실천해 감으로써 교육개혁의 적극적인 참여자가 되어야 한다.

② 새 시대가 필요로 하는 교육자는 사회개혁의 선도자여야 한다.

보다 나은 사회의 건설을 위하여 언제나 올바른 일에는 앞장을 설 수 있는 자질을 가진 그런 교사를 새 시대는 필요로 한다. 그러므로 새 시대의 교사는 꿈과 이상을 가지고 사회를 개혁하는 일에 매진하지 않으면 안 된다. 즉, 교사는 사회혁신의 기반을 조성하는 진보적 역할을 수행하여야 한다.

제3장
교원의 윤리와 단체

1. 교원윤리의 개념과 성격
2. 교원윤리의 필요성과 중요성
3. 법규적인 교원윤리
4. 교원의 윤리헌장과 강령
5. 교사의 기도
6. 교원의 단체

1. 교원윤리의 개념과 성격

교원윤리란 교원이 교직수행에서 지켜야 할 것으로 기대되는 행동규범이다. 법률에 공식적이고 강제적인 규칙으로 규정되어 있지는 않지만, 교육활동에 종사하는 사람으로서 교원이 지키고 따라야 할 실천도덕 또는 행위규범이 있는데 이것을 교원윤리라고 한다. 교원은 다른 어떤 직종에 종사하는 사람들보다도 훨씬 더 높은 도덕관과 표준적인 윤리관을 지니고 있어야 한다. 그러나 교직수행의 전 과정에서 교원이 스스로 실천하기를 기대하는 규범이 교직윤리라고 할 때, 이것은 강제적이고 타율적인 윤리가 아니라 자발적이고 능동적인 성격을 지닌 윤리라고 보아야 한다.

교육이 인간의 성장과 육성에 관련되어 있는 특수한 활동이며, 교직이 그러한 특별한 활동을 수행하는 전문직의 성격을 갖고 있다는 점에 비추어 보면, 교원윤리는 일반적인 직업윤리보다 더욱 중요하며 그 영향력 또한 어떤 분야보다도 훨씬 강력하다고 할 수 있다.

교원은 학생 개인의 일생은 물론 국가와 사회의 미래에 중대한 영향을 미치는 시민의 도덕적 품성과 자질을 형성시켜주는 사람이다. 따라서 교원은 다른 어떤 직종의 사람들보다도 더 높은 도덕적 가치관과 표준적인 윤리관을 소유하고 있어야 된다고 일반적으로 많은 사람들은 기대하며 그렇게 생각하고 있다.

그러므로 인간의 도덕적 품성의 형성은 내적 동기와 자발적 의지에 의해 더 크게 영향을 받기 때문에 교육은 교원의 법규준수 그 자체보다도 교원의 행동에 대한 윤리성이 더욱 중요시된다. 사실 교직자의 교육적인 실천행위는 누구의 간섭도 받지 않지만 사회적 요구와 기대라는 보이지 않는 윤리적 규제의 대상이 되기 때문이다. 물론 교원의 행동을 규제하는 통제수단으로서 국가적으로는 성문법으로서의 법규적인 윤리가 있지만, 법규적 윤리와는 달리 교원의 윤리는 교원의 내적, 심리적, 잠재적 동기와 자발적, 능동적 규율이 더욱 중요하다고 본다.

2. 교원윤리의 필요성과 중요성

첫째, 교원의 직무, 즉 교직이 바로 전문직이라는 사실 때문이다. 전문직을 구성하는 요건중의 하나는 그 직능수행에 이어서 필수적으로 갖추어야 할 직업윤리 규정을 가지고 있어야 한다는 점이다. 전문직으로서의 교직 역시 교원의 실천도덕 또는 행동규범으로서 윤리규정을 필요로 한다.

세계 여러 나라의 교직단체에서는 교원들이 지켜야 할 윤리강령을 채택하여 지키도록 하고 있으며, 우리나라에서도 교원의 윤리적인 규범은 1954년 '한국문화협회'에서 제정한 〈사도강령〉인데 면학수행, 교학시범, 교직봉공 등 총 3장으로 구성되어 있었다. 이어 현재의 '한국교원단체총엽합회'의 전신인 '대한교육연합회'에서 1958년 9월에 학생, 가정, 사회, 교직, 교양 등 총 5장으로 구성된 〈한국교원윤리강령〉을 제정한 바 있고, 1982년 '스승의 날'에는 전문과 5개항의 본문으로 구성된 〈사도헌장〉과 전문 및 5장으로 이루어진 〈사도강령〉을 선포한 바 있다.

둘째, 교원들로 하여금 교육력을 갖도록 하기 위해 윤리가 중요시되어야 할 필요가 있다. '교사의 권위가 얼마나 확립되었는가?' 하는 것은 교육력의 향상에 강력한 영향을 미치는 중요한 요인이며, 이러한 교권의 향상을 위해 요구되는 사안들 중에서 필수적인 요소가 바로 교직윤리의 확립이라고 본다.

교사와 교직사회에 대한 신뢰를 제고하기 위해서는 무엇보다도 교원 스스로가 교직사회 신뢰의 내재적 요건을 갖추도록 노력하는 것이다. 교직사회 신뢰의 내재적 요인은 주로 교사 자신의 능력과 자질, 그리고 노력 등과 관련된 것들로, 교사의 교직을 수행하는 전문적인 능력과 자질, 윤리의식·사명감·교직관 등과 같은 교직에 대한 태도, 그리고 교사의 개인적인 특성 등을 들 수 있다.

교원의 윤리는 교사가 교직수행의 전 과정에서 자발적이며 능동적으로 실천할 것으로 기대되는 행동규범을 말하며, 교원에 대한 신뢰를 결정하는 직접적인 요인이 되는데, 이것은 교직행동에 대한 비공식적 규범으로서 뿐만이 아니라 교직실천의 포괄적인 행동지침으로, 그리고 교육의 질을 결정하는 요소로서의 성격을 가진다.

오늘날 특히 교원의 윤리가 중요시되는 이유는 전문직으로서의 교직의 본질상 교육이 이루어지는 장면에서 교원과 아동의 관계가 전혀 대등하지 않으며, 교육에서 교사가 강력한 교육력을 갖고 학생지도에서의 효과를 높이기 위해서, 그리고 나아가서는 현대사회의 타락한 도덕과 윤리를 재건하기 위함인 것이다.

교원의 윤리는 공식적 실체로서의 법규상의 규율과 비공식적 실체로서의 윤리적 규율로 구분할 수 있는데, 이것은 어디까지나 편의적인 구분이며, 그 한계가 명확한 것은 아니므로 서로 중복되는 측면이 있다. 교원이 지켜야 되는 공식적인 윤리는 〈교육공무원법〉이나 〈국가공무원법〉, 또는 〈공무원복무규정〉 등에 명시되어 있으며, 그 중 주요 내용으로서는 정직, 성실과 책임, 품위유지, 창의·노력, 명령복종, 비밀엄수, 영리업무 금지, 사례·증여·향응의 배제, 인권존중, 신속·정확 등을 들 수 있다.

한편, 교원의 윤리는 외적·공식적 측면에서 강제적으로 교사의 행동을 규제하는 법규적 규율만으로는 족하지 않다. 교원의 윤리는 법규적 규율의 준수뿐만이 아니라 이 보다도 더욱 중요한 교원의 내적·심리적·잠재적 동기와 자발적·능동적 규율이 뒷받침되어야만 한다. '공무원 윤리헌장', '사도강령', '교원윤리강령', '사도헌장' 등에는 교원의 비공식적 규율 중 주요한 내용들이 성문화되어 있는데, 이들을 자기 관리의 윤리, 학생과의 윤리, 교직자 상호 간의 윤리, 가정·사회 간의 윤리 등으로 구분해 볼 수 있다.

첫째, 교원은 자기 스스로를 다스리는 윤리적인 기준을 충족하는 사람이 되어야 한다. 즉 교원은 가치관과 철학을 건전하게 확립하여 민주적으로 사고하고 행동하는 모범을 보여 주어야 하며, 투철한 국가관을 확립하여 국가발전을 위해 헌신하는 사람이 되어야 하고, 원만한 인격의 수양과 건전한 교육관 및 교과실력(전공교과에 대한 지식의 구조와 내용, 교수와 평가방법의 통달)을 갖추기 위하여 부단한 자기 수련과 연찬 및 노력을 기울여야 한다. 또한 교원은 계속적인 수양을 통하여 차원 높은 교양과 고상한 취미를 함양하고, 심신을 단련하여 건강을 유지해야 하며, 정치지·종교적 중립성을 유지하고 모범적인 가정생활을 견지하여야 한다.

둘째, 교원의 사고와 행동은 학생들이 그대로 모방하기 때문에 교원은 학생과의 윤리에 더욱 신중을 기해야 한다. 교원이 학생들과의 만남에서 가져야 할 윤리적인 덕목으로는 솔선수범, 인격존중, 개성 및 개인차의 존중, 학생에 대한 이해를 전제로 한 공평한 지도, 학생에 대한 비밀엄수와 보안, 체벌의 금지 등을 들 수 있다.

셋째, 교원은 교육조직 속에서 그 업무를 수행해야 하기 때문에 교직자 상호간의 관계에서 지켜야 할 행동규범도 중요하다. 즉, 교사는 교장 및 교감과의 수직적 관계에서 인생의 선배이자 조직의 책임자에 대한 예우와 인격적 존경심을 가지고 대해야 하고, 역으로 이들은 교사를 신뢰하고 그들의 고충을 이해함으로써 직무의욕을 불러 일으켜야 한다. 그리고 교원 상호 간의 수평적 관계에서는 한 직장가족의 일원으로서 서로 화합하고 협력하기 위해 우애와 존경, 신의, 겸손, 양보, 의리, 단결의 윤리를 실천해야 한다. 또한 학교 내 일반직원들과의 관계에서도 교원들은 그들을 차별하지 말고 인간적인 면에서 그들의 인격을 존중해 주어야 한다.

넷째, 교원은 가정의 귀중한 자녀들을 부모로부터 위탁 받아서 교육하기 때문에 교원은 부모와 같은 심정에서 학생교육에 임해야 하고, 그에 대해 책임을 지기 때문에 가능하면 친권자로서의 학부모의 의사를 수용하고, 예의범절을 갖추어 부모들을 대해야 한다. 그리고 교원은 학생의 가정과 항상 긴밀한 연락을 유지하며, 학생의 학교생활에 대해 부모에게 알리고, 학생의 성장·발달과 진로에 대해 학부모와 협의하여 협조를 이끌어내야 한다. 또한 지역사회의 전통과 문화, 관습과 행동들을 파악하여 지역사회 주민들과도 원만하게 어울림으로써 교직수행에서 지역사회의 협조를 얻을 수 있어야 한다.

다섯째, 교원은 산업화 내지는 탈산업사회에 있어서 도덕과 윤리의 재건을 위해 교원윤리가 강조되어야 한다. 오늘날의 교육은 물질과 실용적 가치를 강조하여 과학적 지식과 기술을 너무 지나치게 강조하는 측면이 있다. 그래서 교원윤리는 교원의 교직직무실천의 포괄적인 행동지침이며, 교원으로서의 모든 행동을 포괄적으로 규정한 것이다.

3. 법규적인 교원윤리

1) 헌법상의 교원윤리

〈헌법〉 제7조 1항은 '공무원은 국민 전체에 대한 봉사자이며, 국민에 대하여 책임을 진다.'라고 하여 공무원의 헌법상의 지위를 규정하고 있다. 이것은 〈헌법〉 제1조 1항의 '대한민국은 민주공화국이다.'라는 것과 2항의 '대한민국의 주권은 국민에게 있고, 모든 권력은 국민으로부터 나온다.'라는 국민주권주의에 관한 규정에서 오는 당연한 귀결이라고 할 수 있다.

그리고 제33조 2항에서는 '공무원인 근로자는 법률이 정하는 자에 한하여 단결권, 단체교섭권 및 단체행동권을 가진다.'라고 하여 공무원의 노동3권을 법적으로 제한하고 있다. 교원 역시 이러한 제한에서 자유로울 수는 없다.

2) 국가공무원법상의 교원윤리

정부 수립 이듬해인 1949년에 법률 제44호로 〈국가공무원법〉이 제정되어 공포되었다. 이 법을 제정하게 된 동기는 일본제국주의 강점기 질곡에서 벗어나 새로운 국가를 건설하기 위해서는 무엇보다도 국정을 수행하는 공무원에게 적용해야 할 근본기준을 확립하여 인사행정의 공정성을 기하는 동시에 공무원으로 하여금 국민에 대한 봉사자로서의 사명감을 인식하게 할 필요성에서 출발하였다.

그리고 〈국가공무원법〉에서 공무원의 법적 의무로 규정하고 있는 행동규범들은 선서, 성실, 복종, 직장 내 근무, 친절 공정, 비밀 엄수, 청렴, 외국정부의 영예 허가, 품위 유지, 영리 및 겸직 금지, 정치 활동의 금지, 집단행위의 금지 의무 등이 해당된다.

3) 공무원 복무선언 및 복무규정상의 교원윤리

〈공무원의 복무선언 및 복무규정〉에 의하면, 성실과 책임, 공익과 질서, 공정과 청렴, 비밀엄수의 의무적인 실천을 미덕으로 삼을 것을 강조하고 있다. 국민의 편에 서서 정직과 성실로 직무에 전념하고 책임을 완수하며 창의적인 노력과 능동적인 자세로 소임을 완수하며 법을 준수하고 기강확립과 상사의 직무 명령에 복종하며 정의의 실천자로서 부정의 발본에 앞장선다는 복무선언의 내용이 이를 말해준다.

참고자료 7 국가공무원 복무규정

제1장 총칙

제1조 (목적) 이 영은 「국가공무원법」 (이하 "법"이라 한다) 제55조 내지 제67조의 규정에 의한 국가공무원(이하 "공무원"이라 한다)의 복무에 관한 사항을 규정함을 목적으로 한다.

제2조 (선서) ①공무원은 법 제55조의 규정에 의하여 취임할 때에 소속기관장 앞에서 선서를 하여야 한다. ②제1항의 선서는 별표1의 선서문에 의한다.

제2조의2 (책임완수) 공무원은 국민 전체의 봉사자로서 직무를 민주적이고 능률적으로 수행하기 위하여 창의와 성실로써 맡은 바 책임을 완수하여야 한다.

제3조 (근무기강의 확립) 공무원은 법령 및 직무상의 명령을 준수하여 근무기강을 확립하고 질서를 존중하여야 한다.

제4조 (친절·공정) 공무원은 공사를 분별하고 인권을 존중하며 친절·공정하고 신속·정확하게 업무를 처리하여야 한다.

제4조의2 (비밀엄수) 공무원 또는 공무원이었던 자는 직무상 알게 된 다음 각호의 1에 해당하는 사항을 타인에게 누설하거나 부당한 목적을 위하여 사용하여서는 아니 된다. 다만, 「공공기관의 개인정보보호에 관한 법률」 그 밖의 법령에 의하여 공개하는 경우를 제외한다. (이하 생략)

참고자료 8 교육공무원 복무규정

1.복무

가. 공무원의 의무와 책임

(1) 의무(〈국가공무원법〉 제55~57, 59~61, 63조, 〈교육공무원법〉 제38조, 〈국가공무원복무규정〉, 각급 학교교원복무지침)

(가) 선서의 의무 : 취임시 소속기관장 앞에서 선서

(나) 직무상 의무

1)성실의 의무 : 법령을 준수하여 성실히 직무 수행

2)복종의 의무 : 직무수행에서 소속상관의 직무상 명령에 복종

3)친절·공정의 의무 : 국민전체의 봉사자로서 친절·공정히 집무

4)비밀엄수의 의무 : 재직 및 퇴직 후에도 직무상 취득한 비밀엄수

5)청렴의 의무 : 직무와 관련 직·간접을 불문하고 사례·증여·향응수수 불가, 소속상관이나 공무원 간에 증여 불가

6)품위유지의 의무 : 직무내외를 불문하고 품위훼손행위 불가

7)연찬의 의무 : 직책 수행을 위한 부단한 연구와 수양에 노력

(다) 직무전념의 의무(〈국가공무원법〉 제58, 62, 64, 65, 66조, 〈국가공무원복무규정〉 제25, 26조)

1)직장이탈금지 : 소속상관의 허가 또는 정당한 이유 없이 직장이탈 금지

2)영리업무 및 겸직금지

가)공무이외의 영리목적 업무에 종사하지 못하며 소속기관장의 허가 없이 겸직 불가

나)겸직허가 : 영리업무에 해당되지 아니하는 다른 직무를 겸직하고자 할 때 소속기관 장의 사전 허가를 받아야 함(허가는 담당 직무수행에 지장이 없는 경우에 한함.)

3)정치운동금지

가)정당·기타 정치단체결성에 관여하거나 가입할 수 없음.

나)선거에 있어서 특정정당·특정인지지 또는 반대행위 금지

4)집단행위금지 : 사실상 노무에 종사하는 공무원을 제외하고는 노동운동, 기타 공무 이 외의 일을 위한 집단행위 금지

5)영예제한 : 대통령의 허가 없이 외국정부로부터 영예 또는 증여를 받지 못함.

(2) 책임

(가)국민전체의 봉사자로서 창의와 성실로써 책임완수

(나)행정상의 책임

1)징계책임 : [1.인사 다.상훈 및 징계 (2)징계]참조

2)변상책임 : 국가재건상 손해를 끼쳤을 때 국가배상법 및 회계관계 직원 등의 책임에 관 한 법률에 의한 변상 책임을 짐.

(다)형사상의 책임 : 특별권력관계에 있는 공무원으로서 책임 외에 일반법익을 침해하는 경우에는 징계 이외에 형벌을 병과할 수 있음. (이하 생략)

4. 교원의 윤리헌장과 강령

1) 역사적 배경

교원윤리헌장이 제정되는 역사적 배경으로서는 1981년 11월 30일 서울 경서중학교 지체장애우 이윤상 군의 유괴·살해사건의 범인이 바로 해당 학교의 체육교사인 주영형으로 밝혀진 사건 때문에 교원의 윤리문제가 사회적 관심사로 크게 대두되는데 결정적으로 작용했다.

대한교육연합회(현 한국교원단체총연합회)는 1982년도에 들어서자마자, 우선 실추된 교권의 회복이 무엇보다 중요하다고 생각하고, 교육자 스스로의 윤리적 자각을 바탕으로 한 교원윤리헌장을 제정키로 했다. 정부에서도 교사의 권위회복이 교육발전의 관건임을 밝히고, 1982년도를 '교권확립의 해'로 설정하였다. 그 내용들은 다음과 같다.

먼저 〈사도헌장〉은 전문과 ①스승과 제자, ②스승의 자질, ③스승의 책임, ④교육자와 단체, ⑤스승과 사회 등 5개항으로 되어 있으며, 전문과 본문을 합하여 모두 250자로 구성되어 있다. 이는 교사들이 걸어가야 할 스승의 길에 관한 기본지표를 명문화한 것이라고 할 수 있다.

현행 〈사도헌장〉은 당초 그 명칭이 〈교원윤리헌장〉의 제정으로 추진되었다. 대한교육연합회는 이 윤리헌장의 제정을 위하여 '교원윤리헌장제정위원회'를 구성하고 위원장에 유형진 대한교육연합회 회장, 부위원장에는 오상도·김병련 부회장이 맡았으며, 교육계 저명인사 40명을 위원으로 위촉했다. 그리고 이 제정위원 40명 중 소위원 6명을 위촉하고, 이 소위원회에서 헌장의 초안을 작성토록 했다.

당시 헌장제정 소위원으로는 김종철(서울대 사대 교수), 박동서(서울대 행정대학원 교수), 박준희(이화여대 사대 교수), 신극범(문교부 교직국장), 심태진(전 대한교육연합회 부회장), 최태호(아동문학가, 전 강원도 교육회장)가 위촉되었다.

헌장제정 소위원회에서는 4차례에 걸친 회의(2월 17일·24일, 3월 4일·13일) 끝에 헌장초안을 작성하였으며, 이를 국어학자인 서울대학교 사범대학 이응백 교수에게 감수를 의뢰하여 헌장초안 작성을 마무리 지었다. 헌장초안 작성을 위해 검토한 기초자료는 〈공무원윤리헌장〉, 〈사립중·고등학교교장회 윤리강령〉, 〈대한변호사회 윤리강령 및 규정〉, 일본교육연맹이 제정한 교사의 윤리강령, 유네스코와 국제노동기구(ILO)가 채택한 교원의 지위에 관한 권고 중 교원의 권리와 책임을 규정한 부분, 1958년에 대한교육연합회에서 제정한 〈교원윤리강령〉 등이다.

또한 1958년도에 제정한 〈교원윤리강령〉을 헌장초안에 맞도록 개정안을 작성하도록 하고, 헌장초안에 따른 해설 원고를 최태호 위원에게 작성하도록 의뢰하여 헌장제정심의위원회에 회부하기로 하였다.

대한교육연합회에서는 헌장제정을 위하여 교육계, 학계 등의 인사 100여 명으로 교원윤리헌장제정심의위원회를 구성하고, 1982년 4월 7일 세종문화회관에서 동 위원회(위원장 유진오, 부위원장 유달영) 전체회의를 개최하였다. 이 회의에서 교원윤리헌장 기초안을 심의했으며, 이 윤리헌장에 맞도록 개정된 〈교원윤리강령〉을 심의하였다. 이날 헌장제정심의회에서는 교원윤리헌장 제정소위원회를 구성하여 전권을 위임, 본심의회에서 제기된 의견을 종합하여 헌장을 작성토록 하는 한편, 그 명칭을 교원윤리헌장에서 〈사도헌장〉으로, 교원윤리강령에서 〈사도강령〉으로 변경하기로 결의했다.

이에 대한교육연합회에서는 헌장제정 소위원회를 구성하고, 1982년 4월 9일 소위원회를 열어 〈사도헌장〉과 〈사도강령〉을 심의, 확정하였다. 〈사도헌장〉의 최종 확정에 참여한 소위원 13명은 김태길(서울대 인문대 교수), 박동서, 박준희, 신극범, 심태진, 유달영(국정자문위원), 이지호(전 한국초등교육협의회 회장), 이항녕(전 홍익대 총장), 김덕빈(서울시 경성중 교감), 정원식(서울대 사범대 교수), 이용길(서울시 덕수국민학교 교사), 최태호 등이다.

이 〈사도헌장〉은 1982년 5월 15일, 당시 정부에서 '교권확립의 해'로 정하면서 부활시킨 '스승의 날'(1973년도에 폐지) 기념식에서 사도헌장 선포식을 겸하여 거행함으로써 공식적으로 선포되었다.

2) 사도헌장(師道憲章)

오늘의 교육은 개인의 성장과 사회의 발전과 내일의 국운을 좌우한다. 우리는 국민교육의 수임자로서 존경받는 스승이요, 신뢰받는 선도자임임을 자각한다. 이에 긍지와 사명을 새로이 명심하고 스승의 길을 밝힌다.

1. 우리는 제자를 사랑하고 개성을 존중하며 한 마음 한 뜻으로 명랑한 학풍을 조성한다.
1. 우리는 폭넓은 교양과 부단한 연찬(硏鑽)으로 교직의 전문성을 높여 국민의 사표가 된다.
1. 우리는 원대하고 치밀한 교육계획의 수립과 성실한 실천으로 맡은 바 책임을 완수한다.
1. 우리는 서로 협동하여 교육의 자주혁신과 교육자의 지위향상에 적극 노력한다.
1. 우리는 가정교육·사회교육과의 유대를 강화하여 복지국가건설에 공헌한다.

3) 사도강령(師道綱領)

민주국가의 주인은 국민이므로 나라의 주인답게 길러내는 교육은 가장 중대한 국가적 과업이다. 우리 겨레가 오랜 역사와 찬란한 문화를 계승·발전시키며, 선진제국과 어깨를 나란히 하여 인류복지증진에 주도적으로 기여하려면, 무엇보다도 문화국민으로서의 의식개혁과 미래사회에 대비한 창의적이고 자주적인 인간육성에 온힘을 기울여야 한다.

그러기 위하여 우리 교육자는 국가발전과 민족중흥의 선도자로서의 사명과 긍지를 지니고, 교육을 통하여 국민 각자의 능력을 최대한으로 계발하여 개인의 자아실현과 국력의 신장, 그리고 민족의 번영에 열과 성을 다하여야 한다.

또한 교육자의 품성과 언행이 학생의 성장발달을 좌우할 뿐만 아니라 국민윤리 재건의 관건이 된다는 사실을 명심하고 사랑과 봉사, 정직과 성실, 청렴과 품위, 준법과 질서에 바탕을 둔 사도확립에 우리 스스로 헌신하여야 한다.

이러한 우리의 뜻은 교직에 종사하는 모든 교육자가 공동체 의식을 가지고 노력하여야만 이루어 질 수 있다는 것을 인식하고 사도헌장 제정에 때맞추어 우리의 행동지표인 현행 교원윤리강령을 사도강령으로 개정하여 이를 실천함으로써 국민의 사표가 될 것을 다짐한다.

제1장 스승과 제자

스승의 주된 임무는 제자로 하여금 고매한 인격과 자주정신을 가지고 국가사회에 봉사할 수 있는 유능한 국민을 육성하는 데 있다. 그러므로

1. 우리는 제자를 사랑하고 그 인격을 존중한다.
2. 우리는 제자의 심신발달이나 가정의 환경에 따라 차별을 두지 아니하고 공정하게 지도한다.
3. 우리는 제자의 개성을 존중하며, 그들의 개인차와 욕구에 맞도록 지도한다.
4. 우리는 제자에게 직업의 존귀함을 깨닫게 하고, 그들의 능력에 알맞은 직업을 선택하도록 지도한다.

5. 우리는 제자 스스로가 원대한 이상을 세우고, 그 실현을 위하여 정진하도록 사제동행한다.

제2장 스승의 자질

스승은 스승다워야 하며 제자의 거울이 되고 국민의 사표가 되어야 한다. 그러므로

1. 우리는 확고한 교육관과 긍지를 가지고 교직에 종사한다.
2. 우리는 언행이 건전하고 생활이 청렴하여 제자와 사회의 존경을 받도록 한다.
3. 우리는 단란한 가정을 이룩하고 국법을 준수하여 사회의 모범이 된다.
4. 우리는 학부모의 경제적·사회적 지위를 이용하지 아니하며 이에 좌우되지 아니한다.
5. 우리는 자기 향상을 위하여 전문적인 지식과 전문화된 기술을 계속 연마하는 데 주력한다.

제3장 스승의 책임

스승은 제자 교육에 열과 성을 다하여 맡은 바 책임을 다하여야 한다. 그러므로

1. 우리는 사회의 일원으로서 모든 책임과 임무를 다한다.
2. 우리는 교재연구와 교육자료 개발에 만전을 기하여 수업에 최선을 다한다.
3. 우리는 생활지도의 중요성을 인식하여 제자들이 올바른 사람이 될 수 있도록 지도의 철저를 기한다.
4. 우리는 교육의 성과를 공정하게 평가하고 이를 교육에 충분히 활용한다.
5. 우리는 제자와 성인들을 위한 정규교과 외의 활동에 적극 참여한다.

제4장 교육자와 단체

교육자는 그 지위의 향상과 복지의 증진을 위하여 교직단체를 조직하고 적극 참여함으로써 단결된 힘을 발휘할 수 있다. 그러므로

1. 우리는 교직단체의 활동을 통하여 교육자의 처우와 근무조건의 개선을 꾸준히 추진한다.
2. 우리는 교직단체의 활동을 통하여 교육자의 자질향상과 교권의 확립에 박차를 가한다.
3. 우리는 편당적, 편파적 활동에 참가하지 아니하고 교육을 그 방편으로 삼지 아니한다.
4. 교직단체는 교육의 혁신과 국가의 발전을 위하여 다른 직능단체나 사회단체와 연대 협동한다.

제5장 스승과 사회

스승은 제자의 성장발달을 돕기 위하여 학부모와 협력하며, 학교와 사회와의 상호작용의 원동력이 되고 국가발전의 선도자가 된다. 그러므로

1. 우리는 학교의 방침과 제자의 발달상황을 가정에 알리고, 학부모의 정당한 의견을 학교 교육에 반영시킨다.
2. 우리는 사회의 실정을 정확하게 파악하고 지역사회의 생활과 문화향상을 위하여 봉사한다.
3. 우리는 사회의 요구를 교육계획에 반영하며 학교의 교육활동을 사회에 널리 알린다.
4. 우리는 국민의 평생교육을 위하여 광범위하게 협조하고 그 핵심이 된다.
5. 우리는 확고한 국가관과 건전한 가치관을 가지고 국민의식개혁에 솔선수범하며, 국가발전의 선도자가 된다.

4) 교직윤리헌장과 우리의 다짐

사도헌장과 사도강령은 교직수행에 필요한 많은 가치들을 강조하고 있지만 이상적인 교원상에 포함되어야 할 가치가 결여되어 있으며, 이로 인해 윤리강령이 갖는 특유의 긴장과 사명감이 보이지 않는다. 따라서 2005년 5월 13일 재24회 '스승의 날' 기념식에서 교직윤리헌장과 우리의 다짐을 대대적으로 선포하였다. 다음은 그때 선포된 교직윤리헌장이다.

우리는 교육이 인간의 가치와 존엄성을 높이며, 개인의 성장과 자아실현은 물론 국가와 민족의 미래에 중대한 영향을 준다는 사실을 명심하고, 국민으로부터 부여 받은 교육자의 책무를 다하기 위해 최선을 다한다. 이에 윌 모두의 의지를 모아 교직의 윤리를 밝히고 사랑과 정직과 성실에 바탕을 둔 교육자의 길을 걷는다.

다음은 우리의 다짐이다.

1. 나는 학생을 사랑하고 학생의 인권과 인격을 존중하며, 합리적인 절차와 방법에 따라 지도한다.
2. 나는 학생을 학업성적, 성별, 가정환경의 차이에 따라 차별하지 않으며, 부적응아와 약자를 세심하게 배려한다.
3. 나는 학생의 성적평가를 투명하고 엄정하게 처리하며 각종 기록물을 정확하게 작성·관리한다.
4. 나는 교육전문가로서 확고한 교육관과 교직에 대한 긍지를 갖고, 자기개발을 위해 노력한다.
5. 나는 학생이나 학부모로부터 사적 이익을 취하지 않으며 사교육기관이나 외부업체와 부당하게 타협하지 않는다.
6. 나는 잘못된 제도와 관행을 개선하는데 앞장서며, 교육적 가치를 우선하는 건전한 교직문화 형성에 적극 참여한다.
7. 나는 학부모와 지역사회를 교육의 동반자로 삼아 바람직한 교육공동체 형성을 위해 함께 노력한다.

5. 교사의 기도

〈어느 교사의 기도 / 이해인 수녀〉

이름을 부르면 한 그루 나무로 걸어오고
사랑해 주면 한 송이 꽃으로 피어나는
나의 학생들이 있어 행복합니다.

그들과 함께 생각하고 꿈을 꾸고
희망을 이야기 할 수 있어 감사합니다.

힘든 일 있어도 내가 처음으로 교단에 섰을 때의
떨리는 두려움 설레는 첫 마음을 기억하며
겸손한 자세로 극복하게 해 주십시오.

가르치는 일은 더 성실한 배움의 시작임을 기억하며
최선을 다하는 열정을 지니고 싶습니다.

그 누구도 내치지 않고 차별하지 않으며
포근히 감싸 안을 수 있는 너그러운 마음

항상 약한 이부터 먼저 배려하는
따뜻한 마음을 지니고 싶습니다.

학생들의 말을 귀담아 듣고
그들의 필요를 민감히 파악하여
도움을 주는 현명한 교사가 되게 해 주십시오.

아무리 화나는 일이 있어도
충동적인 언행으로 상처를 주지 않으며

자신의 감정을 절제할 수 있는
인내의 덕을 키우도록 도와주십시오.
학생들의 잘못을 따끔히 나무라고 충고할 줄 알되
더 많이 용서할 수 있는 용기를 주십시오.

항상 미소를 잃지 않는 얼굴
지식과 지혜를 조화시켜
인품이 향기로운 교사가 될 수 있도록
노력하고 또 노력하는 오늘을 살게 해 주십시오.

기도하고 인내하는 사랑의 세월 속에 축복 받은 나의 노력이
날마다 새로운 꽃으로 피어나는 기쁨을
맛보게 해 주십시오.

어느 날 그 꽃자리에
가장 눈부신 보람의 열매 하나
열리는 행복을 기다리며
오늘도 묵묵히 최선을 다하는
아름다운 교사가 되게 해 주십시오.

〈어느 이름 없는 교사의 기도〉

오, 주님! 내가 교실에 들어갈 때에
나에게 힘을 주시어 유능한 교사가 되게 해 주소서.
나에게 지식 이상의 지혜를 주시어
내가 준비한 지식을 아는 데 그치지 않고
나에게서 배우는 학생들의 삶의 중요성을 깨닫게 해 주소서.
나에게 그들을 설득시킬 지혜를 주시어
냉담한 그들의 얼굴이 당신께 대한 관심으로 피어나게 해 주소서.
당신께 큰 관심이 없는 아이들의 가슴 속에

내가 이 관심을 불러 일으켜야 되겠나이다.
배반자의 쌀쌀한 얼굴도 마다 않으신
당신의 그 친절을 나에게도 주시어
가면 뒤에 숨어있는 고독한 영혼을 보게 해 주소서.
나에게 당신의 그 인내를 주시어 실패해도 낙심 말게 해 주소서.
그들에게 당신을 전하기 위해서는
이 땅 위에 오셔서 완고한 인간들 가운데서 일하다 가신
당신을 본받아야 되겠나이다.
나에게 당신의 그 겸손을 주시어
당신께서 아버지께로 사람들을 인도하신 것같이
나도 사람들을 당신께로 인도하게 해 주소서.
당신께서 은총을 내려 주시지 않으면
나는 아무도 당신께로 인도할 수 없사오니
결코 혼자서 하겠다는 생각은 말게 하소서.
나에게 통찰력을 주시어
나는 어른이라는 것과 이 아이들은 나만큼 자제력도 없으며
그 원하는 바도 다르다는 것을 올바르게 인식하게 해 주소서
학생들을 훈육하되 언제나 친절을 잃지 않게 해 주소서
가르치면서도 배우게 해 주소서
모든 지식을 다 갖추고 있더라도 사랑이 없으면
나에게 아무 유익이 없사오니
사랑을 꼭 실천해야 된다는 것을 배워 알게 해 주소서
아이들이 나에게서 당신의 모습을 찾아볼 수 있게 될 때에
나는 가장 훌륭한 교사가 된다는 것을 배워 알게 해 주소서
아이들에겐 천국에 이르는 길을 제시해 주면서도
나 자신은 그 길에서 벗어나는 일이 없도록 해 주소서
주여,
마지막으로
내가 받을 최대의 보상은 여기에서가 아니라

저 세상에서라는 것을 깨닫게 해 주소서.
이 땅 위에서 당신을 빛낸 공로로 내가 가르친 학생들과 함께
나는 천국에서 별처럼 빛나리라는 것을 알게 해 주소서.

〈무명교사 예찬 / Herry Van Dyke(1953년 미국)〉

나는 무명의 교사를 예찬하는 노래를 부르노라
전투에 이기는 것은 위대한 장군이로되
전장에 승리를 가져오는 것은 무명의 병사로다.

새로운 교육제도를 만드는 것은 이름 높은 교육가로되
젊은이를 올바르게 이끄는 것은 무명의 교사로다.

그가 사는 곳은 어두운 그늘
환란을 당하되 달게 받도다.

그를 위하여 부는 나팔 없고
그를 태우고자 기다리는 황금의 마차는 없으며
그의 가슴에 장식할 금빛 찬란한 훈장도 없도다.

묵묵히 어둠의 전선을 지키는 그
무지와 우매의 참호를 향하여 돌진하는 이려니
날마다 날마다 쉴 줄 모르고
청년의 원수인 악의 세력을 정복하고자 싸우며
잠자고 있는 정기를 일깨우도다.
게으른 자에게 생기를 불어 넣어주고
하고자 하는 자를 고무하며
방황하는 자에게 안정을 주도다.

학문의 즐거움을 가르치며

지극하고 값있는 정신적 보물을
젊은이들과 더불어 나누어 가지도다.

그가 켜는 수많은 촛불,
그 빛은 후일에 되돌아와 그를 기쁘게 하나니
이것이야말로 그가 받을 보상이로다.
지식은 책에서 배울 수 있으되
지식을 사랑하는 마음은 오직
서로의 접촉에 의해서만 얻을 수 있는 것이로다.

나라 안을 두루 살피되
무명의 용사보다 더 찬사를 받아 마땅할
사람이 어디 있으랴

민주사회의 귀족적 반열에 오를 자, 그 밖에 또 누구일 것인고
자신의 임금이요, 인류의 머슴인저
오, 그 이름은 무명의 교사로다.

〈교사십계명 / 도종환 시인〉

1. 하루에 몇 번이든 학생들과 인사하라. 한마디의 인사가 스승과 제자 사이를 탁 트이게 만든다.
2. 학생들에게 미소를 지어라. 다정한 선생으로 호감을 줄 것이다.
3. 학생들의 이름을 부르라. 이름 부르는 소리는 누구에게나 가장 감미로운 음악이다.
4. 칭찬을 아끼지 말라. 그리고 가능한 한 비판을 삼가라.
5. 친절하게 돕는 교사가 되라. 학생들과 우호적 관계를 원한다면 무엇보다도 친절하라.
6. 학생들을 성의껏 대하라. 내가 하는 모든 일을 즐거이 말하고 행동하되 다만 신중할 것을 잊지 말라.

7. 항상 내 앞의 학생의 입장을 고려하라. 서로 입장이 다를 경우에는 일반적으로 세 편이 있음을 명심하라.
8. 학생들에게 진심으로 관심을 가지라. 내가 노력한다면 거의 누구든지 좋아 할 수 있다.
9. 봉사를 머뭇거리지 말라. 교사의 삶에 있어서 가장 가치로운 것은 학생을 위한 것이다.
10. 이상의 것에 깊고 실력과 멋있는 유머와 인내, 겸손을 더하라. 그러면 교사가 후회하는 경우는 별로 없을 것이다.

6. 교원의 단체

1) 한국교원단체총연합회(한국교총)

1947년 '조선교육연합회'를 모태로 출발하여, 1948년에 '대한교육연합회'로 개칭한 후, 1989년 '한국교원단체총연합회'로 개칭하여 회원수 약 18만 명을 거느리고 오늘에 이르고 있다. 약칭하여 교총은 교원의 사회적, 경제적 지위향상과 교권(教權)의 옹호 확대, 교직의 전문성 확립 등을 통하여 민주교육 발전에 이바지할 목적으로 조직된 교직자 단체이다.

'한국교총강령'은 교총의 교육이념과 철학, 교직에 대한 신념, 기본활동 방향을 정한 것으로 교총의 제반활동 및 판단의 준거가 되는 것이다. 한국교총강령은 1959년 5월 8일 제13회 대의원회에서 제정한 이후, 1989년 11월 29일 제52회 대의원회에서 1차례 개정해 현재에 이르고 있다.

제1차 강령 개정 이후 지난 20년 동안 한국교육은 초·중등 및 고등교육 기회가 세계적 수준으로 확대됐고, 전통적 교육의 수요자로 인식돼 온 학생과 학부모의 교육에 대한 관심과 참여도 높아졌으며, 또 교원단체도 복수화되는 시대가 됐다.

이에 한국교총은 교육전문가로 구성된 '강령개정위원회'를 만들어 교원단체로서의 이념 및 정체성을 재정립하고 새로운 교원운동을 선도하도록 그 지향점과 실천방향을 담은 새로운 강령을 제안했다.

새로운 강령에는 5가지 원칙이 강조되고 있다. 첫째, 교육의 본질을 구현하는 것을 최우선적 가치로 제시하는 것이다. 한국교총과 소속 교원들은 인간의 자아실현과 학생의 전인교육 활동에 우선적 가치를 부여하고 그것을 실현하기 위해 노력한다는 의지를 담았다. 한국교총이 교육적 가치를 최우선적으로 생각하고 추구하는 전문직 교원단체라는 인식이 확산될 때 국민으로부터 신뢰와 지지를 받는 교원단체가 될 수 있기 때문이다.

둘째, 복수 교원단체 시대에 정체성을 재정립하고 타 단체와의 강령과 차별화를 시도하는 것이다. 학생, 학부모와 함께 교육발전을 도모하는 '전문직 공동체주의'를 새로운 이념으로 제시했다.

셋째, 교원의 권익을 옹호하고 교권을 확립하는 것을 강조하는 것이다. 이를 위해 교원의 전문성을 신장하고 사회·경제적 지위를 높이는 것이 필요하다는 점을 제안했다. 더불어 전문직으로서의 윤리의식과 사회적 신뢰회복을 강조, 교원단체가 교원의 이익만을 옹호하는 배타적 단체가 아니라 윤리적 기초 위에서 전문직으로서 부여한 책임을 실천해 국민에게 신뢰를 안겨주는 도덕적 단체임을 보여주고자 했다.

넷째, 다양한 교육주체와 조화를 이루며 교육운동을 선도하고자 하는 의지를 표명하는 것이다. 교원단체, 학부모단체, 기타 사회단체들을 교육의 동반자로서 존중하고 교육주체 간 협력적 교육운동을 선도하고자 하는 의지를 담았다.

다섯째, 국제사회의 변화에 적극적인 관심을 표명하고 이를 교원운동의 핵심 아젠다(agenda)로 설정하는 것이다. 학생들로 하여금 국제사회의 책임 있는 구성원으로서 필요한 국제이해증진 교육을 실시하고, 국제사회를 위협하는 기아, 전쟁, 환경 등의 제반문제들을 교육적 관심사로 수용하며, 문제해결에 적극적인 노력을 기울이고자 했다. 이를 통해 평화로운 세계를 건설하고 인류공영의 이상을 실현하는데 동참하며 세계적 차원의 복지사회 건설에 앞장서고자 하는 의지를 담았다.

새 강령에 대해 교총 일반회원 2494명과 임원·대의원 189명을 대상으로 설문조사를 실시한 결과 모두 새 강령(안)에 대해 90% 이상의 압도적인 지지를 밝혔다.

새로운 강령에는 교육의 본질을 구현하려는 노력, 교원의 전문성과 자주성을 확보하려는 의지, 시민사회단체의 다양한 목소리에 귀를 기울이려는 노력 등이 담겨져 있다. 특별히 '전문직 공동체주의'로 축약되는 새로운 교육운동의 이념을 강령에 담아 추진하게 된 점은 의의가 크다.

교원을 노동자가 아니라 교육전문가로 보고, 교원단체를 노동조합이 아니라 전문직 교원단체로 인식할 뿐 아니라, 서로 다른 이념과 노선을 가진 교육 관련 단체들과의 대화와 협력을 강조하고 있는 '전문직 공동체주의'는 다른 교원단체들과 확연히 구별 되는 한국교총의 정체성을 확인하는 가장 중요한 개념이 될 것이다. 이를 계기로 국민과 회원들로부터 신뢰받는 교원단체로 자리매김하고 새로운 교육운동을 선도할 수 있는 기틀을 다지게 됐다는 점에서 의의가 크다.

2) 전국교직원노동조합(전교조)

1986년 5월 10일 '교육민주화선언'을 이끈 교사들이 중심이 되어, 1987년 6월 민주화운동 이후 '민주교육추진전국교사협의회'를 만들고 본격적인 교직단체활동에 들어갔으며, 이른바 약칭 '전교협'은 '교육민주화실현'과 '민족·민주·인간화교육'이라는 기치를 내걸고, 참교육실현과 사립학교의 민주화 등 학교민주화투쟁, 그리고 교육악법 개정투쟁에 앞장서며, 1987년 9월 27일 '전교조'의 전신인 '민주교육추진 전국교사협의회'를 창립하였다.

이어 1989년 5월 28일 '전국교직원노동조합'을 창립하였으며, 이로 인해 1,527명의 교사들이 파면과 해임되는 사태를 겪었으나, 1994년 3월 드디어 해직교사 복직을 이루어냈고, 1999년 7월 1일에 와서 '교원노조법'이 국회를 통과해 6만 여명의 조합원수를 거느린 합법단체가 되었다.

전교조의 강령은 다음과 같다.

1. 우리는 교육의 자주성, 전문성 확립과 교육민주화 실현을 위해 굳게 단결한다.

2. 우리는 교직원의 사회경제적 지위 향상과 민주적 권리의 획득 및 교육여건 개선에 모든 노력을 기울인다.
3. 우리는 학생들이 민주시민으로서 자주적 삶을 누릴 수 있도록 민족, 민주, 인간화교육에 앞장선다.
4. 우리는 자유, 평화, 민주주의를 사랑하는 국내 여러 단체 및 세계 교원단체와 연대한다.

한편 참교육실천강령은 다음과 같다.

1. 우리는 더불어 사는 삶을 소중히 여기는 인간상을 추구한다.
2. 우리는 민족의 자주성 확보와 평화통일을 앞당기기 위한 교육을 실천한다.
3. 우리는 민주주의의 완성과 생활화를 지향하는 교육을 실천한다.
4. 우리는 양성평등교육을 실천한다.
5. 우리는 인권교육을 실천한다.
6. 우리는 노동의 가치와 노동자의 권리를 존중하는 교육을 실천한다.
7. 우리는 자연과 인간의 공생을 지향하는 교육을 실천한다.
8. 우리는 몸과 마음의 건강을 지키는 교육을 실천한다.
9. 우리는 교육과정을 창조적으로 운영한다.
10. 우리는 서로 돕고 협동하는 학습의 원리를 구현한다.
11. 우리는 학생자치를 존중하고 돕는다.
12. 우리는 동료교사와 함께 연구하고 실천한다.
13. 우리는 학부모, 지역사회와 협력한다.
14. 우리는 참교육을 가로막는 제도와 관행에 맞서 투쟁한다.

3) 한국교원노동조합(한교조)

1999년 1월 6일 '교원의 노동조합 설립 및 운영 등에 관한 법률'이 국회에서 통과되면서 2만 5천여 명의 조합원을 가진 '한국교원노동조합'이 생겨났다. '한교조'의 창립선언문은 다음과 같다.

우리 교원은 홍익인간의 교육이념 아래 21세기 국가의 미래를 책임지는 2세교육의 직접적 담당자이며 민주주의의 강력한 옹호자로서 창의적인 교육개혁과 교육문화 창달의 주역이다.

우리는 이 같은 역사적 사명을 충실히 이행하기 위하여 교원의 노동기본권 보장과 교육환경개선 및 푸른 교육의 실천을 위하여 힘차게 매진할 것이다.

이를 위해 우리는 교원운동의 자주성과 민주성을 확보하고 어떠한 형태의 부당한 지배나 간섭도 조직의 단결로 극복하고 배격해 나아갈 것이다.

우리는 또한 모든 사람이 평등하게 교육을 받을 수 있는 민주 복지사회 건설과 인간중심의 참된 민주교육환경 실현을 위해 적극적으로 앞장설 것이다.

이에 우리는 이 같은 기본목표를 달성하기 위하여 우리 조직 역량을 확대, 강화하여 어떠한 도전과 시련에도 굴하지 않고 한국교원노동조합의 깃발 아래 힘차게 전진해 나아갈 것임을 엄숙히 선언한다.

1. 우리는 푸른 교육을 실천함으로써 민주적이고 창의적인 2세 교육에 매진해 나아간다.
1. 우리는 조합의 민주적 운영을 확립하고 교원운동의 자주성을 견지한다.
1. 우리는 교원운동의 생명인 조직의 단결과 통일을 위해 매진한다.
1. 우리는 교원의 노동기본권 보장을 통하여 교원의 정치·경제·사회적 지위를 향상시킨다.
1. 우리는 교원의 전문성 제고와 교권수호를 위해 매진한다.
1. 우리는 학교운영의 민주화와 교육여건 개선을 위해 노력한다.
1. 우리는 반교육적 사회병폐를 타하하고 올바른 교육환경 조성에 기여한다.
1. 우리는 헌법에 보장된 국민의 교육받을 권리를 보호하고 교육기회의 균등화를 위해 노력한다.
1. 우리는 겨레의 소원인 평화적이고 민주적인 통일을 위해 노력한다.
1. 우리는 국내외의 모든 교원단체 및 민주세력과 연대를 강화하고 세계평화에 기여한다.

한교조가 내세우는 이른바 '푸른 교육이념'은 다음과 같다.

1. 행복하고 자긍심 있는 교사관 확립 - 교원을 존중하고 학교내·외적 여건 조성, 사회경제적 지위향상을 통한 교원의 자긍심 확립
2. 깨끗하고 선명한 교육 - 상명하복식 교육운동이 아닌 조화와 협력중심 교육, 학교·교사·학생·학부모 모두가 참여하는 투명한 교육
3. 미래지향적이고 창의적인 교육 - 학생을 존중하여 창의력을 발휘하도록 이끌어주는 교육, 사회의 변화속도를 예측하여 구성되는 미래지향적 교육

아이들은 우리 사회의 미래이므로, 아이들의 모습이 푸르고 싱그럽다면 앞으로의 사회 역시 그와 같을 것입니다. 현재, 사회와 교육의 모습은 시들고 뒤틀려 있다고 생각합니다. 교사인 어른과 아이들인 학생들 간의 인간적 신뢰마저도 깨어지고 있으며, 교권에 대한 기본적인 배려도 여지없이 무너져 내리고 있습니다. 우리는 누구나 따스한 봄날의 새싹들처럼 우리의 아이들이 푸르게 자라주기를 소망하고 있습니다. 번듯해 보이지만 자세히 들여다보면 초라하기 그지없는 우리의 교육여건, 우리가 겪었던 그 무서운 입시경쟁을 그저 다 지나가는 관문이려니 여기며 잊고 있던 동안, 우리의 아이들은 똑같은 여건과 소모적인 경쟁 속에서 여전히 자라나고 있었습니다. 이제 우리가 그들의 손을 잡고 함께 시들어버린 세상을 떨치고 푸르른 세상을 일구어낼 노력을 기울여야 할 때입니다. 아이들에게는 어쩔 수 없이 가야되기 때문에 가는 학교가 아니라 꼭 가고 싶어서 가는 학교, 교사들에게는 침울하고 막막한 전쟁터가 아니라 교육에의 맹렬한 열정을 쏟아낼 수 있는 학교, 학부모에게는 등교하는 아이의 뒷모습을 바라보며 흐뭇한 미소를 지을 수 있는 학교, 그래서 등교 길은 누구에게나 푸르고 싱그러운 웃음으로 꽃피는 그날을 우리는 희망합니다. 그런 푸르른 날을 위한 교육, 그것이 바로 "푸른 교육"입니다. 푸른 교육이 성취될 때, 우리 사회도 푸른 사회가 될 것임을 믿습니다.

4) 자유교원조합(자교조)

자유주의교원조합은 1999년 1월 6일 '교원의 노동조합 설립 및 운영 등에

관한 법률'이 국회에서 통과되면서, 이에 근거하여 2006년 3월 31일 뉴 라이트(신 우파) 계열 5천여 명의 교사들이 중심이 되어 주로 전교조에 대항하기 위하여 만들어졌다. 설립의 목적은 '자유민주주의의 이념을 교육운동으로 실천하고 교원의 사회·경제적 지위향상 및 제 권리를 획득하며 합리적, 평화적인 상생의 노동조합운동을 한다.'라고 밝혔다.

2006년 4월 22일 발표한 자유교원조합의 창립선언문은 다음과 같다.

> 21세기 대한민국이 힘을 모아 추진할 국가적 과제는 선진화입니다. 근래 대한민국의 선진화를 목표로 자유주의 운동이 새롭게 일어나 놀라운 기세로 타오르고 있습니다. 대한민국의 선진화를 위해서는 교육이 새롭게 일어나는 교육이 새롭게 태어나 재구축돼야 합니다. 자유주의 교육운동은 '교육 다시 세우기'를 통해 대한민국의 선진화를 견인해내고자 합니다. 자유주의 교육운동의 목표는 우리나라를 21세기 동안에 세계최고의 교육선진국, 세계제일의 지식강국, 글로벌 민주시민의 요람으로 우뚝 세우는 것입니다.

오늘 현장의 학교교육을 책임지고 있는 우리 교원들이 전국에서 모여 자유주의교육운동을 더욱 힘차게 전개하고자 '자유교원조합'(이후, 자유교조)의 기치를 높이 들고자 합니다. 지난 3월 27일에 출범한 서울과 부산의 자유교조, 그리고 뒤이은 경기와 울산의 자유교조가 함께 모여 오늘 전국자유교조의 깃발을 이곳 대전에서 드높이 올리고자 합니다. 오늘 자유교조의 출범은 자유주의교육운동의 승리와 우리나라의 선진화를 앞당길 것이라 확신합니다. 자유교조의 출범을 이렇게 당당하게 선언할 수 있는 것은 우리 자유교조가 3가지 새로운 비전을 가지고 있기 때문입니다.

자유교조의 첫 번째 비전은 글로벌지식기반사회를 이끌어갈 수 있는 새로운 교사상의 창출입니다. 우리가 제시하는 새로운 교사상은 '연구하는 교사', '자기계발에 열심인 교사'입니다. 지금까지의 교사운동은 우리나라의 권위주의적인 교육문화와 열악한 교육환경을 비판하는 활동이 주를 이루었습니다. 반면에 스스로에게 책무를 가하고 노력하는 일은 소홀히 하였습니다. 자기계발 없는 비판 위주의 교사운동은 21세기 정보화 사회를 열어가기에는 미흡함이 있습니다. 교육선진화를 이루기 위해서는 '연구하는 교사', '자기계발에 열심인 교사'가 요구됩니다. 자유교조는 잘못된 정책이나 열악한 환경에 대해 비판도 하겠지만 맡은 바 직무를 스스로 개선하여 향상시킴으로써 교육선진화를 앞장서 열어갈 것입니다.

두 번째 비전은 21세기 자유주의 시대에 걸맞은 새로운 조합운동의 전개입니다. 지금까지의 조합운동은 계급주의·계층주의에 기초하였습니다. 즉 모든 조합원들에게 획일적으로 적용되는 임금인상 투쟁이나 계급주의에 입각한 이념투쟁과 정치투쟁이 운동의 주된 내용이었습니다. 그러나 자유교조가 제시하는 새로운 조합운동은 개인이 이룩한 성과를 바탕으로 그 성과에 상응하는 사회·경제적 보상체제를 만들어가는 운동이 될 것입니다. 그러므로 자유교조는 종래의 조합운동처럼 투쟁과 갈등의 원인제공자가 되는 것을 지양할 것입니다. 반면에 각 조합원들이 스스로 노력하고 교육계 다른 구성원들과의 협력과 상생을 전제로 생산적 활동을 전개하게 될 것입니다. 이러한 자유주의 조합운동이 현실화되어 정착되기 위해서는 시간이 필요하겠지만 결코 좌절하지 않고 정진할 것입니다.

세 번째는 자유교조가 대한민국의 국가체제를 옹호하고 튼튼히 하는 애국운동의 선봉에 서겠다는 것입니다. 자유교조는 대한민국의 정통성을 옹호하고 헌법적 가치를 수호하는 대한민국 최초의 직능조직이 될 것입니다. 우리나라가 선진화를 이루기 위해서는 국가·사회가 안정되고 그 기반이 확고해져야 합니다. 그런데 지금까지의 노동운동이나 교육운동은 대한민국의 정통성을 비판하거나 대한민국의 국가적 정체성을 훼손하는 경우가 많았습니다. 자유교조는 이러한 체제 비판적 운동이나 조합에 맞서 대한민국의 국가적 토대를 튼튼히 해나갈 것입니다.

자유교조는 이러한 새롭고 건강한 비전을 우리사회에 제시하고 앞장서 실천해 감으로써 우리의 미래를 그리고 우리 대한민국의 앞길을 환하게 비추고자 합니다. 그러나 우리 자유교조가 처해 있는 외부적 환경은 반드시 우호적이지만은 않습니다. 무엇보다도 자유주의를 두려워하고 싫어하는 세력이 우리를 음해하고 있기 때문입니다. 그리고 우리 교육계에 잔존해 있는 무사안

일주의도 뛰어넘어야 할 견고한 벽이 되어 있습니다. 하지만 자유교조의 앞길은 밝습니다. 무엇보다 시대정신이 자유교조의 편이고 다수 시민들의 마음이 자유교조를 지지하고 있기 때문입니다. 자유교조, 조합원 여러분!! 국민과 함께, 학부모와 함께 '부모마음교육'을 힘차게 펼쳐나갑시다. 그러면 우리 조합원이 바뀌고 교사가 바뀌고 교육이 바뀌고, 그리고 국가·사회가 바뀌고 시대가 바뀌어 선진화의 시대가 활짝 열릴 것입니다.

한 나라가 선진화로 나아가려면 GDP의 성장도 필요하지만 국민의 사상과 의식이 선진화 되어야 합니다. 경제성장과 함께 국민의 사상 및 의식을 선진화하기 위해서는 교육을 다시 세워야 합니다. 우리 선조들은 19세기 후반에 근대교육의 확립에 실패하여 결국 나라마저 잃고 말았습니다. 그러나 20세기 후반에 대한민국 1세대는 근대교육을 급속히 일으켜 산업화를 달성하였고 제2세대가 민주화를 이룩하였습니다. 이제 미래를 준비하는 우리 교사들이 앞장서 정보혁명에 의한 지식기반화와 세계화에 대응하여 교육을 다시 세워야 할 때입니다. 그리하여 대한민국 제3세대가 선진화를 완성할 수 있도록 그 기반을 확고하게 다져나가도록 합시다.

참고로 자유교원조합의 강령은 다음과 같다.

1. 우리는 대한민국 헌법에 기초한 자유민주주의의 이념을 교육운동으로 실천하기 위해 단결한다.
2. 우리는 교육자로서의 책임과 의무를 다하여 교원의 사회·경제적 지위향상 및 제 권리의 획득을 위해 노력한다.
3. 우리는 교육수요자인 학생과 학부모의 권리를 최대한 존중하고 이들을 위한 교육여건 개선에 매진한다.
4. 우리는 '학생에게 학교선택권을, 학교에게 학생선발권'을 부여하는 자율과 책임의 교육혁신을 추구한다.
5. 우리는 과격한 투쟁위주의 적대적 노동조합운동이 아닌 합리적·평화적인 상생의 노동조합운동을 전개한다.

참고자료 9 교직단체 비교

구분	교원단체(한국교총)	교원노조(전교조, 한교조)
설립근거	교육기본법	교원의 노동조합 설립 및 운영 등에 관한 법률
가입대상	전 교원대상(학교장 포함)	초·중등교육법 제19조 제1항에서 규정하고 있는 교원(교장·교감 등 제외)
교섭·협의 당사자	교육부 장관 및 교육감	교육부장관, 교육감, 사립학교를 설립·경영하는 자
교섭·협의 구조	중앙단위 : 교육부장관 시·도단위 : 교육감 국·공·사립 구분 없음	국·공립의 경우 전국교섭은 교육부장관, 시·도교섭은 교육감, 사립의 경우는 설립·경영자가 전국 또는 시·도단위로 연합하여 교섭
교섭·협의 대상	처우개선, 근무조건 및 복지후생과 전문성 신장에 관한 사항, 교원지위향상을 위한 특별법 제12조 참조	임금·근무조건·후생복지 등 경제적·사회적 지위향상과 관련된 사항, 노동법 해석상의 단체교섭대상이 적용됨
교섭·협의 시기	연 2회 및 특별히 필요하다고 판단된 때 당사자 협의에 의해	최소 2년에 1회
합의사항의 법적 성격	노사간 계약으로서의 성격보다는 정부와 교원단체가 교원의 지위향상을 위한 방안을 강구하고 공동의 목표를 도출하는 합의과정으로서의 성격이 강함	단체협약으로서 규범적 효력이 미침. 다만, 법령·조례 및 예산에 의하여 규정된 내용과 법령 또는 조례에 의한 위임을 받아 규정되는 내용은 단체협약으로서의 효력을 가지지 아니함

제4장
교원의 인사와 복무

1. 교원의 임용
2. 승진
3. 승급
4. 전보
5. 근무
6. 휴가
7. 휴직
8. 상훈 및 징계

1. 교원의 임용

임용(任用)은 신규채용, 승진, 승급, 전직, 전보, 겸임, 파견, 강임, 휴직, 직위해제, 정직, 복직, 해임, 파면 등으로, 그 구체적인 내용은 〈국가공무원법〉 제28조, 〈교육공무원법〉 제11조, 〈교육공무원임용령〉 제9조 및 제11조 등에 명시되어 있으며, 사립학교 교원의 경우는 〈사립학교법〉에 명시되어 있다.

1) 교원의 신규임용

교원의 신규임용은 교원자격증을 가진 자를 대상으로 국·공립학교는 임용고사를 통해서, 사립학교는 사립학교의 선발규정을 통해서 임용하고 있다. 2008년부터 임용고사는 각 시·도별로 1차는 객관식 지필고사, 2차는 전공논술, 3차는 수업실연 및 면접으로 하고 있다. 각 시·도에서 행하는 임용고사에 합격하면 종합성적 순으로 임용후보자 명부를 작성하여 해당 교과별로 임용하는데 명부의 유효기간은 작성일로부터 1년이며, 1년의 범위 안에서 연장이 가능하도록 되어 있다.

한편 응시연령에는 제한이 없으며, 응시자격으로는 해당 교과의 교사 자격증 소지자 및 당해 학년도 취득예정자는 결격사유가 없는 한 누구나 응시가 가능하다. 그리고 교원의 기산호봉은 1급 정교사 9호봉, 2급 정교사 8호봉, 준교사 5호봉, 전문상담교사 9호봉, 사서교사 8호봉, 실기교사 5호봉, 1급 보건교사 9호봉, 2급 보건교사 8호봉, 1급 영양교사 9호봉, 2급 영양교사 8호봉, 그리고 교장, 원장, 교감, 원감, 교육장, 장학관, 교육연구관, 장학사 및 교육연구사에게는 1급 정교사의 호봉을 적용하고 있다.

교원임용의 결격사유로는 금치산자 또는 한정치산자, 파산자로서 복권되지 아니 한 자, 금고 이상의 형을 받고 집행 종료 또는 집행유예가 확정된 후 5년 미경과자, 금고 이상의 형을 받고 집행유예 완료 후 2년 미경과자, 금고 이상의 형의 선고 유예자, 법원의 판결 또는 다른 법률에 의하여 자격상실 또는 정지된 자, 징계에 의하여 파면 처분을 받은 때로부터 5년 미경과자, 징계에 의한 해임 처분을 받은 때로부터 3년 미경과자 등이다.

2) 기간제 교사의 임용

각급학교에서는 교사의 휴직, 장기 병가, 연가 등의 사유에 따라 수업결손을 보충하거나 특정한 교과의 수업을 위하여 기간제 교원을 임용할 수 있다. 계약기간은 1년 이내이며 3년 연장도 가능하다. 임용권자는 해당 학교장이며 보수는 공무원보수규정 제8조에 의거 산정된 호봉을 부여하는데 계약기간 동안 고정급이다.

참고자료 10 기간제 교원의 임용

임용사유	교육공무원법 제44조 제1항 각호의 1의 사유로 휴직한 자의 후임자 보충 파견, 연수, 정직, 직위해제, 휴가(1월 이상)로 후임자 보충 신규임용대상자가 없어 신규채용 불가능시 파면, 해임, 면직처분자의 교원소청심사청구로 후임자 보충이 불가능할 때 특정교과를 한시적으로 담당할 필요가 있을 때 교육공무원이었던 자의 지식이나 경험을 활용할 필요가 있을 때
기간	1년 이내, 3년 연장 가능
임용권	학교장에게 위임
임용대상자	교원자격증 소지자(임용상 결격사유가 없는 자)
임용계약기간 중 해임	업무를 태만히 하거나 업무수행능력이 부족한 때 신체·정신상의 이상으로 계약기간 내에 계약내용을 수행하기 곤란할 때 복무상의 의무를 위반한 때 채용자격에 결격사유가 있거나 형사사건으로 기소된 때(다만 약식명령이 청구된 경우는 제외) 특별한 이유 없이 1주일 이상 근무하지 않는 경우
보수	공무원보수규정 제8조에 의거 산정된 호봉(계약기간 동안 고정급) 예산의 범위 내에서 각종 수당 지급
신분·권한	책임이 중한 감독적 직위에 임용불가 정규교원에 임용될 때 우선권 불인정 정규교원과 같은 신분보장 규정의 적용이 배제됨

3) 보직교사의 임용

보직(부장)교사의 임용은 초등학교는 교무, 연구, 학년, 생활, 윤리, 환경, 체육, 지역사회교육, 과학, 분교부장교사, 기타 특수업무 또는 교과담당 부장교사로서 하되, 종류 및 업무분장은 학교장이 정한다. 중·고등학교는 교무, 연구, 학생, 윤리, 환경, 과학, 체육, 진로상담, 지역사회교육, 실과, 분교부장교사, 기타 특수업무 또는 교과담당 부장교사로 하되 종류 및 업무분장은 학교장이 정한다.

참고자료 11 각급 학교의 보직교사의 임용

구분	보직교사의 수	보직교사의 종류 및 명칭
유치원	3학급~5학급 유치원 : 1인 6학급~11학급 유치원 : 2인 12학급 이상의 유치원 : 3인 11학급 이하의 유치원 중 교육부지정연구학교는 보직교사 1인을 더 둘 수 있음.	보직교사의 명칭은 관할청이, 유치원별 보직교사의 종류 및 업무분장은 원장이 정함.
초등학교	6학급~11학급 학교 : 2인 12학급~17학급 학교 : 4인 이내 18학급~35학급 학교 : 6인 이내 36학급 이상의 학교 : 12인 이내 교감을 두지 않는 5학급 이하의 학교 또는 5학급 이하의 분교장 : 1인 교육부지정연구학교는 보직교사 1인을 더 둘 수 있음.	보직교사의 명칭은 관할청이, 학교별 보직교사의 종류 및 업무분장은 학교장이 정함.
중학교	3학급~8학급 학교 : 1인 9학급~11학급 학교 : 2인 12학급~17학급 학교 : 8인 이내 18학급 이상의 학교 : 11인 이내 2학급 이하의 분교장 : 1인 체육중학교의 경우와 11학급 이하의 학교로서 교육부장관이 지정하는 연구학교에서는 보직교사 1인을 더 둘 수 있음.	보직교사의 명칭은 관할청이, 학교별 보직교사의 종류 및 업무분장은 학교장이 정함. 중학교의 장은 미리 교육부장관(교육감에게 위임)의 승인을 얻어 필요한 보직교사를 더 둘 수 있음.
고등학교	3학급~5학급 학교 : 2인 6학급~8학급 학교 : 3인 9학급~17학급 학교 : 8인 이내	중학교와 동일함.

	18학급 이상의 학교 : 11인 이내 실업과를 설치한 고등학교 및 체육고등학교와 8학급 이하의 학교 중 교육부지정연구학교는 보직교사 1인을 더 둘 수 있음.	
보직교사와 부장교사	고등학교 이하 각급 학교의 교육과정운영의 효율성을 높일 수 있도록 교원조직모형을 구안하여 부를 둠. 보직교사의 명칭은 부장교사로 하고 부의 종류 및 업무분장은 학교장이 정함.	

- 교장은 4년 임기로 1차에 한해 중임할 수 있고, 1차 임기를 마치고 정년 잔여기간이 4년 미만인 자는 특별한 결격사유가 없는 한 재임용되며, 정년 전에 임기만료 교장으로서 교사로 근무할 것을 희망하는 경우에는 수업능력 및 건강 등을 참작하여 원로교사로 임용할 수 있다. 초빙교장제 또는 초빙교장제를 실시하려고 할 경우에는 학교운영위원회의 심의를 거쳐 임용권자에게 초빙을 요청한다.

2. 승진

승진(昇進)은 동일 직렬 내에서 하위 직급에서 상위 직급으로 임용되는 것을 말하는데, 이에 따라 보수가 올라가고 직무의 곤란도와 책임의 확대를 수반한다. 교육공무원은 교사에서 교감, 교장으로 직급이 수직 이동하는 것이 승진이다. 교원이 장학사나 교육연구사 등 교육전문직으로 이동하는 것은 승진이 아니고 전직이다.

교육공무원의 승진규정은 경력 평정점수, 연수성적 평정점수, 근무성적 평정점수, 각종 가산점수 등을 합산하여 작성한 순위를 바탕으로 이루어지는데, 세부내용은 시·도교육청별로 차이가 있다. 근무평정 대상은 교사, 교(원)감, 장학사, 연구사 등이다.

근무평정 종류 중 경력평정은 기본경력(평정시기로부터 20년)과 초과경력(기본경력 전 5년 간)으로 구분하여 평정하고, 근무성정평정은 근무실적, 근무수행능력, 근무수행태도 등에 대해 평정한다. 또 연수성적평정은 교육성적평정과 연구실적평정으로 구분하여 평정하고, 가산점평정은 교사들의 직무수행에 대한 동기부여를 위하여 특별한 자격을 획득하거나 어려운 직무를 수행하였을 경우에 그 대가로 인사행정에 실적을 반영해 주는 것이다.

평정은 매년 12월 31일이 기준일이며, 교감(30점)이 평정자가 되고, 교장(40점)이 확인자가 된다. 동료교사의 다면평가는 30점으로, 도합 100점 만점이다. 평정요소로서는 자질 및 태도를 20점으로 하여, 즉 교육자로서의 품성이 10점, 공직자로서의 자세가 10점이다. 근무실적 및 근무수행능력은 80점으로 하여, 학습지도가 40점, 생활지도가 20점, 교육연구 및 담당업무가 20점이다.

3. 승급

승급(昇給)은 〈공무원보수규정〉에 의해 호봉을 획정하는 것이다. 여기서 보수는 봉급과 기타 각종 수당을 합산한 금액을 말하며, 연봉제 대상 공무원은 연봉과 기타 각종 수당을 합산한 금액을 말한다. 우리나라 교육공무원의 보수체계는 동등한 학력과 자격 및 경력을 가진 교원은 학교급별, 성별 등의 조건에 관계없이 동일한 보수를 지급 받는 단일호봉제이다.

봉급은 직무의 곤란성 및 책임의 정도와 재직기간 등에 따라 계급별·호봉별로 지급되는 기본급여를 말하고, 수당은 직무여건 및 생활여건 등에 따라 지급되는 부가급여를 말한다. 그러므로 승급은 일정한 재직기간의 경과 기타 법령의 규정에 의하여 현재의 호봉보다 높은 호봉을 부여 받는 것을 말하며, 직전 호봉 승급일부터 근무연수가 1년이 경과한 달이 속하는 매달 1일에 호봉 승급을 한다.

승급에는 제한도 있는데, ① 징계처분기간·직위해제기간·휴직기간은 승급이 제한된다. ② 병역휴직이나 노조전임휴직, 육아휴직 등 일부 휴직의 경우에는 복직 시 동 휴직기간을 승급기간에 포함시킨다. ③ 공무상 질병휴직의 경우에는 일반 재직자와 같이 휴직 중일지라도 승급일에 승급할 수 있다.

참고자료 12 휴직과 호봉승급

종류	호봉승급기간 포함여부
질병휴직	호봉승급기간에서 제외 (공무상 질병인 경우는 포함)
병역휴직	호봉승급기간에 포함
생사불명	호봉승급기간에서 제외
법정의무수행	호봉승급기간에 포함
육아휴직	호봉승급기간에 포함(최초 1년 이내)
외국기관고용휴직	상근은 100% 산입(비상근은 50%)
국내연구(연수)휴직	50% 산입(단, 상위자격이나 학위를 취득하였거나 교육경력의 산입으로 호봉을 재획정할 필요가 있을 때는 호봉재획정)
간병휴직	호봉승급기간에서 제외
배우자동반휴직	호봉승급기간에서 제외
노조전임휴직	호봉승급기간에 포함
해외유학휴직	50% 산입

한편 호봉획정과 재획정의 기준을 표로 나타내면 다음과 같다.

참고자료 13 호봉획정·재획정 기준

초임호봉획정	환산경력연수+(학령-16)+가산연수=경력 기산호봉+(경력÷호봉승급기간)=호봉
재획정	현재까지의 총경력+새로운 경력 잔여기간은 다음 승급기간에 산입 특별승급 또는 승급제한 등의 사유가 있을 때는 이를 가감

여기서 가산연수는 ① 수학연한 2년 이상인 사범계학교 졸업자 : +1년, ② 특수교사 자격증 소지자가 특수학교에 근무하거나, 일반학교의 특수학급을 담당할 경우에는 사대졸업자 : +2년(사대 : +1년, 특수 : +1년), 비사대졸업자 : +1년으로 한다.

4. 전보

전보(轉補)는 교육공무원의 동일 직위 및 자격 내에서 근무기관이나 부서를 달리하는 임용을 말하며, 교원의 전보는 5년 범위 내에서 매년 3월 1일과 9월 1일자로 이루어지고 있다. 이 전보는 안정된 교직수행과 장기근무로 인한 침체를 방지하기 위하여 시행하는 것으로 임용권자는 다음과 같은 원칙을 지켜야 한다.

첫째는 임용권자는 소속교원이 동일 직위에 있어서의 장기근무로 인한 침체를 방지하기 위하여 매년 전보계획을 수립하여 전보를 해야 한다.

둘째는 임용권자는 교원의 생활근거지 근무 또는 희망근무지 배치를 최대한으로 보장하여 사기진작 및 생활안정을 도모하고 전보의 공정성을 확보하기 위하여 최대한 노력해야 한다.

셋째는 시·도교육감 또는 교육장이 교원전보계획을 수립할 때에는 관할지역 내의 국립학교 소속교원을 포함해야 한다. 국립학교의 장은 시·도교육감 또는 교육장의 인사원칙에 따라야 하며, 국립학교에서 공립학교로 전보될 자는 국립학교의 장이 선정하고, 공립학교에서 국립학교로 전보될 자는 시·도교육감 또는 교육장으로부터 임용예정 인원의 3배수 범위 내에서 추천을 받아 국립학교의 장이 선정한다.

한편 임용권자는 전보를 함에 있어서 거리·교통 등 지리적 요건과 문화시설의 보급 등을 고려하여 인사구역 및 인사구역별 근무기간 등을 정한 전보구역에 대한 전보기준을 전보발령 3개월 이전에 공개해야 한다.

1) 정기 전보

① 교원의 학교 간 전보는 임용권자가 정하는 기간 동안 동일 직위에 근속한 자를 대상으로 정기적으로 실시한다. 다만, 교육상 특히 필요하다고 인정할 때에는 임용권자가 정하는 기간 동안 전보를 유예할 수 있다.

② 임용권자가 소속 교육공무원에 대하여 전보희망자가 적은 지역에 장기근무를 하게 할 때에는 임용권자가 정하는 특별한 경우를 제외하고는 당해 교육공무원의 근무성적이 '우' 이상이어야 한다.

③ 교육부장관이 지정한 전문계 고등학교(종합고등학교 포함)에 근무하는 교장·교감 및 전문교과 담당교사에 대하여는 위의 규정에도 불구하고 근속기간에 제한을 두지 아니 할 수 있으며, 당해 학교장의 추천에 의하여 전보할 수 있다.

2) 비정기 전보

임용권자는 교육상 전보가 불가피하다고 인정할 때에는 동일 직위 근속기간이 정기 전보 기간 이내라 하더라도 전보할 수 있으나 교권이 침해되지 않도록 신중해야 하며 전보기준에 비추어 보편타당한 사유가 있어야 한다.

5. 근무

공립학교 교사는 교육공무원임과 동시에 국가공무원으로서 〈국가공무원법〉과 〈교육공무원법〉에 정한 복무규정을 지키며 소임을 다해야 한다. 사립학교 교원도 기타 규정에 특별히 명시된 경우를 제외하고는 공립학교 교원의 복무규정에 준하여 적용된다.

단위학교별 탄력적 근무시간제에 따라 근무하되 법과 규정에 정한 범위 내에서 기관장의 판단에 따라 탄력적으로 운영할 수 있다. 구체적인 근무내용은 다음과 같다.

① 1주간 근무시간은 점심시간을 제외하고 40시간을 기준으로 한다.
② 1일의 근무시간은 9시부터 18시까지로 하며, 점심시간은 12시부터 13시까지다. 다만 행정기관의 장은 직무의 성질, 지역 또는 기관의 특수성을 감안하여 1시간의 범위 안에서 점심시간을 달리 정하여 운영할 수 있다.
③ 교원의 경우는 학생지도의 목적에 따라 근무시간이 탄력적으로 적용되며 평일의 경우 오전 8시 30분에서 오후 4시 30분(8시간)을 근무시간으로 본다.
④ 고등학교 이하 각급학교에서는 학교별 교육과정운영의 자율성을 높이고 교원의 자율연수기회를 확대하기 위하여 단위학교별 탄력적 근무시간제를 2002년 3월 1학기부터 시행하고 있다.
⑤ 복무관리의 효율화를 위해 근무상황부를 부서개인별로 비치한다.
⑥ 휴가·지참·조퇴 및 외출과 근무지 내 출장 시 근무상황부나 근무상황카드에 의하여 사전에 학교장에게 허가를 받아야 한다.
⑦ 허가를 받지 아니 하고 출근하지 아니 한 때는 결근으로 처리한다.

6. 휴가

교원의 후생복지와 관련하여 교원의 휴가는 법과 규정에 휴가의 원칙과 절차 및 휴가일수 등을 명시하였고, 이 규정에 따라서 시행하고 있다. 사립학교 교원도 공립학교 교원의 규정에 준한다.

1) 운영

휴가의 종류로는 연가, 병가, 공가, 특별휴가 등이 있으며, 휴가의 실시원칙으로는 소속공무원이 원하는 시기에 법정일수보장 및 휴가에 따른 업무공백방지, 연가와 장기근속휴가는 학생들의 수업 등을 고려하여 특별한 경우(부모 위독 등)외는 학교교육활동에 지장이 없는 기간에 실시하여야 한다.

휴가의 허가권자 및 절차로는 미리 신청해서 허가를 받아야 하며(병가와 특별휴가 등 불가피한 경우는 당일 오전 수업 종료 시까지 필요한 절차를 취하여야 함), 학교장의 휴가는 상급기관 장의 허가를 받아서 실시한다.

휴가일수의 계산은 연가·병가·공가 및 특별휴가의 일수는 종류별로 따로 계산하며 휴가기간 중의 토요일 또는 공휴일은 그 휴가일수에 산입하지 않으나, 휴가일수가 연속하여 30일 이상 계속되는 경우와 경조사휴가의 경우는 산입한다. 그리고 법정휴가일수를 초과한 휴가는 결근으로 처리한다.

2) 실시 방법

(1) 연가

연가는 교원을 포함한 공무원이 1년 동안 유급으로 휴가를 받을 수 있는 기간으로 재직기간별로 그 일수를 달리 한다.

참고자료 14 재직기간별 연가일수

재직기간	연가일수	재직기간	연가일수
3월 이상~6월 미만	3일	3년 이상~4년 미만	14일
6월 이상~1년 미만	6일	4년 이상~5년 미만	17일
1년 이상~2년 미만	9일	5년 이상~6년 미만	20일
2년 이상~3년 미만	12일	6년 이상	21일

* 미사용 연가에 대해서는 연가보상비를 지급하는데, 교원은 방학이 있다는 이유로 지급하지 않는다.

(2) 병가

일반병가는 ① 질병 또는 부상으로 직무를 수행할 수 없을 때, ② 전염병의 이환(罹患 : 병에 걸림)으로 그 공무원의 출근이 다른 공무원의 건강에 영향을 미칠 우려가 있을 때, ③ 연 60일의 범위 안에서 허가, 질병 부상에 따른 지참·조퇴·외출은 구분 없이 누계 8시간을 병가 1일로 계산한다.

공무상 병가는 공무상 질병 또는 부상으로 직무를 수행할 수 없거나 요양을 요할 경우, 연 180일의 범위 안에서 허가한다.

병가일수의 계산은 1년 단위로 하며, 전년도 병가사용일수에 관계없이 연도가 바뀌면 새로 시작한다. 다만 공무상 병가에서 병가사유가 동일한 경우는 그러하지 아니 한다. 진단서를 제출해야 함에도 그러하지 못한 병가는 이를 연가일수에서 공제하고 병가일수에는 산입하지 않는다.

(3) 공가

공가는 공적인 업무에 의하여 근무를 할 수 없을 때 해당사유에 의해 학교장으로부터 허가를 얻는 것을 말하며, 〈공무원 복무규정〉에 명시된 공가는 다음과 같다.

① 〈병역법〉 기타 다른 법령에 의한 징병검사·소집·검열·점호 등에 응하거나 동원 또는 훈련에 참가할 때
② 공무에 관하여 국회·법원·검찰 기타 국가기관에 소환된 때
③ 법률이 규정에 의하여 투표에 참가할 때
④ 승진·전직시험에 응시할 때
⑤ 원격지간의 전보발령을 받고 부임할 때
⑥ 〈국민건강보험법시행령〉 제26조에 의한 건강검진을 받을 때
⑦ 〈교원연수에 관한 규정〉 제13조에 의한 외국어 능력시험에 응시할 때
⑧ 올림픽·전국체전 등 국가적인 행사에 참가할 때
⑨ 천재지변·교통차단 등 기타의 사유로 출근이 불가능할 때
⑩ 〈혈액관리법시행령〉 제2조의 규정에 의하여 헌혈에 참가할 때
⑪ 〈교원의 노동조합 설립 및 운영 등에 관한 법률〉 제6조에 의한 단체교섭위원으로 참석할 때와 〈교원의 노동조합 설립 및 운영 등에 관한 법률 시행령〉 제3조 3항에 의한 교섭관련협의를 위하여 지명된 자로 참석할 때

(4) 특별휴가

① 경조사 휴가

참고자료 15 경조사별 휴가일수

<table>
<tr><th>구분</th><th>대상</th><th>일수</th><th>구분</th><th>대상</th><th>일수</th></tr>
<tr><td rowspan="3">결혼</td><td>본인</td><td>7</td><td rowspan="4">사망</td><td>자녀와 그 자녀의 배우자</td><td>3</td></tr>
<tr><td>자녀</td><td>1</td><td>본인 및 배우자의 형제자매와 그 형제자매의 배우자</td><td>3</td></tr>
<tr><td>본인 및 배우자의 형제자매</td><td>1</td><td>본인 및 배우자 부모의 형제자매와 그 형제자매의 배우자</td><td>3</td></tr>
<tr><td rowspan="2">회갑</td><td>본인 및 배우자</td><td>5</td><td>배우자, 본인 및 배우자의 부모</td><td>2</td></tr>
<tr><td>본인 및 배우자의 직계존속</td><td>1</td><td rowspan="4">탈상</td><td>본인 및 배우자의 증조부모·조부모·외증조부모·외조부모</td><td>1</td></tr>
<tr><td>출산</td><td>배우자</td><td>3</td><td rowspan="3">본인 및 배우자의 형제자매와 그 형제자매의 배우자</td><td rowspan="3">1</td></tr>
<tr><td rowspan="2">사망</td><td>배우자, 본인 및 배우자의 부모</td><td>7</td></tr>
<tr><td>본인 및 배우자의 증조부모·조부모·외증조부모·외조부모</td><td>5</td></tr>
</table>

〈국가공무원복무규정〉 제20조 제1항 관련 경조사별 휴가일수에서 원격지일 경우, 실제 필요왕복 소요일수는 가산가능(가산할 수 있는 왕복소요일수는 2일을 초과할 수 없음)하며, 경조사휴가가 2일 이상인 경우, 그 사유가 발생한 날을 포함하여 전후에 연속 실시한다.

〈민법〉에 의한 직계존속의 범위는 부모·조부모·증조부모·외조부모·외증조부모를 포함하며, 양자·양녀로 입적된 경우에는 양부모와 친생부모를 포함하고, 계부·계모는 인척으로 직계존속이 아니다.

② 출산휴가

임신 중의 교원에 대하여 출산의 전후를 통하여 90일의 출산휴가를 허가하여야 하고, 휴가기간의 배치는 산후에 45일 이상이 되어야 한다. 다만, 휴가기간의 배치는 의료기관의 진단서에 의한 출산예정일을 기준으로 하되, 조산의 우려 등 특별한 경우는 예외를 인정한다.

임신 16주 이후 유산 또는 사산한 경우로서 교원이 신청하는 때에는 다음 기준에 따라 유산·사산휴가를 주어야 한다. 다만, 인공임신중절수술(〈모자보건법〉 제14조 제1항의 규정에 의한 경우는 제외)에 의한 유산의 경우는 휴가를 부여하지 않는다.

③ 여성보건휴가

여자교원은 매월 생리기와 임신한 경우 정기검진 등을 위하여 매월 1일의 여성보건휴가를 얻을 수 있다. 이 경우 유급으로 처리한다.

보건휴가의 취지상 폐경기가 도래한 여성은 보건휴가를 얻을 수 없다. 이 경우 의사의 진단서로 증명할 수 있다.

보건휴가는 1일로 사용하는 것이므로 분리하여 2일 사용은 할 수 없다.

④ 육아휴가

생후 1년 미만의 유아를 가진 여자교원은 1일 1시간의 육아시간을 얻을 수 있으며, 허가대상 여부는 병원의 출생증명서 또는 주민등록등본으로 확인한다.

육아시간은 본인의 신청에 따라 수업 등 학생지도에 지장이 없는 범위 내에서 근무시간 중의 적절한 시간을 선택하여 유아가 만 1세가 되는 날의 전일까지 허가한다.

육아시간의 허가는 근무상황부에 사용기간과 매일의 사용시간을 기재하여 일괄결재로 처리하고, 사용시간이 변경될 경우에는 다시 결재를 받아야 한다.

⑤ 수업휴가

한국방송통신대학교에 재학 중인 교원은 〈한국방송통신대학교 설치령〉에 의한 출석수업에 참석하기 위하여 연가일수를 초과하는 출석수업에 대하여 수업휴가를 얻을 수 있다.

본인의 법정연가일수를 먼저 사용한 후에 부족한 일수에 한하여 수업휴가가 인정되므로 출석수업 전 연가사용은 불가피한 경우로 제한하여야 한다.

⑥ 장기재직휴가

교원이 20년 이상 재직한 경우 학교의 장은 재직기간 20년이 도래한 날로부터 재직기간 중에 10일간의 장기재직휴가를 허가하여야 한다.

장기재직휴가는 1회 10일간 사용을 원칙으로 하되 필요한 경우에는 분할하여 사용할 수 있다.

재직기간의 계산은 연가일수 계산방법을 적용한다.

장기재직휴가 허가 시는 교육공무원 인사기록카드 비고란에 휴가를 허가한 사실을 기록하여야 한다.

⑦ 재해구호휴가

수해·화재·붕괴·폭발 등의 재해 또는 재난으로 인하여 피해를 입은 교원과 재해 또는 재난발생지역에서 자원봉사활동을 하고자 하는 교원은 5일 이내의 재해구호휴가를 얻을 수 있다.

학교의 장은 재해 또는 재난의 피해정도, 피해지역에 대한 자원봉사활동의 필요성, 학생수업상의 지장유무 등을 판단하여 신중하게 허가하여야 하며 이를 남용하지 않아야 한다.

⑧ 포상휴가

〈상훈법〉에 의한 훈·포장, 국무총리 이상의 표창, 모범공무원 규정에 의한 모범공무원으로 선발, 주요 업무의 성공적 수행공무원 등은 수상 후 3개월 이내에 6일 이내의 휴가일수를 얻을 수 있다.

⑨ 퇴직준비휴가

정년퇴직 및 명예퇴직을 하게 될 공무원은 퇴직예정일 전 3월이 되는 날부터 퇴직예정일 전일까지 3월의 휴가일수를 얻을 수 있다.

(5) 공무 외의 국외여행

기본방침으로서 교원의 공무 외 국외여행은 휴업일(여름·겨울 및 학기말 휴업일을 말함) 중에 실시함을 원칙으로 한다. 교원의 전문성 신장을 위하여 휴업일 중 공무 외의 자율연수 목적의 국외여행 기회를 부여한다. 공무 외

자율연수 목적의 국외여행 인정범위 및 절차 등에 관한 세부사항은 시·도교육감(국립은 총장 또는 학교장)이 정한다.

실시 방법 및 기간으로서는 본인 또는 친인척의 경조사, 질병의 치료, 친지방문, 견문목적, 취미활동, 가족기념일여행, 기타 필요한 경우에 시행할 수 있다.

① 본인 또는 친인척의 경조사 및 본인의 긴급한 질병치료 등 특별한 경우를 제외하고는 학교교육에 지장이 없는 휴업일 중 휴가기간의 범위 안에서 공무 외의 목적으로 국외여행을 할 수 있다.

② 교원(〈교육공무원법〉 제2조 제1항 제1호)이 여름·겨울 및 학기말 등의 휴업일에 공무 외의 국외여행을 할 경우에도 국가공무원 복무규정에 의한 휴가일수의 범위 안에서 실시한다. 다만, 〈교육공무원법〉 제41조의 규정에 의한 연수목적의 국외여행은 별도이다.

7. 휴직

1) 직권휴직

직권휴직은 교육공무원으로서 재직 중 일정한 사유로 인해 직무에 종사할 수 없을 때, 면직시키지 아니 하고 신분을 보유하게 하는 제도로써, 발령권자가 직권으로 휴직 처리하는 것을 말하는데 그 사유와 기한은 다음과 같다.

① 신체·정신상의 장애로 장기요양을 요할 때 : 1년 이내

② 〈병역법〉에 의한 병역의 복무를 위하여 징집 또는 소집되었을 때 : 복무기간

③ 천재·지변 또는 전시·사변이나 기타의 사유로 생사 또는 소재가 불명하게 된 때 : 3월 이내

④ 기타 법률이 규정에 의한 의무를 수행하기 위하여 직무를 이탈하게 된 때 : 의무 복무기간

⑤ 〈교원의 노동조합 설립 및 운영 등에 관한 법률〉 제5조의 규정에 의하여 노동조합 전임자로서 종사하게 된 때 : 전임기간

2) 청원휴직

청원휴직은 교육공무원으로서 재직 중 일정한 사유가 있어 본인의 청원에 의해 발령권자가 휴직을 허락하되 면직시키지는 아니 하고 신분을 보유하게 하는 제도로써 그 사유와 기간은 다음과 같다.

① 학위취득을 목적으로 해외유학을 하거나 외국에서 1년 이상 연구 또는 연수하게 된 때 : 3년 이내(학위취득의 경우 3년 연장 가능)
② 국제기구·외국기관 또는 재외국민교육기관에 고용된 때
③ 6세 미만인 자녀를 양육하기 위하여 필요하거나 여교원이 임신 또는 출산하게 된 때 : 1년 이내(여교원의 경우 2년 연장 가능)
④ 교육부장관이 지정하는 국내의 연구기관이나 교육기관 등에서 연수하게 된 때 : 3년 이내
⑤ 사고 또는 질병으로 장기간의 요양을 요하는 부모, 배우자, 자녀 또는 배우자의 부모의 간호를 위하여 필요한 때 : 1년(재직 기간 중 총 3년 이내)
⑥ 배우자가 외국근무를 하게 되거나 제5호에 해당하게 된 때 : 3년 이내(3년 연장 가능, 단, 총 휴직기간은 배우자의 국외근무, 해외유학·연구 또는 연수기간을 초과할 수 없음)

3) 휴직기간의 처우

휴직기간의 처우는 〈국가공무원법〉 제73조 및 〈공무원보수규정〉 제28조의 규정에 따르는데 다음과 같다.

① 신분은 보유하나 직무에 종사하지는 못한다.
② 휴직기간 중 휴직사유가 소멸되면 30일 이내에 신고해야 하며 지체 없이 복직된다.
③ 휴직기간이 만료되면 30일 이내 복직신고를 해야 하고 당연 복직된다.
④ 신체·정신상의 장애로 인한 휴직은 봉급의 7할을 지급한다.

⑤ 결핵성 질환으로 인한 휴직은 봉급의 8할을 지급한다.

⑥ 공무상 질병으로 인한 휴직은 봉급전액을 지급한다.

⑦ 해외유학 또는 1년 이상 국외연수휴직은 봉급의 5할을 지급한다.

8. 상훈 및 징계

1) 상훈

상훈과 관련된 법규들은 〈상훈법〉, 〈상훈법시행령〉, 〈정부표창규정〉, 〈정부포상업무지침〉 등이 있으며, 상훈의 종류는 훈장(勳章), 포장(褒章), 표창(表彰), 포상(褒賞) 등이 있다.

먼저 훈장의 종류를 도표로 나타내면 다음과 같다.

참고자료 16 훈장의 종류

종류 등급	국민훈장	근정훈장	새마을훈장	문화훈장	체육훈장
1등급	무궁화장	청조근정훈장	자립장	금관문화훈장	청룡장
2등급	모란장	황조근정훈장	자조장	은관문화훈장	맹호장
3등급	동백장	홍조근정훈장	협동장	보관문화훈장	거상장
4등급	목련장	녹조근정훈장	근면장	옥관문화훈장	백마장
5등급	석류장	옥조근정훈장	노력장	화관문화훈장	기린장

다음으로 포장의 종류로는 건국포장, 국민포장, 무공포장, 근정포장, 보국포장, 예비군포장, 수교포장, 산업포장, 새마을포장, 문화포장, 체육포장 등이 있다.

표창은 대통령표창, 국무총리표창, 장관표창, 교육감표창, 교육장표창 등 관련기관장의 표창이 있다.

포상은 주로 '스승의 날'(매년 5월 15일)을 통하여 이루어지는데 표창은 5년 이상, 포장은 10년 이상, 훈장은 15년 이상 재직한 자 중에서 학교인사위원회의 심의를 거쳐 학교장이 추천한다.

① 스승의 날 포상 : 추천기준은 국가관 및 교육관이 투철한 교원으로 위와 같으며, 추천 제외 대상자는 재포상 대상자(훈장 또는 포장을 받은 자는 5년 이내에 다시 받을 수 없으며, 표창도 2년 이내에는 다시 받을 수 없음), 형사처벌을 받은 자(기소되어 형사재판에 계류 중인 자, 금고 이상의 형을 받고 그 집행이 종료된 후 3년이 지나지 않은 자, 집행유예를 받은 경우에는 기간이 완료된 날로부터 1년이 지나지 않은 자, 금고 이상의 형의 선고유예를 받은 경우는 그 기간 중에 있는 자), 사회적으로 지탄을 받는 자(각종 비위와 부조리 등으로 물의를 일으켜 합당하지 않다고 판단되는 자, 재직 중 징계를 받은 자, 징계의결 요구 중인 자).

② 우수 모범 공무원 포상 : 교육공무원은 우수공무원은 될 수 없고 모범공무원은 가능하며, 연 2회로 상반기는 6월 중에, 하반기는 12월 중에 한다.

③ 퇴직자 포상 : 재직 중 직무에 정진하여 국가발전에 기여한 교육공무원 또는 사립학교 교원으로서 정년(명예)퇴직자 또는 의원퇴직자(임기만료 퇴직자 및 사망자 포함)가 대상이며, 훈·포장, 대통령·국무총리·교육부장관 표창이 있다.

2) 징계

징계라고 까지는 볼 수 없으나 직위해제와 직권면직이라는 것이 있는데, 그 중 직위해제는 〈국가공무원법〉 제73조의 2에 의해 '직무수행 능력부족, 근무성적불량, 근무태도 불성실, 징계의결 요구 중인 자, 형사사건으로 기소된 자'가 해당되며, 직위해제 된 자는 〈공무원보수규정〉 제29조에 의해 봉급의 8할만 지급된다.

그리고 직권면직은 〈국가공무원법〉 제70조 1항에 의거, 직제와 정원의 개폐, 예산감소 등에 의하여 과원 되었을 때, 휴직기간 만료와 휴직사유 소멸 후 복귀불응 또는 능력부족, 전직시험에서 3회 이상 불합격자로 직무수행 능력부족, 징병검사와 입영 또는 소집명령의 기피와 군무이탈, 대기명령을 받은 자가 능력향상 또는 개전의 정이 없을 때가 해당된다.

징계는 〈국가공무원법〉 제33조, 제78조, 제79조, 제80조와 〈교육공무원 징계령〉 제1조, 제6조-18조, 제51조 등에 의해 경징계인 감봉, 견책과 중징계인 파면, 해임, 정직 등으로 나누어진다. 자세히 설명하면 다음과 같다.

① 교원은 〈국가공무원법〉, 〈사립학교법〉 및 교육관계법 등 제 법령에 의한 명령위반, 직무상의 의무위반, 직무태만, 직무 내·외 불문 체면 또는 위신의 손상행위와 같은 품위손상 등이 있을 경우에 징계에 회부된다. 따라서 교원의 징계는 〈국가공무원법〉 제78조 1항과 〈사립학교법〉 제61조 1항에 의거하여 국·공·사립학교의 교원들에게 동일하게 적용된다.

② 징계를 요구하기 위한 구체적인 비위유형은 성실의무위반(직무태만 또는 회계질서문란), 복종의무위반, 직장이탈금지위반, 친절·공정의무위반, 비밀엄수의무위반, 청렴의무위반, 품위유지의무위반, 영리업무 및 겸직금지의무위반, 집단행위금지의무위반 등이다.

③ 징계요구 시기는 징계사유가 발생되는 당시부터이며, 징계사유의 시효는 징계사유 발생일로부터 2년(금품 및 향응수수, 송금횡령의 경우에는 3년)이 경과되면 징계의결 요구가 불가능하다. 징계는 징계의결 요구서가 접수된 날로부터 60일 이내에 징계의결을 끝내야 하며, 부득이한 경우에는 당해 징계위원회의 의결로 30일 연장이 가능하다. 징계의결 요구와 동시에 징계대상자에게 징계의결요구서 사본(사립은 징계사유설명서)을 송부해야 한다.

④ 징계의결을 요구할 수 있는 사람은 국·공립은 소속 교육기관의 장, 교육행정기관의 장, 교육연구기관의 장인데, 구체적으로는 대학의 총장, 초·중등학교의 장, 교육감, 교육장, 연구원장이다. 사립은 이사장 또는 경영자, 정관에 위임된 경우는 총장이 요구한다. 또한 국·공립은 관할 징계위원회에 징계를 요구하게 되며, 사립은 자체 교원징계위원회에, 관할청은 임면권자에게 징계를 요구한다.

⑤ 징계위원회는 징계의결 전에 징계대상자의 진술을 반드시 들어야 하

며, 본인에게 진술기회를 주지 아니한 의결은 무효이다. 그러나 징계혐의자가 2회 이상의 출석통지에도 불구하고 불응하는 경우는 서면심사로 징계의결이 가능하다. 징계위원이 피징계자와 친족관계이거나 그 사건과 관계가 있는 경우는 심의에 관여할 수 없도록 할 수 있고, 피징계자는 불공정한 의결을 할 우려가 있는 징계위원에 대하여 기피신청을 할 수 있다. 기피신청이 있으면 위원회의 의결로 기피여부를 결정한다. 징계위원회는 징계사건을 의결할 때 징계대상자의 소행, 근무성적, 공적, 개전의 정, 징계요구내용, 기타 정상을 참작해야 한다.

⑥ 징계위원회가 징계의결을 할 때는 징계의결서를 작성하고 징계요구권자에게 지체 없이 통고해야 한다. 징계를 집행할 때는 징계처분 사유설명서를 필히 교부해야 하며, 징계면직 시에는 30일간 후임자 보충발령을 유예한다. 또한 징계에 의한 파면, 해임 또는 근무성적 불량을 이유로 면직한 경우 임면권자는 그 처분일로부터 30일 이내에 후임자 보충발령을 하지 못한다.

⑦ 파면과 해임은 신분이 배제되는 것으로 파면은 5년간, 해임은 3년간 공무원에 임용될 수 없다. 파면은 재직기간이 5년 미만인 자는 퇴직급여액의 1/4을, 5년 이상인 자는 1/2을 감액하여 지급하고, 해임은 퇴직급여 전액을 지급한다. 정직은 보수의 2/3를 감액하고, 정직처분기간에 18개월을 합산하여 승급을 제한한다. 감봉은 보수의 1/3을 감액하고, 감봉처분기간에 12개월을 합산한 기간만큼 승급을 제한한다. 견책은 6개월간 승급을 제한한다.

⑧ 징계위원회가 징계의결을 한 때는 징계의결서를 작성하고, 징계요구권자에게 즉시 통고한다. 집행할 때는 필히 징계처분 사유설명서를 교부한다. 징계처분권자는 징계의결서를 받은 날로부터 15일(사립은 7일) 이내에 집행해야 하며, 징계처분 사유설명서에 징계의결서 사본을 첨부하여 교부하면 징계가 집행된다. 징계에 의한 파면, 해임 또는 근무성적 불량을 이유로 면직된 경우 임면권자는 그 처분일로부터 30일 이내에는 후임자의 보충발령을 하지 못한다.

⑨ 징계처분에 대한 불복이 있으면 국·공립학교 교원은 징계처분 사유설명서를 받은 날로부터 20일 이내에 재심청구를 30일 이내에 행정부에 설치된 소청심사위원회에 소청신사청구서를 제출할 수 있다. 또한 의사에 반한 불리한 처분(면직, 대기명령, 전직 등)을 받았을 때는 그 처분이 있은 사실을 안 날로부터 30일 이내에 재심청구를 할 수 있다. 사립학교 교원은 징계의결서를 받은 날로부터 10일 이내에 관할교육청이나 교육부 등 관할청에 설치된 재심위원회에 재심을 청구할 수 있다.

⑩ 소청심사는 접수일로부터 60일(사립은 30일) 이내에 청구에 대한 심사를 해야 하며, 불가피한 경우는 30일을 연장할 수 있다. 재심결과에 불복이 있을 경우는 60일 이내에 관할 고등법원에 행정소송을 제기할 수 있고, 사립학교 교원은 관할 지방법원에 민사소송을 제기할 수 있다.

* 교원은 인사·조직·처우 등 각종 직무조건과 기타 신상문제에 대하여 인사상담이나 고충의 심사를 청구할 수 있으며, 이를 이유로 불이익한 처분이나 대우를 받지 아니 한다. 교원의 고충을 심사하기 위하여 교육부에 교육공무원중앙고충처리위원회를, 임용제청권자 단위로 교육공무원보통고충처리위원회를 둔다. 고충처리의 청구를 받은 임용권자 또는 임용제청권자는 이를 고충처리위원회에 부의하여 심사하게 하거나 소속공무원으로 하여금 상담하게 하고, 그 결과에 따라 고충의 해소 등 공정한 처리를 위하여 노력해야 한다.

참고자료 17 징계의 종류와 효력

종류		기간	신분	보수, 퇴직급여
중징계	파면	-	공무원 관계 배제 5년간 공무원 임용 불가	재직기간 5년 미만자 퇴직급여액의 1/4 5년 이상자 1/2 감액
	해임	-	공무원 관계 배제 3년간 공무원 임용 불가	퇴직급여 전액

	정직	1-3월	신분유지, 직무불가 18월+정직처분기간 승진제한 처분기간 경력평정 제외	승급도 제한 보수의 2/3 감액
경징계	감봉	1-3월	12월+감봉처분기간 승진제한	승급도 제한 보수의 1/3 감액
	견책	-	6월간 승진제한	승급도 제한

참고자료 18 교육공무원 징계양정 규칙

비위 정도 / 비위 유형	비위의 도가 중하고 고의가 있는 경우	비위의 도가 중하고 중과실이거나 비위의 도가 경하고 고의가 있는 경우	비위의 도가 중하고 경과실이거나 비위의 도가 경하고 중과실인 경우	비위의 도가 경하고 경과실인 경우
성실의무 위반 1. 직무태만 또는 회계질서문란 2. 성적관련비리 3. 기타	파면 파면 파면-해임	해임 해임 정직	정직-감봉 해임-정직 감봉	견책 감봉-견책 견책
복종의무 위반	파면	해임	정직-감봉	견책
직장이탈금지의무 위반	파면-해임	정직	감봉	견책
친절·공정의무 위반	파면-해임	정직	감봉	견책
비밀엄수의무 위반	파면	해임	정직	감봉-견책
청렴의무위반 1. 금품수수 2. 타	파면 파면	해임 해임	해임-정직 정직	감봉-견책 감봉-견책
품위유지의무 위반 1. 성희롱 2. 성폭력 3. 상습적이고 심각한 신체적 폭력 4. 기타	파면-해임 파면 파면 파면-해임	해임-정직 해임 해임 정직	정직-감봉 해임-정직 해임-정직 감봉	견책 감봉-견책 감봉-견책 견책
영리업무 및 겸직금지 의무 위반	파면-해임	정직	감봉	견책
집단행위금지의무 위반	파면	해임	정직	감봉-견책
정치운동금지의무 위반	파면	해임	정직	감봉-견책

제5장 바림직한 학급경영

1. 학급경영의 개념
2. 학급경영의 원리
3. 학급경영의 목표
4. 학급경영의 영역
5. 학급경영계획의 실행
6. 담임교사의 역할
7. 바람직한 담임교사의 역할과 자세
8. 교사의 역할 증진 방법
9. 함께하는 교실 만들기
10. 즐거움과 감동이 있는 교실
11. 학급경영의 평가

1. 학급경영의 개념

학급은 학생·담임교사·교육활동으로 구성된다. 학급은 학교교육의 가장 기본이 되는 단위이기 때문에 학급경영의 성과는 바로 학교경영과 직결된다. 따라서 학교경영의 비중은 학급경영의 비중이 가장 크다고 할 수 있다.

학급경영은 학급을 조직하여 환경과 시설을 관리하고 학습지도, 생활지도, 건강지도, 여가선용지도, 교양지도, 진학지도, 직업지도 등에 관한 학급사무를 보다 효율적으로 처리하여 학습자의 행동을 보다 계획적으로 변화시키는 것이다.

그러므로 학급경영자로서의 담임교사는 학급질서를 유지하고 수업조건을 정비하고 특수성을 살려서 학생들이 행동을 보다 계획적으로 변화시키도록 유도해야 한다.

최근의 주된 패러다임(paradigm)은 학급경영을 교육경영으로 보는 관점이다. 학급운영 혹은 관리(management)를 경영(administration)으로 보는 것에 대해 다소의 부정적인 견해가 없는 것은 아니지만, 경영이라는 용어에는 그 부정적 이미지를 훨씬 뛰어넘는 교육운영의 활동적이고 역동적(dynamic)인 측면을 기술, 설명할 수 있는 적절한 개념적 의미가 내포되어 있기 때문에, 최근에는 학급경영이라는 용어가 아주 자연스럽게 사용되고 있다.

이러한 관점에서 보면 학급경영이란 "학급의 목적을 효율적으로 달성하기 위하여 인적, 비인적 자원을 활용하여 계획, 조직, 지도, 통제하는 일련의 활동을 통해서 학급을 운영하는 활동"이라고 정의할 수 있다.

한편, 학급경영의 영역과 관련하여 두 가지 다른 입장이 있는데, 하나는 수업활동과 경영활동을 분리하여 수업활동을 제외한 모든 학급활동을 학급경영의 영역으로 보는 입장이고, 다른 하나는 수업활동과 경영활동을 구분하지 아니하고 학급활동 전체를 학급경영의 영역으로 보는 입장이다. 수업과 경영을 분리하여 학급경영을 파악하려는 입장은 질서유지로서의 학급경영관과 조건정비로서의 학급경영관에 나타난다.

2. 학급경영의 원리

학급을 경영하려면 일반적으로 학생 개개인의 흥미와 적성, 능력, 창의성 등을 신장시킬 수 있는 교육적인 학급경영과 학생 발달단계에 따른 지적, 정서적, 신체적, 사회적 발달의 특징과 학습능력, 준비도, 집단의 역할과 사회적 심리의 이해를 근거로 하는 학생이해의 학급경영을 해야 한다.

또 학급구성원의 인격을 존중하고 스스로 의사결정을 할 수 있는 자유로운 학급분위기를 조성시키는 민주적인 학급경영과 학급자원을 효율적으로 사용하여 학급구성원의 심리적 만족을 충족시키고 학급의 목표를 달성할 수 있도록 하는 효율적인 학급경영을 하여야 한다.

따라서 학급경영에 있어서는 바람직한 방향으로 학생들과 함께 학급을 이끌어가는 다음과 같은 실천적인 원리들이 필요해진다.

- 자유의 원리 - 학생의 인격을 존중하고 개성을 신장시킬 수 있는 조건을 확보해준다.
- 협동의 원리 - 학급집단의 안전과 이익을 위하여 협동적인 생활환경조건을 구비해준다.
- 노작의 원리 - 학습활동이나 계발활동을 통해서 각자의 목표를 세우고 실현하도록 한다.
- 창조의 원리 - 과학적인 태도와 사고를 할 수 있는 실제적인 생활의 기회를 제공해준다.
- 흥미의 원리 - 학습활동에 재미와 흥미를 느낄 수 있도록 학급 생활환경을 조성해준다.
- 요구의 원리 - 교육적 가치가 있는 사회적 요구와 학생의 요구가 충족되도록 배려한다.
- 접근의 원리 - 교육성과는 인격적으로 대하여 거리감 없이 가장 친근할 때 효과적이다.
- 발전의 원리 - 자기반성과 평가를 통해서 발전된 방향으로 학급경영활동을 변화시킨다.

3. 학급경영의 목표

학급경영은 학생과 교사간의 원만한 관계를 유지하여 상호이해로서 개인지도와 집단지도 등 학생들의 문제해결을 위한 조언을 하여 학생으로 하여금 원만한 학급생활 내지는 학교생활을 영위할 터전을 마련해 주어야 한다. 또 집단적 협동체제 활동으로서 협동정신과 봉사하는 태도를 기르고 자율성과 자주성을 함양하여 건전한 사회인이 될 자질을 길러주어야 하며, 창의성을 배양시키고 풍부한 정서생활을 개발시키며 보건위생에 유의케 하여 건전한 문화인이 되도록 해야 한다. 뿐만 아니라 학업성취를 촉진하고 개인의 적성과 능력을 최대한으로 발달시켜 유능한 지성인이 되게 해야 한다. 따라서 구체적인 학급경영의 목표로서는 다음과 같은 것들이 있다.

① 유익한 학교생활을 할 수 있도록 배려하며, 친애·신뢰·이해를 바탕으로 학생과 교사, 학생 상호간의 관계를 건전하게 형성하도록 지도한다.

② 가정과 다른 교사와의 긴밀한 연락과 협조를 얻어 항상 학생의 전체적인 면을 파악하여 전인적인 발달에 관심을 갖게 지도한다.

③ 학교에서의 행동에 책임을 지도록 하고, 일탈행동을 비판시켜 원만한 집단생활의 향상을 기할 수 있도록 지도한다.

④ 개인별로 학생을 잘 이해하고 적절한 지도와 조언을 해주며, 협동생활 속에서 학생별 필요와 욕구 및 흥미를 충족할 수 있도록 지도한다.

⑤ 질서 있는 교실생활을 유지시켜 명랑하고 즐거운 학교생활이 되도록 지도한다.

⑥ 가정적인 분위기 속에서 자발적이고 민주적으로 학급과업을 분담시키고, 정돈된 교실환경을 유지하도록 지도한다.

4. 학급경영의 영역

1) 교육과정의 편성 및 평가

① 학급 교육과정의 편성 및 운영
② 교육과정의 재구성 및 교육프로그램의 개발
③ 교육과정의 운영 및 평가
④ 학생의 학업성취도 평가

2) 교과지도

① 담당교과에 대한 전문성의 확보 및 학습지도
② 교수·학습(연간, 단원, 차시)의 지도계획의 수립 및 운영
③ 교수·학습지도안의 작성
④ 가정학습의 지도(예습, 복습, 자습, 과제, 방학생활 등)

3) 창의적 체험활동의 지도

① 자율활동(자치활동, 적응활동, 행사활동 등)의 지도
② 동아리활동(학술활동, 스포츠활동, 문화예술활동 등)의 지도
③ 봉사활동(교내봉사활동, 지역사회봉사활동, 각종 캠페인활동 등)의 지도
④ 진로활동(지기이해활동, 진로계획활동, 진로체험활동 등)의 지도

4) 생활지도

① 생활지도의 이론 및 상담이론의 정립
② 올바른 가치관의 정립 및 인성지도
③ 학생상담과 진로지도
④ 건강지도와 여가활동지도
⑤ 학교생활부적응 학생 및 문제아의 지도

5) 교사 직무수행

① 학습 환경의 조성(청소, 게시물, 교탁, 칠판, 채광, 통풍, 냉·난방, 컴퓨터, 빔 프로젝터, 스크린, 방송, 방음 등)

② 학사 및 각종 사무관리(출석부, 학교생활기록부 및 건강기록부 관리, 교육평가의 집계, 통계, 통지표 작성, 학급경영록, 수업연구안, 연수물기록, 학생기록물 관리, 기타)

③ 교실의 전체적인 시설 및 각종 교육기자재와 비품의 관리

6) 사안의 처리

① 학생 사안 발생 시 1차적인 책임자로서 사안 발생 사전 예방교육을 실시한다.

② 사안 발생 l 해당 부서를 경유하여 학교장에게 즉시 보고 후 지시에 따라 처리한다.

7) 기타

① 교직원 간 인화단결 및 업무의 긴밀한 협조

② 지역사회와 교육관련 유관기관과의 유대형성

③ 학부모와의 바람직한 관계형성 및 품위유지

참고자료 19 학급경영의 영역별 과업

영 역	과 업
교과지도	학습지도, 교과지도, 특별활동, 특수아지도, 가정학습지도, 특기적성지도 등
생활지도	인성지도, 학급문제지도, 진로 및 직업지도, 건강지도, 여가지도, 방학생활지도 등
환경 및 시설경영	게시물관리, 시설 및 비품관리, 청소관리, 물리적 환경관리, 풍토관리 등
가정·지역사회경영	가정과 유대, 지역사회와 유대, 교육유관기관과의 유대, 교육청과 연락, 지역사회 자원활동, 봉사활동 등
사무경영	학사물 관리, 학습지도관련사무, 학생기록물 관리, 각종 수집물관리, 학급경영평가 관리 등

5. 학급경영계획의 실행

1) 수업관리

교육프로그램을 계획하고 조직하며, 학습시간과 공간을 배분하고 필요한 물품을 지급하며, 학생들의 각종 이동과 이에 대한 통제와 같은 환경의 규정을 관리한다. 학생들이 해야 할 일들과 활동의 절차와 일 처리방식 등을 고안하고 알려준다. 개별화 및 자기 주도적 학습과 과제해결의 과정 및 집단토의 등과 같은 수업활동들을 관리한다.

2) 행동관리

교내 질서 및 학급 질서유지를 위한 각종 행동규칙의 설정과 학생들의 행동지도 및 상과 벌의 효과적인 활용을 실행한다.

3) 관계관리

교사와 학생 간의 인간관계 관리가 주가 되며, 민주적 상호작용을 위한 태도와 기술(예 : 사교술, 동정, 협동 등) 등과 같은 집단역동을 중요시한다.

4) 절충관리

학급경영은 단순한 통제의 문제가 아니므로 상황에 따라 단결과 응집력을 강조하여 협동 지향적으로 행동하도록 절충적인 관리를 해야 한다.

5) 일상관리

수업시작 전에는 학생들의 지각 및 건강상태의 확인과 실내 및 복도의 정비, 환경정리, 창문열기, 아침청소, 학급활동지도, 훈화지도, 아침자율학습지도, 결강 및 보강 안내, 행사 안내 등을 행하며, 일과 중에는 사고 학생 조치, 무단 외출 및 조퇴 지도, 결과 학생 지도, 급식 지도, 안전 지도, 출석부 정리, 제반 전달 사항의 지도와 확인, 사안별 학생상담, 증명서 발급 등을 행한다. 종례 시에는 실내와 주변정비, 창문개폐, 파손상황, 커튼정리, 비품

관리, 문단속 등 청소지도와 학급일지의 점검, 도우미 활동지도, 귀가지도, 잔류학생 지도, 방과 후 학습지도 등을 행한다.

6. 담임교사의 역할

1) 학급에서의 역할

(1) 학습지도자로서의 역할

학습지도자로서 교사의 일은 주로 지적(知的)인 성취를 가져오는 일이다. 학생의 지적인 성장을 위해서 교사가 제일 먼저 수행해야 할 일은 교육의 목표를 설정하여 명확히 진술하는 일이다. 교육의 목표는 이후 교육활동을 위한 출발점이면서 가장 중요하다. 원칙상 교육의 목표가 없으면 교육활동이 진행될 수 없다. 교사의 역량이 실제로 명확히 드러나는 곳이 바로 수업현장이다. 교사는 수업목표에 충실하게 수업계획안을 검토하며, 학생의 학습을 극대화할 수 있는 방향으로 다양한 방식에 의한 수업을 이끌어야 한다.

(2) 생활지도자로서의 역할

교사는 학급에서 학생의 학업성취에 관심을 가져야 할 뿐만 아니라 생활지도에도 특별한 관심을 가져야 한다. 여기서 생활지도자라는 것은 학생의 인성적 측면의 발달과 일상생활에서 부딪치는 신체적, 정서적, 도덕적, 종교적인 문제나 가정적, 사회적, 교육적인 문제들을 해결할 수 있도록 돕는 일을 의미한다. 한참 성장과정에 있는 학생들의 고민과 문제들을 개별·집단상담을 통해 스스로 해결할 수 있도록 도와주고, 필요시는 상담전문교사나 상담전문기관 카운슬러의 도움을 받도록 한다.

(3) 학급경영자로서의 역할

교사는 단순히 수업만 하는 사람이 아니라 다양한 가정적 배경과 역량을 가진 학생들을 서로의 개성을 존중하면서 아름다운 하모니(harmony)를 이루어가는 오케스트라의 지휘자와 같은 사람이다. 학급에서 교사는 지적, 성격적, 경제적, 신체적, 정서적으로 다른 다양한 학생들을 적재적소(適材適所)에 정치(定置, placement)시켜주며, 협력하여 학생의 잠재적 역량을 최대한 발휘하도록 하는 일을 하여야 한다. 여기에는 급훈의 결정 · 학급운영의 방침 · 학급임원의 조직 및 정비, 학생의 자리배치, 교실의 정리정돈, 학급회의, 가정환경의 조사 등이 포함되며, 이 모든 것이 학생들의 전인적 발달에 가장 효과적일 수 있도록 운영할 필요가 있다.

2) 학교에서의 역할

(1) 학교경영 참여자로서의 역할

교사는 학생을 가르치고, 학급을 경영하는 것을 넘어 학교경영의 일부를 감당한다. 학교의 교육조직은 학급담임조직, 교과전담조직, 생활지도담당조직 및 특별활동조직 등의 수평적 조직과 교장, 교감, 학년부장교사, 학급 또는 교과담당교사로 이어지는 위계(位階)적 조직을 일컫는다. 사무조직은 교육조직을 원활히 하기 위한 교무조직으로서 교무, 연구, 학생, 정보, 진로, 과학, 환경 등의 부장제도의 조직이다. 이러한 참모조직은 인사, 시설, 시간, 교육매체, 내규, 장학, 환경 및 대외관계 등을 관리하고 지원한다. 운영조직은 조직들을 유기적으로 통합하여 학교교육의 목적을 효율적으로 달성할 수 있도록 자문·협의·의결하는 조직이다. 여기에는 직원회의, 교육과정 운영위원회, 생활지도 운영위원회, 학교운영위원회 등이 포함된다.

(2) 행사교육자로서의 역할

학교의 교육은 교과를 통해서만이 아니라 여러 행사에 참여함으로써 이루어지기도 한다. 교육적 행사에는 학교자체의 행사뿐만 아니라 국가나 지역사회의 행사도 있다. 학교는 이러한 행사를 통해 지 · 정 · 의 혹은 지 · 덕 · 체의 조화로운 전인교육과 아울러 애교심과 애향심 및 애국심을 기를 수 있다. 행사와 관련하여 교사의 역할은 소풍이나 수학여행·체험학습 인솔, 어린이날 · 어버이날 · 스승의 날 행사 준비 및 개최, 문화의 날 · 학예발표회·미술 실기대회·합창대회·특별활동 전시회 등 각종 문화행사의 준비 및 지도, 체육대회나 전국소년체전 등 각종 체육행사 인솔, 각종 경시대회 지도 및 인솔, 각종 국경일 기념식 행사 거행 등이다.

(3) 직장인으로서의 역할

일반 직장보다 상하관계가 분명한 것은 아니지만. 교사도 일반 직장과 마찬가지로 상급자인 교장, 교감, 부장교사가 있으며, 또한 하급자와 동료교사가 있다. 상급자는 하급자에게 공평과 관용, 친절한 태도를 보이며 더불어 선도자로서의 역할을 감당해야 하고, 하급자는 상급자에게 존경심을 가지고 협력하고 보필하는 역할을 잘 수행할 필요가 있다.

3) 사회에서의 역할

(1) 사회모범자로서의 역할

동서양을 막론하고 교사는 사회의 표준적인 역할을 해왔다. 동양에 군사부일체(君師父一體) 및 사표(師表)라는 말이 있듯이, 교사의 말과 행동은 사회의 모범으로서 본받아야 할 표준으로 간주되어 왔다. 서양의 경우도 교직을 성직(聖職, calling)으로 간주하여 교사는 마치 성직자가 여호와 앞에서 두렵고 떨리는 마음으로 헌신하고 봉사하는 일을 하듯이, 진지한 마음으로 교육활동에 종사하였다. 이러한 오랜 전통 때문에 교사는 사회적 대우에 상관없이, 언제나 언어, 행동, 의복, 사고(思考) 면에서 모범적인 역할을 감당할 것을 요청받고 있는 셈이다.

(2) 변화촉진자로서의 역할

교사의 역할은 인류 문화유산을 단순히 전달하는 것이 아니라 그에 대한 비판적인 안목도 키워주어야 한다. 그리하여 사회의 불합리한 점들을 개선·개혁해나가야 한다. 그렇기 때문에 학교는 변화하는 사회에 지역주민들이 적응하고 대처할 수 있는 지역 사회의 문화센터의 역할을 하고, 교사는 문화센터의 핵심적 역할을 수행할 필요가 있는 것이다.

(3) 교권신장의 주체로서의 역할

교권(교육권)에서 가장 기본인 것은 자율권이다. 인간을 기르는 일은 고도의 복잡성과 지적인 능력을 요구하기 때문에 원칙상 교과에 대한 지식과 학생을 가장 잘 아는 교사의 교육적 판단을 존중할 수밖에 없다. 생활권은 교사가 경제적으로 적정 수준으로 생활할 수 있는 권리이다. 교사로서의 품위를 유지하고, 교사의 사기진작을 위해서는 적절한 처우개선이 요청된다. 신분유지권은 부당한 이유에 의해 자신의 신분을 침해당하지 않을 권리이다. 교사는 법적으로 신분을 보장받고 있는데 그래서 이는 교사의 권리 못지않게 중요한 것이다.

(4) 연수 및 연구자로서의 역할

교사는 부단히 교과와 학생 등 교육에 관련된 연구와 자기발전을 위해 노력하여야 한다. 특히 오늘날과 같이 수많은 정보가 쏟아져 나오고 지식이 폭발적으로 증가하는 시대에, 교사가 연구하지 않으면 학생을 효과적으로 가르칠 수가 없다. 그러므로 교사는 각종 공식적 · 비공식적 연수회나 세미나에 적극적으로 참여하고 인터넷 정보망이나 사이버 강좌 등을 통해서도 부단히 자기개발을 할 필요가 있다.

7. 바람직한 담임교사의 역할과 자세

일반적으로 바람직한 교사상으로 추구되는 교사의 특성은 다음과 같다.

첫째, 능동적이고 창의적으로 사고하는 능력과 습관을 가진 교사

둘째, 민주주의적인 의식과 태도 및 자세를 가진 교사

셋째, 개방적이고 다원적, 다문화적인 가치를 가진 교사

넷째, 인간성 함양을 위해 항시 노력하는 교사

다섯째, 국제적인 감각과 정보화 사회의 적응 능력을 갖춘 교사

여섯째, 개방적인 태도와 능력을 길러주는 교사

일곱째, 한(韓)민족의 평화통일에 기여하는 교사

여덟째, 확고한 윤리·도덕적 가치관을 가진 교사

아홉째, 끊임없이 연구하고 자신을 개발하는 교사

그러므로 학급경영에 있어서 담임교사는 다음과 같은 사람이 되어야 한다.

1) 담임교사는 따뜻한 학급운영의 책임자가 되어야 한다.

담임으로서 학교 관리자 및 부장교사들의 지시사항이나 전달사항을 학생들에게 알려주는 역할에 만족하는 일은 지양(止揚)해야 한다. 오히려 학교 교육목표와 학교장의 경영 방침, 학년 연간 운영 계획서를 바탕으로 학급담임 교사 자신이 자율적이고 창의적인 학급경영을 위한 자세와 마인드(mind)를 가져야 한다. 예를 들어 〈사리를 분별할 줄 아는 성실한 학생, 학교생활의 달인, 진짜 한국인이 되자. 남을 먼저 생각하는 멋진 학생〉 등으로 첫날 첫 만남에서 교사 자신의 교육관을 말해 주고, 일관성 있게 1년 내내 수시로 확인하는 것이 좋다. 그리고 학급 담임 선생님은 학생들 누구와도 돈독한 유대감과 신뢰감을 형성하고 유지해 나가야 한다.

2) 학생들에게 꿈을 심어주는 희망의 전도사가 되어야 한다.

학급담임은 우선 학생들의 미래에 대한 희망과 진로에 대해 관심을 갖고 진지하게 상담하고 그들의 미래에 도움을 주고 안내해 주는 빛과 같은 역할을 해야 한다. 미래에 유망한 직업 찾기나 현재의 직업별 보수현황표 등을 제시하거나, 위인이나 명사, 주변의 학창시절 이야기를 들려주는 것도 좋다. 또한 조·종례시간을 충분히 활용하여 시사 뉴스, 사회적 이슈(issue), 명언, 명구, 사자성어, 양서(良書)의 내용 등을 인용한 의미 있는 담임교사의 훈화를 통하여 학생들의 다양한 능력을 함양할 수 있는 길을 안내하는 일도 매우 바람직하다.

3) 학생들의 학습능력신장 조력자가 되어야 한다.

학급담임은 학급을 중심으로 이루어지고 있는 교수·학습 활동이 효과적으로 이루어지도록 학생들을 지원하고 봉사하는 역할을 수행해야 한다. 학생들이 부족한 교과의 학습 방법 안내 및 스스로 부족한 교과의 학습능력을 신장시키기 위한 자기 주도적 학습계획서를 작성하도록 하고, 학부모와 연계하여 학습지도를 꾸준히 하는 것이 바람직하다. 학습지도 역시 학생들 자신의 포부실현과 연계하여 상담지도하면 훨씬 효과적이다.

4) 생활지도의 전문가가 되어야 한다.

담임교사들이 학급경영에 있어서 가장 어려워하는 부분이 바로 생활지도이다. 학급 내에서 일어나는 분실사고, 무단결석 및 가출사고, 금품갈취 및 학교폭력, 집단 따돌림, 흡연 및 약물 오·남용, 복학생의 중도탈락, 자살사고 등이 발생했을 때 당황스러워하는 담임교사들이 많다. 그래서 담임교사들은 학교 안팎에서 나타나는 전 영역에 걸쳐 학생들의 생활지도에 계속 관심을 가지고 있어야 한다.(*성희롱, 성추행, 성폭력 문제)

합리적이고 민주적인 학생들의 역할분담, 학급환경구성 및 공공기물 아껴쓰기 지도, 적절한 여가선용 지도, 개인 및 공동체 구성원으로서 지켜야 할 기본생활 습관지도, 안전사고 예방지도, 학생들의 생활지도 등 학급경영 전 영역에 걸쳐 학급 경영자로서의 책임의식과 사명감을 가져야 한다. 생활지도는 사후처리보다 사전 예방이 최선이다. 이를 위해 학생들의 행동을 세심히 관찰하고 지도의 일관성과 지속성, 공평성을 유지한다. 평소에 학생들을 믿고 지도하되 엄격함과 다정스러움을 겸해서 개인적으로는 따뜻하게 대하면 효과적이다.

5) 학교활동 전반에 걸친 안내자가 되어야 한다.

학생들이 학교생활에 잘 적응하고 준비할 수 있도록 학교경영 계획서, 월중행사, 주간 예정표 등을 면밀히 검토하여 학교행사 및 교육과정 운영 전반에 걸친 안내자 역할을 해 주어야 한다. 또한 학교에서 학생들과 관련된 체험학습 절차 및 방법, 봉사활동과 관련한 규정, 내신 성적 처리기준 등을 잘 알고 안내해 주어야 한다. 특히 상벌규정, 학생생활 규범 및 교칙 등을 홍보하여 교·내외 생활에서 학생들이 해야 할 일과 해서는 안 되는 행동을 명확하게 밝혀주는 것이 필요하다.

6) 다양한 형태의 상담자가 되어야 한다.

학기 초 가정환경 조사서, 자기소개서 등을 통하여 학생들의 가정환경, 개인적인 애로(隘路) 사항, 취미, 특기, 성격, 진로·진학 희망, 종교 등을 파악하여 상담 자료를 마련하는 것도 필요하다. 또한 계획상담, 개별상담, 정기상담 및 집단상담을 통하여 학생 개개인에 대한 이해 및 학생 상호간의 이해를 높이는 일도 중요하다. 상담활동으로 알게 된 학생 신상 관련 내용은 절대 비밀을 지켜야 하며, 학생과 담임교사의 신뢰 형성이 되는지 수시로 확인한다. 담임교사는 때로는 부모, 형님, 누님, 친구의 역할을 대행해야 하는 것은 물론, 때로는 적대감 표적대상으로서의 역할도 수행해야 됨을 명심해야 한다.

특히 부적응 학생 및 요선도 학생들은 더욱 따뜻하게 대해 주어야 하며, 가정과 연계한 학부모와의 상담, 이메일(E-mail) 상담, 전화(문자)상담을 수시로 하는 것이 필요하다. 또 학교 홈페이지를 통한 학급상담 코너를 마련하여 상시 온라인(on-line) 상담활동을 전개하고 각종 애로점과 문제점 해결에 만전을 기해야 한다.

7) 학급공동체문화의 창조자가 되어야 한다.

함께 공존할 수 있는 문화를 형성하기 위해서는 학급 추억거리를 연중 전개하는 것이 바람직하다. 예를 들면 학급회를 통하여 학급문집, 학급신문, 학급CD 제작, 학급의 급훈, 학급 내규, 구호, 반가(班歌) 만들기 등을 통하여 학급에 대한 소속감과 공동체 의식을 갖도록 한다. 추억이 될 만한 소풍, 삼겹살 구워 먹기, 감자밭 가꾸기, 봉숭아 키우기(싹틔우기, 물주기, 꽃피우기, 물들이기, 씨앗 받기, 씨 나눠 갖기, 다음해 꽃피워 나눠 주기), 생일잔치, 사진 찍기, 촬영하기, 등산하기, 캠핑하기 등을 실천해 본다.

8) 학생들에게 도덕적 모델이 되어야 한다.

교육은 교사와 학생간의 신뢰에서부터 출발한다. 평소의 올바른 언행을 통하여 교사 자신이 한 인간으로서 인격적인 모범을 보이는 것이 중요하다.

예를 들면 일관성 있는 생활태도, 바른 말 고운 말 사용, 스마일 운동, 통행질서, 모범운전, 훈화, 음식 함께 먹기, 작은 선물이나 편지 주기, 함께 여행·게임하기, 흡연 안 하기, 지나친 비난이나 비아냥대지 않기 등을 실천하여 담임교사가 생활의 모델이 되는 계기를 마련하는 것도 좋다. 평소 담임교사는 인격 수양에 좋은 위인전과 양서읽기를 열심히 하고, 동료교사나 선배교사들의 장점을 본받거나 좋은 충고 및 조언을 많이 듣도록 한다.

9) 학부모와 신뢰감을 구축해야 한다.

학부모는 학생들을 잉태하고 낳아 길러준 도덕적 모델이요, 보호자인 만큼 학생 제반 활동의 협력자이며 안내자이다. 따라서 교사는 학부모를 신뢰하고 (비록 그들이 불신을 표시할지라도 화내지 말고 참으며) 학생지도에 가장 좋은 협조자임을 잊지 말고 파트너로서의 자세를 견지해야 한다. 특히 부적응이나 요선도 학생들의 부모를 대할 때는 그들의 어려움을 공감하고 위로하는 말을 많이 하도록 한다.

10) 추수(추후, follow-up)지도를 해야 한다.

학년이 바뀌고 졸업을 했다 하더라도 교사의 보살핌이 필요한 학생들이 있을 것이다. 제자는 1-2년의 짧은 기간으로 키우는 것이 아니라 긴 세월을 함께할 영원한 학생들임을 잊지 말고, 그들이 필요로 하는 한 성심성의껏 상담하고 보살펴 주어야 할 것이다. 학생들로 하여금 올바른 심성을 갖게 하고, 또 그들의 진로와 진학에 관심을 갖고 계속 이끌어준다면 교사로서 제자들을 키우는 보람이 클 것이다. 각종 편지나 E-mail 주고받기 및 전화 상담지도 및 문자메시지를 통해서 계속 하면 좋을 것이다.

8. 교사의 역할 증진 방법

1) 자기역할의 소중함 인식하기

학교조직에서 교사들만큼 학생들에게 영향력을 행사할 수 있는 존재는 거의 없다. 학생들이 성장과정에서 만족을 경험하든 또는 좌절과 상처를 경험하든 그것은 많은 부분이 교사-학생 상호관계를 통해서이다. 교육은 교사가 몸담고 있는 교실, 교사가 학생과 맺고 있는 만남의 관계에서 이루어지는 것이지 건물, 프로그램, 설비, 행정가, 제도, 커리큘럼(curriculum), 교과서와 교육재료, 교육재정 등에 의해서 이루어지는 것이 아니다. 이 온갖 부산물들은 그저 학생의 조력자로서 교사의 본분을 보다 원활하게 수행하도록 돕는 보조 장치에 불과한 것이다.

2) 남 탓 하지 않기

교사들은 잘못된 일이 발생했을 때 관계된 다른 사람들을 탓하는 경향이 있을 수 있다. 학생들은 교사들을 탓하고, 교사들은 교장과 학생들을 탓하기도 한다. 학부모들도 역시 예외는 아니다. 그들은 교사들과 학교 행정가들을 싸잡아 성토하기도 한다. 그렇기 때문에 교사들은 학교를 가르침에 적합한 장소로 만들기 위해서 한없이 책임과 의무를 다하는 노력이 필요하다.

3) 역지사지(易地思之)

교사들은 모든 사람들과 관계를 맺고 있다. 교장, 교감, 행정실장(서무부장), 선후배교사, 동료교사 등. 그런데 이들은 교사가 학생과 맺고 있는 관계에서 해를 끼치거나 교수·학습 과정을 교란하는 문제를 일으킬 소지가 있다. 늘 입장을 바꿔놓고서 생각해보는 자세가 필요하고, 이러한 태도로 각각의 사람들을 바라보는 것이 무엇보다 우선적으로 요구된다.

9. 함께하는 교실 만들기

1) 특색 있는 조회와 종례

(1) 대화조회

학생들의 생활을 소재로 삼아 대화로 풀어가는 조회(조례)는 훨씬 호소력이 있을 것이다. 가령, 용모와 용의복장 상태를 칭찬해주기도 하고 지쳐있는 학생들의 어깨를 다독여주며 함께 하고자 하면, 교탁 앞에서 혼자 큰소리로 중얼거리다시피 하는 조회보다는 훨씬 낫지 않을까 싶다.

(2) 역사조회

특별한 역사적 사건이 있는 날과 국가 기념일들은 학생들 눈높이에 맞게 미리 자료를 준비하여 역사이야기를 들려주는 것이 좀 더 효율성이 있을 것이다.

(3) 예화조회

좋은 생각이나 짧은 이야기, 인터넷, 신문기사, 칼럼, 훈화자료집 등에 있는 감동적인 이야기들을 적극 활용하여 학생들의 감성을 자극한다.

(4) 자치종례

학생들이 돌아가면서 종례를 담당하게 한다. 전달사항과 함께 자신의 좌우명(座右銘)이나 친구들에게 하고 싶은 말 등을 적어오게 하여 그때그때 담임 선생님이 점검을 해주면 좀 더 효과적인 종례가 이루어질 수도 있을 것이다.

2) 급훈 정하기

급훈을 정하는 방법에는 여러 가지가 있다. 먼저 교사가 자신의 교육관을 제시하여 정하는 방법도 있고, 학생들에게 공모해서 표결을 통해 정하는 방법도 있다. 물론 이 두 가지 방법에는 각기 장·단점이 있다. 먼저 교사가 주도하는 경우는 교사의 교육철학과 방침을 충실하게 담을 수 있으나, 학생들의 의사가 반영되지 않는 일방적인 문제가 있다.

또한 학생들의 의사결정과정을 존중해서 학생들끼리 정하게 하는 방법은 자칫 지나치게 개별화되어서 집중된 종합성을 담아내기가 어렵다. 이러한 불편함을 제거하는 방법으로 교사와 학생들이 함께 결정과정에 참여하는 방법을 생각할 수 있다.

① 전체 학급구성원들에게 급훈 공모를 알린다.
② 2, 3일 정도의 말미를 두고 모집을 한다.
③ 제출된 모든 급훈에 대해서 일일이 제안 설명을 듣기 어려우므로, 사전에 교사가 일정한 내용을 담아낸 것으로 7, 8작품 정도를 골라내는 것이 좋다.
④ 자치활동 시간을 통해서 각각의 제안 설명을 듣는다.
⑤ 표결을 실시하여 최종적으로 결정한다.

참고자료 20 학급 급훈 예시

좋은 급훈의 예	좋지 않은 급훈의 예
생각이 바뀌면 인생이 바뀐다!	오늘은 고생, 내일은 영광(다소 유치함)
꿈꾸는 미래, 활기찬 교실	내가 졸 때 친구는 앞서 간다(경쟁심 유발)
생각은 깊게, 행동은 바르게	하면 된다(매우 추상적임)
즐거운 교실, 보람찬 하루	노력, 성실, 근면(너무 상투적임)
말은 내가 나중, 실천은 내가 먼저	사람답게 살아보자(너무 막연함)
나에게는 엄격하게, 남에게는 너그럽게	정숙한 학생, 조용한 교실(비인간적임)
스스로 서는 나, 함께 나아가는 우리	아는 것이 힘이다(목적이 분명하지 않음)
긍정적이고 적극적인 생활태도	모든 면에서 앞서자(이기심 유발)
네 덕, 내 탓	노력만이 살 길이다(매우 관념적임)
바르게, 즐겁게, 건강하게	2호선을 타자(유명한 대학, 명령적임)

3) 청소활동의 지도

일하는 것을 경시하고 성적만을 중시하며 이기주의나 출세주의적인 사고방식에 빠진 학생들에게 청소는 의미 없고 귀찮은 일로 여기고 있기 때문에 3월초 청소지도를 소홀히 하면 1년 내내 지저분한 교실로 인하여 신경전을 벌이게 된다. 교실은 하루 종일 학교생활을 하는 기본 장소이므로 능동적으로 참여하여 스스로 깨끗이 해야 한다는 사실을 인식시키는 것이 매우 중요하다. 따라서 청소지도는 청소구역에 대한 확인과 청소방법의 틀을 잡아주는데 중점을 두어야 한다. 세세하게 역할분담을 하고 공정하고 적절하게 주기적으로 로테이션이 이루어지도록 한다.

한편 교실은 학생들에게 학교 삶의 기본공간으로 동시에 학습공간이며 놀이공간이며 휴식공간이기도 하다. 따라서 교실환경에 따라 학생들의 기본 생활 습관과 수업 태도 및 학급분위기가 좌우되므로 가장 쾌적한 환경을 만들어야 한다. 청소하는 방법을 시범보이고 청소도구관리에도 신경을 쓰며, 청소구역 실명제와 구역 담당표를 만들어 필요한 인원배정과 교대기간을 정해 쓸데없는 불만을 없애도록 한다.

4) 자리 배치

담임교사로서 첫날 교실에서 해야 할 일은 학생번호 안내와 자리 배치, 담임소개와 학생이해에 도움이 되는 자기소개서 양식을 배부하여 작성케 하는 것이다. 담임이 누구냐와 함께 자리문제는 학생들의 최고 관심사 중의 하나이다. 흔히 번호순이나 키순으로 하는 일이 많은데 다양한 방법의 연구가 필요하다.

자리 배치는 교사가 학생을 파악하고 학습지도를 하는데 유리한 방법이기는 하지만 학생들 편에서 보면 자리에 대한 불만과 친구관계가 좁게 형성되는 문제를 갖고 있다. 그러므로 학기초에는 고정, 이후로는 다양한 방법으로 변화를 주는 것이 좋다. 성적 위주의 자리배치는 절대금물이다.

놀이를 이용한 제비뽑기, 일찍 등교하는 순서대로 앉기, 좌석배치 프로그램의 활용, 기타 적절한 방법들을 고안하여 자리문제로 인한 싸움과 갈등이 생기지 않도록 유의한다. 특히 신장과 시력 등의 문제와 교우관계를 깊이 헤아려야 한다.

최근에는 자리배치 플래시게임이 인기가 있다. 자리를 바꿀 때 '짝 편지 주고받기'(같이 앉아 생활하면서 느낀 서로의 좋은 점, 나쁜 점 등을 써 주도록 함), 내 짝 자랑하기 등의 지도를 겸하면 보다 교육적이고 효과적이다.

5) 학생 기초 조사

학생과 1 : 1 상담을 하기 전 학생의 신상과 학부모 정보, 가정형편 등을 파악할 수 있는 방법으로 학생기초조사서를 학기 초에 작성하게 되는데, 학생기초조사서는 반드시 학부모(보호자)가 작성하도록 하며 모은 자료는 전체 학생들을 쉽게 파악할 수 있도록 파일 철을 활용해서 정리해놓는 것이 효과적이다. 1학년일 경우에는 학생기초조사서와 함께 주민등록등본(가족관계증명서)도 같이 제출하도록 하여 바인더 1장에 양면으로 끼워 놓으면 학생정보가 필요할 때마다 유용하게 사용할 수 있다. 학생기초조사서는 학기 첫 날에 나누어주고 3, 4일 이내에 수합해서 학생들을 파악하도록 한다. 한편 유의해야 할 점은 다음과 같다.

① 학생이나 집단의 특성은 객관적이고 과학적인 방법으로 조사되어야 한다.

② 어느 한 종류의 조사나 검사에 의해서 얻어진 결과를 가지고 섣불리 해석하거나 평가해 버리는 오류를 범하지 않도록 한다.

③ 학생이나 집단의 특성은 고정적이라기보다는 계속 변화하는 것이므로 학년 초에 한 번으로 그칠 것이 아니라, 계속적인 교육활동 과정에서 수시로 수집하고 그것을 분석하여야 한다.

④ 학급경영의 효과를 높이기 위해서는 학급의 특성을 개인성과 집단성의 두 가지 측면에서 파악해야 한다.

6) 게시판 관리

학기 초에 환경미화의 1차 대상이며 담임 및 학급의 이미지와 깊은 관계가 있으므로, 깨끗하고 단정한 장식 및 배치와 효율적인 관리가 필요하다. 집게나 비닐커버, 코팅 등을 활용하고 책임감이 강한 담당학생을 지정하여 관리하는 것이 좋다. 아울러 환경오염문제도 함께 생각해야 한다.

7) 꽃향기 가득한 교실

계절에 따라 피는 꽃들을 작은 화분이나 잘 깨지지 않는 화병에 담아 배치하고, 역시 책임감이 강하거나 원예 및 꽃꽂이에 취미와 소질이 있는 학생들을 찾아내 소중한 책무를 맡기며, 학급의 정서적 분위기 조성에도 힘쓴다.

10. 즐거움과 감동이 있는 교실

1) 성적(成績) 문제

사회적 성공은 성적순이 아니지만 좋은 성적은 평생 행복감을 가져다주며 자신감 및 자아효능감(self-efficacy)의 형성에 있어서 매우 중요하다. 그러므로 체계적인 학습습관을 형성시켜주고 효율적인 성적관리를 해야 한다. 성적통지표 담임교사 난에 목표설정과 각오를 다지도록 권면과 격려의 말을 많이 적어준다.

2) 상찬(賞讚)과 긍정적 행동의 강화

'칭찬은 고래도 춤추게 한다.'는 말처럼 아이들에게 칭찬을 많이 해주어 동기부여와 사기를 진작시킨다. 칭찬카드의 작성 및 게시판 부착, 학급에서 필요한 역할을 자원케 하고 이에 대한 임명장 수여, 긍정적 행동에 대한 우대권 발행(청소면제권, 우선급식권 등), 각종 상장수여(효도왕, 질서왕, 스마일왕, 투지왕, 응원왕 등)를 통해 신나는 교실을 만든다.

3) 모둠일기

새로운 학급일지 스타일의 공동일기장을 만들어 그날그날의 일들을 돌아가면서 쓰게 하여 서로의 생각과 느낌들을 나누면서 상호 이해하고 도울 수 있는 공감대를 만들어간다.

4) 생일잔치

학급달력에 학생들의 생일을 표시해 놓고 생일이 되면 생일축하카드 및 초코파이 파티, 생일축하노래 등 작은 이벤트를 마련한다.

5) 미니홈피 및 사이버카페

학급 홈페이지 또는 학급별 카페를 만들어 만남을 지속적으로 가질 수 있도록 한다. 이를 활용하여 계절 맞이 이벤트나 깜짝 파티를 열어보는 것도 좋다. 메신저, 문자 커뮤니케이션도 적절히 활용하자.

6) 한 학기 마무리 잔치

한 학기 동안의 자기평가서 작성, 학급활동 동영상 제작 발표, 칭찬릴레이 등 반추(反芻)해보는 시간을 마련해본다.

7) 작은 음악회

시험이 끝나는 날, 혹은 학기말과 학년말 등의 다소 여유 있는 시간을 활용하여 '학급 작은 음악회'를 개최해본다.

11. 학급경영의 평가

1) 학급경영평가의 기본방향

① 평가는 시기별로 나누어 체계적이고 계획적으로 한다.
② 평가는 구체적으로 하여 문제점이 무엇인지 쉽게 파악할 수 있도록 한다.
③ 교사와 학생 상호평가, 교사의 자기평가, 학생의 자기평가 등 다양한 방법을 사용한다.
④ 다양한 방법을 활용하되 상황에 가장 적합한 평가방법을 사용한다.

2) 학급경영평가의 기능

① 학급경영활동의 성취도를 확인한다.
② 학급경영활동의 문제점을 진단한다.

③ 교사 및 학급구성원의 동기를 유발한다.

④ 학급경영의 개선을 위한 정보를 제공한다.

⑤ 학급경영활동의 책무성을 확인한다.

⑥ 학급경영에 대한 제반의사결정에 도움을 준다.

참고자료 21 학급경영 요소별 평정 사항

평정사항	평정요소	평정내용
자질 및 태도	교육자로서의 품성 (10)	교원의 사명과 직무에 관한 책임과 긍지를 지니고 있는가
		교원으로서의 청렴한 생활태도와 예의를 갖추었는가
		학생에 대한 이해와 사랑을 바탕으로 교육에 헌신하는가
		학부모와 학생으로부터 신뢰와 존경을 받고 있는가
	공직자로서의 자세 (10)	교육에 대한 올바른 신념을 가지고 있는가
		근면하고 직무에 충실하며 솔선수범하는가
		교직원간에 협조적이며 학생에 대해 포용력이 있는가
		자발적, 적극적으로 직무를 수행하는가
근무실적 및 근무수행 능력	학습지도 (40)	수업연구 및 준비에 최선을 다하는가
		수업방법의 개선노력과 학습지도에 열의가 있는가
		교육과정을 창의적으로 구성하며 교재를 효율적으로 활용하는가
		평가계획이 적절하고 평가의 결과를 효율적으로 활용하는가
	생활지도 (20)	학생의 인성교육 및 진로지도에 열의가 있는가
		학교행사 및 교내의 생활지도에 최선을 다하는가
		학생의 심리, 고민 등을 이해하기 위하여 노력하고 적절히 지도하는가
		교육활동에 있어서 학생 개개인의 건강과 안전지도에 충분한 배려를 하는가
	교육연구 및 담당업무 (20)	전문성 신장을 위한 연구와 연수활동에 적극적인가
		담당업무를 정확하고 합리적으로 처리하는가
		학교교육목표의 달성을 위해 임무수행에 적극적인가
		담당업무를 창의적으로 개선하고 조정하는가

※ 사실, 학급운영의 정답은 없다. 문제 학생이 없는 학급도 없다. 학생들과 신뢰를 쌓으며 적극적이고 긍정적인 나 자신을 만들어 스스로 보람을 찾도록 하자. 과유불급(過猶不及-지나치면 모자람만 못하다)이라고 하였다. 여유 있는 모습으로 학생들과 눈높이를 맞추어 구체적이고 실천적인 일들을 실행하여 감사함과 즐거움이 있는 행복한 교실을 만들어 나가도록 노력하는 교사가 되자.

제6장
수업과 성취도평가

1. 효과적인 수업
2. 학업성취도 평가

1. 효과적인 수업

1) 교사의 준비자세

교사가 학생들과의 대면에서 학생들에게 주는 첫인상은 매우 중요하다. 그러므로 먼저 복장에 신경을 써야 한다. 좋은 옷차림에 대한 취향은 사람마다 다를 수 있지만, 수업이 시작되는 학기 초의 한 달 정도는 단정한 옷차림 즉 정장이 좋다. 단정한 옷차림은 학생들에게 심리적인 안정감과 정서적인 신뢰감을 주고 교사로서의 품위와 위엄을 유지할 수 있게 할 수 있다.

또한 얼굴 표정은 사람의 심리상태까지도 표현하므로 학생들에게 호감을 주고 친근감을 주는 표정을 짓는 것이 매우 중요하다. 그리고 학생들은 교사의 관심을 받고 싶어 하는 욕구가 있으므로, 특정 학생만을 집중해서 보는 것보다는 전체적으로 학생들 한 명 한 명과 부드러운 눈 맞춤을 유지하도록 하는 것이 좋다.

뿐만 아니라 수업은 동·서양을 막론하고 대부분 언어로 이루어지기 때문에 의사소통과정에서 언어사용이 매우 중요하다. 학생들이 이해할 수 있는 쉬운 말을 사용하며 자연스러운 대화체를 쓰고 개인의 독특한 말버릇은 피하도록 한다. 언어의 속도나 크기 및 강약도 조절해야 하며 경어(敬語)를 사용하도록 한다. 필요시에는 침묵으로 주의를 집중시키기도 하며 활기찬 동작과 목소리로 수업에 열의를 보여야 한다. 또 말을 할 때 손이나 제스처를 통해서 이야기를 시각화 하는 것은 학생들의 이해를 돕고 주의를 집중시킬 수 있다.

2) 교사의 핵심행동

수업은 교직의 생명이라고 해도 과언이 아니다. 그만큼 교사에게 있어서 가장 중요하고 핵심적인 업무이다. 그러므로 어떻게 하면 가장 좋은 수업을 할 것인가에 대해 부단히 고민하고 연구해야 한다. 가장 좋은 수업이란 학생들이 그 수업의 내용을 잘 이해하고 자기 주도적 학습능력을 길러서 학습성취도가 높아지는 수업이다.

따라서 첫째로 교사가 수업에서 얼마나 명확하게 수업내용을 잘 설명하고 전달하는 가가 중요해진다. 명료한 수업을 하려면,

① 제일 먼저 학습목표를 명료하게 제시하여야 한다.
② 도입부분에서 선수학습의 내용을 점검한다. 경우에 따라서는 선수학습의 내용을 다시 지도한다.
③ 수업활동에 대한 지시나 안내는 천천히 그리고 명확하게 알려준다. 필요하면 반복하거나 작은 단계로 나누어서 설명한다.
④ 학생의 능력을 파악해서 학생의 현재 능력보다 약간 높은 수준으로 가르친다.
⑤ 이해를 돕기 위해서 예시, 그림, 시범, 사진, 동영상 등을 활용한다.
⑥ 수업 결말 부분에서 수업의 내용을 개괄적으로 정리하고 요약해준다.

둘째는 수업방법의 다양성인데 질문이나 수업자료, 수업매체나 수업공간을 잘 활용하는 것이다. 다양성 있는 수업을 하려면,

① 주의 집중 방법을 활용한다. 호기심을 자극하는 발문을 자주하고 시청각 자료 등을 통하여 학생들의 주의 집중을 도모한다.
② 다양한 동작을 활용한다. 모든 학생과 골고루 눈 맞추기, 목소리의 변화, 다양한 동작 등을 통해 열정적이고 활기찬 모습을 보여준다.
③ 다양한 수업방식을 구사한다. 강의식, 질의응답식, 토론식, 소집단 협동학습, 스스로 터득하기 방법 등 다양한 수업방식을 동원하여 한 시간의 수업이 지루하지 않도록 역동성 있게 전개한다.
④ 보상과 강화를 적절하게 활용한다.
⑤ 학생의 의견과 참여를 최대한 보장한다.
⑥ 다양한 발문을 활용하여 학생들의 창의력과 사고력을 자극한다.

셋째는 교사가 수업시간 중에 순수하게 교과내용을 가르치는 시간에 얼마나 많이 할애하고 집중할 수 있는가의 여부와 학생의 학습참여도와 관계가 깊다. 집중도가 높은 수업을 하려면,

① 교과서의 주요 내용을 충실히 반영하는 수업계획서를 작성해서 철저한 수업을 진행하여야 한다.
② 학습에 방해되는 행동의 예방을 위해 학생들과 수업에 관한 내부 규칙을 제정하여 활용하여야 한다. 다만 수업시간 중에는 방해 행동에 대해서 지적만 하고 규칙의 적용은 수업종료 후에 하는 것이 좋다.

넷째는 학생이 특정한 교과를 학습하는데 얼마나 많은 시간을 몰두하는가의 정도 문제이다. 이는 교사의 순수 수업활동에의 전념 정도와 교사의 수업 내용의 난이도와도 그 관계가 깊다. 학생들을 적극적으로 참여시키는 수업을 하려면,

① 교사의 허락이 필요 없는 개별적인 행동에 대한 규칙을 미리 정해 놓는다.
② 학생들이 활동하고 있을 때는 자리를 순회하고 관찰하면서 진도를 점검한다.
③ 개별과제는 교사의 별도 지도 없이도 완성할 수 있을 정도로 학생들에게 흥미가 있고 가치가 있으며 쉽게 해결할 수 있는 내용을 부여한다.
④ 학생의 이해수준에 알맞거나 그보다 약간 높은 정도의 교수자료나 학습활동을 많이 활용한다.
⑤ 수업에의 적극적인 참여를 독려하는 칭찬기법을 많이 활용한다.

다섯째는 학생의 수업에 대한 이해와 학습 성공률의 정도를 말한다. 학습 성공률이 높은 수업을 하려면,

① 이전에 수업한 내용과 연관을 시켜서 수업의 내용을 구성한다.
② 학생들의 반응에 즉각적인 피드백을 제공한다.
③ 수업을 작은 단위로 분할하여 지도한다.
④ 수업 내용들 간의 논리적인 연결성에 유의한다.
⑤ 수업의 강도를 조절하면서 요약과 정리 및 피드백, 그리고 형성평가를 활용한다.
⑥ 수업 관찰표를 만들어 활용한다.

참고자료 22 수업 관찰표

관찰영역	관찰기준	평가				
교과내용 이해도	수업목표를 명확하게 제시하고 있는가	5	4	3	2	1
	선수학습내용을 본시학습에 자연스럽게 연결시키는가					
	수업내용에 대한 풍부한 지식을 가지고 있는가					
학생 이해도	학생의 지적·정서적 특성을 파악하고 있는가					
	학생의 특성과 수준에 맞춰 쉽고 흥미로운 수업을 전개하는가					
수업방법 적절성	학생들을 수업에 적극적으로 참여시키고 있는가					
	학습목표와 학습내용의 특성에 맞는 수업방법을 활용하는가					
	수업목표달성에 적합한 자료를 활용하는가					
	교사와 학생 간에 적절한 교감이 이루어지는가					
	학생들의 사고를 자극하는 발문을 하는가					
	학생들의 응답에 적절히 대응하고 보상과 강화를 활용하는가					
	예기하지 않은 상황에 대한 대처는 바람직한가					
	판서를 수업목표달성에 도움이 되도록 활용하는가					
	소외학생이 없도록 시선을 적절히 사용하는가					
수업정리	학습목표에 부합하는 형성평가를 하는가					
	본시수업내용을 명료하게 정리하고 있는가					
	차시학습과 관계된 적절한 과제를 부여하고 있는가					
교수태도	음성이 적당하고 표준어를 사용하는가					
	수업활동의 집중도는 어떠한가					
	수업활동 중에 적절한 인성교육을 활용하는가					
종합의견						

3) 좋은 수업과 나쁜 수업

좋은 수업이란 수업준비를 성심성의껏 하고, 조별토론과 실험실습 등 수업방식을 다양하게 활용하여 수업을 전개하며, 수업 외의 시간에도 진로나 전공, 장래에 대해 자상하게 안내해주는 수업이며, 또한 가르치는 내용이 학생들에게 어떻게 받아들여질 것인가, 학생들의 인생에 그 지식이 얼마나 도움이 될 것인가를 신경 써주며, 자신이 가르치는 과목에 대해서는 분명한 철학과 소신 및 자신감을 가지고 있으며, 수업을 하면서 학생들이 스스로 깨닫도록 잘 이끌어주는 수업을 말한다.

따라서 좋은 수업의 특징들로는 다음과 같은 것들이 있다.

① 학습자는 목적을 추구하는 유기체이다. 따라서 수업에 있어서는 목표를 명확히 하고 이를 학습자에게 확인시키도록 하여야 할 것이다.

② 학습자는 통합된 전인격적인 존재로서의 유기체이다. 따라서 수업에 있어서도 지적발달, 정서적 발달, 사회적 발달, 신체적 발달이 조화적으로 이루어질 수 있도록 해야 한다.

③ 학습자는 활동적이고 탐구적인 존재이다. 따라서 수업에 있어서는 학습자의 탐구심을 충족시켜 주어 창의성이 신장되도록 해야 할 것이다.

④ 학습자는 성인의 표준으로 보면 미숙하지만 그들의 동료집단 안에서 보면 성숙되어 있다. 따라서 수업에 있어서도 학습자를 중심으로 그들의 필요·흥미·능력에 기초하여야 한다.

⑤ 학습자는 개인으로서 특유한 자세, 지적능력, 성격을 지니고 있다. 따라서 수업에 있어서는 개인차에 알맞은 방안이 모색되어야 한다.

⑥ 학습자는 사회적 관계를 맺으며 성장한다. 따라서 수업에 있어서 협동적인 경험이 중시되어야 한다.

반면에 미흡하거나 나쁜 수업은 수업시간 시작 후에 허둥지둥 늦게 들어오거나 학생들의 의견을 잘 받아들이지 아니 하며, 학생들의 질문에도 무성의하게 답변한다. 또 피곤하고 바쁘다는 핑계를 대며 성의 없이 수업을 대충하고, 학생들의 반응에 아랑곳하지 않고 혼자 진도를 열심히 나가는 수업을 한다. 뿐만 아니라 권위적인 태도로 학생들을 무시하고 말을 함부로 하며, 용의복장도 단정하지 못하고 수업분위기가 산만해져도 신경을 잘 쓰지 않는 수업이다.

그밖에도 매체조작에 미숙하여 시간을 많이 허비하거나 매체를 너무 많이 활용해서 정신이 산만해지게 하는 수업도 그다지 좋은 수업이라고 할 수는 없다.

4) 수업설계와 계획

수업의 설계는 수업목표를 학습자들에게 효율적으로 성취시키기 위하여 수업의 전 과정을 체계적으로 계획하는 과정이다. 수업설계의 과정은 최종수업목표의 규정 → 학습과제의 분석 → 출발점 행동의 진단 → 수업전략의 결정 → 수업 매체의 선정 → 수업설계의 평가 순으로 하며, 수업설계가 필요한 이유들은 다음과 같다.

① 수업목표나 내용에 적합한 수업방법을 선택하고 제공하기 위해 수업 전에 치밀한 계획이 수립되어야 한다.

② 한 시간 또는 한 단위의 수업은 다양한 학습활동이 일어나야 하고 다양한 학습활동은 그 시간의 수업목표 달성을 위해 각기 다른 역할을 하기 때문에 학습활동에 대한 계획이 수립되어야 한다.

③ 학습자 개인은 수업의 과정에서 제공되는 수업방법이나 학습활동에 다르게 반응하기 때문에 어떤 학습자에게 어느 수업방법이 알맞을지를 배합하고 계획하여야 한다.

④ 수업은 수업자 자신의 자질, 능력, 선호하는 수업방법 등이 고려되어 계획되어야 한다.

⑤ 효과적인 수업이 이룩되려면 현실적인 여러 가지 여건이 고려되어야 한다.

그런데 다음과 같이 수업설계의 조건이 먼저 고려되어야 한다.

① 학습자의 개인차를 고려해야 한다.

② 장·단기 수업설계를 고려해야 한다.

③ 수업설계와 실제수업은 서로 분리되어 진행되는 것이 좋다.

④ 수업설계는 학습의 원리와 이론에 토대를 두어야 한다.

⑤ 경제성의 원칙이 최대한 고려되어야 한다.

한편 수업계획의 일반원리로서는 다음과 같은 것들이 있다.

① 타당성인데 학습지도계획은 지도목적에 적합해야 한다.

② 융통성인데 같은 목표·내용·대상을 지도하는 데에도 교사에 따라 계획이 달라지고 수업방법도 달라진다.

③ 과학성에 기초해야 하는데 계획은 어떤 과정을 전제로 실천되어야 하며, 그 과정은 반드시 실천을 통하여 검증되어야 한다. 그리고 모든 계획은 목적과 수단과의 개연성이 높아야 한다. 즉, 선택된 수단은 정해진 목적을 달성시킬 수 있는 가능성과 확률이 높아야 한다.

④ 일관성 유지인데 단원계획에서부터 차시별 계획까지 일관성을 유지하여야 한다. 또 학교, 가정, 사회 간의 횡적인 일관성을 유지하여야 하며, 학교급간, 교과간의 종적인 일관성도 유지하여야 한다.

⑤ 유동성과 변경가능성을 전제로 하는데 실천과정에서의 모순과 불합리성의 발견 또는 예상치 못한 요구가 있을 때에는 변경이 가능해야 한다. 그리고 계획은 고정불변한 것이 아니므로 상황의 변화에 유동적이어야 한다.

⑥ 포괄성인데 학습지도는 학교구조 속에서 이루어지기 때문에 생활지도와 각종 교육행사 등을 고려해서 계획되어야 한다. 또 교육과정의 잠재적 효과도 감안하여 포괄성이 있어야 한다.

5) 다양한 수업 방식

① 소집단 협동학습

학생들을 4-5명씩으로 나누며, 학습과제를 집단 수에 맞게 세분화 한다. 그리고 소집단별로 주어진 과제를 조사하고 토의하여 정리를 시킨다. 후에 소집단에서 도출된 내용을 소집단의 대표자가 발표를 하며, 소집단에서 발표된 내용을 중심으로 전체적으로 토의하고 교사가 보충설명을 통해서 피드백을 주는 방식이다.

이 소집단 협동학습의 장점은 협동심을 기를 수 있으며, 집단 간에 책임을 공유하고 긍정적인 상호 의존성도 기를 수 있고, 인지적 측면을 향상시켜 학습의 성취도를 높일 수 있다.

단점으로는 부익부 현상으로 학습능력이 높은 학생이 집단을 장악하는 현상이 발생할 우려가 있으며, 참여도가 낮은 학생이 높은 학습의 성과를 공유하는 무임승차 현상도 생길 수 있고, 반대로 학습능력이 높은 학생이 이런 문제를 우려해 오히려 소극적인 학습을 할 수도 있다.

그러므로 이 문제를 해결하려면 소집단 편성을 수시로 바꾸거나 집단적 보상을 해주며 협동과제를 개발하도록 해야 한다. 또 소외되거나 비협력적인 학생이 있을 경우 교사가 개별지도를 하는 배려가 필요하다.

② 직소학습

직소(jigsaw)학습은 소집단 협동학습이 진화한 것인데, 소집단 협동학습의 문제점을 개선하기 위하여 1978년 텍사스 대학교의 아론손(Aronson)이 개발한 모형으로 경쟁이 없는 상태에서 개인이 서로 학습 주체자가 되어 협력하는 상호 의존적인 학습의 방식이다.

이 직소학습의 방식은 먼저 학습집단을 5-6개의 모둠으로 나누어 학습주제를 모둠원 수만큼 분류한다. 그런 다음 동일 주제 선택자 끼리 전문가 집단이 되어 선택된 학습 주제를 가지고 학습하는 것이다. 학습을 마치면 전문가들은 소속 모둠으로 돌아가 모둠원들을 학습시킨다. 교사는 게시판을 활용하는 등의 방법으로 성취가 높은 팀에 보상을 한다. 그런데 이 수업방식은 교사가 사전에 적정한 학습주제를 선정하고 학습에 참고할 학습지를 제작하여 배부하는 등 사전준비를 치밀하게 해야만 한다.

이 방식의 장점으로는 학습자들의 작업 분담 구조를 통해서 집단 구성원 간의 상호 의존성과 협동심을 유발할 수 있다. 하지만 교사의 사전준비에 대한 부담이 과다하고 학습 분위기가 산만해질 우려가 높은 것이 단점이다.

그래서 소집단 구성을 가급적 이질 집단으로 편성하는 것이 좋으며, 학습주제 해결에 1시간의 학습으로 부족할 때는 2시간 연속으로 편성하여 학습을 진행할 수 있도록 사전에 주의를 기울여야 한다. 그리고 학습 능력이 뒤쳐지는 모둠이 발견되면 교사가 직접 관리하여 특정 모둠에 소속됨으로 인한 학습의 결손이 없도록 해야 한다.

이 직소 학습 모형은 최근 일선 학교에서 많이 활용하고 있으며, 계속해서 진화·발전하고 있는데, 직소2모형은 직소1모형에 집단보상을 추가하여 집단 상호 의존성을 높였으며, 직소2모형학습이 끝난 후 일정시간 평가에 대비하여 모집단의 학습기회를 추가한 직소3모형학습과 수업내용의 확인을 위하여 퀴즈와 부족한 부분에 대한 재교육을 추가한 직소4모형학습도 나타났다.

③ 자기 주도적 학습

이 학습법은 1975년 성인교육학자인 Knowles에 의해 평생학습의 차원에서 앤드라고지(andragogy)의 이론으로 시작하였는데, 제7차 교육과정에서부터 가장 중요하게 강조하고 있는 학습방법이다.

자기 주도적 학습이란 학생이 학습에 주도적으로 참여하고 계획하고 실천하며 선택과 결정 등 자율적으로 할 수 있는 자기관리 능력의 향상과 이런 능력의 향상을 위한 시도로 교수-학습과정에서 학습자에게 주도권을 부여하는 학습방식을 말한다.

참고자료 23 자기 주도 학습과 교사 주도 학습의 비교

자기 주도 학습	교사 주도 학습
비교적 독립적임	비교적 의존적임
자기 주도적 가치를 가짐	타인 지향적 가치를 가짐
긍정적인 자기 효율성	제한된 자기 효율성
내부적으로 동기화 됨	외부적으로 동기화 됨
학습과정에 깊이 관여됨	학습과정에 표면적으로 관여됨
지적 집중을 우선시함	지적 집중을 분산시킴

이 자기 주도적 학습은 다음과 같은 몇 가지 기본 가정을 하고 있다. 첫째는 학습자가 능동적으로 학습에 참여하며 스스로 학습할 능력이 있다는 것이다. 둘째는 학습자가 수업의 양과 형태를 선택하는데 중요한 역할을 담당한다는 것이다. 셋째는 학습자가 인지적·동기적·행동적 자기통제 능력이 있다는 것이다. 넷째는 학습자의 자기통제 학습과정은 어떤 가치판단 기준에 의해서 이루어진다는 것이다. 다섯째는 학습자가 언어를 매개로 자신의 생각과 행동을 통제한다는 것이다. 여섯째는 자기 주도적인 학습활동은 학습자의 학업 수행 능력에 영향을 미친다는 것이다.

자기 주도적 학습의 특징으로는 외발적 동기보다는 학생의 내발적 동기에 바탕을 두며, 학습자의 자율성과 주도성을 전제로 하고, 목표달성 지향성으로 만족감과 자신감 및 희열감을 강조한다. 또 가치지향성으로 자기학습에 대한 가치를 신뢰하며, 학습자의 개인차를 중시하고 학습자의 선행경험이 중요한 학습자원이 된다. 그리고 학습에 대한 책임은 학습자에게 부여되므로 학습자의 자기평가가 중시된다.

한편 자기 주도적 학습의 전략으로는 학습욕구를 진단하며 학습목표를 설정하고, 학습을 위한 인적·물적 자원을 파악하여 적절한 학습전략을 선정하여 이행한다. 그리고 학습결과를 평가한다.

자기 주도적 학습의 향상 방안으로서는 수업을 학생의 입장에서 생각하는 교육에 대한 교사의 의식전환이 있어야 하며, 필요에 따라 수업시간을 2시간 연속 편성하는 등 교육과정을 탄력적으로 운영하고 재량활동이나 특별활동 시간 나아가서는 방과 후 시간도 활용할 수 있어야 한다. 또한 학습자가 토론을 통해 문제해결의 생생한 경험을 얻을 수 있도록 교과서를 주제중심으로 재구성할 필요도 있다.

④ 문제해결법

이 방법은 학생들이 여러 상황에서 학습활동을 진행하는 가운데 스스로 문제해결에 접근하도록 하는 방법이다. 새로운 문제에 당면했을 때 그 문제를 해결하는 과정에서 이루어지는 학습방법, 즉 학생이 생활하고 있는 현실적인 장면에 당면하는 여러 문제를 해결해 나가는 과정 중, 지식, 태도, 기술, 기능 등을 종합적으로 획득하도록 하는 학습방법이다.

이 문제해결법은 학습자에게 직면한 문제를 스스로 해결하게 함으로써, 상황에 대한 분석력과 해결방안에 대한 창의력을 길러주고 다른 상황에 대해 적응할 수 있는 적용력과 의사결정능력, 문제해결 능력을 키워준다.

문제해결법의 예로는 귀납적 문제해결법, 연역적 문제해결법, Peirce의 문제해결법, Dewey의 문제해결법, Gordon의 문제해결법, 속성열거법, 형태학적 분석법, 브레인스토밍(brainstoming : 아이디어가 떠오르는 대로 발표함) 등이 있다.

문제해결법의 학습과정은 문제의 인식 → 자료수집 → 자료의 비교와 검토 → 문제의 해결방안 검토 → 문제해결방안의 선택 → 시험 및 결과평가의 순으로 이루어진다. 문제해결법에 있어서 교사는 학생들에게 학습할 문제를 제시하고, 문제 해결과정을 조정하며 학생들의 문제 해결 결과를 평가하는 봉사의 역할을 가지게 된다.

이 문제학습법의 장점으로는 학습자의 자발적인 학습이 이루어지며, 실생활과 직결된 문제를 학습의 소재로 하여, 학습자의 구체적인 행동과 경험을 통한 교육을 할 수 있다는 점이다. 또 생활을 주축으로 한 광범위한 영역에서 종합적인 지식, 기능, 태도, 기술 등을 기르게 되고, 협동적인 학습활동으로 민주적인 생활태도를 배양하며 사고력, 창의력, 고등정신 등이 길러진다는 점이다.

문제점으로는 충실한 기초학력을 기를 수 없으며, 교과의 체계적인 학습이 어렵고, 학습의 방향에 일관성을 잃을 우려가 있다. 또 발전하는 학문의 분과를 조속히 학습할 수 없다는 점이다.

⑤ 프로젝트법

실제의 작업을 중시하여 일의 계획과 수행능력을 기르는 교육방법이다. 20세기 초기 이후 미국에서 발전한 학습 지도법으로, 학습자 스스로 계획하고 구상하여 문제를 해결하고 지식과 경험을 종합적으로 체득시키려는 학습지도 방법이다.

프로젝트법은 타인 혹은 외부세계와 상호작용적 관계를 통해 자발적인 학습이 이루어지는 것이 학습의 핵심이며, 구성주의적 학습법이다. 프로젝트법은 1918년 Kilpatrick의 구안법에서 출발한 것으로 듀이의 진보주의에 뿌리를 두고 있어 학습자의 능동적인 지식의 재구성을 인정하지 않는 행동주의와는 확연한 차이가 있다.

프로젝트법의 특징은 수업의 주체가 학습자 자신이어서 주로 학습자에 의해 수업이 진행되고 교사는 조언자가 되며, 수업의 목표 면에서 볼 때, 창의성을 요하는 학습목표에 적당한 학습법이기도 하다. 수업에 있어서의 강조점은 학습자의 계획에 의해 학습이 진행되므로 제작과정을 통해 창의력을 계발하는데 중점을 두고 있다.

또 학습과제의 형태선정을 목표설정 단계에서 학습자의 흥미와 능력에 맞게 선정하며, 실습지도 과정은 학습자 스스로 계획하여 다양하게 수행되며 목적의 설정, 계획, 실행, 평가의 단계로 이루어진다. 평가방법은 교사, 학습자 자신, 동료의 상호 평가 등 다양하게 이루어질 수 있다.

프로젝트법의 절차는 준비하기(교사가 프로젝트 학습을 하기로 결정하고 주제, 주제망, 자원 목록을 잠정적으로 결정하거나 작성하는 활동), 주제 결정하기(교사와 학생이 주제를 결정한 다음 주제와 관련하여 아동의 선경험을 끌어낸 후 함께 주제망을 작성하는 활동), 이어서 교사들이 통합한 교육과정을 가지고 학생들이 교사와 함께 브레인스토밍을 거쳐 학생들의 교육내용으로 재구성한다.

다음으로 활동 계획하기(학습할 소주제를 결정하고 학습 활동팀을 구성하며 질문목록을 작성한다. 또한 학습활동에 필요한 자원목록을 작성하고 자원을 확보, 비치함), 탐구하기(문헌조사, 현상조사, 현상실험, 자원인사 등), 표현하기(언어, 숫자, 소리, 그림, 입체, 신체 등의 다양한 표현양식 사용), 마무리하기(탐구, 협의, 표현활동의 결과를 문집, 그림, 구성물, 멀티미디어 자료의 형식으로 만드는 활동과 교사, 학부모들에게 발표, 전시, 극활동 등의 제시 활동을 포함), 평가하기 등이다.

개인적인 경우는 학생자신이 판단하도록 함을 원칙으로 하고 그 판단이 부적당할 때는 교사가 적절한 조언을 통해 학생이 자기의 작품을 객관적으로 평가할 수 있도록 이를 보충하여야 한다.

이 구안법의 주요 특징들은 문제를 구체적이고 실천적으로 해결한다는 점이며, 문제는 학습자 자신이 목적을 가지고 계획에 의하여 선택하고 수행한다는 점이고, 문제해결을 위하여 물질적 자료가 활용되고, 개인차에 따른 활동을 가능케 한다는 점이다.

장점으로는 동기유발이 가능하고 주도성과 책임감을 함양할 수 있으며, 창조적인 태도와 구성적 태도를 신장시킬 수가 있고, 학교생활과 실제생활을 결부시킬 수도 있으며, 자발적이고 능동적인 학습활동을 촉구시킨다는 점이다. 또 협동성과 지도성 및 희생정신을 함양시킬 수 있다는 점이다.

단점으로는 능력이 부족한 학생에게는 시간과 정력을 낭비할 수 있고, 우수학습자가 학습을 독점할 가능성이 높으며, 자료가 많이 사용되어 자료획득이 어려운 점이 있고, 수업이 무질서하게 운영될 우려가 있으며, 교재의 논리적 체계가 무너지기 쉽다는 점이다.

⑥ 실험실습법

실험실습법은 실과수업이나 자연과학 분야에서 많이 사용하는 것으로, 어떤 과제에 대해서 학생들로 하여금 직접 실험·실습을 하게 한 후, 그 결과 보고서를 제출하게 하는 것으로 개인 단위 또는 모둠단위로 실험·실습을 하게 할 수도 있다.

이 수업방식은 프로그램의 참가자 자신이 주로 실험이나 실습 등의 스스로의 경험을 통해서 배워나가는 방식으로 소규모의 학습활동에 유용하며, 주로 지식보다는 태도의 변용이나 기능의 습득에 효과적이다.

장점으로는 일상생활의 지식과 기술을 경험으로부터 습득할 수 있고, 이론학습을 보강할 수 있으며, 학습자의 자발성과 창조성을 존중할 수 있다. 단점으로는 학습자 수준의 범위를 뛰어넘을 수 없으며 내용의 계통화가 어렵다. 또한 준비에 많은 시간을 필요로 한다.

따라서 다른 여러 가지 방법과 혼용하여 전개하는 것이 바람직하다.

⑦ 토의법

1915년 Parker가 문답법을 개선하여 회화법이라고 부른데서 연유한다. 토의법은 공동학습의 한 형태로서 자유로운 토론을 통해 문제해결에 협력하고 집단사고를 통한 집단적 결론을 이끌어 내는 방법이다. 상호간의 의견존중을 통해 자주적 학습의욕이 생긴다는 교육적 의의가 있다.

수업방략으로서 토의법의 목적은 학습자의 참여유도와 문제의 비판적인 분석 능력의 신장 및 창의적인 능력과 협동적 기술의 개발에 있다.

토의법 운영 시 교사의 역할은 학습자들이 자신의 경험에 비추어 비판적으로 사고하고, 상이한 관점들을 탐구하게 하며, 학습자들의 지식이 인간경험에 어떻게 뿌리를 두고 있는지를 생각할 수 있도록 해야 한다.

토의법의 장점으로는 타인의 의견존중 및 협력하는 태도와 실천력의 함양, 스스로 사고하는 능력의 함양, 의사표현력 및 결정된 결론에 따르는 민주적 태도와 가치관의 함양, 태도 변용을 목표로 삼는 수업 등을 할 수 있다. 단점으로는 저학년 수업에서는 형식적인 토의가 되기 쉽고, 알려지지 않았거나 어느 정도 완전하게 이해하지 못한 사실과 개념을 다루기가 힘들며, 토의법의 허용적인 특성은 학습자의 이탈을 자극하기 쉽다는 점이다.

⑧ 문답법

문답법은 교사와 학생 사이의 질문과 대답에 의해서 학습활동이 전개되는 형태로써 질문법이라고도 한다. 이 문답법은 그리스 시대의 Socrates가 체계화하여 사용한 전통적인 교수법이다.

장점으로는 학습할 문제점을 명백히 밝혀주기 때문에 초점이 분명한 학습활동을 할 수 있으며, 학습에 자극을 주어 적극적인 흥미와 동기유발이 가능하고, 발표력 신장과 학생의 주체적인 학습이 가능하다. 그리고 교사와 학생 간의 의사소통도 잘 이루어진다.

단점으로는 사고의 통일과 연속성을 방해할 우려가 있으며, 교사중심의 수업으로 진행될 우려가 있고, 사고의 영역을 한정시키기 쉽다. 그리고 우수아 중심이 되어 그 밖의 학생들은 흥미를 잃기 쉽고, 학습속도가 지연된다는 점이다.

문답법의 4단계로는 ① 구조화 단계로 교사가 수업에서 논의될 문제에 대해 간단히 정리해 주는 것이며, Soar & Soar는 구조화가 적절했을 때 학업성취에 최적의 효과를 가져온다고 주장하였다. ② 질의단계로 학생의 반응을 유도하기 위한 교사의 질문을 의미하고, 질의할 때 학생들의 지적능력을 자극할 교과내용과 관련된 질문을 많이 하여야 한다. 그리고 교사의 질문은 적용, 분석, 종합, 평가 등의 고차원적인 지적기능을 자극할 수 있어야 한다. ③ 반응단계로 학생의 반응에 대해 교사가 평을 해주거나 수정해 주는 것을 의미하고, 학생의 지명은 질문 전에 하는 것이 더 효과적이다. ④ 대응단계로 학생의 반응에 대해 교사가 평을 해주거나 수정해 주는 것을 의미하고, 교사는 3초 이상 서로 생각할 여유를 갖고 대응하는 것이 즉시 대응하는 것보다 좋다.

⑨ 탐구법

어떤 문제의 해결이나 주제의 학습을 위해서 교사가 학생들의 능동적인 탐구 행위를 촉시키는 교수형태이다. 장점으로는 실제현상, 사례를 심층적으로 탐구하여 지식의 구조를 파악할 수 있으며, 기본원리를 자발적으로 깨우칠 수 있고, 주어진 사실에서 새로운 법칙을 파악해 내는 추론과정을 길러준다는 점이다.

문제점으로는 학습자의 기본 학습 이해도가 요구되며, 탐구방법의 사전훈련이 필요하고, 자율적인 학습능력이 결여된 학습자들은 무관심하게 된다는 점이다.

⑩ 역할놀이법

사회성과 민주적 태도와 기능을 기르고 타인의 행동, 감정 등에 대한 올바른 이해와 도덕적 심성을 기르기 위한 수업방법이다. 장점으로는 학습자의 감정, 태도, 가치, 지각에 대해 탐색할 수 있으며, 문제해결 기능과 태도의 개발이 가능하고, 교과내용을 여러 가지로 탐색할 수 있다는 점이다.

문제점으로는 역할놀이 구성 준비에 어려움이 많다는 점이며, 전체 학급 구성원의 참여가 불가능하다 것과 역할의 고정이 새로운 사고를 방해한다는 점이다.

⑪ 문제중심학습(PBL : Problem-Based-Learning)

구성주의의 가장 두드러진 수업장면은 바로 문제중심 학습법이다. PBL은 구성주의의 상대론적 인식론을 이론적 근거로 하는 구성주의 학습원칙을 충실히 반영하고 있는 학습모형이다. 문제중심학습은 '학습자로 하여금 어떤 문제나 과제에 대한 해결안 혹은 자신의 견해나 입장을 전개하여, 제시하고, 설명하며, 나아가 옹호할 수 있도록 함을 목표'로 한다.

문제중심학습이 특히 요구되는 분야는 의과대학 교육과정, 법과대학의 수업, 경영대학원의 경영인 양성과정 등이다. 이 문제중심학습의 학습환경의 특징으로는 관련분야에 실재하는 복잡하고 비구조적인 문제들을 풀어 나가는 것이다. 비구조화 된 문제는 해결안이나 결과가 접근방법에 따라 몇 가지로 나타날 수 있는 것을 의미한다. 여기서의 문제는 학교상황에서만 통하는 인위적이고 비실용적인 문제가 아니라 모든 상황에 있어서 현실성을 바탕으로 하고 있는 문제를 말한다. 그리고 학습자들에게 꼭 필요하고 실질적인 도움을 주는 문제이며, 학습자의 역할과 기대되는 학습결과에 대한 명시가 분명히 제시되어야 한다.

이 학습법은 기존의 교육방식에 비해 교사의 역할이 상당히 축소되고 그들의 권위는 학습자에게 위임된다. 즉, 교수에서 학습으로 무게의 중심이 옮겨간다. 이 문제중심학습은 자기주도학습(self-direct learning)과정과 협동학습과정으로 이루어진다. 그리고 조별활동을 통한 협동학습 환경을 강조한다. 평가에 있어서도 학습자 중심이라는 전제가 우선되어야 한다.

⑫ STAD 협동학습 모형(성취과제분담 모형)

Slavin과 그의 동료들이 Student Team Achievement Division 혹은 STAD라는 성취과제 분담모형을 발전시켰다. 각 집단은 능력, 배경, 남여가 혼합된 약 5명의 구성원으로 조직한다. 교사는 집단의 각 구성원에 대한 개인 학습기대(individual learning expectation : ILE) 점수 혹은 기본점수를 계산한다.

학습과정은 매주 교사는 강의나 토론으로 새 단원을 소개하고, 각 팀은 집단과 같이 공부하며 학습내용을 완전히 이해할 때까지 학습은 계속되며, 매주 두 번의 쪽지시험을 치른다. 그리고 개별시험이 치러지고 각자가 얻은 점수를 받지만 자신이 이전까지 받아 온 평균점수(ILE)를 초과한 만큼 1점에서 3점까지 팀점수에 기여한다. 이 학습 모형에서는 능력이 낮은 학생들도 자신의 기본 점수보다 10점 이상의 점수를 올림으로써 자신의 집단을 위해 최대의 점수를 얻을 수 있다. 능력이 높은 학생들도 집단 전체에 기여하기 위해 만점을 받거나 자신의 평균보다 높은 점수를 얻어야 하기 때문에 도전적이 된다.

⑬ TGT 협동학습 모형(팀경쟁학습)

1973년 Devices & Edward가 개발한 모형으로 팀구성, 수업방법, 연습문제지 등은 성취과제 모형과 유사하다. 그러나 TGT(Team - Games - Tournament)는 시험을 실시하지 않고 게임을 이용하여 각 팀 간의 경쟁을 유도한다. 각 학생은 일주일에 한 번 다른 집단에 소속된 비슷한 능력을 가진 두 명의 학생들과 토너먼트 책상에서 만난다. 각 토너먼트 테이블의 승자는 자기 집단을 위해 6점을 얻는다. 그동안 이 팀 경쟁학습은 주로 초등학교부터 고등학교 수학과목에 적용되어 높은 효과를 거두었다.

⑭ 모듈학습법

모듈(Module)식 교수-학습 모형은 학생들에게 스스로 학습할 수 있도록 명확한 학습목표로 명시한 일정한 지식과 기능의 습득에 필요한 정보를 제공하고, 스스로 자기 진단을 하도록 도와준다. 또한, 각 모듈의 학습에 소요되는 시간을 다양하게 구성하여, 학생으로 하여금 수업자료와 상호 작용함에 있어서 학습과제를 능동적으로 해결할 수 있도록 하는 것을 목적으로 하는 교수-학습 모형이다.

모듈식 교수-학습은 다음의 다섯 가지 특징을 갖고 있다. 첫째, 정보나 지시 사항이 모듈 속에 제시되어 있어 학생이 교사에 의존하지 않아도 된다는 점에서 자율적이다. 둘째, 개별화된 학습이 가능하도록 전형적으로 개별화되어 있다. 셋째, 출발점과 도착점이 규정되어 있고, 내용이 논리적이며 체계적인 흐름을 갖는 패키지로 구성된다. 넷째, 학습목표와 학습경험을 포함하여 각 학습자들이 효율적으로 학습목표를 달성할 수 있도록 학습경험이 주어져야 한다. 다섯째, 학생들이 각 학습목표에 도달했는지의 여부를 평가할 수 있는 체제를 가지고 있다.

결국 모듈학습법은 학생들의 개별화, 개인차를 고려한 수업으로 수업의 시작(도입단계), 수업의 전개, 수업의 마무리 등 수업 시작부터 마무리까지 수업의 일련의 과정에서, 특히 수업의 전개부분에 모듈식 모형을 활용하여 이루어지는 교수-학습 활동을 절차화한 과정이다.

특히 실과에서는 획일적이며 통제적인 학습방법을 지양하고 개별적인 준비성과 여건에 맞는 수업지도안을 조정해야 할 필요성이 있다. 학습자 능력을 고려하여 단원별 학습요소 추출 → 진단평가자료 개발 → 진단평가 실시 → 개인별 능력파악 → 능력별 모듈학습 → 자기평가 → 총괄평가 → 가정학습과제 혹은 진단평가로 돌아가는 것이다.

어떤 학습주제 또는 단원을 학습함에 있어서, 학습자가 달성해야 하는 몇 개의 잘 서술된 학습목표에 따라 학습자의 활동, 그리고 학습자의 활동 여부를 알아보는 평가방법을 체계적으로 조직하여, 학습자 스스로가 학습목표를 달성할 수 있게 고안된 교수·학습 과정의 하나이다.

따라서 이러한 면에서 볼 때 모듈 수업은 모듈에 의해 학습현장을 구성하는 교수 및 학생간의 상호활동으로 정의된다. 모듈은 순서에 따라 구성되는데 이때 다음의 네 가지 조건이 고려되어야 한다. 첫째, 학습자 개인은 모듈 전체에 대해서 또는 일부 학습경험에 대해서 학습정도를 알아볼 수 있는 기회가 부여되어야 한다. 둘째, 학습자들은 각 학습경험이나 전체 모듈 내용을 피드백을 통해서 완수할 수 있는 기회가 부여되어야 한다. 셋째, 수행하는데 있어서 학습자들에게 절대 시간적인 제한을 가해선 안 된다. 모듈은 각자의 보조에 따라서 하는 것이기 때문이다. 넷째, 학습자들은 모듈을 완전히 학습했다는 증거로서 학습행동을 연시(演試)할 수 있어야 한다.

⑮ 개별화수업

학생들의 특성, 특히 학습양식, 흥미, 학습준비도 등에 따라 학습내용, 학습과정, 학습결과를 개별화하는 것을 말한다. 그러므로 개별화 수업은 사전에 준비된 수업이며, 개별화 수업을 하는 교실에서의 교사는 다양한 학습자가 각기 다른 필요를 가지고 있다고 가정해야 하며, 효과적인 수업의 개별화는 학습자들의 다양한 필요들을 수용하기에 충분할 수 있게 교사에 의해 미리 계획되어야 한다.

개별화 수업은 양보다 질을 중요시한다. 많은 교사들은 개별화 수업의 의미를 일부 학습자에게는 학습량을 많이 제시하고 다른 학습자들에게는 적게 제시하는 것으로 잘못 생각하고 있다. 일반적으로 학생들의 필요에 부합하는 과제의 특성을 조정하는 것이 단순히 과제의 양을 조절하는 것 보다 더 효과적이다.

개별화 수업은 평가에 근거하여 이루어진다. 학생들마다 무엇이 적절한 것인지를 파악하기 위한 방법으로 학생들과 대화와 수업시간의 토론, 학생들의 학업, 관찰, 형식적인 평가 등을 활용한다. 이러한 자료들을 통해 교사가 알게 된 것들은 각 학습자의 잠재력과 재능을 최대한 발휘할 수 있도록 도와줄 수 있는 수업을 구안하는 촉매역할을 한다. 평가는 단원을 시작함과 동시에 단원 목표와 관련해서 학습자 개개인의 독특한 필요가 무엇인가를 파악하기 위해 일상적으로 주어져야 한다.

개별화 수업은 내용, 과정, 결과에 다양한 접근을 제공한다. 교사들은 학생들이 무엇을 배울지, 어떻게 그것을 배울지, 또 그들이 배운 것을 어떻게 증명할 것인지에 관해 다양한 방법을 제공한다. 즉 내용으로서 투입과 과정으로서 학생들이 어떻게 아이디어와 정보를 형성해 가는지, 그리고 결과로서 학생들이 배운 것을 어떻게 겉으로 나타내는지에 관한 것이다.

개별화 수업은 학생 중심이며, 전체학습, 소집단학습, 개별학습의 혼합이고, 유기적이다. 교사와 학생들은 모두 함께 공부하는 학습자들이다. 교사가 교과에 대해 보다 많이 알고 있다고 하더라도 그들은 학생들이 어떻게 학습하는지에 대해 끊임없이 배워야 한다. 학생들과의 지속적인 협력은 학습기회를 정선하는데 필요한 것이며, 그로 인해 학생들의 학습을 위해 보다 효율적인 교사가 되는 것이다.

개별화 수업은 역동적이다. 즉 교사는 학습자와 학습 사이에 괴리가 없는지 감시하고, 검증이 되는대로 조정한다. 학습자와 학습이 생각보다 덜 연계가 되었다는 것을 인식하는 경우, 그들은 지속적으로 조정을 할 수 있다는 것을 안다.

수준 차가 다양한 학급에서의 개별화 수업은 속진학습자들을 이해할 필요가 있다. 개별화수업의 기본적인 의도는 학생들의 능력을 극대화시키는 것이므로 학생들이 더 깊이 학습할 수 있거나 더 빠른 속도로 학습할 수 있을 때 계획된 교육내용보다 더 많은 관계를 파악할 수 있을 경우에 보다 많은 학습기회를 주는 것이 좋다. 하지만 다른 학습자와 마찬가지로 속진 학습자들 역시 그들의 능력을 계발하기 위해서는 도움이 필요하다. 발달을 안내해 줄 교사나 적절히 도전적인 교육과정이 없으면 학습자들은 자신의 잠재력을 발휘하는데 실패하게 된다. 속진 학습자들이 자신의 모든 잠재력을 발휘하지 못하는 데에는 다음과 같은 많은 이유들이 있다.

첫째, 속진 학습자들은 학교생활은 잘 해 나가더라도 정신적으로 나태하기 쉽다. 둘째, 속진 학습자는 성공의 덫에 걸리기 쉽다. 셋째, 속진 학습자는 완벽주의자가 되기 쉽다. 넷째, 속진 학습자들은 자기 효능감 발달에 실패할 수 있다. 다섯째, 속진 학습자들은 학습방법의 학습과 기능개발에 실패할 수 있다.

다음으로 노력형 학습자들도 이해할 필요가 있다. 첫째, 노력형 학습자들의 긍정적인 면을 보아야 한다. 둘째, 부족한 부분에 너무 집착하지 말아야 한다. 셋째, 보다 수준 높게 가르쳐야 한다. 넷째, 많은 학습방법을 사용하여야 한다. 다섯째, 사랑의 눈으로 보아야 한다.

개별화 수업에서 교사의 역할은 관리자와 지식의 제공자로 보던 전통적인 관점에서 학습경험 기회의 조직자로 인식해야 한다. 개별화 수업을 하는 교사들은 그들의 역할을 코치나 지도자에 초점을 맞추고 학생들이 처리할 수 있는 한도 내에서 가능한 많은 학습 책임감을 학생들에게 부여하고, 학생들이 처리할 수 있는 한도 이상의 내용을 조금 더 가르치는 것이다. 따라서 개별화 수업에서의 학습환경은 학생들이 교실에서 안정감을 느껴야 하며, 교사는 성공 지향적으로 가르쳐야 되고, 분명한 공정성이 있어야만 한다.

6) 학습부진아를 위한 전략

첫째는 적응수업전략이다. 기본전략으로서 학습자의 학습을 증진시키기 위하여 어떤 요소나 전체적인 학습환경을 변화시키는 것인데, 고려해야 할 사항으로서는 학습부진학생이 이해할 수 있는 수준으로 각 수업시간에 도달해야 할 학습목표를 제시해야 하며, 수업진행에 대한 안내를 위하여 각 단원별 또는 차시별 수업개요를 제시해야 하고, 전문적인 어휘의 목록이나 추상적인 개념에 대한 해설자료 등도 제공해야 하며, 학습부진학생의 수준에 맞는 적절한 가정학습과제를 제공해야 한다. 또 특별교재 또는 학습자료를 활용하며, 학습계획서를 작성해주고 계속 점검하며, 학습기술을 지도한다.

둘째는 교정수업전략이다. 학습을 방해하거나 장애가 되는 결함과 약점 등을 제거하는데 중점을 두며, 학습부진학생의 잘못된 학습습관을 확인할 수 있고, 이를 수정할 수 있다는 가정 하에 학습자를 변화시키는데 관심을 가져야 한다. 교정수업전략에서는 학습부진아에 대한 개인별 진단이 중요시되며, 진단결과에 따라 학습과제 및 적절한 프로그램이 주어져야 한다.

학습부진아를 위한 프로그램의 유형으로서는 **기초학습형**(읽기, 쓰기 등의 기초학습기능에 초점을 둔 프로그램), **교과개별지도형**(학생들이 직접적으로 관련 없는 내용으로 인해 흥미를 느끼지 못할 경우, 교육과정 영역에서 지원·보충적인 역할을 하는 프로그램), **직업프로그램형**(학습자의 흥미와 능력에 맞는 직업을 탐색·준비시키는 과정), **학습전략형**(학습기술을 가르치는 프로그램), **심리치료형**(아동에 대한 압력의 감소, 교사 - 학생, 학생 - 학생의 인간관계 개선, 동기양식이나 수준의 변화, 자아개념의 긍정적인 변화 등을 목적으로 한 프로그램) 등이 있다.

2. 학업성취도 평가

1) 평가의 개념과 기능

평가는 교육과정 및 교육프로그램에 의한 교육목표가 어느 정도 달성되었는지를 확인하는 것이다. 학업성취도 평가는 수업목표를 명확히 하는 데 도움을 주며 학생이 이 목표를 어느 정도 성취하였는지를 결정하는 과정인바, 학업성취도의 평가는 학생의 행동변화를 측정하며, 이 행동의 변화는 외현적인 것뿐만이 아니라 내면적인 행동(사고, 가치관, 자아개념 등)까지를 포함한다.

유사한 용어로서는 시험, 검사, 측정 등이 있으며, 교육은 일정한 목표를 가진 계획적인 과정이기 때문에 교육의 성과와 목표가 어느 정도 달성되었는가를 알기 위해서는 교수-학습지도의 결과인 학습자의 행동을 일정한 기준의 교육목표에 따라 목적달성의 성취정도를 밝히려는 가치판단의 과정이 따라야 한다. 이와 같은 정의는 사실 Tyler식 개념정의에 속한다. 그는 평가의 과정을 '본질적으로 교육과정 및 수업의 프로그램에 의하여 교육목표가 어느 정도나 실현되었는지를 밝히는 과정이다.'라고 하였다.

교육평가의 목적은 학생의 성취도를 파악하고 학습의 증진, 진로지도에 대한 정보의 제공, 총괄적인 정보의 제공, 프로그램의 개선, 교육정책의 수립을 위한 자료의 제공 등으로 요약할 수 있다. 즉, 교육의 목표가 교육과정이나 수업프로그램으로써 시행될 때 원래 기대되었던 목표치가 실제로 어느 정도나 실시되었고 달성되었는지를 측정해보고 판단하는 일이 평가이다.

따라서 학업성취도의 평가는 다음과 같은 기능을 하게 된다.

① 학습자의 학업성취도 수준을 알 수 있다.
② 학습곤란·장애의 원인을 발견할 수 있다.
③ 수업 전에 출발점 행동을 진단할 수 있다.
④ 학습동기를 부여하고 학습을 촉진할 수 있다.
⑤ 학습 진행의 속도를 조절할 수 있다.
⑥ 학습지도방법의 개선에 도움을 줄 수 있다.
⑦ 장래 학습과 성적의 예측이 가능하다.
⑧ 성취도평가는 교정학습에도 도움을 준다.
⑨ 학생의 여러 가지를 이해하는 수단이 된다.
⑩ 생활지도 및 상담을 위한 기초자료를 제공해준다.
⑪ 배치고사나 입학시험과 같은 선발의 기능을 한다.
⑫ 학부모, 상급학교, 지역사회의 필요를 충족시킨다.
⑬ 전국 또는 지역단위 평가는 교육정책의 자료로 활용된다.

한편으로 평가는 학습자들에게 불안감의 조성, 정서적인 안정감의 파괴, 부정적인 자아개념의 형성, 자포자기, 부정행위 등등의 부작용 내지는 역기능이 나타나기도 한다.

2) 평가의 유형

평가기준에 따라 규준지향의 상대평가와 준거지향의 절대평가(목표지향평가)가 있다. 상대평가는 규준(規準, norm)을 설정하여 학생의 성취정도를 상대적으로 비교하는 평가방식으로 학습자의 상대적 우열, 위치에 관심을 가진다. 절대평가는 준거(準據, criterion)에 비추어 학생의 성취정도를 확인하는 평가로 얼마나 보다는 무엇을 성취하였는지에 더 관심이 있다.

상대평가의 특성은 첫째, 학생들의 상대적인 위치에 따라 정상분포곡선인 서열화를 이루며, 둘째, 선발적인 교육관에 근거하여 우열발생의 필연성을 인정하고, 셋째, 평가의 신뢰도에 우선적 가치를 부여한다.

상대평가의 장점으로는 첫째, 개인차 판별이 용이하고, 둘째, 교사의 편견 배제가 가능하며, 셋째, 선의의 경쟁심을 유발할 수 있다. 단점으로는 우열에 따른 지적 계급주의가 발생할 수 있고, 다른 집단과의 비교가 무의미하게 되며, 참된 학력의 평가가 불가능하고 필연적으로 서열이 발생하여 과도한 경쟁을 유발하는 문제들이 있다.

절대평가에 있어서 준거는 교사에 따라 임의대로 정해져도 안 되며, 집단의 규준점수에 예속되어져도 안 되고, 오직 학생 개개인에 성취시키려는 수업목표 그 자체에 두는 형태로 설정되어야 한다. 따라서 이때의 준거는 교육목표가 되며 목표달성도를 평가할 수 있는 평가도구를 제작하고 이 도구에 따라 평가된 결과를 타인과 비교함이 없이 그대로 기록하는 평가의 방법이다.

절대평가의 도구를 제작할 때는 학생들의 학습 곤란점을 정확하게 발견하여 교정할 수 있고, 효과적인 지도를 하기 위해 진술된 성취목표에 대응되어야 한다는 것이 중요하다. 절대평가는 교수-학습의 개선과 모든 학습자를 목표 도달점으로 이끌어 가는 것이 목적으로 점수는 그 자체로서 의미를 지닌다.

절대평가의 특성은 첫째, 모든 학생이 학습목표를 달성할 수 있다. 둘째, 발달적 교육관에 터해 학습자가 무엇을 성취했는가에 관심이 있다. 셋째, 신뢰도보다 타당도를 중시한다. 장점으로는 첫째, 교육개선을 위한 실질적 자료를 제공할 수 있다. 둘째, 교수-학습활동의 실질적 개선추구에 유용하다. 셋째, 모든 학습자에게 성취감을 고취할 수 있다. 단점으로는 개인차 변별이 어렵다. 둘째, 외발적 동기유발이 미흡하여 경쟁심이 약화될 수 있다. 셋째, 통계적 활용에 부적합하다. 넷째, 평가기준의 설정이 어려워 고도의 전문성이 필요하다.

평가목적에 따라 진단평가, 형성평가, 수행평가, 총괄평가 등이 있다. **진단평가**는 교수-학습활동이 시작되기 전에 학생의 수준과 특성을 확인하는 평가이다. 즉, 효과적인 학습지도를 하기 위해서는 학습자가 가지고 있는 학습 준비도를 확인해야 한다. 따라서 진단평가는 본 수업이나 프로그램이 시작되기 전에 실시하여 학생들의 정치(定置, placement), 선수학습의 결핍여부 판정, 학습곤란의 진단을 위하여 실시되는 평가활동이다. 진단평가의 예로는 예비검사용의 형성적 종합검사, 표준학력검사, 표준진단검사, 관찰법, 체크리스트 등이 있다.

형성평가는 학생을 향상시키려는 목적으로 행해지는 평가이다. 1967년 마이클 스크리븐이 제안한 용어로 결과나 성과보다는 과정에 초점을 두고 이루어지는 평가이다. 학생을 대상으로 할 경우 추가적인 학습이 필요한지를 알아볼 수 있고, 교수 프로그램을 대상으로 할 경우, 형성평가의 결과를 바탕으로 수정 및 보완할 수 있다. 흔히 말하는 쪽지시험은 형성평가에 속하며, 중간고사와 기말고사는 총괄평가에 속한다고 할 수 있다.

형성평가는 학습 및 교수가 진행되고 있는 유동적(流動的) 상태에 있는 도중에 학생에게 송환효과(送還效果, feed-back)를 주고, 교육과정을 개선하며, 수업방법을 개선하기 위해 실시하는 평가이다. 이 같은 형성평가는 학생의 학습을 증진시키기 위한 목적뿐 아니라, 그에 뒤이어 교수방법을 개선하고 교육과정에 어떤 개선을 초래하기 위해 실시하는 평가이다. 또한 학습이 끝난 다음에 실시하는 총합평가(總合評價)와는 달리 학습이 형성되고 있는 시기에 실시하는 평가이기 때문에 학습증진의 극대화가 이뤄지도록 해야 하는 것이 목적이다. 그러므로 형성평가를 통하여 이 같은 목적을 달성할 수 있는 증거를 얻어야 하고, 평가 때문에 학생이나 교사에게 부정적인 효과를 미치지 않도록 통제하지 않으면 안 된다.

형성평가의 목적은 점수를 매기거나, 학생의 성적을 판정하려거나, 교사의 능력을 평가하려는 것이 아니라, 학생의 학습을 증진시키기 위해 무엇을 개선해야 할 것인가를 찾으려는 것이다. 형성평가는 지금 진행 중인 프로그램에 관해 어떤 정보를 얻으려는 것이기 때문에 가르치는 교사 자신이 이것을 제작하는 것이 합당하다.

교육목표 혹은 교수목표를 기초로 평가를 한다는 것이 형성평가의 중요한 특징의 하나이다. 즉 목표지향평가(criteri-on-referred evaluation)를 한다는 것이다. 교육과정이건, 교과목이건, 교과서이건, 그것은 학생이 어떤 목표를 달성하도록 짜인 경험의 조직체이다. 이같이 설정해 놓은 목표를 학습상황에서 성취하고 있느냐 없느냐를 결정하는 일이 교사의 역할이다. 목표가 결정되기 전에 교육과정이 있을 수 없으며, 목표도 모르는 채 수업을 할 수는 없는 일이다. 형성평가의 중요한 목적은 이같이 설정된 목표를 학생이 수긍할 만한 정도로 성취하고 있느냐를 결정하는 일이며, 성취하지 못했을 때 어디에 개선을 가져와야 할 것인가를 결정하는 정보를 제공하려는 데 있다.

수행평가(遂行評價)는 학생이 지식이나 배움을 직접 행하는 것을 측정하는 평가방법을 뜻한다. 1999년부터 초등학교와 중학교, 고등학교에 도입되었으며 창의력과 실제문제 해결능력 배양을 목표로 한다. 리포트 작성, 발표, 포트폴리오 구성, 듣기(영어), 말하기(영어, 국어, 일본어)등 다양한 형태로 수행평가를 할 수 있다.

수행평가는 전통적인 필답시험 중심의 평가에 대한 대안적인 평가방법으로서 학습자가 주어진 학습과제를 다양한 방법으로 수행해 보이는 것을 교사가 직접 관찰하거나 교육적 판단을 위한 정보수집 과정을 통하여 수집한 정보를 기초로 교육적 의사결정을 하는 방법이라고 정의할 수 있다. 사실상 지필평가 이외의 모든 방법이다.

수행평가의 중요한 요소는 학습과제, 수행, 직접 관찰 세 가지인데, 학습과제는 학습자들에게 성취되기를 기대하는 교육목표와 관련되는 것으로, 가능한 한 실제생활에서 보다 의미 있고, 중요하며, 유용한 과제들을 말한다. 수행은 학생이 단순히 답을 선택하는 것이 아니라, 학생 스스로 답을 구성하는 것, 산출물이나 작품을 만들어내는 것, 태도나 가치관을 행동으로 드러내는 것이다. 직접 관찰은 학습자가 수행하는 과정이나 그 결과를 평가자가 읽거나 듣거나 보거나 느끼거나 하는 활동을 모두 포함한다.

수행평가의 유형에는 서술형 및 논술형 검사, 작문, 구술 및 발표, 토의법, 면접법, 실기법, 실험실습법, 관찰법, 자료분석 및 적용법, 문제해결법, 연구보고서법, 프로젝트법, 자기평가 및 동료평가 보고법, 포트폴리오법, 컴퓨터 시뮬레이션, NIE(신문활용교육), 현장조사, 작품감상, 만들기, 전시회, 발표대회, 협력학습 등 매우 다양하다.

총괄평가는 교수-학습활동이 끝난 후 학생의 학업 성취도를 종합적으로 확인하는 평가로, 단원 종합평가와 중간고사 및 기말고사 등이 속한다. 총괄평가의 목적과 기능은 학생을 판정하고 등급을 정하고 자격을 부여하고 분류하려는 데 있기 때문에 규준지향적 평가이다.

총괄평가의 방법은 먼저 평가하려는 특정교과에 대한 교육목표를 세분화하는 일이다. 다음으로는 교육목표를 일반적이고 포괄적으로 진술하고 그것을 내용과 행동으로 세분화 하는 작업(이원분류표)이다. 그 다음은 목표가 진술되면 이 같은 목표에 관련해서 진술된 내용과 행동을 그래도 반영할 수 있는 문항을 제작하는 과정이다. 끝으로는 제작된 문항은 난이도 순으로 편집한다. 문항제작이 제대로 되어야 총괄평가의 목적이 적중할 수 있다.

총괄평가의 역할은 학생의 성취도를 알기 위한 점수 판정에 쓰이며, 학생이 어떤 기능이나 능력, 지식에 있어서 요구하는 정도의 자격이 있는지 없는지를 인정하기 위한 판단의 역할을 한다. 또 다음 학습과정의 학습에서 성공할 수 있느냐를 예언하는데 중요한 역할을 하며, 다음 학년 수업이 시작될 때 각 학생 혹은 학급의 학생을 어느 정도의 수준에서 교수해야 할 것인지를 결정하는 데도 도움을 주고, 집단 간의 성적을 비교하는 데도 필수적으로 활용된다.

3) 평가의 절차와 관리

교육평가의 절차는 **평가목표의 설정, 평가장면의 설정, 평가도구의 제작, 평가실시와 결과처리, 평가결과의 해석 및 활용의 단계**를 거친다. 평가목표를 설정한다는 것은 평가내용 또는 검사내용을 정하는 일이다. 즉 무엇을 평가하느냐를 결정하는 일이다. 그러므로 평가목표의 내용면과 행동면의 목표를 결합하여 이원목적분류표를 만드는 것이 필요하다.

참고자료 24 영어과 이원목적분류표 양식의 예

문항번호	평가요소	출제근거	문항형식	행동영역						내용영역			난이도			정답
				지식	이해	적용	분석	종합	평가	독해	문법	작문	상	중	하	
1																
2																
3																
4																
5																

평가목표에 의하여 이원목적분류표를 제작했으면 평가하기에 적합한 자료와 정보를 수집해야 한다. 학습활동의 결과를 정확하게 얻기 위해서는 그에 적절한 평가목표나 평가내용의 특징을 고려한 평가장면을 선정해야 한다. 또 학습결과가 구체적으로 제시되고 가장 확실한 증거가 나타날 수 있는 평가방법을 찾아야 한다. 교육평가는 측정대상이 인간이라는 점에서 많은 제한점이 있으므로 검사장면을 설정할 때는 고도의 전문적인 기술이 필요하므로 반드시 목표행동이 반응되어 나올 수 있는 평가장면을 선정해야 한다.

흔히 평가장면은 필답검사가 중심이 되는데, 선택형과 서답형으로 나누어지고 선택형은 진위형, 배합형, 선다형 등이 있고, 서답형은 단답형, 완성형, 논문형 등이 있다. 정의적 영역에서는 관찰, 면접, 자기보고법, 투사법 등을 이용한다.

모든 평가의 도구는 객관도, 신뢰도(재검사, 동형검사, 반분검사, 문항내적), 타당도(내용, 예언, 구인, 공인), 실용도가 높게 제작될 것이 요구되며, 문항의 변별력(변별도)이나 난이도가 적절하게 제작되어야 한다. 따라서 문항제작은 순간적이거나 무계획적으로 이루어져서는 안 되며 사전에 엄밀한 계획 아래에서 이루어져야 한다. 그러므로 문항제작에 있어서 유의해야 할 점들은 다음과 같다.

① 수업목표를 명확히 진술해야 한다. 그래야 타당한 검사제작을 준비할 수 있다.
② 출제하기 전에 반드시 이원분류표를 만들어야 한다. 그래야 내용타당도를 높일 수 있다.
③ 필요문항수보다 더 많이 만들어야 한다. 충분히 검토하고 엄선해야 타당도가 높아진다.
④ 어떤 유형의 문항을 만들 것인지 미리 정해야 한다. 학생수준에 맞아야 하기 때문이다.
⑤ 문항수를 미리 정해야 한다. 검사시간의 허용문제와 평가목적이 관련되어 있어서이다.
⑥ 문항형식이나 문항장면이 참신해야 한다. 조금은 새로운 경험을 주어야 하기 때문이다.
⑦ 문항내용이 윤리적·교육적으로 바람직한 내용이어야 한다. 가치관을 좌우하기 때문이다.
⑧ 지나치게 어렵거나 쉽게 출제해서는 안 된다. 개개인의 학습 진전 상황을 밝혀야하기 때문이다.

그리고 선택형 문항은 진위형, 4지 또는 5지 선다형, 배합형이 있으며, 선택형의 장점은 채점이 쉽고 객관성과 신뢰성이 높으며, 일정시간에 많은 내용을 다룰 수 있고, 문항형식이 가지는 융통성과 신축성이 크고 통계적 분석이 쉽다. 단점으로는 단순 지식과 측정에 치우칠 우려가 크며, 문항제작이 어렵고 시간이 많이 걸린다. 또한 추측요인을 배제하기가 힘들며, 표현력과 창의성 등의 고등정신 능력의 측정이 어렵다.

서답형 문항은 단답형, 완성형, 서술형, 논술형 등이 있는데, 고차적 정신 능력인 적용력, 분석력, 종합력 등을 평가하는 데 적합하지만, 채점이 어렵고 시간이 많이 걸린다. 객관도와 신뢰도도 낮아질 우려가 있다.

수행평가는 서술형, 논술형, 구술, 면접, 토론, 실험실습, 관찰, 연구보고서, 포트폴리오 등이 있는데, 학생 스스로 자신의 기능이나 지식을 나타낼 수 있도록 학습 산출물을 만들거나 행동으로 나타내거나 답을 작성하게 하며, 학습과정도 평가하고 발달을 지속적으로 평가하며 집단활동도 평가하는 등 준거지향 평가를 한다.

수행평가는 첫째, 교과협의회에서 각 과목의 교육과정 및 교과의 특성을 감안하여 수행평가의 영역·방법·횟수·세부기준·반영비율 등과 성적처리방법 및 결과의 활용 등에 관한 수행평가계획을 수립하여 해당학교 학업성적관리위원회에 제출한다.

둘째, 평가자는 학교 학업성적관리위원회의 심의를 거쳐 확정된 각 교과별 수행평가계획과 평가 후 결과를 학생 본인에게 공개하여야 하며, 이의신청이 있을 때에는 면밀히 검토하여 적절한 조치를 취하여야 한다.

셋째, 성적처리가 끝난 수행평가의 중요한 자료는 성적산출의 증빙자료로 졸업 후 1년 이상 당해 학교에 보관하며, 상급학교 진학 시 입학전형권자의 요청이 있을 경우 이를 전형자료로 제공할 수 있다.

넷째, 수행평가의 점수는 점수화가 가능한 영역의 점수만 반영하되, 기본점수의 부여여부, 부여점수의 범위 등은 시·도교육청의 학업성적관리지침에 의거 당해 학교의 학업성적관리규정으로 정한다. 수행평가 결과물은 학생들의 이의신청-처리-확인과정 등 적절한 조치가 완료되었을 경우 학교장은 학업성적관리위원회의 심의를 거쳐 보관한다. 수행평가 성적을 기록한 성적일람표는 졸업 후 1년간 보관한다.

출제가 완료되면 소정의 절차를 거쳐 결재를 받은 후, 보안을 철저히 하고 인쇄를 하여 이상유무를 검토한다. 평가실시의 기본조건은 첫째, 시험장의 물리적 조건을 일정하게 하고 작업하기에 알맞도록 해야 한다. 환기, 채광, 습도, 온도를 적당히 조절해서 시험에 지장이 없어야 한다. 둘째, 시험에 임하는 사람들의 심리를 조절하고 고려해야 한다. 셋째, 시험 지시문의 내용을 엄격히 준수한다. 넷째, 모든 시험지는 주의 깊게 조직하고 효과적으로 배부해야 한다. 그리고 소요시간을 칠판에 적어두는 것이 좋다.

시험 중의 부정행위를 막기 위해서는 그 과목의 실격 또는 정학이나 퇴학과 같은 처벌이 따른다는 것을 분명히 한다. 또 출제할 때나 인쇄나 보관 시에도 비밀을 유지해야 하며, 교실이 좁을 때는 분반이나 동형검사를 쓰는 게 좋다. 따라서 시험감독을 철저히 해야 한다.

채점은 객관성과 신뢰성이 확보되어야 하며, 특히 주관식 문항은 명확한 채점기준으로 공정하게 이루어져야 한다. 채점이 끝나면 소정의 절차에 따라 결과를 공개하여 이상유무를 확인시킨 후, 이의신청을 받고 재검토하여 학생들이 수긍할 수 있도록 처리한다. 결시자의 경우는 성적처리규정에 의해 인정점을 부여하고 모든 채점이 끝나면 성적단표를 작성한다. 이후의 성적처리에 관한 모든 일정이나 방법은 해당학교의 성적처리규정과 절차에 따라 차질없이 수행하면 된다.

이제 평가결과의 해석 및 활용인데 학생들의 학업성적은 교무업무시스템에서 관리되고 있어서 지필평가의 경우는 교과별로 문항분석을 쉽고 빠르게 할 수 있다. 문항분석 후 평가결과의 해석을 통해 학습의 진단 및 교정지도 계획의 수립, 교수-학습지도의 개선, 생활지도, 교육정치(教育定置) 등으로 활용된다.

평가는 결국 올바른 평가정보를 통하여 교육적으로 활용하고자 하는데 목적이 있다. 평가결과는 기록으로 끝나는 것이 아니고 개인과 집단의 교육목표 달성도와 변화의 양을 종합적이면서도 분석적인 해석을 필요로 한다. 다시 말하면 개개인의 점수가 집단의 규준에 비추어 상대적인 위치를 알 수 있고, 개인 내적 차이를 이해함으로써 개인별 특성도 파악할 수 있을 뿐만 아니라 행동의 원인을 진단하거나 처방하는데 중요한 정보를 제공하여 주기 때문에, 검사의 결과는 활용하기에 편리하도록 기록하고 관리해야 한다.

또한 평가결과의 해석은 교육목표를 설정하고 내용을 선정하며 교육활동과 교육평가로 이어지는 교육의 모든 과정에 피드백 되어 교육개선의 효율화를 얻을 수 있으며, 진학지도의 자료와 행정자료로 활용되어야 하고, 향후의 교육과정 계획과 교수방법의 개선을 위한 증빙자료로 활용되어야 한다.

제7장
생활지도와 학교폭력

1. 생활지도의 개념
2. 생활지도의 원리
3. 생활지도의 필요성
4. 생활지도의 목적
5. 생활지도의 영역
6. 생활지도의 주요활동
7. 생활지도에 임하는 자세
8. 학교폭력문제
9. 학교폭력근절 종합대책

1. 생활지도의 개념

생활지도(guidance)는 미국 Boston시의 직업국장이던 Parsons가 직업지도국을 개설하면서 시작되어, 1913년에 Boston 교육위원회에서 직업정보과를 신설하면서부터 생활지도 운동이 학교 안으로까지 들어오게 되었다.

오늘날은 학교현장에서 직업지도뿐만이 아니라 교육지도, 도덕지도, 종교지도, 사회성발달지도, 건강지도, 성격발달지도, 여가지도, 가정지도 등 학생들의 생활전반에 걸친 생활지도를 포함하게 되었다. 따라서 생활지도는 아동, 학생 개개인의 전인적인 발달을 돕고 그들의 적응과 성격상의 문제를 지도하여 바람직한 방향으로 이끌어주고 안내하는 것이다.

포괄적인 의미에서 생활지도는 인류의 역사와 함께 시작되었다고 할 수 있으나, 체계적이고 조직적인 모습을 갖추기 시작한 것은 19세기말경부터이다. 산업의 급진적 발달로 인하여 개인에게 직업의 기회를 주고 또 필요한 전문 기술원을 확보하기 위한 직업지도에서 출발했다고 본다.

위에서 말한 것처럼, 학계에서는 F. W. Parsons가 1907년 미국 보스턴에서 벌인 직업지도 운동이 생활지도의 시초라고 보고 있다. 교육 외적인 요인으로 시작된 생활지도가 1913년 보스턴 교육위원회에서 직업정보과를 두고 활동을 시작함으로써 점차로 학교교육 분야로 들어오게 되었던 것이다.

또 제1차 세계대전에서 전쟁의 효과적 수행과 업무를 위하여 선발하고 훈련이 필요하게 되면서 인간의 지능 및 적성의 측정 등 과학적인 방법이 도입되어 한층 더 발전하게 되었다. 생활지도 운동의 초기에 강조되었던 직업지도는 해를 거듭할수록 그 활동의 넓이와 깊이를 더하게 되었다.

또한 교육계에서 중요시되고 강조되어온 학생 개개인의 전인적(全人的) 성장과 이에 따르는 통합적 교육활동의 필요성은 직업지도뿐만 아니라 지적인 성장, 정서적인 적응, 건강한 생활, 원만한 인간관계의 수립, 도덕적·정신적인 발달, 넓은 심미적인 활동 등을 포함하려는 통합된 생활지도 활동에 노력을 기울이게 되었다. 아울러 생활지도교사 또는 카운슬러의 양성과 배치는 중요한 행정상·제도상의 문제로 제기되었다.

A. E. Traxler는 '모든 학생들로 하여금 자기가 가지고 있는 능력, 흥미 및 인성적인 여러 특성을 이해하게 하여 이를 최대한으로 발전시켜 나가며, 또한 자신의 생활목표와 이것들을 결부시켜 드디어는 민주사회의 바람직한 시민으로서 원만하고도 성숙한 자기지도를 해나갈 수 있도록 하는 과정'이라고 정의하고 있다.

R. Strang은 '학생 개개인의 가능성을 발견하고 그 자신의 노력을 통하여 개인적인 행복 및 사회적 유용성을 목표로 하여 그것을 발달시키는 과정'이라고 정의하고 있다.

A. J. Jones는 '현명한 선택과 적응을 하며 문제를 해결해 나가는데 있어서 제공되는 개인적인 조력'이라고 정의하고 있다.

이상과 같은 정의들을 종합해보면, 생활지도는 학생들이 일상생활에서 해결해야 할 사회적, 직업적, 신체적, 정서적, 도덕적인 여러 가지 문제들을 자력으로 해결할 수 있도록 돕는 것이며, 개인마다 가지고 있는 흥미, 적성, 성격, 능력 등의 인성적인 특성과 잠재력을 이해하고 발견하여 이를 최대한 발전시키며, 현명한 선택을 통해서 자기지도 및 자아실현을 돕기 위한 활동이라고 할 수 있다.

2. 생활지도의 원리

1) 균등의 원리

생활지도는 모든 학생들을 대상으로 해야 한다. 개인의 잠재가능성을 개발시키는 교육활동의 일부이므로 그 대상도 문제학생이나 부적응학생, 고립학생 등 일탈행위를 하는 학생뿐만이 아니라 정상적인 학생들도 대상이 되어야 한다. 진정한 생활지도는 모든 학생을 대상으로 가치관, 가정문제, 대인관계, 교사와의 관계, 신앙문제, 진로문제 등을 교육과정의 한 분야로 여기고 학생들의 필요와 요구를 충족시킬 수 있는 다양한 활동을 전개해야 하는 것이다.

2) 통합성의 원리

생활지도는 어느 한 영역에만 치중되어서는 안 된다. 반드시 전인적 입장에서 다루어져야 하며, 학생들이 무슨 일이든 잘 적응할 수 있도록 해야 하며, 통합적이고 조화적인 발달을 하도록 도와주어 전인적인 발달이 되도록 지도해야 한다.

3) 과학성의 원리

생활지도는 학생의 올바른 이해와 행동의 객관적이고 구체적인 자료에 기초를 두고 시작해야 한다. 생활지도상의 문제해결 과정에 이용되는 자료는 각종 표준화 검사자료, 현대 심리학적 원리의 적절한 이용과 해석 등으로 어느 정도 평가에 객관화 시킬 수 있는 방법들이 있다. 문제해결에 있어서 경험을 통한 지도에 뒷받침될 수 있는 객관적 자료가 필요할 때 적용할 수 있고, 또한 학생들에 대한 믿을 만한 물적 증거를 얻기 위해서도 객관적, 과학적인 자료를 기초로 삼는 데에도 관심을 가져야 한다.

4) 연속성의 원리

생활지도는 종합적인 계획 아래에서 연속적으로 운용되어 나가야 한다. 입학한 후의 정치활동(placement service)에서부터 졸업 후의 추수지도(follow-up service)에 이르기까지 계속적인 과정이 요구된다.

5) 예방의 원리

생활지도는 치료나 교정보다는 예방에 역점을 두어야 한다. 앞으로의 생활지도는 부닥친 문제의 해결에만 치중할 것이 아니라 사전에 미리 방지할 수 있는 예방지도에 힘써야 한다. 생활지도의 효율적인 실시와 지도는 카운슬러뿐만이 아니라 모든 교사들이 카운슬러가 되어 문제발생 후의 지도보다 예방지도에 주력한다면 적은 노력과 비용이 들게 될 것이다.

6) 협동의 원리

생활지도는 학교 전체 교사 상호 간의 협동은 물론, 학교와 가정 또는 지역

사회 인사들의 협동 없이는 그 효과의 극대화를 기대할 수 없다. 학교의 책임을 맡고 있는 학교행정가나 교사와 카운슬러, 교육행정가, 학부모 등 교육공동체가 상호 협동하는 가운데 원활하게 이루어져야 한다.

7) 조직의 원리

생활지도는 구체적인 조직기구를 가지고 이루어져야 한다. 생활지도의 조직체제와 조직의 활동은 목표달성의 효율적인 수단이 되기 때문이다. 따라서 교사 개개인이 임의로 할 것이 아니라 유기적인 협조 조직을 통해서 생활지도를 실시해야 한다.

8) 사랑의 원리

생활지도는 참되고 진정한 사랑에 기초하여 이루어져야 한다. 생활지도는 교육의 핵심적인 요소로써 교육의 방향을 사랑으로써 지도해야 그 효과를 올릴 수 있으므로, 사랑의 바탕이 없이는 충실한 지도를 기대하기가 어렵다. 따라서 인지적 학습보다는 정의적 학습에 역점을 두며, 개인의 존엄성과 인격을 존중해야 한다.

3. 생활지도의 필요성

1) 개인적인 필요

① 학생 개개인의 일상생활에서의 적응문제를 효율적으로 해결할 수 있도록 도와주어야 하기 때문이다.

② 통합된 전인적 존재로서의 균형이 있는 삶을 영위할 수 있도록 도와주어야 하기 때문이다.

③ 학생의 문제행동을 올바르게 교정해 줌으로써 건전한 삶을 누릴 수 있도록 도와주어야 하기 때문이다.

④ 학생 개개인의 부적응을 예방하고 적극적인 이해를 통해서 학습자의 성장과 발달을 촉진시켜 주어야 하기 때문이다.

2) 사회적인 필요

① 가족제도의 변화와 더불어 가정문제에 기인한 부적응문제를 지도할 필요가 있기 때문이다.
② 정신적 건강을 유지하고 증대시키기 위해서 정신적인 장애를 예방하고 지도할 필요가 있기 때문이다.
③ 학교교육의 팽창에서 기인되는 사회적인 부적응을 예방하고 지도할 필요가 있기 때문이다.
④ 직업적인 기회의 증가로 인한 적성의 발견과 직업선택에 따른 진로지도가 필요하기 때문이다.
⑤ 사회적으로 문제가 되는 청소년 문제행동을 학교가 책임지고 해결하고 예방할 것을 사회가 기대하고 있기 때문이다.

4. 생활지도의 목적

학생 개개인이 자기 자신을 정확히 이해하도록 도와주며, 학생 개개인이 가능한 자신의 노력으로 자기가 지닌 성장 가능성으로서의 능력과 흥미와 기타 여러 가지 자질을 발견하고, 그것을 최대한으로 발전시키도록 돕는 데 목적이 있다. 좀 더 구체적으로 열거하면 다음과 같다.

① 학생 개개인이 수시로 직면하는 자신의 문제를 정확히 파악하고 자기 스스로의 힘으로 해결할 수 있도록 도와준다.
② 다양하고 복잡한 생활환경 속에서 학생 개개인이 현명한 선택과 적응을 할 수 있도록 도와준다.
③ 학생 개개인이 앞으로의 성장과 생활을 위하여 보다 건전하고 성숙한 적응을 할 수 있는 능력을 함양하도록 도와준다.

5. 생활지도의 영역

1) 교육(학업)지도

교육지도 혹은 학업지도는 학업전반에 관한 모든 정보를 말한다. 신입생 지도, 특별활동 지도, 계발활동 지도, 자치활동 지도, 봉사활동 지도, 적응활동 지도, 학업부진아 지도, 특수아 지도, 독서 지도, 학습습관 지도, 학습방법의 개선 지도, 예절지도, 전통문화 지도, 상급 학교 진학 지도, 졸업생 추후 지도, 국제사회이해 지도, 자연보호 지도, 환경문제 지도, 유학문제 지도 등이다.

2) 직업(취업)지도

직업 혹은 취업지도는 학생 개인으로 하여금 직무와 취업에 필요한 자격요건, 보수, 승진유형, 작업의 조건 등 장래 직업의 선정, 준비, 도입을 지도하는 과정을 말한다. 개인의 직업 선정은 각 개인이 전 생애를 통하여 반드시 해야 하는 결정 중에서 가장 중요한 결정들의 하나이다. 따라서 학생에게 다양한 직업에 관한 정보를 제공하며 적성검사를 실시하고, 각종 직업에 대한 탐색적 경험을 주도록 지도한다. 직업적성의 발견과 준비교육, 직업선택 지도, 취직알선, 실습지도, 현장지도 등이 이에 속한다.

3) 인성(인격)지도

인성지도 혹은 인격지도는 개인의 성장과 발달을 지적인 발달로만 보지 않고 정의적인 면까지도 포함하는 전인적인 발달로 보고 지도하는 것이다. 개인적인 잠재능력의 개발, 개인적인 습관과 태도, 생활의 목표와 계획, 정서문제, 신경과민, 성격문제 지도, 욕구불만의 진단과 해석, 습관의 교정 및 기타 심리적 장애의 진단과 치료, 개인적인 적응문제 등에 관한 것들이 이에 속한다.

4) 사회성지도

사회성지도는 교우관계, 남녀관계, 가족관계, 기타 대인관계에서 생기는 문제를 지도하는 것이다. 각 개인 혹은 학생의 교양, 도덕적인 윤리관, 인간존중의 습관형성, 의사전달의 합리적인 방법, 관용과 이해의 선택, 이성교제, 교우관계, 집단에서의 대인관계, 시민정신, 준법정신, 교통질서의식, 생명존중 등 원만한 인간관계를 유지하며 민주사회에서 협동과 봉사의 정신으로 생활할 수 있도록 사회성을 개발하는 지도로 매우 중요한 생활지도 영역이다.

5) 가정지도

가정은 세상이 아무리 변해도 가장 기초집단으로서 인격형성의 터전이기 때문에, 학교가 가정교육의 역할을 일부 대신한다고 해도 학부모만큼 될 수는 없다. 따라서 모든 학생들이 가정의 중요성을 이해하고 부모형제자매와 건강한 관계를 유지할 수 있도록 도와주며 가정과 유기적이고 협조적이며 밀접한 관계를 가지고서 학생들을 지도해야 한다.

6) 건강지도

건강지도는 건강이 가장 중요한 만큼 신체장애, 운동부족, 영양실조 및 과다, 비만, 각종 질병, 위생 및 기타 대인관계에서 생기는 문제, 정신위생, 안전사고 대책 등을 지도한다. 건강치 못하면 신체발달은 물론 학습이나 작업의 능률을 저하시키고 성격이나 정서적 또는 사회적 관계에서 부적응을 가져올 수 있기 때문에 잘 지도해야 한다.

7) 여가지도

여가지도는 소득수준과 생활수준이 향상됨에 따라 토요휴무가 생기고 여가시간이 증가하기 때문에 취미활동, 오락활동, 감상활동, 특기신장활동, 특활지도, 창작활동, 놀이 및 기타 레저스포츠 활동에 대한 지도가 필요하다. 여가는 단순히 쉬는 것이 아니라 자기발견 및 창조를 통한 자아실현의 기회이다. 여가선용지도는 건전한 가치관의 형성과 민주시민의 양성에도 많은 도움이 된다.

8) 도덕·종교지도

도덕과 종교지도는 점점 도덕성이 타락해가고 도덕적 무감각 상태로 사회가 흘러가고 있고, 또 종교들도 타락해가고 많은 질타를 받고 있기 때문에 미래사회의 주역이 될 아동 및 청소년들에게는 더욱 도덕성을 길러주어야 하고, 인생의 나침반이 되어주는 경건한 종교심을 가질 수 있도록 지도해야 한다.

9) 다문화지도

다문화지도는 우리 사회가 이제 점점 세계화·국제화됨에 따라 국제결혼도 많아지고 다문화사회가 되어서 피할 수 없는 현실이 되었다. 이제 단일민족 국가를 강조하기가 어려워졌고, 우리 문화만을 고수한다는 것도 쉽지 않은 일이 되었다. 따라서 다문화교육과 다문화지도는 선택이 아닌 필수라고 할 수 있다.

10) 성문제지도

성문제지도는 오늘날 성희롱, 성추행, 성폭력 등 성범죄가 너무나 많아지고, 물질주의와 쾌락주의 및 인터넷을 통한 올바르지 않은 성지식의 습득으로 인하여 점점 잘못되어가는 현실 때문에 더욱 중요하게 되었다. 따라서 양성평등 교육과 함께 건전한 이성교제 지도 그리고 올바른 성지식 습득을 위한 생활지도가 필수적이다.

6. 생활지도의 주요활동

1) 학생이해활동

학생의 실태를 파악하기 위하여 학생들의 여러 가지 인적 사항, 학업성취, 가정환경, 교우관계, 건강상태, 성격, 적성, 흥미, 취미, 특기, 장래희망, 행동발달사항, 각종 경험 등을 관찰법, 질문지법, 평정법, 면접법, 사회성측정법,

투사법, 사례연구법, 검사법 등으로 조사하는 것이다. 학생조사활동이 학생들에 대한 과학적인 이해와 문제해결을 돕기 위해서는 객관도와 신뢰도가 높아야 하며, 생활지도의 목적에 합당하며, 여러 가지 가능한 방법이나 기술을 종합적으로 활용해야 하고, 조사결과를 잘 기록·정리·보관하여 실제 지도에 유용하게 활용할 수 있어야 한다.

2) 정보제공활동

정보제공활동은 학생들에게 자기 자신과 환경조건을 정확히 이해하게 하고 관계되는 여러 가지 조건을 정확히 평가할 수 있게 하기 위해 학생들에게 필요한 정보를 마련하고 제공해주는 일이다. 모든 정보는 학생의 성숙도와 필요와 흥미에 맞추어 교육적으로 제시되어야 하고 정보제공활동에는 학교 내외의 가능한 자원을 총동원해야 한다. 따라서 학생들이 학습생활을 해나가는 데 필요한 학교에 관한 여러 가지 교육정보들과 취업에 필요한 자격요건, 작업조건, 보수, 승진, 현재와 미래에 있어서의 수요공급에 관한 증원계획 등의 직업정보들, 그리고 개인의 흥미, 적성, 능력, 포부 등과 같은 개인적 정보들과 이성관계, 예의범절, 사교술, 가족관계, 여가활동, 건전한 생활 등의 사회적 정보들을 잘 제공해주어야 한다.

3) 상담활동

상담활동은 상담교사와 학생이 1 : 1의 관계에서 대화를 통해 문제해결을 도와주는 활동이다. 상담은 학생에게 충고를 하거나 권유, 훈계, 설득 등을 목적으로 인터뷰를 하거나 어떤 정보나 지식을 학생에게 제공하는 것으로 생각하기 쉽다. 그러나 상담은 언어를 매개로 하여 학생의 마음을 이해하고 문제를 자기 스스로 인식하여 바람직한 행동의 변화와 심리적 변화가 일어나도록 조력하는 것을 의미한다. 특히 상담은 모든 생활지도를 수행하는 방법이기 때문에 생활지도에 임하는 교사는 상담에 대한 전반적인 이해와 마인드, 기술, 방법 등에 대해서 만반의 준비가 되어 있어야 한다. 상담의 주요목표는 행동의 변화, 정신건강의 증진, 문제해결과 증세의 제거, 내담자의 잠재력 촉진과 효율성 증진, 의사결정 능력의 증진 등이라고 할 수 있다.

4) 정치활동

정치활동은 학생들의 취업지도, 진학지도, 선과지도 등에 있어서 자신의 특성에 가장 알맞은 진로를 선택하도록 도와주는 활동이다. 클럽활동, 진급·월반, 학교선택, 학과선택과 같은 교육적인 정치활동, 직업의 선택이나 부직의 알선 등과 같은 직업적인 정치활동이 있는데, 효과를 높이려면 카운슬러, 교직원, 지역사회의 자원인사 등이 모두 협력하여 조직적으로 종합적인 계획을 세워 실천하여야 한다.

5) 추수활동

추수활동은 상담을 통해 지도를 받은 학생들의 추후 적응상태를 점검하여 계속적으로 보살피고 부적응에 대한 도움과 보다 적절한 적응을 돕는 활동을 말한다. 추수활동은 학교의 전체 지도프로그램의 평가 및 개선을 위한 가치 있는 자료를 제공하게 되며, 추수활동의 대상에는 재학생, 중도탈락자, 졸업생 등이 포함된다. 추수활동은 면밀한 생활지도의 일환으로 이루어지기도 하지만 우발적으로 제공되기도 한다. 필요한 자료로는 면접법, 질문지사용법, 관찰법, 검사법, 서신, 전화, 개별방문 등을 통해 얻을 수 있다.

7. 생활지도에 임하는 자세

생활지도는 전체 교육 프로그램을 통합할 수 있어야 한다. 따라서 상담교사들이 학부모(보호자)와 교사, 학생 및 학교행정가들이 적극적으로 참여하고 협조하여 종합적으로 이루어져야 한다. 따라서 생활지도를 담당하는 교사들의 역할은 다음과 같이 정리된다.

① 해당 학교의 교육목적을 이해하고 생활지도 목표를 교육목적에 관련시키는 능력을 발휘해야 한다.

② 생활지도의 목적과 방법을 위해 여타 교직원들과 협력하고, 생활지도

프로그램을 학생, 학부모, 지역사회에 소개하는 능력을 발휘해야 한다.

③ 학생들이 심리학, 사회학, 문화인류학, 철학, 경제학, 정치학 등 교과 과정과 관련된 개념과 내용들을 생활지도에 적용함으로써 생활지도의 효과를 높이기 위한 능력을 발휘해야 한다.

④ 기초심리학의 원리와 지식을 학생 개별지도와 집단지도에 적용하며 보다 효과적인 생활지도 활동으로 이끌어갈 수 있는 능력을 갖추어야 한다.

⑤ 학생들이 자신에 대해 긍정적인 결정을 할 수 있도록 상담관계를 유지하면서 최대한으로 성장하고 발달하는데 기여할 학생 서비스와 지역 사회 자원을 활성화 하는 능력을 갖추어야 한다.

⑥ 객관적이고 통계적인 자료와 관찰과 면접 등 주관적이고 비통계적인 연구자료들을 정확하고 효과적으로 분석하고 해석하고 보고할 수 있는 능력을 갖추어야 한다.

⑦ 학생 개인과 집단을 대상으로 미래의 교육과 진로결정 및 계획을 돕는 적절한 정보의 수집과 분석 및 해석할 수 있는 능력을 갖추어야 한다.

⑧ 의료, 사회복지, 사회시설 등 타 분야 상담자들과 전문가들의 업무를 이해하고 학생들을 돕기 위하여 의뢰할 수 있는 능력을 갖추어야 한다.

⑨ 통계적인 방법이나, 면접이나 관찰 등 언어적 기술에 의한 비통계적인 방법의 검사를 실시하여 자료를 수집·분석·해석할 수 있는 가운데, 생활지도 프로그램의 모든 절차를 지속적으로 평가할 수 있는 능력도 함께 갖추어야 한다.

8. 학교폭력문제

1) 학교폭력의 정의

학교폭력이란 학생 간 일어나는 폭행, 상해, 감금, 위협, 약취, 유인, 모욕, 공갈, 강요, 강제적인 심부름(빵 셔틀), 명예훼손, 따돌림, 성폭력, 언어폭력 등 폭력을 이용하여 학생의 정신적 및 신체적 피해를 주는 폭력행위를 말한다.

〈학교폭력예방 및 대책에 관한 법률(이하 학폭법)〉제2조 제1항에 의하면, '학교폭력'은 학교 내외에서 학생 간에 발생한 상해, 폭행, 감금, 협박, 약취·유인, 명예훼손·모욕, 공갈, 강요 및 성폭력, 따돌림, 정보통신망을 이용한 음란·폭력 정보 등에 의하여 신체·정신 또는 재산상의 피해를 수반하는 행위를 말한다.

여기서 말하는 '학교 외'는 학원, 공원, 놀이터, 친구네 집 등을 말하며, 학원 등에서 학생 간에 폭력이 일어난 경우도 학교에 신고가 들어오면 '학교폭력대책자치위원회'(이하 학폭위)를 개최하여야 한다.

2) 학교·교원의 책무

학교 및 교원은 교육기본법에 따라 학생들을 친권자 등 법정감독의무자를 대신하여 감독을 하여야 하는 의무자로서, 학교 내에서의 학생의 모든 생활관계에 미치는 것은 아니지만, 학교에서의 교육활동 및 이와 밀접불가분의 관계에 있는 생활관계에 속하고, 교육활동의 때와 장소, 가해자의 분별능력, 가해자의 성행, 가해자와 피해자의 관계, 기타 여러 사정을 고려하여 사고가 학교생활에서 통상 발생할 수 있다는 것이 예측되거나 또는 예측가능성(사고발생의 구체적 위험성)이 있는 경우에는 교장이나 교사는 보호·감독의무 위반에 대한 책임을 진다.

3) 학교장·교사의 공통의무

① 신고를 해야 한다 : 신고는 법적 의무사항이며 현장을 보거나 그 사실을 안 학생, 학부모, 교사 등은 해당 학교의 학교폭력대책자치위원회나 학교장에게 신고하거나 경찰이나 검찰 등 관계기관에 신고하면 된다.(학폭법 제20조)

학생 대상의 성범죄 사실을 알게 된 때에는 즉시 수사기관에 신고해야 한다. 만일 정당한 사유 없이 신고 또는 보고를 하지 않거나 허위로 신고 또는 보고한 자 또는 조사·검사를 거부하거나 기피한 자는 3백만 원 이하의 과태료에 처할 수 있다.(《성폭력범죄의 처벌 및 피해자보호 등에 관한 법률(이하 성피법)〉 제22조의 제5항과 제36조, 〈청소년의 성보호에 관한 법률(이하 청성법)〉 제21조)

② 비밀을 누설해서는 안 된다 : 학교폭력의 예방 및 대책과 관련된 업무를 수행하거나 수행하였던 자는 그 직무로 인하여 알게 된 비밀 또는 피해학생·가해학생과 관련된 자료를 누설하여서는 아니 되며, 이를 위반할 경우 3백만 원 이하의 벌금에 처한다.(학폭법 제21조, 제22조)

피해학생의 보호, 가해학생에 대한 조치, 분쟁조정 등에 따른 학폭위의 회의는 공개해서는 안 된다.(학폭법 제21조)

누구든지 성폭력 피해자의 인적사항과 사진 등을 피해자의 동의를 받지 않고 출판물에 게재하거나 방송매체 또는 정보통신망을 이용하여 공개한 자는 2년 이하의 징역 혹은 5백만 원 이하의 벌금에 처한다.(성피법 제21조, 제35조)

누구든지 피해청소년 및 대상 청소년의 인적사항이나 사진 등을 신문 등 인쇄물에 싣거나 방송매체 또는 정보통신망을 통하여 공개한 자는 2년 이하의 징역 또는 1천만 원 이하의 벌금에 처한다.(청성법 제18조)

4) 학교장의 의무

① 보고 및 통보해야 한다 : 교육감에게 학교폭력이 발생한 사실 및 학폭법 제16조(피해학생의 보호), 제17조(가해학생에 대한 조치), 제18조(분쟁조정)에 따른 조치 및 그 결과를 보고해야 한다. 학교폭력에 대한 신고내용을 관계기관으로부터 통보를 받은 소속 학교장은 이를 학폭위에 지체 없이 통보해야 한다.(학폭법 제19조, 제20조)

② 학교폭력상담실, 전담기구설치 및 학교폭력근절을 위해 노력해야 한다 : 대통령령으로 정하는 바에 따라 상담실을 설치하고, 〈초·중등교육법〉제19조의 2에 따라 전문상담교사를 두어야 한다. 전문상담교사, 보건교사 및 (학교폭력 담당)책임교사 등으로 학교폭력문제를 담당하는 전담기구를 구성해야 한다. 관계기관과 협력하여 학교 내 학교폭력

단체의 결성예방 및 해체를 위해 노력해야 한다.(학폭법 제19조, 제24조)

③ 학교폭력대책위원회를 설치한다 : 학교폭력의 예방 및 대책에 관련된 사항을 심의하기 위해서 학교에 학교폭력대책자치위원회를 둔다.(학폭법 제12조)

④ 예방교육을 실시해야 한다 : 학생 및 교직원에 대한 교육을 학기별로 1회 이상 실시한다. 학급단위로 실시함이 원칙이나 여건에 따라 전체 학생을 대상으로 한 장소에서 동시에 실시할 수 있다.(학폭법 제15조) 2008년 1월의 교육부의 성폭력예방 및 성교육강화대책에 따라 성폭력 관련 예방교육을 연간 10시간 이상 확보해야 한다.

참고자료 25 성폭력 관련 예방교육에 관한 법률

법률명	명시된 성교육 시수(회수)	비고
학교폭력예방 및 대책에 관한 법률 및 시행령	연간 2회 이상	
성매매방지 및 피해자보호 등에 관한 법률 및 시행령	연간 1회 이상	초등학생 제외
성폭력범죄의 처벌 및 피해자보호 등에 관한 법률 및 시행령	성교육 및 성폭력예방에 필요한 교육을 실시해야 함	
가정폭력방지 및 피해자보호 등에 관한 법률 및 시행령	가정폭력의 예방 및 방지를 위한 교육을 실시해야 함	구체적 시수는 명시 안함
아동복지법 및 시행령	6개월 1회 이상(연간 6시간 이상)	

5) 학교폭력 발생 시의 역할

① 담임교사의 역할 : 피해학생의 피해정도와 가해학생의 폭력정도를 파악한다. 신체적·경제적·심리적 피해까지 조사하고 의학적인 응급조치도 신속히 조치한다. 파악한 내용을 학교장 및 책임교사에게 알린다. 양쪽 학부모에게 폭력내용을 알린다. 피해학생을 적절 한 치료 및 보호하고 가해학생을 교육적으로 선도한다.

② 책임·상담교사의 역할 : 피해학생과 가해학생의 진술서를 받고, 양쪽 학부모 면담도 동시에 진행하되 모든 일에 있어서 서로 대면하지 않도록 한다. 조사결과를 학교장 및 학폭위에 보고하고 학교장 및 학폭위 위원장에게 회의 소집을 요청한다. 양쪽 학생을 보호하고 지도하며 상황을 더욱 자세히 파악하고 학부모에게도 인지시킨다.

③ 학교장의 역할 : 보고를 받은 뒤 상황을 파악하고 회의소집을 하며, 필요에 따라 담임교사, 피해학생, 가해학생을 면담한다. 내용을 초·중학교는 교육장, 고등학교는 교육감에게 보고하고 학폭위 회의 내용을 보고한다. 학생들을 보호 및 지도하기 위한 특별교육 프로그램을 운영하며, 양쪽 상태를 파악하고 학교생활이 정상적으로 이루어질 수 있도록 적절한 교육적 지도를 한다.

6) 학교폭력 발생 시 대응 매뉴얼

① 신체폭행 및 상해 : 신속히 학교폭력전담기구 소속교사에게 알리며, 피해학생이 위급하면 보건교사나 119에 전화하고, 현장자료의 유지 및 보관을 철저히 하며, 응급조치 내용을 기록한다.

② 금품갈취 : 액수의 크고 작음에 상관없이 피해학생이든 가해학생이든 잘 조사하여 처리해야 하며, 금품갈취는 폭력행위임을 인식시킨다.

③ 집단따돌림 : 피해학생의 의사에 반하는 피해사실의 공개를 금지하며, 심각한 피해일 경우 피해학생을 설득해서 처리해야 하고, 한 자리에 불러 화해시키거나 오해를 풀도록 하면 위험하다. 정신적 피해가 심해 결석하게 되면 진단서나 상담소견서를 받아 학폭위를 통해 출석으로 인정받을 수 있게 하며, 휴식 또는 신경과 등 전문상담센터에서 상담을 받도록 한다.

④ 괴롭힘 : 피해정도를 파악하고 학부모에게 알리며, 의사표현과 의사소통의 중요성을 인지시킨다. 가해학생에게는 잘못된 행동임을 인지시키며 상담교사나 상담기관에 의뢰하여 상담을 받게 한다.

⑤ 성폭력 : 수사기관에 신고하거나 성폭력전문상담기관에 직접적으로 연계하여 피해학생에 세심히 주의를 기울이면서 신속히 개입하고, 필요한 절차를 모두 밟는다. 피해학생에 대한 응급조치나 증거보존 및 면담 시 2차 피해가 일어나지 않도록 주의한다.

7) 2차 피해문제

성폭력 피해 후 사건해결과정에서 피해자 측에게 심리적 후유증을 발생시키는 모든 피해를 말한다. 피해자 측의 학력, 옷차림, 가정환경, 평소행동 등에 대한 선입견을 가지고 사건에 대해 접근할 때 일어날 수 있다. 2차 피해는 피해자 측에게 더 큰 피해를 입힐 수 있으므로 면담 시 각별히 주의를 요한다.

목격학생 및 주변학생 사후조치도 중요한데 일단 학생들을 안정시켜야 하며, 외부에 알려지지 않도록 하고, 휴대전화나 인터넷 혹은 SNS를 통해 유포되는 것을 막는다. 이를 어기면 법적 처벌을 받는다는 것을 주지시킨다.

8) 사이버 및 매체폭력

① 평소 예방교육 : 문자욕설이나 협박문자에 대해 어떤 응답도 안하게 교육하고, 게시판이나 안티카페 등에서의 공개비방 및 욕설내용은 증거보존을 위해 저장해두도록 한다. 타인이 자신의 정보를 도용하여 아이템이나 사이버머니 등과 같은 금품갈취를 한 경우 아이디 및 비밀번호를 변경하고 사이버수사대에 수사를 의뢰한다. 악플문화 대신 선플문화를 정착시킨다.

② 피해학생 조치 : 사이버폭력으로 인한 피해학생은 명예훼손, 모욕, 모함, 비방 등으로 인해 심각한 정신적 피해를 입게 되므로 피해학생을 상담교사나 전문상담센터와 연계하여 상담을 받도록 한다.

③ 가해학생 조치 : 증거를 확보한 후 사이버공간을 폐쇄하고, 사이버상에서 피해학생에게 공개사과를 하도록 하며, 갈취한 금품은 돌려주게 한다.

9) 폭력서클

① 학생의 행동감지 : 갑자기 외모나 복장이 달라짐, 선후배 간 필요 이상으로 자주 만남, 술·담배냄새, 원인 모를 상처, 급격한 성적 하락, 잦은 결석, 센 학생에게 음식물이나 숙제 및 금전제공, 알 수 없는 외박, 부모에게 통화내용을 감추는 경우 등이 있으면 알아보아야 한다.

② 학교의 대처 : 피해학생에게는 상담을 통해 피해정도의 확인과 전화번호의 변경, 부모와 등·하교 동행, 경호지원서비스 등을 신청하게 하며, 가해학생에게는 조사하여 탈퇴하도록 하고, 경찰감시체제를 가동시키며 폭력서클 자체를 해체시킨다.

10) 학부모 상담 대처법

① 흥분한 학부모를 만날 때의 대처 : 침착해야 하며 양쪽 학생을 책임지고 보호하고 지도한다는 것을 알리고, 한 자리에 불러 모으지 않는다. 양쪽 부모의 심정을 공감하고 이해해야 하며 이야기를 경청해야 한다.

② 피해학생 학부모 면담 시 : 학부모의 감정을 수용하고 이야기를 경청하며 정서적지지를 보낸다. 피해사실을 객관적으로 인지하며 구체적으로 메모하고 진심어린 사과와 유감을 표현한다. 무엇을 원하는지 정확히 파악하고 추후 처리과정을 설명하며 문제해결을 약속하고 학생의 보호와 안정 및 적응을 위해 노력할 것임을 약속한다.

③ 가해학생 학부모 면담 시 : 가해학생의 행위와 피해정도를 정확히 알려주며, 피해측에게 진심어린 사과의 중요성을 인식시킨다. 사건처리 절차와 예상결과를 알려주며 교육적 지도를 행한다는 것을 알려준다.

11) 학교폭력 대처요령

① 가해자가 따로 남거나 보자고 할 때

- 가해자가 방과 후에 어디로 오라고 하면 절대 가지 않고 즉시 신고한다.
- 길목을 지키고 있을 경우를 대비해서 부모에게 마중 나오라고 전화한다.

- 본인이 못할 경우 가장 친한 친구에게 대신 신고를 부탁한다.

② 금품을 빌려달라고 강요할 때

- '없지만 부모님께 말씀드리고 빌려주겠다.'고 하고, 그 자리를 모면한 후 신고한다.
- 자꾸 강요하면 부모님과 교사에게 즉시 알린다.
- 어쩔 수 없이 강탈당할 때는 친구가 목격할 수 있도록 한다.

③ 신체폭행 및 언어폭행을 당했을 때

- 누가 언제 왜 어떻게 폭행했는지를 상세하게 기록한다. 기록은 중요한 증거가 된다.
- 폭행을 당한 즉시 병원(언어폭행은 정신신경과)진단서를 발부 받는다.
- 폭행사실을 증언할 수 있는 친구의 증언물(녹음, 기록, 대필 등)을 준비한다.

④ 학교폭력 자치위원회, 경찰 등을 이용할 때

- 신고하기 전에 먼저 마음을 가다듬고 피해사실(본인진술, 증언 등)을 기록한다.
- 신고할 때는 가급적 기록한 내용을 갖고 가거나 근거로 하여 신고한다.
- 자치위원회에 중재를 요청할 때는 먼저 해당전문가와 협의하여 충분히 준비한다.

⑤ 지속적인 학교폭력이 있을 때에는

- 학교 측에 피해 사실을 정확히 알리고 피해자가 원하는 것을 학교에 전달한다.
- 피해자가 노출을 꺼리는 경우에는 학교 측에 피해자가 노출되지 않은 상황에서 가해자에 대한 지도를 하도록 요청한다.
- 피해자가 노출된 상태일 경우에는 학교 측에 정식으로 문제제기를 한 후 아래와 같은 절차를 밟는다.

  학교 측에 피해사실 및 요구사항 전달 → 가해자와 가해자 부모로부터의 사과(또는 합의) → 재발방지를 위한 각서를 받음 → 학교 측에 가해자에 대한 처벌요구(각서를 작성하지 않거나 합의가 되지 않을 경우)

⑥ 학교 측이나 가해자 측이 위의 사항을 거부할 경우 법적 조치를 취함 : 법적인 조치는 여러 방면으로 노력을 통해서 해결이 어려울 경우 마지막으로 행사할 수 있는 권리다. 법적으로 문제를 해결하려고 할 경우, 피해자든 가해자든 아직은 청소년기 학생들이기 때문에 심리적으로 상처받게 될 가능성이 크다. 또한 사건이 처리되기까지 오랜 시간이 걸릴 수 있고, 조사를 위해 경찰이나 검찰에 오고가는 일이 생길 수 있으며, 변호사 비용이나 법률 자문 등 경제적 비용도 고려해야 한다. 그러나 어쩔 수 없을 때는 법적인 조치를 피하기 어렵다. 법적 조치는 형사소송과 민사소송으로 나누어진다.

형사재판의 절차 : ①경찰신고 → ②경찰수사 → ③검찰송치 → ④기소유예 또는 법원기소 → ⑤법원송치 → ⑥재판진행 → ⑦가정법원, 지방법원 소년부에서 판결

민사재판의 절차 : ①민사소송 제기 → ②변호사 선임 → ③재판진행 → ④판결

9. 학교폭력근절 종합대책

2012년 정부가 발표한 학교폭력근절 7대 종합대책은 ①학교장과 교사역할 및 책무강화, ②신고-조사체계 개선 및 가·피해학생에 대한 조치강화, ③또래활동 등 예방교육 확대, ④학부모교육 확대 및 학부모의 책무강화, ⑤교육전반에 인성교육 실천, ⑥가정과 사회의 역할강화, ⑦정신건강 유해요소로부터 학생보호 등이다.

◆ 학교장·교사역할 및 책무강화

학교장은 필요하다고 판단하는 경우 학교폭력 가해학생에게 즉시 출석정지 조치하고 별도의 시설에서 교육을 받게 할 수 있다. 이로써 피해학생 보호와 함께 가해학생 조사가 보다 엄밀하게 이루어질 수 있을 것으로 기대된다.

이를 위해 초·중등교육법 시행령에 학교폭력에 대한 징계특례규정을 신설할 방침이다. 학교장은 학교폭력대책자치위원회를 분기별로 1회 정기 개최해 학내폭력실태점검 및 교육방안을 논의해야 한다. 또한, 경미한 폭력사안에 신속하게 대응할 수 있도록 학교폭력전담기구가 소위원회의 역할을 할 수 있게 했다. 학교에서 학교폭력을 은폐하려는 사실이 발각된 경우, 학교장 및 관련교원에 대해 4대 비위(금품수수, 성적조작, 성폭력범죄, 신체적 폭력) 수준에서 징계한다.

◆ 담임교사의 역할강화 및 생활지도 여건조성

2012년부터 담임교사는 매학기 1회 이상 학생과 1:1면담을 실시하고, 면담결과를 학부모에게 통지(이메일, 문자 등 다양한 방법활용)해야 하는 등 담임교사의 역할이 강화된다. 아울러 학급의 학생수가 과다한 경우 생활지도 업무부담이 크므로, 담임교사를 추가 배치할 수 있도록 복수담임제도를 도입한다. 복수담임은 2012년에는 중학교에 우선 적용하고 2013년에는 고등학교 등으로 확대한다. 학생수 기준도 연차적으로 하향 조정한다. 담임교사는 학교폭력 가·피해 학생의 학교폭력(게임중독 등 포함) 관련사실, 상담, 치료 등에 관한 사항을 개인별로 누적 기록·관리하고, 생활지도자료로 활용할 수 있다.

학생생활지도 기록관리는 다음 학년 담임교사, 생활지도부장에게 인계해 누적적으로 기록 관리하면서 생활지도에 활용하고, 졸업 시 관련내용을 삭제한다. 2012년 3월부터 학교폭력대책자치위원회의 조치사항을 학교생활기록부에 기재하고, 기재된 내용은 학생이해와 지도에 활용하고 상급학교 진학 시 자료로 제공한다. 기록 보존기간은 초등학교와 중학교는 졸업 후 5년, 고등학교는 10년이다. 특히 교사가 수업과 생활지도에 전념할 수 있도록 학교별 생활지도전담팀 운영, 행정업무경감, 법률상담지원 등 다각적인 지원책을 마련한다. 전문적 학생상담지원을 위해 전문상담교사 및 전문상담인력을 확대 배치하되, 2012년은 모든 중학교에 전문상담인력을 배치하고 Wee 클래스 구축을 추진한다.

◆ 교원양성-임용-연수단계에서 생활지도 역량강화

2012년부터 교사자격증을 받기 위해서는 교직소양 분야에 '학교폭력 예방 및 대책' 과목을 반드시 이수하도록 해 예비교원들의 학교폭력 대처역량을 높인다. '학교폭력예방 및 대책' 과목에는 게임·인터넷 중독예방, 사이버폭력대응 등이 포함된다. 신규로 교사를 채용할 때 학생에 대한 이해, 학교폭력상황 문제해결능력 등을 검증하기 위한 교직적성 심층면접 등을 실시한다. 시대에 따라 변화하는 학교폭력유형에 효과적으로 대응하기 위해, 각종 자격연수 및 직무연수에 학교폭력예방관련 교과목을 대폭 반영한다.

◆ 가해학생에 대한 엄격한 조치 및 재활치료 지원

가해학생이 피해학생 또는 신고한 학생에게 보복행위를 하거나, 장애학생에 대한 폭력을 행사하는 경우 엄정하게 징계조치한다. 피해학생 보호에 필요한 기간 동안 가해학생에 대한 출석정지 제한을 두지 않음에 따라, 유급도 가능할 수 있다. 학교폭력대책자치위원회에서 가해학생에 대해 '전학'조치를 내린 경우, 지역교육장(초·중학교) 또는 교육감(고등학교)은 학교구 또는 행정구역과 관계없이 피해학생 보호에 충분한 거리를 두어 전학조치를 해야 한다. 시·도교육감은 Wee 스쿨, 청소년비행예방센터(법무부), 시·도학생교육원(수련원), 민간기관, 직업훈련기관 등을 활용해 가해학생 재활프로그램을 필수로 운영한다. 재활치료 대기기간 등 가해학생 재활치료 지원은 시·도교육청 평가에 반영한다. 재활치료기간 및 프로그램은 학교폭력사안의 경중 및 가해학생의 상황을 고려해 결정하되, 특히 전학조치를 받은 학생은 전학을 실시하기 전에 재활프로그램을 이수해야 한다. 재활프로그램에는 특별진로(직업)교육도 포함, 가해학생들이 자신의 꿈을 찾아 새로운 길을 모색할 수 있도록 지원한다.

◆ 일진 등 학교폭력서클 엄정대응

앞으로 학생들의 인식을 기초로 포착이 어려운 일진회의 존재여부를 주기적으로 탐색·대응하는 '일진경보제'를 도입하고, 일진회 문제는 관할경찰서장이 직접 지휘해 발본색원할 방침이다.

◆ 건전한 학교문화 형성을 위한 또래활동 지원

2012년 중 시범기간을 거쳐 2013년에는 모든 학교에서 학생 스스로 갈등을 해결하는 상담, 중재, 조정프로그램을 운영하도록 한다. 이는 학교폭력의 출발점이 되는 학생 간 갈등을 대화, 토론, 합리적인 절차에 의해 해결하는 문화를 조성하기 위한 것이다. 수업(교과교육)을 통해 학습한 것을 창의적 체험활동으로 연계해 또래 프로그램이 운영될 수 있도록 교육과정에 반영하고, 학교교육과정 및 학교계획에 의한 학생 또래활동, 자치법정 등 자율활동 관련내용은 학생부 특기사항 및 에듀팟(edupot)에 기록한다.

◆ '사소한 괴롭힘'도 폭력임을 단계적으로 교육

앞으로 모든 학교는 '학교폭력예방·조기발견계획'을 학교교육과정 운영계획수립에 반드시 반영하고, 학교실정에 적합한 학교폭력예방 교육활동을 연중 실시해야 한다. 학교장은 모든 학생들을 대상으로 연1회 정서·행동발달 선별검사를 실시하고, 검사결과 폭력 가·피해 징후가 보이는 학생은 담임교사, 보건교사, 상담교사가 Wee 센터 등과 연계해 철저한 조치를 취해야 한다. 현재 초1·4학년, 중·고 1학년을 대상으로 시범 서비스 중이며, '〈학교보건법〉'을 개정해 모든 학생을 대상으로 학생정신건강 서비스지원 법제화를 추진한다. 2012년 상반기 중 교육부는 학교폭력예방을 위한 학생교육자료, 학부모·교사용·관리자용 매뉴얼을 책자·동영상·휴대폰 앱 등 다양한 형태로 개발해 제공한다.

◆ 학교폭력예방 사이버상담 지원

면대면 상담을 꺼리는 학생들이 고민을 쉽게 털어 놓을 수 있도록, 인터넷과 SNS를 통한 전문 사이버상담 및 학교폭력예방 정보제공서비스를 시작한다. 기존의 Wee 포털사이트(www.wee.go.kr) 사이버상담센터, 청소년사이버상담센터(www.cyber1388.kr), '굿바이 학교폭력' 스마트폰 어플리케이션의 학교폭력 상담기능을 강화하는 한편, 네이버 등 인터넷포털 사이트 및 SNS 서비스를 활용해 학생들이 손쉽게 학교폭력 상담에 접근할 수 있도록 한다.

◆ 자녀이해 지원을 위한 학부모교육 및 교육정보제공 대폭확대

학부모가 자신의 자녀를 정확하게 이해하는 것이 학교폭력을 예방하는 첫 걸음이라는 인식하에, 그간 교육청·학교로 찾아오는 학부모에 한정하던 학부모교육의 대상을 '모든 학부모'로 전면 확대한다. 학부모교육의 공간을 직장, 민간단체 등 교육청·학교 밖으로 확장하는 한편 시간제약의 문제를 해결하기 위해 학부모교육포털(www.parents.go.kr)을 통해 온라인 교육을 활성화 한다. 바람직한 자녀교육을 위해 학부모가 반드시 알아야 할 핵심분야를 선정, 교육자료를 제작하고 관련기관에 제공할 계획이다.

◆ 교사-학부모간 소통강화 및 학부모의 책무성 제고

학교는 학부모들이 학교의 교육과정, 학생생활지도 등 중요 학교교육계획을 숙지할 수 있도록 학기당 1회 이상 학교설명회를 의무적으로 일과 후에 개최하고 그 실적을 학교평가, 시·도교육청 평가, 학교정보공시 등에 반영할 계획이다. 학교폭력예방 및 인성지도 등에 대한 교사와 학부모간 소통을 위해, 단위학교에서 학기별 1회 이상 학부모와 교사간의 개인 또는 그룹상담 기회를 제공한다. 필요한 경우 학부모의 상황을 고려해 가정방문 면담 또는 이메일 면담실시도 가능하다. 가해학생 학부모가 자녀에 대해 보다 정확하게 이해하고, 자녀가 다시는 같은 행위를 저지르지 않도록 가해학생이 '특별교육' 조치를 받는 경우 학부모를 소환해 특별교육을 받도록 할 계획이다.

◆ 교육기부형 학부모 학교참여 활성화

교육에 관심이 높고 전문성이 있는 학부모 및 지역사회 인사 중심으로 학교폭력예방 교육기부 활성화를 추진한다. 학교폭력예방관련 '학부모 교육기부형 인력풀' 10만명을 확보해 운영(교당 10명 내외)하고 법률, 의학, 복지, 상담, 인성지도, 등하교 및 방과 후 안전지도 등을 지원한다. 학부모 교육기부 인력풀의 전문인력과 학교부적응 학생을 1 : 1결연하여 상담자원봉사를 하는 방안도 적극 추진한다. 특히, 등하교 시간에 학부모 자원봉사, 시민단체 등과 연계해 학교의 학생생활지도 협력을 강화한다.

그동안 수차례에 걸쳐 학교폭력대책이 수립·시행되었지만 학교폭력이 더

욱 심각해진 이유는 많은 전문가들이 제대로 된 인성교육의 실천이 가장 근본적인 대책임을 제안했음에도 불구하고, 정책효과가 장기적으로 나타나는 인성교육 보다는 즉각 학교폭력 현상을 억제하는 단기대책에 치중했기 때문이다. 이와 같이 대책만 반복되고 학교폭력은 사라지지 않는 문제가 더 이상 되풀이 되지 않도록, 교육전반에 걸쳐 인성교육을 지속적으로 실천해 학교폭력을 근원적으로 차단한다. 또한, 인성교육이 단지 교육으로만 끝나는 것이 아니라 학교생활기록부의 자기주도학습전형 및 입학사정관 전형에서 인성을 핵심적인 평가요소로 반영해 학교, 학생, 학부모들이 인성교육에 더욱 많은 관심과 노력을 기울일 수 있도록 유도한다.

◆ 바른 인성의 기초를 형성하는 '3-5세 누리과정' 운영

3-5세 누리과정부터 질서, 나눔, 배려, 협력, 존중, 경로효친, 갈등해결 등 영역별로 구체적인 실천행동을 제시하고 이를 습관화할 수 있도록 교육과정을 운영한다. 도덕적 행동에 대해 일방적으로 가르치기 보다는 어린이들에게 바른생활의 모범을 보이는 생활 속 인성교육을 위해 교사-학부모 협력을 강화한다. 이를 위해 미국의 STEP과 같은 체계적인 부모훈련프로그램을 개발·보급한다. 유치원과 어린이집의 인성교육프로그램 확산을 위해 유치원·어린이집 평가인증체계와 연계, '바른 인성 우수 유치원·어린이집'을 선정 3년간 재정지원을 실시한다.

◆ 배움이 실천으로 연결되는 프로젝트형 인성교육 실시

초·중·고의 프로젝트형 인성교육이 가능하도록 국어, 도덕, 사회교과의 공감능력, 소통능력, 갈등해결능력, 관용, 정의 등 '인성핵심역량' 요소를 강화하고, 교과의 학습내용을 '지식 '중심 → '사례·실천' 중심으로 개편한다. 학생들의 바른 언어습관, 소통능력향상을 위해 국어교과의 듣기·말하기 영역의 교과서를 개편하고 언어문화 개선을 위한 다양한 프로젝트 수업을 실시한다. 도덕·사회 수업은 따돌림 문제, 친구간의 갈등, 학교폭력, 학생의 권리와 의무 등 학교생활을 하며 발생하는 문제를 스스로 해결하고, 도출한 대안을 학교생활에 실천하는 것을 배울 수 있도록 운영된다. 국어·도덕·사회·체육·

예술 등 인성교육 관련 교과간 연계를 통해 다양한 인성교육이 가능하도록 교수·학습 모형을 개발하여 2012년부터 일선학교에 보급한다. 학생들의 정서안정, 자존감 향상, 사회성 함양을 위해 음악, 미술, 공연 등 다양한 예술교육기회 확대 및 독서활동을 지원한다.

◆ 중학교 체육활동 대폭확대

2012년 2학기부터 중학생들은 '학교스포츠클럽' 과목을 주당 1-2시간 교양필수로 이수하게 된다. 이렇게 되면 중학교의 체육수업시수는 주당 2-3시간에서 주당 4시간으로 50% 늘어난다.(3년간 총 8시간 → 12시간). 모든 중학생은 학교스포츠클럽을 1개 이상 가입해야 한다. 방과 후 시간, 점심시간, 토요일 등을 활용해 학급 및 학교스포츠클럽 대항 교내·외 스포츠 리그제가 활성화될 수 있도록 지원한다. 이를 위해 2012년 토요스포츠 강사를 모든 중학교에 우선 배치하고, 인성교육실천 중학교 스포츠클럽 3000개를 선정해 클럽당 300만원을 지원한다. 한편, 전국학교스포츠클럽대회의 종목을 확대(2011년 10개 → 2012년 30개)하고, 스포츠와 인성교육을 접목해 학생축제로 발전시킨다.

◆ 학생-학부모-교사가 함께 학생생활규칙을 통해 인성교육 실천

교사, 학생, 학부모가 충분한 협의과정을 통해 정한 학생생활규칙을 준수하는 과정을 통해 규율준수의 중요성을 체득하는 실천적 인성교육을 추진한다. 학생과 학부모의 학생생활규칙에 동의서 제출을 의무화해, 교사의 학생생활지도를 위한 권한과 책무성을 확보하도록 한다.

2012년 상반기 중 생활지도부장협의회, 학부모단체, 연구기관, 교원단체 등이 참여해 학생생활규칙 모형개발, 우수사례를 발굴·확산하고, 학교장, 생활지도부장 등 대상 연수를 실시한 후 모든 학교에서 학생생활규칙 제·개정 작업을 완료해 2학기부터 본격 적용한다.

◆ 인성관련 학생부 기재강화 및 입학전형에 반영

학생생활기록부 '행동특성 및 종합의견란' 작성 시 학생의 인성발달관련

특기사항을 핵심 인성별로 세분화해 구체적으로 기록하고, 그 결과를 입학사정관전형, 자기주도학습전형에 반영한다. 입학사정관전형의 자기소개서 공통양식에 '인성'항목을 신설하여 자기평가기능을 강화하고, 자기주도학습전형에 인성분야를 신설해 평가의 핵심요소로 활용하도록 한다.

◆ 생활지도 등 인성교육을 잘하는 교원과 학교 우대

'인성교육을 잘하는 교사'가 진정한 교사라는 인식을 확산하기 위해 생활지도 등을 잘하는 교사가 각종 연구비 지원, 포상, 학습연구년제 대상 선발에서 우대될 수 있도록 한다. 또한, 생활지도 및 인성교육역량이 우수한 수석교사를 선발해 수업 분야 뿐 아니라 인성교육에 대한 컨설팅도 병행하도록 할 계획이다. 인성교육실천 우수학교를 선정해 우수사례를 확산하고, 창의경영학교 지원사업 등 각종 재정지원 대상학교 선발시 프로젝트수업 등 인성교육을 잘하는 학교를 우선적으로 선정해 지원한다.

◆ 시·도교육청 평가를 통해 책무성 확보

시·도교육청 평가에 '인성교육 실천 및 학교폭력 근절노력 정도'의 비중을 확대해(5점 → 15점 이상, 100점 만점), 시·도 및 단위학교에서 인성교육과 학교폭력예방·근절에 대한 책무성을 강화한다. 그동안의 학교폭력대책들이 성공하지 못한 것은 학교폭력해결을 학교에만 짐지운 탓이 크다. 따라서 가정과 사회가 협력해 학생들의 바른 인성을 키우고 학교폭력을 예방·근절할 수 있도록 다양한 프로그램과 인식개선을 위한 캠페인을 추진한다.

◆ 가정과 사회의 교육적 기능 회복

가족과 함께 식사를 많이 하는 아이들은 그렇지 않은 동급생에 비해 학업성적에서 A학점을 받는 비율이 2배 높고, 청소년비행에 빠질 확률은 50% 감소한다는 미국 콜럼비아대학 약물오·남용예방센터의 연구결과(2003년)에서 볼 수 있듯이 가족이 함께 식사를 하며 대화를 얼마나 많이 하느냐가 학생들의 인지적·정서적 발달에 중요한 요소임을 알 수 있다. 바른 인성함양을 위한 가정의 교육적 기능 회복을 위해, '밥상머리교육 범국민 캠페인'을 본격

추진한다. '가족사랑의 날'인 수요일과 주말을 활용하여 가족이 함께 식사와 대화를 나누며 기본예절교육, 부모-자녀와의 상호이해 시간을 마련해 보자는 것이다.

중앙정부, 지자체, 공공기관, 민간기업, 교육청, 학교, 시민단체 등이 밥상머리교육 실천에 동참할 수 있도록 범부처적으로 다양한 협력방안을 강구할 계획이다. 주5일 수업제 시행에 발맞추어 여성가족부, 문화부, 행안부 등 관련부처에서 가족단위 또는 청소년 대상 프로그램을 대폭 확대한다. 청소년수련시설을 활용한 가족캠프 및 토요체험프로그램, 가족이 함께하는 독서캠페인, 가족봉사단 운영을 활성화한다. 저소득가정 청소년 대상 방과 후 아카데미, 문화·예술, 봉사, 과학, 스포츠, 미디어 등 다양한 분야의 동아리 운영을 지원하고 청소년, 학부모, 교사 등을 대상으로 예절교육을 실시한다.

◆ 가정과 사회의 참여확대를 위한 홍보 및 캠페인 추진

범정부적으로 학교폭력근절을 위해 가정과 사회가 지속적으로 관심을 기울이고 학생들의 인성교육 및 학교폭력예방에 가정과 사회가 적극적으로 지원할 수 있도록 방송, 언론, 시민단체와 연계해 연중 캠페인을 실시한다. 인터넷과 게임 등을 통해 폭력적 유해영상을 많이 접하면서 청소년들의 폭력에 대한 인식이 무뎌지고 있음에도 그간 인터넷·게임에 대해서는 경제적·산업적 관점을 중시하고 교육적 시각에서 심의·규제 및 유해성을 자율 자정하려는 노력이 부족했다. 따라서 게임·인터넷의 가상현실 속 잔혹성이 학생들의 폭력성을 부추기지 않고, 게임·인터넷 중독으로 정신건강을 해치지 않도록 관련제도를 개선하고 예방교육 및 치유활동을 강화해 나갈 예정이다.

◆ 게임·인터넷 중독예방을 위한 제도개선 추진

부모명의 도용방지를 위해 아이핀 사용 확대 등 청소년에 대한 게임제공 제한제도를 실효성 있게 운영하는 한편, 제도 운영상 문제점을 보완하기 위해 게임 시작 후 2시간이 경과하면 자동으로 게임이 종료되는 쿨링 오프제(Cooling off) 도입을 추진한다. 일정시간이 지나면 게임의 진행수준이 떨어지는 시스템을 도입하는 방안도 함께 검토한다. 게임물에 대한 청소년 유해성 심사강화를 위해 게임물등급분류제도를 보완한다. 음란·폭력·교육 등 게임물 내용심의에 관한 게임물등급분류기준을 강화하고, 게임물등급위원 구성 시 교육·청소년 분야 전문가를 확대한다. 또한, 여성가족부·교육부가 분기별로 게임물에 대한 합동조사를 실시해 발표하고, 그 결과를 게임물 심의에 반영하도록 한다.

게임산업계가 게임중독에 대한 사회적 책임을 질 수 있도록 청소년 게임중독 치료, 소외계층 등을 돕기 위한 민간자금 출연을 확대하고 이를 의무화하는 방안을 검토한다. 한편 청소년의 PC방 이용시간을 오후 10시까지로 제한하고 있는 법령위반 업주의 벌칙규정을 강화하고, 경찰청과 합동단속을 강력하게 추진할 계획이다.

◆ 게임·인터넷 중독예방 교육강화 및 치유활동 확대

게임·인터넷 중독예방을 위한 '학생생활지도요령' 에 따라 초등학교부터 고등학교까지 단계적으로 게임·인터넷중독 예방교육을 강화한다. 학교급별 게임중독진단(G-척도)과 인터넷중독진단(K-척도) 자료에 따라 중독 징후가 있는 학생을 선별, 개인별로 누가기록·관리하며 단계적으로 중독을 치유한다. 유치원 및 초·중·고의 인터넷 중독 예방교육에 필요한 다양한 교육용 콘텐츠를 개발해 현장에 보급할 계획이다. 게임 과몰입(중독) 예방정책 마련을 위한 전국 초·중·고생 약 10만명을 대상 종합실태조사(4-12월)를 실시하고, 초·중등학교에 찾아가는 게임문화교실 1200개교를 운영한다. 또한, 문화부(게임문화재단), 안전행정부, 여성가족부는 게임·인터넷중독 치료센터, 치유프로그램을 지속적으로 확대해 나갈 계획이다.

제8장
진로지도와 상담활동

1. 진로지도의 개념과 중요성
2. 진로지도의 학교급별 목표
3. 진로지도의 현황과 과제
4. 직업세계의 변화와 기초능력
5. 진로지도를 위한 주요이론
6. 진로지도의 주요목표
7. 진로지도의 내용과 방법
8. 상담활동

1. 진로지도의 개념과 중요성

진로지도는 진로교육의 하위개념으로 학교교육이 학생들을 행복한 개인으로, 그리고 생산적인 사회구성원으로 성장하도록 도와주는 활동으로 정의된다. 진로란 사전적 의미로 앞으로 나아갈 길을 뜻한다. 진로는 상급학교로의 진학이나 혹은 보수를 받는 것을 전제하는 일을 의미하는 직업보다 더 포괄적인 개념이다. 진로의 영어단어인 career도 프랑스어의 carriere, 즉 '경주로, 달려가야 할 길'이라는 어원을 갖고 있다. 따라서 진로지도는 학생들이 특정한 상급학교나 특정한 직업을 결정하도록 도와주는 것에 국한된 활동이 아니라, 학생들이 자신의 미래에 대해 진지하게 고민하면서 자신에게 적합한 일을 주도적으로 찾아보고 미래를 설계하며 준비해나가도록 지원하는 활동을 의미한다.

진로지도는 학령기 이전부터 하는 것이 바람직하지만, 청소년기에 이루어지는 진로지도는 특히 중요한 의미를 가진다. 첫째, 청소년기에는 자아정체감을 형성해나가는 것이 발달과정상 주된 과업인 만큼, 진로지도는 진로와 관련된 자아정체감의 형성을 체계적으로 지원한다는 점에서 청소년들의 주된 발달과업수행에 실질적인 도움을 줄 수 있다.

둘째, 진로지도는 학교에서의 학습경험과 일의 세계 간의 연계를 강조함으로써 성취동기를 유발하는 효과가 있다. 특히 학업적 적성이 상대적으로 취약한 학생들의 경우, 학업적 적성 이외에 다른 종류의 적성과 흥미를 발견하고 현실적으로 가능하다고 생각되는 진로목표를 정하도록 지도함으로써 직업세계에 대한 준비과정으로서 학업에 대한 의욕을 고취시킬 수 있다.

셋째, 현대사회의 급속한 변화에 따라 직업세계와 직업의 환경 역시 빠르게 달라지고 있다. 사회변화에 따라 산업구조가 개편되고, 직업의 수도 지난 40년간 8배로 늘어나 1만2천여 종을 넘어섰으며, 새로운 종류의 직업들이 계속 생겨나고 있고, 기존의 어떤 직업들이 사라지고 있다. 아울러 고용형태의 유연성으로 인해 직업의 불안정성이 증가하면서 평생직장이나 평생직업도 기대하기가 어렵게 되었다. 직업세계의 이런 변화에 맞추어 체험학습을 강조하는 특성화고와 전문계고의 특성화 분야가 다양해지고, 신설되는 대학의 학과와 전공도 늘어나고 있다. 그러므로 진로지도를 통해 청소년들이 이런 변화를 제대로 인식하면서 진학계획과 미래의 직업을 위한 준비를 잘 해 나가도록 도와주어야 한다.

2. 진로지도의 학교급별 목표

1) 초등학교

① 자신의 소질과 흥미를 발견한다.

② 직업의 소중함을 인식함으로써 장래 직업인으로서의 포부를 가진다.

③ 지역사회의 각 산업체 및 여러 기관과 단체들이 하는 일에 대한 이해를 통하여 모든 직업이 다 똑같이 소중함을 안다.

2) 중학교

① 자신의 적성과 능력을 이해한다.

② 다양한 직업에 관한 지식을 갖고 자신의 진로를 잠정적으로 계획한다.

③ 직업의 사회적 역할을 이해함으로써 개인은 직업을 통해 사회에 공헌할 수 있음을 인식한다.

3) 고등학교

① 건전한 직업 및 직업윤리를 형성한다.

② 자신의 적성 및 여러 가지 여건을 고려하여 구체적인 진로계획을 수립한다.

③ 진학 또는 직업에 필요한 정보를 넓게 수집하고 분석하여 자신에게 적합한 직업 및 학교를 선정하고 이를 위해 준비한다.

참고자료 26 진로지도 담당자의 임무

담당	추진 업무 내용
교장, 교감	진로지도계획 및 예산편성의 총책, 진로상담부장 및 관계직원의 임무설정, 진로지도 여건정비
진로상담 부장	계획추진책임자, 예산편성협의, 새해 진로지도계획의 입안, 학교와 지역사회단체와의 협력체제구축, 계원간 협조체제구축, 진로지도의 평가
카운슬러	진로지도의 본질에 입각한 상담활동, 학생의 진로선택능력향상, 각종자료의 수집·배치·해석·활용
학급담임	학급학생과의 원만한 인간관계조성, 학생 개개인의 특성과 가정환경이해, 학생 개개인의 표준화검사결과활용, 진로정보제공, 특별활동을 통한 진로지도연간계획수립 및 추진, 진로관련 집단 및 개별상담, 가정과의 유기적 협조체제유지, 진학 및 취업자 상담지도
교과담임	담당교과내용 중 진로관련 요수 추출 및 지도, 교과관련 진로정보의 제공, 진로정보실의 자료활용지도
상담 자원봉사자	연수·연찬을 통한 자질 및 전문성함양, 학생개별 및 집단상담지도, 학교진로관련 업무보조, 상담분위기 및 여건조성
학부모	자녀의 소질·적성·흥미·인성·가치관·능력이해, 직업세계에 대한 바른 이해와 정보제공, 학력보다 능력중시, 자격증시대 도래에 대한 사회변화이해, 자녀의 진로결정보조, 진로지도협력체에 적극참여

3. 진로지도의 현황과 과제

진로지도라는 용어가 우리나라에 도입된 것은 1960년대인데, 그 중요성을 인정받기 시작한 것은 최근의 일이다. 제7차 교육과정에서 진로교육의 실천근거를 마련하였고, 고등학교에서는 진로교과목을 개설하게 되었다. 1998년 고용노동부의 워크넷과 2002년 직업능력개발원의 커리어넷과 같은 직업정보망과 진로지도정보망이 구축되었다.

진로지도를 위한 지원이나 제도가 최근 들어 강화되고 있기는 하지만 여전히 법규와 행정조직의 정비 등과 같은 미흡한 점들이 많다. 실제로 우리나라는 담임교사를 중심으로 진로지도가 이루어지고 있는데, 담임교사의 과중한 역할과 시간부족으로 인하여 학생들에게 개별적인 지도와 상담을 제공하는 데까지는 현실적으로 많은 제약이 따르고 있다.

뿐만 아니라 진로지도에 대한 담임교사들의 인식과 전문적인 역량도 부족하다. 이러다보니 중등학교의 진로지도는 진학상담에 편중되어 있다. 중학교에서는 고등학교에 진학시키기 위한 진학지도가, 고등학교에서는 대학에 진학시키기 위한 진학지도가 주류를 이루는 것이다. 따라서 상급학교 진학 이외에 중등학교 교과과정에서 다루어져야 할 다른 중요한 진로지도의 목표들이 간과되고 있다.

진로지도가 진학지도 수준을 넘어 학생들이 주도적으로 자신의 진로를 설계하고 준비해나가도록 돕는 바른 지원활동이 되기 위해서는 다음과 같은 과제들이 해결되어야 한다.

1) 기술 · 기능계 직업에 대한 인식의 제고 및 진로교육의 강화

지표조사 결과에 따르면 발전가능성과 근무여건에서 직업전망지표가 높은 직업들 가운데 다양한 기술 · 기능계 직업들이 있었다. 특히 자기개발, 승진가능성, 직장이동 가능성 등으로 구성되는 발전가능성 영역에서 전망지표가 좋다는 것은 이 직업에 속한 개인들의 장래가 유리하다는 측면에서 주목할 만한 부분이다.

전자공학기술자, 건축공학기술자, 섬유공학기술자, 재료공학기술자 등의 엔지니어 분야 직업들, 그리고 데이터베이스관리자, 웹 및 멀티미디어 디자이너, 항공기 정비원, 관제사, 화학물 제조관련 조작원, 발전장치 조작원 등의 다양한 기술 · 기능계 직업들이 현재 시점의 발전가능성 영역에서 상위에 포함되었다. 이들 기술 · 기능계 직업은 국가의 산업발전을 위하여 꼭 필요한 직업일 뿐만 아니라 이 직업에 속한 개인의 발전에도 도움을 줄 수 있다. 청소년을 위한 진로교육에서도 이 점이 중시되어야 할 것으로 판단된다. 청소년들에게 다양한 분야의 기술 · 기능계 직업을 발굴하여 소개하고 향후의 발전가능성이 높다는 점을 알려주는 작업이 진로교육 차원에서 긴요하다.

기술자나 기능인이 되는 길이 힘들고 어렵다고 기피하려는 현상이 우리 사회에 있는 것이 현실이다. 그러나 이 분야의 직업 가운데 발전가능성이 좋은 직업이 적지 않다. 따라서 다양한 기술·기능계 직업들에 관한 직업소개자료들을 개발하고 보급하는 일이 긴요해 보인다. 직업을 소개하는 동영상 자료의 개발 및 보급, 직업인 인터뷰, 직업인 설명회, 직업현장에 대한 체험 제공 등을 통하여 청소년들에게 기술·기능계 직업들을 소개하는 기회가 확대되어야 할 것이다. 이렇게 하기 위해서는 초등학교 이후 학교교육에서 다양한 직업세계를 소개하는 진로교육이 제도화되고 강화되어야 한다.

2) 금융·관리·사회서비스에 대한 인식의 제고 및 인력양성 강화

우리나라의 산업구조를 보면 서비스 산업의 비중이 꾸준히 상승하고 있다. 서비스업 중에서도 금융보험업이 호조를 보인 가운데 통신업, 보건·사회복지서비스업, 운수·창고업 등의 증가율도 높아졌다. 그러나 우리나라의 서비스산업 비중은 57.2%로 OECD 주요 선진국들의 70%이상 되는 서비스산업 비중과 비교할 때 현저하게 낮은 수준이다. 우리나라가 향후 선진국 수준의 경제규모로 발전하는데 있어서 서비스산업의 역할이 중요하다고 할 수 있다.

직업전망 지표조사 결과에 따르면 현재와 10년 후 모두 경영재무직, 관리직, 사회서비스직 순으로 직업전망이 좋은 것으로 나타나 우리나라의 산업구조 변화와 일맥상통하는 결과를 보였다. 특히, 10년 후의 직업전망지표 가운데 보상과 발전가능성 영역에서 금융자산운용가, 기업고위임원, 경영지도·진단전문가(경영컨설턴트), 투자 및 신용분석가, 증권전문가 및 투자중개인 등이 금융, 관리 및 사회서비스직에 속한 직업들이 다수 포함되어 있다.

그러나 이들 직업에 대한 사회적 인식이 미흡하고 전문인력양성을 위한 산업계, 학계 및 정부 등의 전반적인 지원체제가 부족하다고 판단된다. 우리나라는 1997년말 IMF구제금융이라는 경제위기를 겪으면서 금융·관리·사회서비스의 중요성을 인식하고 있으며, 학교교육에서 경제교육이 강조되고 있다. 그러나 아직까지 공교육에서의 경제교육이 널리 보편화되었다고 보기 어려우며, 국민들, 청소년들의 서비스산업에 대한 이해도도 미흡하다고 할 수 있다. 따라서 정부, 학계 및 교육계에서는 체계적인 경제교육이 학교에서 진로지도와 연계하여 이루어질 수 있도록 관련정책을 강화할 필요가 있다.

세계화, 국제화 시대를 맞이하여 한 나라의 산업 및 경제동향은 다른 나라의 영향을 받지 않을 수 없다. 우리나라는 수출주도산업이 경제성장을 견인하고 있어 세계경제의 흐름에 대응하여야 한다. 2008년 11월 미국의 서브프라임모기지 사태로 인하여 우리나라의 수출경제에 어려움이 예상되며, 이것은 국가적으로나 국민 개인의 직업생활에도 영향을 미치게 된다. 청소년들이 금융・관리・사회서비스 분야의 전문인력으로 성장할 수 있도록 지원하는 진로지도는 우리나라가 세계경제의 변화에 적극적으로 대응하고 국가경쟁력을 갖추기 위하여 정부와 산업계 및 교육계가 함께 추진해야할 매우 중요한 과제라고 할 수 있다.

3) 유연한 직업관 형성을 위한 진로교육 강화

직업전망지표에 따르면 현재 시점과 10년 후의 영역별 직업전망 결과에 차이가 크다. 즉, 현재 시점에서 직업전망이 좋은 직업을 보면, 의사가 보상, 고용현황, 직업전문성 등 세 가지 영역에서 가장 전망이 좋은 직업이었고, 초등학교 및 중등학교 교사는 고용안정과 근무여건 영역에서 가장 전망이 좋은 직업으로 나타났다. 이들 직업은 청소년들의 희망직업 조사에서 가장 선호하는 직업들이기도 하다.

그러나 10년 후의 직업전망 결과를 보면, 보상영역에서는 금융자산운용가가 가장 전망이 좋았고, 고용현황영역에서는 간병인이, 고용안정영역에서는 항공기정비원이, 발전가능성영역에서는 금융자산운용가가 가장 전망이 좋은 것으로 나타났다. 그리고 근무여건영역에서는 자동차 조립검사원이, 직업전문성영역에서는 의사가, 고용평등에서는 약사 및 한약사가 가장 전망이 좋은 것으로 나타났다. 이와 같이 현재보다 미래의 직업세계는 직업전망영역별로 보다 다양한 직업들이 좋은 직업으로 대두될 것으로 보인다.

학령기 청소년들의 진로설계는 중장기적으로 미래 직업세계에 대한 이해를 바탕으로 이루어져야 한다. 또한 청소년들은 직업을 임금수준과 고용안정을 중심으로 직업을 선호하는 경향을 보인다. 그러나 미래의 직업세계는 다양한 관점에서 직업의 장단점을 이해할 필요가 있다. 최근 직업세계의 변화속도는 더욱 빨라지고 있다. 오늘의 직업전망이 몇 달 혹은 몇 년 후의 직업세계와 일치하지 않을 수 있다. 이에 교육부, 기획재정부 등의 정부부처와 관련연구기관에서는 직업세계 전망에 대한 정보를 지속적으로 제공하여야 하며, 교육계와 학계에서는 청소년들이 보다 다양한 관점에서 직업을 이해하고 진로를 설계할 수 있도록 진로교육을 강화하여야 한다.

현재 청소년들은 현재 시점의 유망한 직업들을 장래의 직업으로 선망하는 경향이 강하며, 이것은 청소년들을 지도하는 교사, 학부모 등도 마찬가지이다. 그러나 대표적인 희망직업인 교사, 공무원 등의 직업전망은 밝지 않은 편이다. 따라서 초·중등 진로지도에 있어서 청소년들이 희망직업을 재고하고 미래의 직업세계에 초점을 둔 진로탐색과 직업체험을 할 수 있도록 해야 할 것이다. 청소년들이 유연한 직업관을 가짐으로써 개인적으로 직업선택의 폭이 넓어질 것이며 사회적으로는 다양한 분야의 인력양성과 활용에 기여할 수 있을 것이다.

4) 지속적인 직업전망 지표제공을 위한 체제마련

초·중등 진로지도를 위한 직업전망정보의 생성은 지속적으로 이루어져야 한다. 직업전망 지표를 지속적으로 산출하고 제공하기 위하여 다음과 같은 과제들이 요구된다.

첫째, KRIVET(한국직업능력개발원) 직업전망지표는 7가지 평가영역 가운데 발전가능성(.193)의 상대적인 중요성이 가장 높고, 범주의 23개 세부 하위항목 중에서는 임금(.118)이 가장 높다. 따라서 임금, 발전가능성 등의 특정영역의 점수가 높은 직업들이 직업전망이 좋은 직업들로 산정된다. 그러나 업종, 직업에 따라 다른 직업전망의 강점(특징)을 지니므로 동일한 가중치 적용에 한계가 있다고 지적되었다. 다양한 영역의 관점에서 유망직업, 좋은 직업을 발굴하고자 하는 취지를 살리기 위해서라도 업종별 가중치, 직업전망 지표 조사지 구성항목에 대한 후속연구를 실시할 필요가 있다.

둘째, 직업에 대한 전문지식을 갖고 있거나 현업에 10년 이상 종사하여 실무경험과 전문지식을 갖춘 현직자, 적어도 중견관리자급 이상의 현업종사자를 직업전문가로 확보하고 직업전망지표를 평가하게 하였다. 때문에 기존

통계자료에서 실질임금이 높지 않은 직업이 직업전망지표에서 높은 점수를 얻는 사례가 나타났다. 직업전망지표의 신뢰성과 활용도를 높이기 위해서 산출된 직업전망지표의 결과와 실제적인 통계자료를 비교·분석하는 작업이 이루어질 필요가 있다. 또한 직업전망정보는 실제 통계정보와 병행하여 종합적으로 제공됨으로써 진로지도의 효과를 제고할 수 있을 것이다.

셋째, 중장기적인 직업전망지표 산출 및 제공을 위한 방안이 마련되어야 한다. 직업전문가DB를 지속적으로 관리하고 업데이트하여 향후 직업전망지표 조사에 활용토록 해야 한다. 즉, 조사 참여자들에게 직업전망지표에 관한 뉴스레터를 발송하거나 만족도 조사, 인적사항 업데이트 등 직업전문가 네트워크 관리를 위한 후속작업이 이루어져야 한다. 또한 직업세계의 변화속도를 고려할 때 전체직업에 대한 조사기간은 장기적으로 예산을 보다 많이 확보하여 1년 내에 완료하는 것을 고려할 필요가 있다.

넷째, 초・중등 진로지도를 지원하기 위한 직업전망정보시스템을 구축할 필요가 있다. 직업전망지표는 현재와 10년 후 시점에서 직업전망영역별로, 하위항목별로 다양한 직업전망지표가 산출되었다. 청소년들의 진로설계를 지원하기 위해서는 여러 가지 요소를 고려하여 직업전망이 좋은 직업 혹은 좋지 않은 직업을 간편하게 검색할 수 있는 시스템이 마련되어야 한다. 또한 축적된 직업전망지표 결과를 다각도로 분석하고 청소년들이 직업세계변화의 의미를 더 잘 이해하고 활용할 수 있도록 분석내용을 자료화하여 제공할 필요가 있다. 즉, 직업전망지표 결과를 소책자, 직업전망지도(map) 등으로 학교급에 따라 진로지도에 활용하기 좋은 형태의 자료로 개발하여 학교현장에 제공하여야 할 것이다.

4. 직업세계의 변화와 기초능력

진로지도를 통해 학생들이 진입할 직업세계에 대처할 수 있는 능력을 갖추도록 하려면 교사들은 미래사회의 변화의 맥락과 그 양상을 정확하게 인식하고, 요구되는 자질과 역량이 무엇인지를 제대로 알고 있어야 한다.

직업세계의 변화를 가져오는 요인은 다양하다. 세계화, 노동시장의 규제완화, 기술의 발전, 고용시장의 유연성 증가, 네트워크조직의 확대, 노동인구의 고령화, 근로와 생활의 균형, 직업 불안정성의 증대 등을 들 수 있다.

세계화는 외국어능력, 타문화 이해, 시장정보능력이 필수적이다. 컴퓨터와 인터넷의 발전으로 거래방식이 달라지고 근무형태가 달라지며 직업구조에도 혁신적인 변화가 예상된다. 또한 인간의 수명이 늘어나면서 일의 세계에 종사하는 기간도 훨씬 늘어나 평생 동안 7-8개의 직업을 갖게 되고, 한 사람이 2개 이상의 직업에 종사하며, 1주일에 2개 이상의 직장에서 일하는 시대를 맞이할 것이다. 따라서 직업안정보다는 직업탄력성이 요구될 것이다.

그러므로 직업세계의 주요변화는 다음과 같다.

① 산업구조의 변화로 농림어업과 제조업의 일자리는 감소하고 서비스업의 비중이 더욱 커져 지식기반산업에 종사할 수 있는 지식근로자의 수요가 증가할 것이다.

② 직업구조의 변화로 직업수가 늘어나며 직업의 생성과 소멸주기가 단축되어 영원한 인기직종도 비인기직종도 존재하기 어려울 것이다.

③ 정보통신기술의 발달과 노동시장의 유연화로 인해 비정규직, 수시채용, 재택근무, 1인다수직장근무 등 고용형태가 다양화 되면서 상용직 근로자가 감소하고 임시직 근로자가 증가할 것이다.

④ 인구증가율 감소에 따라 자녀양육 및 교육관련업종이 증가하고 고령화에 따라 실버관련 업종과 여가활용업종이 증가할 것이다.

⑤ 환경에 대한 인식이 높아짐에 따라 생태계보전, 산업폐기물처리, 환경시설물산업들이 계속 발전할 것이다.

교사들은 사회와 직업환경의 변화를 인식하고 이런 변화에 요구되는 능력과 자질이 무엇인가를 발견하며 이것을 교과교육과 진로지도를 통해 어떻게 개발할 것인가를 고민해야 한다. 즉 직업기초능력의 개발을 위해 기본적인 인성과 지적 능력, 사회적 능력을 갖추어야 하는 것이다. 다시 말하면 업무능력의 향상을 위한 학습능력, 문제해결능력, 대인관계 및 협업능력, 자기관리능력 등을 계속 길러야 하는 것이다.

그러나 입시를 위한 암기와 문제풀이 위주의 타율적인 학습 등 우리나라의 교육현실에서는 이러한 직업기초능력의 개발이 도외시되기 쉽고, 그 결과 학생들의 미래를 위한 준비가 부실해질 수 있다. 학교교육이 빠르게 변화하는 사회에 어떻게 부응할 수 있을지를 고민하고 해법을 찾아야 한다.

5. 진로지도를 위한 주요이론

1) 다널드 수퍼(D. Super)의 발달이론

첫째, 그는 진로발달을 인간의 총체적 발달의 일부라는 점을 강조하였다. 성장기, 탐색기, 확립기, 유지기, 은퇴기의 단계를 거친다는 것이다. 둘째, 수퍼의 접근방법은 직업생애단계, 직업성숙도, 자아개념을 직업적 자아개념으로의 전환, 진로유형 등의 네 가지 요소에 초점을 두고 있다. 셋째, 이 접근방법은 진로발달에 있어서 개인변인과 환경변인의 상호작용을 강조하는 통합적인 접근방법이다. 개인의 진로발달은 부분적으로 자신의 심리적, 생리적 속성뿐만 아니라 중요한 타인을 포함하는 환경조건에 의해 결정된 비율에 따라 전체발달의 한 측면으로써 이루어진다고 보았다. 넷째, 개인의 진로유형의 본질은 부모의 사회경제적 수준과 개인의 지적 능력, 인성적 특성, 그리고 직업계획 등에 의해 결정된다.

2) 존 홀랜드(J. Holland)의 성격이론

첫째, 성격이론은 직업의 선택을 각 개인의 성격표현으로 보고, 성격유형과 진로선택의 관계를 강조하였다. 둘째, 직업적 성격유형을 현실적, 탐구적, 예술적, 사회적, 설득적, 관습적 유형의 6가지로 분류하고 성격유형을 직업환경과 연결시킴으로써 '육각형 모형'을 발표하였다. 셋째, 두 가지 유형간의 거리가 가까울수록 상호간의 심리적인 유사성은 커진다. 넷째, 누구나 몇 가지의 유형을 동시에 가질 수 있다고 보았는데, 그 중에서 점수가 가장 높은 유형을 자신이 가진 주된 유형으로 보았다.

3) 프랭크 파슨스(F. Parsons)의 특성요인이론

첫째, 특성요인이론의 절차는 자기이해, 다양한 직업에서 요구되는 필수조건과 기대치에 대한 이해, 그리고 이 두 가지를 연계하는 활동으로 이루어진다. 둘째, 사람마다 어떤 특정한 직업 또는 몇 가지 직업에 알맞은 특성과 요인을 지니고 있다고 보았다. 셋째, 그러므로 개입을 하지 않아도 사람들은 각자의 특성에 알맞은 직업을 선택하는 방향으로 나아가지만, 상담을 통해 보다 효과적이고 효율적으로 직업을 선택할 수 있다는 점을 강조하였다. 넷째, 따라서 개인에게는 각기 자기에게 맞는 하나의 적절한 직업이 있으므로 누구나 자신의 특성에 알맞은 직업을 선택할 수 있는 선택의 과정으로 본다.

4) 피터 블라우(P. Blau)의 사회이론

첫째, 개인이 둘러싼 사회·문화적 환경이 개인의 행동에 영향을 미친다고 보았다. 둘째, 개인이 속한 사회계층에 따라 교육정도, 직업포부 수준, 지능수준 등이 다르며 이런 요인들이 진로발달에 영향을 미친다. 셋째, 가정의 사회·경제적 지위, 가정의 영향력, 학교와 지역사회의 특성 등을 고려한 진로지도가 필요하다고 보았다.

5) 안네 로우(A. Roe)의 욕구이론

첫째, 개인의 욕구가 직업선택에 큰 영향을 미치고, 아동기에 형성된 욕구에 대한 반응으로 직업선택이 이루어진다. 둘째, Roe는 Maslow가 제시한 욕구단계를 기초로 해서 발전시켰다. 셋째, 부모의 육아방식과 자녀의 직업지향성 간의 관계를 제시하였다.

참고자료 27 성격유형과 직업환경 유형의 특징

유형	성격	직업환경
현실적 (realistic)	현실적 · 조직적 활동, 신체 · 기계적 능력, 비사교적, 물질적, 실용적, 동조적, 솔직성, 단순성, 경직성, 통찰력 부족	사물, 도구, 기계, 동물 등의 질서 정연하고 체계적인 조작 : 전기기술자, 농부, 관제사, 자동차 정비공, 목수, 운전사
탐구적 (investigative)	학구적 · 지적 활동, 과학 · 수학적 능력, 분석적, 합리적, 비판적, 독립적, 신중성, 주저함, 세밀함, 호기심 강함	물리적, 생물적, 사회문화적 현상의 관찰과 체계적 탐구 : 과학자, 사회과학자, 연구원, 전자제품 수리공, 프로그래머
심미적 (artistic)	비체계적 자유로운 활동, 심미적 능력, 표현적, 직관적, 비동조적, 독립적, 독창적, 내성적, 감성적, 비실용적	예술, 연기, 저작 등 창조적·직관적 활동과 자유분방함 : 음악가, 미술가, 무용가, 배우, 디자이너, 영화감독, 사진사
사회적, 사교적 (social)	사람을 다루는 활동, 인간관계능력, 사교적, 봉사적, 동정적, 임기응변적, 협동적, 친근성, 인내심, 관대함	사람들에 대한 교육, 보살핌, 계몽 등 봉사적 활동과 사회적 성취 : 사회사업가, 교사, 사서, 성직자, 이발사, 카운슬러
기업적 (enterprising)	조직적 · 경제적 활동, 설득 · 지도적 능력, 모험적, 지배적, 의욕적, 수다스러움, 활동적, 외향적, 야심적, 자신감	개인적 또는 조직의 목표달성을 위한 적극적·설득적 환경 : 사업가, 바이어, 부동산 중개인, 정부관리, 판매원
관습적 (conventional)	체계적 · 자료처리 활동, 사무 · 계산능력, 동조적, 실용적, 순종적, 끈기 있음, 조심성, 정연함, 진지함, 자기절제	자료와 서류의 기록정리, 계획과 업무처리 등 체계적 환경 : 은행원, 서기 세무사, 회계 사무원, 비서, 속기사

6. 진로지도의 주요목표

진로지도는 진로의식의 함양, 자기이해의 증진과 자아개념의 구체화, 직업세계에 대한 이해증진, 정보탐색과 활용능력의 함양 등을 중요한 목표로 삼아야 한다.

① 진로의식은 학생들이 자신의 삶과 미래에 대해 진지하게 고민하고 진로를 탐색하며 계획하는 일을 스스로 책임지고 적극적으로 실천하는 진로에 대한 분명한 목적의식과 지기주도적인 태도를 말한다. 진로의식은 한 마디로 자신의 진로에 대한 주인의식이라고 할 수 있다.

치열한 입시경쟁 속에서 공부와 성적에만 모든 관심을 집중하거나 혹은 경쟁에서 도태되어 무력감에 빠져 있다 보면, 학생들은 자신의 미래에 대한 구체적인 청사진을 그려보는 일을 미루어두거나 어른들의 결정에 맡겨버리기 쉽다. 진로에 대한 충분한 고민과 성찰 없이 단순히 성적에 맞추거나 주변의 권유에 따라 막연한 희망만을 갖고 대학에 진학한 후, 학과나 전공이 맞지 않아 적응하는 데 어려움을 겪으면서 뒤늦게 진로에 대한 심각한 고민을 시작하는 학생들이 의외로 많다.

뿐만 아니라 평생직장과 평생직업을 기대하기 어려운 앞으로의 직업세계의 변화에 대처하려면, 취업한 이후에도 꾸준히 자신의 진로를 개발하고 관리하는 능력이 절대적으로 필요하다. 그래서 자기주도적인 진로개발의식과 태도의 함양은 중등학교 수준의 진로지도에서 최우선적인 목표가 되어야만 한다.

② 자기이해의 증진과 자아개념의 구체화는 직업의 종류에 따라 요구되는 능력과 적성 및 기능이 다양하므로, 자신에게 맞는 일을 찾기 위해서는 무엇보다 자기의 흥미와 적성, 성격, 능력, 가치관, 신체적 특성 등을 올바로 이해하는 일이다.

자기이해를 촉진하는 활동을 통해서 학생들은 자신이 무엇을 좋아하고 어떤 일을 잘 할 수 있으며 어떤 것에 가치를 두는지를 발견해나감으로써, 진로와 관련된 자아개념을 구체화해나갈 수 있다. 특히 학업적인 적성이 상대적으로 취약하거나 자존감이 낮은 학생들의 경우, 자신의 특기와 소질의 발견은 자존감을 높이고 긍정적인 자아개념을 형성하는데 유익할 것이다. 자아개념은 진로선택과 진로포부에 큰 영향을 미치고 학교적응에도 영향을 주는 만큼, 자기이해활동을 통한 자아개념의 구체화와 긍정적인 자아개념의 형성은 매우 중요한 가치를 가진다.

③ 직업세계에 대한 이해의 증진은 많은 학생들이 일과 직업세계에 대해 잘 모르고 있으며, 막연한 동경의식이나 단편적인 정보에 기초하여 특정 진로를 선호하고 성급하게 진학결정을 내리는 경향이 있기 때문에 필요하다.

직업이 개인의 삶에 미치는 중대한 영향을 감안할 때 직업세계에 대한 객관적인 이해와 체계적인 탐구노력 없이 진로를 선택하는 것은 매우 무모한 일이다. 급속히 늘어나고 있는 직업의 종류와 빠르게 변하고 있는 직업환경, 또한 직업정보수집을 위해 이전보다 더 많은 시간과 노력의 투자가 필요하다. 그러므로 전반적인 직업세계의 다양한 측면과 변화양상을 이해하고 관심이 있는 직업들을 체계적으로 탐구하도록 돕는 일을 진로지도의 중요한 목표로 삼아야 한다.

④ 정보탐색과 활용능력의 함양은 지식사회와 정보화시대라고 불리는 후현대사회에서 필요한 정보를 수집하고 활용하는 능력은 진로뿐만이 아니라 삶의 다른 영역에서도 필요하다. 우리의 현실은 여전히 진학결정을 포함한 진로선택을 위한 정보수집과 제공에 있어서 다양성과 체계성이 크게 부족하다.

학생 개인의 이해를 돕기 위한 정보, 직업세계를 이해하기 위한 정보, 상급학교 진학에 관련된 정보, 취업에 관련된 정보 등이 매우 중요한데도 불구하고 주로 입시관련정보가 홍수를 이루고 있다. 그러므로 진로지도를 통해 학생들이 필요한 다양한 정보를 얻을 수 있는 정보원을 알고 수집한 정보를 분석하여 자신에게 맞게 활용하는 능력을 갖추도록 도와주어야 할 것이다.

7. 진로지도의 내용과 방법

1) 자기이해를 돕는 진로지도방법

올바른 진로선택을 위해서는 우선 학생들이 자신의 다양한 특성을 이해하고 이를 직업과 연관시켜 자아개념을 구체화해나갈 필요가 있다. 직업과 관련된 특성을 파악하기 위해서는 평소에 자신을 관찰하고 자신에 대해 깊이 생각하도록 안내해야 한다. 자기이해를 높이는 가장 좋은 방법은 다양한 경험과 활동을 통해 자신의 흥미와 적성 및 능력을 발견하고 확인해보는 것이다.

청소년들의 자기이해에는 주변 어른들의 관심과 피드백도 중요한 역할을 한다. 우리나라 학생들은 학교에서 보내는 시간이 많기 때문에 교사의 역할이 매우 중요하다. 따라서 교사들은 수업활동과 학업성적을 통해 학생들의 학업적성과 능력을 확인하는 것 말고도, 수학여행이나 체험학습, 청소시간 등등 수업 이외의 장면에서도 관심을 갖고 지켜보면서 협조성, 리더십, 봉사정신, 감수성, 미적 감각, 손재주, 관찰능력, 성실성 등의 인성적인 장점이나 소질을 발견하고 학생들에게 직접 말로 표현해주는 것이 바람직하다.

이밖에도 심리검사를 활용할 수 있는데, 심리검사에는 진로성숙도검사, 진로탐색검사, 직업흥미검사, 직업가치관검사, 직업적성검사, 성격검사 등이 있다. 온라인 진로검사를 제공하는 사이트는 한국직업능력개발원에서 운영하는 커리어넷과 한국고용정보원에서 운영하는 청소년워크넷이 대표적이다.

2) 직업세계이해를 돕는 진로지도방법

청소년들은 구체적인 직업에만 초점을 두기보다는 먼저 직무내용이 유사한 직업들끼리 묶은 직업군과 직업분류의 개념을 이해하고, 전반적인 직업세계의 구조와 변화양상을 인식하며, 다양한 직업의 정보와 전망, 그리고 그런 일을 하기 위해 필요한 노력과 준비가 무엇인가를 알아가면서, 점차 자신의 특성과 여건에 맞는 직업을 발견해나가도록 도와주는 것이 중요하다.

직업세계에 대한 폭넓은 탐색의 목적은 학생들에게 가능성의 범위를 확대시켜, 달성이 가능하다고 생각되는 꿈을 찾을 수 있는 기회를 열어주고, 각자의 꿈을 실현할 수 있는 다양한 길을 보여주는데 있다. 직업세계에 대한 폭넓은 탐색은 학업성취수준이 높은 학생들에게도 현실에 안주하지 않고 자신의 잠재력을 최대한 발현할 수 있는 진로에 도전하고 개척하겠다는 꿈을 갖도록 자극하는 계기가 될 것이다.

직업세계의 이해를 돕기 위해서 한국직업정보시스템, 한국직업사전, 한국직업전망, 미래의 직업세계 등이 온라인으로 제공되고 있다.

3) 학교에서 적용 가능한 활동중심 진로지도방법

첫째, 교과활동을 통한 진로지도가 있다. 이를 위해서 '진로와 직업'을 선택과목으로 채택하여 정규교과의 형태로 운영할 수도 있다. 둘째, 학급관리를 통한 진로지도가 있다. 진로자서전 쓰기, 진로게시판 활용, 영상자료 감상, 직업카드의 활용, 진로 포트폴리오 작성 등이 실용적이다. 셋째, 학교단위 행사교육과 가정 및 지역사회와 연계한 진로지도가 있다. 학교차원에서 '진로체험주간'이나 '진로의 날', '진로의 달'을 정하여 각종 직업을 가진 학부모나 지역사회의 자원인사 등 전문직업인이나 선배를 초청하여 강연회, 간담회 등의 행사를 개최하는 것이다.

8. 상담활동

1) 상담의 목적

청소년들은 학업과 진로, 인간관계, 교우관계, 자아정체감과 가치관, 비행행동, 정서 및 정신장애문제, 미래에 대한 불안 등 다양한 문제에 직면하면서 고통스러워하고 힘들어 한다. 따라서 교사는 이들에게 문제의 해결과 도움을 주는 역할을 수행하여야 한다.

그래서 상담(counseling)은 목적을 가진 대화로 도움을 필요로 하는 사람이 전문적 훈련을 받은 사람에게 대면관계를 통해서 과제의 해결과 사고,

행동 및 감정적 측면의 인간성장에 도움을 받는 과정이다. 그런데 상담은 내담자의 능력을 기르는 것을 목적으로 한다. 상담에서는 스스로 문제를 해결하는 힘을 기르는 것에 주안점을 두어야 한다.

상담의 기본요소는 촉진적인 의사소통이다. 상담은 대화로 하는 것이다. 상담에서는 말로 나타낸 것보다 말로 나타내지 않고 있는 것도 중시하고 마음속에 남아 있는 것들까지 관심을 가지고 이해하려고 노력해야 한다. 마음과 정황을 파악하여 내담자에게 삶의 힘을 북돋아주는 것이 상담인 것이다.

상담은 통합적이고 체계적인 학문이며 동시에 실천이다. 그래서 상담은 교육학, 철학, 심리학, 사회학, 문화인류학, 정신의학 등이 교차하는 지점에서 인간의 개인적 문제를 다루는 통합적인 학문인 것이다.

결국 상담은 그 목표를 행동변화의 조장, 문제해결능력의 신장, 인간관계의 개선, 의사결정의 촉진, 잠재능력의 신장으로 삼아야 한다.

2) 상담의 원리

상담이 개인이 가진 문제를 해결하고 적응활동을 증진시킴으로써 건전한 자아형성을 통한 성장을 돕는 것이기 때문에 다음과 같은 원리에 바탕을 두어야 한다.

① 개별화의 원리

상담자는 개인의 개성과 개인차를 인정하고 상담을 해야 한다. 이 원리를 지키기 위해서, 상담자는 편견이나 선입관으로부터 탈피해야 하고, 인간행동의 유형과 원리에 대해 전문적으로 이해해야 하며, 내담자의 말을 경청하고 세밀하게 관찰해야 한다. 그리고 인간의 감정변화를 민감하게 포착해야 하며, 내담자에 보조를 맞추어 상담을 진행해야 한다.

② 수용의 원리

내담자에게 따뜻하고 친절하면서 수용적이어야 하며, 내담자를 하나의 인격체로서 존중한다는 점을 말과 행동으로, 특히 비언어적인 단서인 얼굴표정으로 잘 전달해야 한다.

③ 통제된 정서관여의 원리

심리상담은 정서면에 큰 비중을 둔다. 상담자는 내담자로 하여금 그의 감정을 통제만 할 것이 아니라 자유롭게 표현하도록 권고하며, 내담자의 감정에 대한 카운슬러의 민감성과 그에 대한 적절한 반응이 필요하다.

④ 의도적 감정표현의 원리

내담자로 하여금 자유롭게 자기의 의사와 감정 등을 표현할 수 있도록 온화한 분위기를 조성해주어야 하며, 상담자는 내담자의 감정표현을 비난하거나 낙심시켜서는 안 되고 인내심을 갖고 주의 깊게 경청하도록 한다.

⑤ 비심판적 태도의 원리

내담자는 자신의 잘못이나 문제에 대해 결과를 나무라거나 책임을 추궁하거나 잘못을 질책하는 것을 두려워한다. 그들은 죄책감, 열등감, 고독감, 불만 등이 있어서 비판에 예민하며 그들 자신을 방어하여 안전을 추구하려고 하는 것은 당연하다. 따라서 상담자는 내담자를 객관적으로 평가해야 하며, '유죄다', '무죄다', '책임져라', '나쁘다' 등의 표현을 삼가야 한다.

이러한 자세의 원리를 지키기 위해서, 상담자가 선입견의 지배를 받아서는 안 된다. 내담자에 보조를 맞추어 상담을 진행하고, 내담자의 말을 가로막고, 성급하게 결론을 내서는 안 된다. 내담자를 어떤 유형의 틀로 집어넣으려는 인상을 주지 말아야 하며, 내담자가 상담자에 대해 적대감이나 부정적인 감정을 가질 수 있다는 점도 알아야 한다.

⑥ 자기결정의 원리

심리상담은 개인의 가치와 존엄성을 존중하고 자기 힘으로 문제를 해결해 나갈 수 있다는 신념에서 시작되어야 한다. 그러기 위해서 상담자는 내담자가 자기수용을 할 수 있도록 도와주어야 하며, 내담자의 잠재능력 즉 장점과 능력을 발견하고 활용함으로써 인격적 발달을 도모할 수 있도록 자극해주어야 한다. 내담자에게 법률, 제도, 사회시설 등의 광범위한 사회적 자원을 알게 함으로써 자기선택, 자기결정의 참고자료로 삼도록 한다.

⑦ 비밀보장의 원리

심리상담의 내용은 비밀을 보장해야 한다. 상담은 본질적으로 내담자가 상담자를 신뢰하는 데서부터 이루어진다. 그러므로 당연히 상담자는 비밀을 준수할 윤리적 의무가 있다.

3) 상담의 기법

① 수용

내담자의 이야기에 주의를 집중하고 있고, 수용하고 있다는 것을 보여주는 기법이다. 내담자가 자신의 문제를 진술할 때 상담자의 반응으로 긍정적 언어표현과 함께 표정, 몸짓 등의 비언어적 요소도 포함된다. 일단 관계형성이 원활하면 내담자로부터 많은 정보가 나오는데 상담자는 내담자가 정보 이상의 그 어떤 것을 표출하도록 도와주어야 한다. 즉 내담자는 무슨 이야기를 하고 있든 간에 거기에 수반되는 감정이 있게 마련인데, 그 내담자의 감정표현을 격려하여 끄집어 낼 수 있도록 해야 한다.

이 감정표현, 즉 상담에 도움이 되는 형태로 감정을 표현하게 한다는 것은 상담과정의 여러 가지 요소 중에서 매우 중요한 요소이다. 그렇다면 감정표현을 돕는 결정적인 기술이 무엇인가 하는 것이 중요한데 그것은 바로 내담자의 이야기나 생각이나 감정 또는 정서를 수용하는 기술이다. 그러므로 수용은 내담자의 이야기에 주의를 집중하고 있고 내담자를 인격적으로 존중하고 있음을 보여주는 기법이다. 예컨대, "으음", "예", "계속 말씀하세요.", "그렇군요." 등의 간단한 문구로 표현된다.

② 경청

말을 하지 않으면서 면담에 적극적으로 참여하는 기법이다. 침묵의 효과적인 처리로서 내담자로 하여금 적극적으로 상담과정에 참여하게 하고, 또 자신의 이야기에 대해서 생각한 이유를 주고 통찰의 기회를 제공해준다. 일반적으로 '듣는다.'는 의미인 hearing과 listening에는 다른 의미가 있다. hearing은 자신을 위하여 정보를 얻는데 목적이 있는데, listening은 다른 사람을 향하여 공감이 되는 것이며 돌봄을 위한 것이다. listening 안에서 우리는 다른 사람의 감정을 이해할 수 있고, 또 그를 위하여 듣는 것이다. hearing은 좌담의 결과로서 내가 소유할 결과와 내 안에 그 무엇인가에 의하여 결정짓게 되는 것이다. listening은 그를 위하여 무엇을 할 것인지 세심한 관찰이며 동시에 내면세계에 할 수 있는 것이 무엇인지에 의하여 결정짓게 되는 것이다. 그러므로 이 listening 안에서 우리는 무엇을 들었는지(heard) 해석과 이해를 시도하는 것이다. 이처럼 hearing과 listening은 많은 차이가 있다.

이러한 경청은 수동적인 경청(passive listening)과 적극적인 경청(active listening)이 있는데, 이 둘 사이에는 분명한 구별이 있다. 비록 수동적인 경청이 환경과 내담자를 포함하는 매우 유익한 결과를 가져오지만, 적극적인 경청은 수동적인 경청보다 더 창조적인 경청법이다. 수동적인 경청은 들어만 주는 것으로서 정신을 바짝 차려야 한다. 적극적인 경청은 더 많은 기술을 요한다. 내담자의 기분, 느낌, 관심을 잘 파악하여 느낌의 자각을 시도하지만 대화 가운데 상담자 자신의 편견을 갖지 않는다. 상담자가 내담자의 기분, 느낌, 관심을 파악하므로 내담자 자신의 대답을 가리킨다. 상담자는 내담자가 이미 말한 내용을 발전시키거나 명료화하므로 내담자가 원하는 감정을 더 잘 표현해준다.

③ 탐색

내담자에게 필요한 정보를 얻거나 내담자의 사고를 미리 지시하거나 내담자가 선택한 주제를 정교화 하는 기법이다. 그러므로 탐색적 질문은 정보를 얻기 위해서 사용하는 것이 아니며, "예" 혹은 "아니요"로 대답될 수 있는 것도 아니다. 그것들은 상담자의 관심의 범위보다는 오히려 내담자로 하여금 자유로이 탐색하고 그가 원하는 곳으로 면접을 이끌도록 허용하는 개방적 질문이다. 이 같은 질문법은 그 질문들이 상담자의 이해를 증진시키기보다는 오히려 내담자의 이해를 돕는데 있다.

개방적 질문은 "당신의 부모님과 잘 지내고 있습니까?"가 아니라 "당신의 부모와 당신의 관계에 관해서 좀 더 설명해 주실까요?"라고 말하는 것이다. "어떻게" 혹은 "무엇"이란 말로 시작하는 질문들은 긴 설명을 동반하는 반응들을 끌어내는 경향이 있다. 그 효과는 "-입니까?" 혹은 "-합니까?"로 시작하는 질문들과는 다르다.

탐색적 질문의 요령은 "예"나 "아니요"로 대답할 수 없는 개방적 질문으로 물어야 하며, 정보보다는 오히려 내담자가 말한바 그것에서 감정들을 끌어내는 질문을 해야 하고, 상담자를 위한 정보보다는 오히려 내담자로 하여금 명료성에 이르게 하는 질문을 해야 한다. 보다 깊은 이해를 위한 질문법으로는 구체적인 대상이나 내용이 생략된 채 표현된 진술 중 그 생략된 대상이나 내용에 내담자의 이해나 문제해결에 중요한 단서가 될 때가 있는데, 이때 상담자는 그 생략된 대상이나 내용에 대하여 질문을 해야 한다. "나는 무서워요."라고 내담자가 말했다면 누가 무서운지, 얼마나 무서운지, 왜 무서운지, 언제 무서운지, 어디에서 무서웠는지 등이 생략되어 있기 때문에 상담자는 "누가 무섭다는 말인가요?"하고 생략된 부분에 대하여 질문을 할 수 있어야 한다.

④ 안심화

넓은 의미에서 지지를 보장해 주는 것으로, 내담자의 현재 신념체계에 상담을 맞추어주고 내담자의 의견에 동조해줌으로써 불안을 감소시키고 불안정감을 감소시키는 기법이다. 내담자의 언어화에 대하여 시인해 주고 숙지해 주는 방법과 상담 장면 이외에서의 활동을 예견하거나 추후 기술하는 방법이다.

⑤ 공감적 반응

공감은 내담자가 경험한 정서를 같이 경험함을 의미하며 동감이나 동정과는 다르다. 상담자는 내담자의 감정을 그의 입장에서 이해하고 느낄 뿐 아니라 이해하고 느낀 감정을 내담자에게 말로 표현해서 전달해 주어야 한다.

⑥ 반영

내담자에 의해서 표현된 기본적인 태도, 주요 감정을 새로운 용어로 정리해 주는 기법이다. 내담자의 말을 그대로 되풀이하거나 그 내용을 반영하는 것이 아니라 그 밑바탕에 흐르고 있는 감정을 파악하는 것이 중요하다. 그렇기 때문에 반영은 앞에서 다룬 공감반응과 거의 유사하거나 동일한 것이다. 반영을 사용하는 주요 목적은 상담자의 경험을 이해하고 그리고 내담자 세계를 보고 있는 그 방식으로 상담자가 내담자의 세계를 지각하려고 애쓰는 것을 내담자에게 말하려는 것이다.

⑦ 명료화

내담자의 말속에 포함되어 있는 불분명한 측면을 분명하게 밝히는 반응이다. 즉 내담자의 실제반응에서 나타난 감정, 생각 등에 암시되었거나 포함된 의미를 명확하게 부각시켜서 말해주는 것이다. 명료화는 내담자가 애매하게만 느끼던 자료나 의미를 상담자가 밝혀준다는 점에서 내담자의 자기이해를 촉진해 주는 기법으로 볼 수 있다.

이 명료화는 앞에서 말한 반영기법과 비슷한 것 같으면서도 차이가 있다. 반영은 상대방의 말의 요점을 다시 확인시켜 주는 반응으로 내담자의 말을 반복해주는 것이나, 명료화는 그대로 재확인하여 주기보다는 내담자가 말한 의미(요점)를 분명하게 부각시켜 준다는 점에서 차이가 있다. 두 기법간의 공통점은 둘 다 내담자가 말한 것에다 첨삭을 가하지 않는다는 점이다.

⑧ 구조화

상담자의 편에서 면담진행의 성질, 조건, 제한점, 목적들을 제시하는 것이다. 즉 내담자에게 상담의 방향이나 전체적 형태를 제공하는 것이다. 예를 들면 시간, 행동, 역할 등의 제한 범위를 분명히 함으로써 효과적인 상담을 수행하는 방법이다.

⑨ 연결·요약적 반응

한 주제를 끝내거나 면담이 끝날 때 사용되는 것으로, 이미 언급된 사항들을 함께 묶어 요약해 주거나 다음에 만날 약속을 정하는 것 등이 포함된다.

⑩ 직면

내담자가 의식할 수 있고 살필 수 있는 것을 지적해 주고 그것이 내담자 자신의 문제와 어떻게 관련되는지를 생각해 보도록 하는 작업이다. 자기표현 훈련이나 역할연습도 직면의 한 방편이라고 하겠다.

⑪ 해석

내담자가 겉으로 나타내는 문제가 내부적 정신작용에 관련되어 있는데도 이를 의식하지 못하거나 깨닫지 못할 때 그 관련성을 설명해서 이해시키는 방식이다. 그 주요 목표는 내담자로 하여금 그들의 생활 속의 사건들을 그들 스스로가 해석하도록 가르치는데 있기 때문에 내담자가 자신의 문제와 갈등의 근원과 적용의 문제성은 부분적으로 이해하고 있고 자신의 참모습을 직면할 만큼 준비가 되어 있을 때라야 효과적으로 받아들여지고 통찰과 이해를 증진시킨다.

한 번에 여러 가지를 해석한다 해도 별효과를 못 보게 된다. 해석은 반영과도 밀접한 관련이 있는데, 그 중요한 차이란 해석은 내담자의 기본적 메시지에 상담자의 의미들을 첨가하는 것이다. 해석의 유용성에 관한 최종결정은 그것이 내담자로 하여금 자기 자신이나 혹은 자신의 문제를 좀 더 분명하게 이해하도록 돕는 것인가 아닌가, 그리고서 이 이해가 그에게 보다 효과적으로 행동하도록 촉발되느냐에 달려 있다.

4) 상담의 과정

상담이 시작되면서 끝나는 단계에 이르는 모든 과정은 상담자, 내담자, 문제의 특성, 상황 등에 따라 각각 다른 모습을 가지고 있다. 상담은 상담자와 내담자의 만남에서부터 시작하여 여러 번의 면접을 통해 종료되는 하나의 과정이다. 상담은 단순한 대화가 아니라 도움을 필요로 하는 내담자가 전문적 훈련을 받은 상담자와 대면하여 내담자의 문제를 해결하여 도와주는 학습과정이다. 상담관계를 원만히 이끌어가기 위해서는 상담자는 내담자와 래포(Rapport)를 형성하여 서로 신뢰하는 편안한 상태에서 인생문제, 학습문제, 정서문제, 이성문제, 진로문제 등의 당면한 문제들을 이야기할 수 있어야 한다.

상담이 진행되는 과정에 대하여 학자들마다 견해가 다른데, 대표적인 비지시적 상담이론가로서 칼 로저스(C. Rogers)는 상담과정을 다음 12단계로 구분하고 있다.

① 내담자가 상담자에게 도움을 청한다.
② 상담이라는 상황을 정의한다.
③ 상담자는 내담자가 문제에 관한 감정을 자유롭게 표현하도록 북돋아 준다.
④ 상담자는 표출되는 부정적 감정을 받아들이고 정리해준다.
⑤ 부정적 감정을 온전히 표현할 수 있게 된 후에는 미약하고 잠정적이기는 하지만 성격형성에 보탬이 되는 긍정적 감정과 충동이 나타나게 된다.
⑥ 상담자는 내담자의 부정적 감정을 받아들인 것과 마찬가지로 긍정적 감정을 인정하고 받아들인다.
⑦ 부정적 감정과 긍정적 감정을 경험하면 자기이해와 자기수용, 즉 통찰이 나타난다. 내담자는 감정으로 인해 바르게 볼 수 없었던 현실 내지 진실을 볼 수 있게 된다.
⑧ 통찰과 뒤섞여서 여러 가지 의사결정을 할 수 있는 길이 선명하게 보이게 된다.
⑨ 내담자는 긍정적 행동을 취하게 된다.
⑩ 보다 깊은 통찰과 성장이 이루어진다.
⑪ 내담자는 보다 통정된 긍정적 행동을 점점 더 많이 하게 된다.
⑫ 이제 도움을 받을 필요를 덜 느끼게 되고 내담자는 치료관계를 종결해야 하겠다는 생각을 하기에 이른다.

5) 주요 상담이론

■ 정의적 영역을 중심으로 한 이론

① 프로이트(Sigmund Freud)의 정신분석이론의 근저에는 모든 심리적 문제는 선행하는 심리적인 사건이나 현상에 의해 결정된다는 심리적 결정주의라는 전제가 있다. 또한 인간의 의식이란 심리적인 과정의 일반적인 특징이라기보다는 오히려 예외적인 것이며, 인간은 살려고

하는 삶의 본능인 리비도(libido)에 의해서만 지배되는 것이 아니라, 파괴하고 죽이려는 죽음의 본능인 타나토스(thanatos)에 의해서도 마찬가지로 지배된다는 가정이 깔려 있다. 정신분석은 내담자가 자기 자신의 유아성욕의 발달과정과 현실에 대처하는 적응기제 내지 방어기제에 대해 바르게 이해하도록 하여 자신의 심리적인 문제를 현실적으로 해결할 수 있도록 하는 것을 목적으로 하고 있다.

② 로저스(Carl Rogers)에 의하면 인간은 여러 가지 경험을 통해서 자기 자신이 되려고 노력하고 있는 존재이다. 현실과의 경험 속에서 심리적인 기능을 충분하게 발휘하는 사람은 삶의 여러 자료들을 왜곡하지 않고 지각하며 자아 속에 통합하게 된다. 이와 같은 기능을 충분히 발휘하는 사람은 경험에 대해 개방적이며, 순간순간에 만족하며 살고, 자신의 판단과 선택을 신뢰하고 다른 사람의 인정이나 불인정에 별로 의존하지 않는다. 로저스의 인간중심이론에서 상담은 만족스럽게 또는 충분한 기능을 발휘할 수 있는 자아실현인이 되도록 하는 것을 목적으로 한다.

■ 행동적 영역을 중심으로 한 이론

① 월페(Josep Wolpe)에 의하면 모든 신경증적인 반응은 그것과 대립되거나 또는 양립될 수 없는 다른 강력한 반응에 의해서 제지될 수 있다. 신경증적 반응을 제지할 수 있는 반응은 음식을 먹는 것만이 아니라 주장적 행동, 이완반응, 성적(性的) 반응 등 다양한 행동이 있다. 월페의 상호제지이론에서 상담의 목적은 신경증적인 행동을 이와 양립할 수 없는 적응적인 행동을 통해서 제지하는 것이다.

② 행동적 상담이론에서는 특정한 행동을 하게 될 확률을 증가시키는 것은 그 행동에 대해서 환경적으로 주어지는 자극이라고 본다. 인간의 행동을 지배하는 것은 무의식적인 동기나 자아개념 등과 같이 인간 속에 내재하는 어떤 것이 아니라, 오히려 행동 자체가 어떠한 결과를 초래하는가 하는 행동의 귀결이다. 크룸볼츠(John D. Krumboltz) · 소레슨(Thoresen) · 호스포드(Hosford) · 반두라(A. Bandura) 등

에 의해 발전된 행동적 상담에서는 강화(强化)·벌(罰)·소거(消去) 등의 전략을 동원하여 부적응 행동을 약화시키고 적응행동을 증가시키는 것을 목적으로 한다.

■ 인지적 영역을 중심으로 한 이론

① 합리적 정의이론을 주창한 엘리스(Albert Ellis)에 의하면 비합리적인 상념들은 부모에게서 배우고 사회기관들에 의해 계속 강화되며, 결국 사람들의 정서적 장애를 유발하게 된다. 상담의 역할은 내담자에게 심리적인 문제가 왜곡된 지각과 비합리적인 생각으로 인해서 생긴다는 점을 보여주고, 이러한 지각과 생각을 합리적이고 현실적이며 또한 논리적이고 융통성 있는 상념으로 재조직하도록 내담자를 교육하는 것이다.

② 켈리(George Kelly)가 주창한 개인구념이론(個人構念理論)에 의하면, 아동이 문제행동을 되풀이하거나 사람들이 심리적 장애를 지니고 있다는 것은 그 개인이 지니고 있는 구념이 현실의 세계에서 적용될 수 없는 것임에도 불구하고 그 구념을 되풀이하여 사용한다는 것이다. 현실적으로 효과 있는 구념을 적용할수록 그만큼 심리적 기능이 잘 발휘되고 있다고 말할 수 있다. 상담은 삶의 여러 현상에 관해 개인이 지니고 있는 구념의 체계를 문제해결에 적합하도록 재구념화 하는 과정이다.

제9장
학사업무 관리의 이해

1. 출결관리
2. 학적관리
3. 조기진급·졸업제
4. 합법유학 및 유학인정
5. 불법유학 후 귀국학생
6. 생활기록부 작성요령
7. 문서관리 및 전자시스템

1. 출결관리

1) 수업일수

현재 학교수업과 관련된 제반사항은 〈교육기본법〉(법률 제4474호)과 〈교육법시행령〉(대통령령 제13623호)에 규정되어 있다. 수업일수는 초등학교·중학교·고등학교·기술학교·고등기술학교·특수학교는 220일 이상, 공민학교·고등공민학교는 170일 이상, 대학·사범대학·교육대학·전문대학은 매 학년 32주 이상(매학기 16주 이상)으로 되어 있다. 그리고 천재지변 등 부득이한 사유로 수업일수를 충당할 수 없는 경우에는 학교장의 신청에 의해 감독청이 30일 이내(대학·사범대학·교육대학·전문대학은 2주 이내)에서 수업일수를 단축할 수 있다.

학기의 구분은 3월 1일부터 8월 31일까지를 1학기로, 9월 1일부터 다음해 2월말까지를 2학기로 하고, 대학에서는 필요한 경우 학칙이 정하는 바에 따라 계절 학기를 따로 개설할 수 있다. 수업연한은 초등학교 6년, 중학교 3년, 고등학교 3년, 대학은 4년 또는 6년이다. 또한 수업료에 대한 규정은 의무교육기간에 해당하는 초등학교의 경우는 수업료를 징수할 수 없도록 하고 있으며, 그 밖의 경우는 교육부령에 따르고 있다.

① 수업일수는 〈초·중등교육법시행령〉 제45조의 규정에 의하여 학교장이 정한 학년별 학생이 연간 총 출석해야 할 일수를 말한다.

② 전출·휴학·면제·유예·제적·자퇴·퇴(유)학일까지를 수업일수에 삽입한다.

③ 전출·휴학·면제·유예·제적·자퇴·퇴(유)학일과 재입·편입·전입·복학일이 동일한 경우는 재입·편입·전입·복학일만 수업일수로 산정한다.

④ 재입·편입·전입·복학생의 수업일수는 원적교의 수업일수와 합산하되, 중복되는 재학기간의 수업일수는 제외한다.

⑤ 재입·편입·전입·복학생의 수업일수는 다른 학생의 수업일수와 같지 않을 수 있으나, 그 수업일수가 당해 학교 당해 학년 수업일수의 3분

의 2 미만이 될 경우에는 당해 학년도 재입·편입·전입·복학이 불가능하다.(〈초·중등교육법시행령〉 제50조 제2항)

2) 결석

- 결석일수의 산정

① 교칙에 의거, 출석하여야 할 날짜에 출석하지 않았을 때에는 결석으로 처리한다.

② 재입·편입·전입·복학생의 결석일수는 원적교의 결석일수와 합산하되, 중복되는 재학기간의 결석일수는 제외한다.

- 출석처리

① 천재지변, 법정 전염병 등 불가항력의 사유로 인하여 출석하지 못한 경우

② 병역관계 등 공적 의무 또는 공권력의 행사로 인하여 출석하지 못한 경우

③ 학교장의 허가를 받아 학교를 대표한 경기, 경연대회 참가, 현장실습, 훈련참가, 교환학습, 현장(체험)학습, 대학진학관련 면접·소집에 참가, 교육활동 중 교통사고 등으로 인하여 출석하지 못한 경우

④ 〈초·중등교육법시행령〉 제31조(학생의 징계 등) 제1항의 규정에 의한 학교 내의 봉사, 사회봉사, 특별교육 이수기간

⑤ 경조사로 인하여 출석하지 못한 경우(〈국가공무원복무규정〉 제20조 제1항 별표2를 근거로 함) * 원격지일 경우 실제 필요한 왕복 소요일수를 학교장의 결재를 받아 가산할 수 있음.

⑥ 여학생의 생리로 인하여 출석하지 못한 경우 : 인정기간 및 회수·생리결석 인정방법 및 증빙서류는 다음과 같다. 출석인정 기간은 월 1일(지각, 조퇴, 결과를 합산해 3회를 출석인정 1일과 동일하게 간주)로 하며, 월 1일 초과 시 생리결석은 일반 출석규정대로 처리한다. 생리결석 확인은 다음과 같이 한다. 시험기간 중 출석인정은 의사의 소견서와 결석원을 첨부하여 학교장의 결재를 받는다. 시험기간 이외의

출석인정은 보호자 의견서나 담임 또는 보건교사의 확인서를 첨부하여 학교장의 결재를 받는다. 생리로 인하여 지필평가 및 수행평가에 참여하지 못한 학생(결시생)의 성적처리는 학업성적관리규정에 의거하여 처리한다.

⑦ 기타 부득이한 사유로 학교장의 허가를 받아 결석하는 경우

참고자료 28 출석으로 인정하는 경조사 대상과 일수

구분	대상	일수
결혼	형제, 자매, 삼촌, 외삼촌, 고모, 이모	1
회갑	부모 및 부모의 직계존속	1
	부모의 형제·자매 및 그의 배우자	
	형제·자매 및 그의 배우자	
사망	부모 및 부모의 직계존속	7
	부모의 조부모·외조부모·증조부모·외증조부모	5
	부모의 형제·자매 및 그의 배우자	3
	형제·자매 및 그의 배우자	
	조부모·외조부모의 형제·자매 및 그의 배우자	
탈상	부모 및 부모의 직계존속	2
	형제·자매 및 그의 배우자	1
	부모의 형제·자매 및 그의 배우자	

• 질병 결석

① 결석한 날부터 3일 이내에 의사의 진단서를 첨부하여 결석계를 제출한 경우

② 부득이한 사정으로 결석한 날부터 3일 이내에 의사의 진단서 또는 의견서를 첨부하지 못했으나, 병으로 인한 결석임을 증명할 수 있는 증빙자료(담임교사의 확인의견서 등)를 첨부한 결석계를 3일 이내에 제출하여 학교장의 승인을 받은 경우

- 사고 결석

① 무단으로 결석한 경우(태만, 가출, 고의적인 출석 거부, 범법 행위로 관련기관에 연행 및 도피 등)

② 결석계를 제출하더라도 위 질병 결석과 아래 기타 결석과 같은 사유가 아닌 결석

③ 〈초·중등교육법시행령〉 제31조(학생의 징계 등) 제5항의 가정학습 기간

- 기타 결석

① 학교장이 인정하는 부모 및 가족 봉양, 가족 병간호, 가사 조력, 부득이한 개인사정 또는 공납금 미납으로 출석하지 못하는 경우

② 질병 결석, 사고 결석과 같은 사유가 아닌 결석

3) 지각·조퇴·결과

① 지각은 소정의 등교시간에 출석하지 않는 경우, 조퇴는 소정의 하교시간 이전에 하교하는 경우, 결과는 소정의 교과 수업시간에 출석하지 않는 경우

② 위 결석의 출석인정처리 각 항에 해당되는 사유로 인한 지각, 조퇴, 결과는 각각의 횟수에 포함하지 않는다.

③ 지각, 조퇴, 결과 중 질병 결석의 각 항에 해당되는 사유로 인한 것은 질병으로, 사고결석의 사유로 인한 것은 사고로, 기타 결석의 각 항에 해당되는 사유로 인한 것은 기타로 각각 처리한다.

④ 같은 날짜에 지각, 조퇴, 결과가 발생된 경우에는 학교장이 판단하여 어느 한 가지 경우로만 처리한다.

⑤ 같은 날짜에 결과가 1회 이상이라도 1회로 처리한다.

⑥ 재입·편입·전입·복학생의 지각, 조퇴, 결과 횟수는 원적교의 각 횟수를 합산하되, 중복되는 재학기간의 각 횟수는 제외한다.

4) 기타

① 조퇴나 외출을 해야 할 학생에게는 그 사유가 불가피하다고 인정될 때 담임은 허가증을 발급해야 한다.

② 제적자의 난에는 제적된 날짜에 그 제적 사유를 주서(朱書)하고, 그 날짜 후부터는 두 줄의 주선(朱線)을 그어 말소한다. 전입 및 복학자는 퇴학자 난에 입적시킬 것이 아니라 끝번 다음부터 차례로 번호를 부여하고 그 날짜에 전입·복학 구분하여 기재하고 그 전란은 흑선으로 말소한다.

③ 담임은 매일 매교시의 기재 누락 여부를 검사 보완하고 정정자는 반드시 정정 날인해야 한다.

④ 담임은 병결로 처리한 결석계를 일건 서류와 함께 교무부 출결담당자에게 제출하여 교무부에 보관한다.

⑤ 담임은 토요일 주말통계, 누계, 월말통계를 정확히 기재하고 월 1회 결재를 받도록 하고 학생생활기록부에는 아래와 같이 정리한다. 특기사항란에는 개근인 경우에는 '개근'이라고 기입하고, 질병, 사고 등으로 인한 장기결석, 기타 결석의 사유를 기입한다.

참고자료 29 학생생활기록부 기록의 예

학년	수업일수	결석일수			지각			조퇴			결과			특기사항
		질병	사고	기타	질병	사고	기타	질병	사고	기타	질병	사고	기타	
1														개근
2		20			2									척추수술(10일), 몸살(10일)
3				1							1			부모간병

2. 학적관리

1) 편입학의 개념과 요건

편입학의 개념은 면제, 유예, 제적, 자퇴, 퇴학, 유학한 자가 당시 재학 학년 이하의 학년으로 다른 학교에 다시 입학함을 의미한다. 편입학의 요건은 다음과 같다.

① 편입학할 수 있는 자는 편입학하고자 하는 학년의 전(前)학년까지의 과정을 수료한 자 및 이와 동등 이상의 학력이 있다고 인정되는 자이어야 하고, 퇴학한 자가 재입학할 수 있는 학년은 퇴학 당시 학년의 이하 학년에 한한다.(〈초·중등교육법시행령〉 제74조)

② 중퇴자는 원칙적으로 원적교에 재입학하도록 한다.

③ 원적교에 중퇴자의 재입학이 어려울 경우, 학교장 간의 협의에 의하여 타교로 편입학할 수 있다.

④ 학교장 간의 협의에 의한 타교 편입학이 안 될 때는 교육감이 편입학할 학교를 지정하여 배정할 수 있다.

⑤ 재·편입학의 시기는 교육과정 이수에 지장이 없는 범위(수업일수 2/3 이상 출석) 안에서 수시로 허용할 수 있다.

⑥ 자퇴·퇴학한 학생 중 원적교가 아닌 타 학교로의 편입학을 희망하는 경우 자퇴·퇴학한 학년도와 동일 학년도에는 편입학이 불가하다.

⑦ 학생의 교육환경을 바꾸어 줄 필요가 있는 경우에는 학교장 간의 협의에 의하여 동일지역 타교로 전학할 수 있으며, 학교장 간의 협의에 의한 동일지역 타교 전학이 안 될때는 교육감이 전학할 학교를 지정하여 배정할 수 있다.

⑧ 외국에서 귀국한 학생, 외국인 학생 또는 〈북한이탈주민의 보호 및 정착지원에 관한 법률〉 제2조 제2호의 규정에 의한 북한이탈주민의 자녀는 '귀국자입학업무처리요령 및 유의사항'에 준하여 학칙이 정하는 바에 따라 입학·전학 또는 편입학을 허용한다.

⑨ 전 가족이 이전한 후 구비서류를 완비하여 전입학을 신청하면 학교장

은 학칙에 의거 결격사유가 없는 한 전입학을 허가해야 하며, 학생의 성적부진이나 전 재적교의 결석 등 생활지도상의 문제를 이유로 전입학을 불허할 수 없다.

2) 전·편입학 및 재입학 허용범위

다음 각 항에 해당하는 자는 정원 외로 전·편·재입학을 허용하되 아래 모든 항의 총합이 정원의 5%를 넘지 못한다.(정원 외 허용범위 : 〈초·중등교육법시행령〉 제51조, 제82조)

① 유급생 : 대상자 전원

② 재입학 또는 편입학하는 자 : 대상자 전원(단, 재입학자는 정원 외 허용범위 5%를 넘더라도 재입학을 허용할 수 있으나, 정원 내 정원에 결원이 생기면 즉시 정원 내로 전환 관리함. 중등교육과-3947, 2006.3.6.)

③ 수몰지구 주민자녀(〈초·중등교육법시행령〉 제51조 제5항) : 대상자 전원

④ 야간부 고등학교 휴학자, 자퇴자, 중도탈락자 중, 야간부고교 폐교로 재입학할 수 없는 자 : 대상자 전원

⑤ 교육환경전환대상자(〈초·중등교육법시행령〉 제73조 제5항, 제89조 제5항) : 해당 학년 정원의 3% 이내

⑥ 〈초·중등교육법시행령〉 제82조 제3항 제2호 및 제3호 해당자(특례귀국자) : 해당 학년 정원의 2% 이내

⑦ 일반귀국자 : 특례귀국자 인원을 포함하여 해당 학년 정원의 3% 이내

⑧ 〈국가유공자 등 예우 및 지원에 관한 법률〉에 의한 국가유공자의 자녀 중 교육보호대상자(〈초·중등교육법시행령〉 제51조 제4항) : 해당 학년 정원의 3% 이내

⑨ 북한이탈주민의 자녀(〈초·중등교육법시행령〉 제75조, 제82조) : 해당 학년 정원의 2% 이내

⑩ 타 시·도 전입자 및 군인자녀(〈초·중등교육법시행령〉 제51조 제5항) : 해당 학년 정원의 3% 이내

3) 편입학 절차

① 입학신청자는 입학 희망학교로 해당학기 시작 20일 전까지 '학년결정 입학신청서'와 '학교 외 학습경험' 증빙자료를 제출한다.

② '학교 외 학습경험' 증빙자료는 재학(제적·자퇴)증명서, 이수(수료)증서 등을 활용한다.

③ 신청서를 접수한 학교에서는 '교과목별이수인정평가위원회'에서 '학교 외 학습경험'을 심의한다.

④ '교과목별이수인정평가위원회'에서는 입학신청자에게 '교과목별이수인정평가'를 실시한다.

⑤ '교과목별이수인정평가'에 따라 학교장은 '입학허가여부'를 결정하여 학기시작 후 20일 이내에 입학신청자에게 통보한다.

⑥ 고등학교 학년결정 입학절차에 따라 '학년을 정하여 입학'한 경우 해당학생의 학적은 편입학으로 간주하여 처리한다.

4) 편입학 자격 심의기준

① 허용범위는 해당학년의 정원범위 내에서 허용한다. 다만, 학년결정 입학신청일 당시 존재하던 결원이 고등학교 학년결정 입학허용 이전에 전입학 등으로 충원된 경우 정원 외 2% 범위 내에서 허용할 수 있다.

② 전·편입학이 상호 허용되는 학교(〈초·중등교육법시행령〉 제89조 제1항)에 재학 중인 학생은 적용대상에서 제외한다.

③ 고등학교 학력인정 교육시설에서 2학기(1년)에 해당하는 기간 동안 학습 시 고등학교 2학년 편입학 대상에 해당하는 '학교 외 학습경험'으로 인정한다.

④ 국내의 비정규 교육시설에서 학습학기 평균 13주 이상이며, 주 평균 20시수 이상에 해당하는 과정에서 학습 시 동일 기간에 해당하는 '학교 외 학습경험'으로 인정한다.(미만인 경우는 해당 주, 시수를 합산하여 심의 가능)

⑤ 해당학교의 '교과목별이수인정평가위원회'에서는 '교과목별 이수인정

평가'의 과락기준 및 불합격기준을 신청서 접수 이전에 결정하여 안내하여야 한다.

5) 교과목별 이수인정평가 실시기준

① '교과목별 이수인정평가' 실시방법과 내용은 해당학교의 규정에 따라 실시한다.
② 지필평가 내용과 범위 및 난이도는 입학신청 학년 직전 학기 해당학교 정기고사에 준한다.
③ '교과목별 이수인정평가'에서 합격여부 등의 업무처리규정은 단위학교의 학칙으로 정한다.
④ 고등학교별 학년결정 입학가능 학생수(특정일 기준) 등 입학신청자에 대한 사전 안내사항은 학교홈페이지에 게재한다.
⑤ 문제지, 답안지 등 근거자료를 해당 학생 졸업 후 1년 이상 보관한다.

6) 전입학 허용기간

① 동일계열의 경우 : 일반고간, 특성화고(전문계고)간, 예·체능고간은 3학년 1학기 6월 25일까지(당해 학교 1학기 기말고사 실시 전)
② 계열이 달라지는 경우(대안교육 실시 고에서 타 학교로의 전입학 포함) : 2학년 1학기 6월 25일까지(당해 학교 1학기 기말고사 실시 전)
③ 전입학은 교육과정 이수에 지장이 없는 경우에 한하여 위 기한 내에 허용할 수 있다.

7) 제출서류

기본 서류는 다음과 같다.

① 재학증명서(전·편입학용, 배정 전일로부터 1주일 이내) 1부
② 주민등록등본 2부(친권자 포함한 전가족 등재분)
③ 전가족 거주이전 전출학교장 확인서 1부

〈초·중등교육법시행령〉 제82조 제3항 제2호 및 제3호 해당자 중에 해외 교포 및 외교관의 자녀는 다음 서류를 추가로 제출한다.

① 재학기간을 명시한 외국학교 전학년 재학증명서 및 성적증명서 각 1부
② 국내 최종학교 재학(졸업)증명서 1부
③ 여권사본 또는 출입국 사실 증명서 1부
④ 전 가족 주민등록등본 1부
⑤ 외국체류기간 및 거주확인서 1부

8) 기타

제출서류에 오류가 발생되는 경우에는 본인에게 수정·보완토록 통보하고, 이를 이행하지 않을 때는 전·편입학을 보류 또는 취소할 수 있다. 전입생을 접수 받은 학교장은 접수된 전입생의 학력조회 등 결격사유 유무를 즉시 확인해야 하며, 결격사유가 발생하면 전·편입학을 취소할 수 있고, 결격사유가 발생하여 전·편입학을 취소할 경우 재적학교와 학부모에게 즉시 이를 통보하여야 한다.

3. 조기진급·졸업제

1) 기본 방침

① 초·중등학교에서 지적·학문적 분야에서 재능이 뛰어난 특수재능아를 발굴, 그들이 잠재능력을 최대한 계발할 수 있도록 한다.
② 교과목별 조기이수 대상자 판별의 타당성과 신뢰성을 확보한다.
③ 교과목별 이수인정 평가의 타당성, 공정성, 신뢰성을 확보한다.
④ 특수재능과 인성을 모두 고려하여 전인적 발달에 힘쓴다.
⑤ 특수재능교육 전담부서를 설치하여 효과적으로 업무를 추진한다.

2) 조기진급·졸업·입학(〈초·중등교육법〉 제27조)

- 조기진급 : 교과목별 조기이수에 의한 각급 학교의 진급에 필요한 소정의 교육과정을 이수하고 조기진급을 하고자 하는 경우

① 초등학교에서는 1학년에서 3학년으로, 2학년에서 4학년으로, 3학년에서 5학년으로, 4학년에서 6학년으로 진급할 수 있다. 단, 적용 학년은 학교의 여건과 실정에 따라 학교장이 결정한다.

② 중학교 또는 고등학교에서는 동일 학교급 내에서 1학년에서 3학년으로 진급할 수 있다.

- 조기졸업 및 상급학교 조기입학

① 본 지침에서 조기졸업은 초등학교 5학년과 중학교 또는 고등학교 2학년에서 교과목별 조기이수에 의하여 졸업에 필요한 소정의 교육과정을 모두 이수하고 졸업하는 경우만을 의미한다.

② 초등학교 5학년에서 교과목별 조기이수에 의하여 졸업에 필요한 소정의 교육과정을 모두 이수한 자는 조기졸업을 할 수 있으며, 차상급 학교로 조기입학을 할 수 있다.

③ 중학교 또는 고등학교 동일 학교급 내 2학년에서 교과목별 조기이수에 의하여 졸업에 필요한 소정의 교육과정을 모두 이수한 자는 조기졸업을 할 수 있으며, 각각 차상급 학교로 조기입학을 할 수 있다.

3) 선정절차와 기준

- 선정절차

① 학생과 학부모의 신청에 의한(또는 학생과 학부모의 동의 후) 학급담임 교사의 추천

② 개인 지능검사 등 각종 검사 실시 결과

③ 학교장이 정하는 교과목의 학업성취도 평가(정기고사 성적 활용 가능)

④ 학교장은 교과목의 학업성취도를 고려할 경우 모든 교과목 또는 필요한 일부 교과목의 학업성취도를 고려할 수 있다. 단, 일부 교과목의

학업성취도를 고려할 경우에는 초등학교에서는 국어, 수학, 과학(초등학교 1, 2학년은 국어, 수학, 슬기로운 생활) 교과목을, 중등학교에서는 국어, 수학, 과학, 영어 교과목을 포함시켜야 한다.

⑤ 학교장은 학업성취도와 개인 지능검사 결과와 함께 적성 검사, 창의성 검사, 흥미 검사, 학습습관 검사 등의 결과를 고려할 수 있다.

• 선정기준

초등학교 1, 2학년의 경우 : 심신발달과 건강상태가 양호하고, 사회 적응력이 양호하며, 창의적 문제해결력 검사(국어, 수학, 과학탐구)에서 우수한 능력을 발휘하는 자로서 언어능력, 수리능력, 조작능력이 뛰어나 조기진급 대상자로 적합하다고 판단되는 자.

- 초등학교 3학년 이상의 경우

① 심신발달과 건강상태가 양호하고, 정서가 안정되고 사회 적응력이 양호하며, 창의적 문제해결력 검사(국어, 수학, 과학)에서 우수한 재능을 발휘하는 자

② 수학, 과학, 예·체능 각 분야에서 특별히 우수한 재능을 보이고 전 교과의 학업성취도가 우수한 자로서, 교육부 또는 서울특별시교육청에서 시행한 경시·경연대회 입상자, 공인된 전국규모의 경시·경연대회 입상자 등

③ 학교장이 조기진급 또는 조기졸업자로 적합하다고 판단한 자

- 중등학교의 경우

① 심신발달 및 건강상태가 양호하고, 정서가 안정되고 사회 적응력이 양호하며, 창의적 문제해결력 검사(국어, 수학, 과학)에서 우수한 재능을 발휘하는 자

② 국어, 수학, 과학, 영어교과의 학업성취도가 '수'이거나 수학, 과학, 외국어, 예·체능 각 분야에서 특별히 우수한 재능을 보이고 전 교과의 학업성취도가 '우'이상인 자로서, 교육부 또는 서울특별시교육청에서

시행한 경시·경연대회 입상자, 공인된 전국규모의 경시·경연대회 입상자 등

③ 학교장이 조기진급 또는 조기졸업자로 적합하다고 판단한 자

• 환원조치

① 조기진급 후에 부적응 현상이 심각한 경우에 학교장은 학생 본인과 보호자의 원에 의하거나 동의를 받아 학년 초 60일 이내에 환원 조치하고, 환원 조치 후 7일 이내에 보고한다.

② 학교장은 환원 조치 이전에 학급담임 및 교과교사, 학생본인, 보호자와 상담하고 부장교사회의 자문을 받는다.

4. 합법유학 및 유학인정

1) 합법유학(국외유학에 관한 규정)

• 초·중학교 학생

① 전공분야 특기생으로 학교장 추천에 의해 교육장이 유학을 인정한 예·체능계 중학생

② 외국정부, 공공단체 또는 장학단체의 장학생으로 선발되어 국제교육진흥원장의 허가를 받아 조기유학을 하는 초·중학생

• 중학교 졸업 동등 이상의 학생

국비유학생 선발에 의하거나 자비에 의해 유학하는 경우

• 정당한 유학으로 인정되는 경우

이민, 공무원 및 상사주재원으로 해외파견, 부모의 해외취업 등에 의해 전 가족이 외국으로 출국하여 합법체류하며 해당국가 정규학교에 재학하다가 귀국한 경우(단, 초·중학생으로 위의 경우 외의 유학이거나, 위의 경우에 해당되어도 그 기간이 6개월 이하인 경우는 불법유학이다.)

- 유학 시 학적처리(〈초·중등교육법시행령〉 제28조)

① 의무교육대상자인 중3 졸업 이전의 학생 : 해외출국 및 체류신고 후 취학의무 면제처리

② 고교재학 이상의 학생 : 해당학교 자퇴처리(불법유학 시 학적처리는 무단결석으로 처리하다가 결석개시 후 3개월 경과 시까지 해당 학생이 학교에 출석하지 않는 경우 학적을 정원에서 제외하여 별도로 관리한다. 정원 외 학적 관리)

2) 유학 후 귀국학생 처리(〈초·중등교육법시행령〉 제29조, 제75조, 제92조)

- 합법유학 후 정규학교의 교육과정을 정상 이수하고 귀국한 경우

① 국내외 재학기간(국내외 재학 학교의 전 학년 성적증명서에 의해 판단) 합산에 의해 산정된 학년에 특례 신·편입학

② 해당 학년의 정원 외 별도 정원이 있다(구체적 정원은 해당 학교 학칙에 정한다 : 대개 학년정원의 2-3%).

③ 해당 학년의 교육과정 및 학업성적을 인정하는 것은 아니다.

- 고교재학 이상의 학생으로서 학교자퇴 후 유학하고 귀국한 경우

① 자퇴한 학년 이하의 학년에 재입학 : 재입학일 이후의 자퇴한 학년의 학업성적 및 결석 상황이 소멸되며 재입학하여 수행한 최근의 기록으로 갱신된다.

② 자퇴 학년보다 상급 학년으로 편입학 희망 시 : 해당 학년 정원 내 결원이 있고 학칙이 정하는 바에 의한 편입학 희망 학년의 수학 능력이 있다고 인정(평가)된 경우에 한해 가능, 해당 학년의 교육과정 및 학업성적을 인정하는 것은 아님, 학년 누락에 의한 제반 불이익은 본인이 감수해야 함, 자퇴한 학년의 학업성적 및 결석상황은 그대로 유지

3) 상급학교 특례입학의 기본조건(〈초·중등교육법시행령〉 제82조)

- 합법유학이며 부모와 함께 해당국가에서 2년 이상 합법체류하고 해당

국가 정부가 인정하는 정규학교에서 2년 이상 정규교육과정을 이수한 경우로서 귀국 후 편입학한 학교를 1년 6개월 이내에 졸업하며 상급학교에 입학하는 경우(중학교 1학년에 편입학한 경우는 고입전형 시 특례입학 대상이 아니다. 1년 6개월 기간이 경과되어야 함)

- 신입학하려는 학교 이하의 학교급까지의 전 교육과정을 외국에서 이수한 경우(대입은 초·중·고 1-12학년, 고입은 초·중 1-9학년 전체 교육과정을 외국의 정규학교에서 이수한 경우는 특례신입학 대상이다.)
- 정부초청 및 추천에 의한 과학기술자 및 교수요원 자녀(대입전형에 있어서 특례입학은 위의 기본조건 외 추가로 세부조건을 대학별로 부여하는 경우도 있음, 외국체류 5년 이상을 단서로 하거나, 12학년의 교육과정 중 학년 누락이 없어야 하는 등 대학별 전형요강에 의해 달리 적용할 수 있다-〈고등교육법시행령 제29조〉)
- 학업중단자 수업일수 : 학업중단자(면제·유예·정원 외 학적관리 중인 자)가 취학·재취학을 하거나 귀국학생 등이 편입학을 하는 경우에는 재취학 및 편입학 당시 해당 학년 수업일의 수학가능성을 인정한 것이므로 수업일수가 당해 학년도 수업일수의 3분의 2 이상에 미달하여도 해당 학년 수료에 영향을 받지 아니 한다(〈초·중등교육법시행령〉 제29조, 제75조).

5. 불법유학 후 귀국학생

1) 불법유학 후 귀국학생 학적처리

합법유학을 하였으나 비정규학교에 재학한 경우, 정규학교에 재학하였으나 정규교육과정을 모두 이수하지 않은 경우도 포함된다.

① 정원 외 학적관리된 학년 이하의 학년에 재취학하는 경우 : 정원 외 학적관리된 학년의 학업성적 및 결석상황이 소멸되며 재취학하여 수행한 최근의 기록으로 갱신된다.

② 정원 외 학적관리된 학년보다 상급의 학년에 취학 및 편입학을 희망할 경우 해당학교의 학칙에 의한 수학가능성 평가결과에 의한 학년에 일반취학 및 편입학된다.(해당학년의 정원 내 결원의 범위 내에서 가능, 해당학년의 교육과정 및 학업성적을 인정하는 것은 아님, 학년누락에 의한 제반 불이익은 본인이 감수, 정원 외 학적관리된 학년의 학업성적 및 결석상황은 그대로 유지)

2) 불법유학 학적처리

① 중학교 졸업 이전에 국외의 학교에 수학할 수 있는 경우는 예·체능 특기생으로 추천을 받아 유학하거나 외국학교의 장학생으로 선발되어 국제교육진흥원장의 추천을 받아 유학하는 경우, 이민, 파견근무 등 부득이 전 가족이 해외로 출국하게 되어 유학하는 경우에 한한다.

② 중졸 이전에 불법·부당 유학한 경우에 외국에서의 학력은 해당국가의 학력일 뿐 국내의 학력으로 인정되지 않는다. 재학 중인 초등학교 또는 중학교의 해당 학년에서 무단결석으로 처리되며 결석개시 3개월 후에 학업이 중단되는 학적정리(정원 외 학적관리)가 된다. 이후 귀국하여서는 학업을 중단한 학년에 다시 취학해야 한다.

③ 합법적인 경우(부모 모두와 함께 출국)에는 국내외 재학기간 합산에 의해 편입 학년을 결정하여 편입학 하게 되고, 거기에 2년 이상 체류(부모 모두와 함께 출국)하고 2년 이상 재학하였다면 특례 편입학 및 신입학을 적용한다.

④ 국가가 인정하는 유학이라도 비정규학교에서 수학한 기간이나 정규학교에서 정규교육과정을 모두 이수하지 않은 경우, 또는 불법유학(어학연수 등)한 기간에 대해서는 기본적으로 수학기간을 인정할 수 없으므로, 귀국 후 편입할 학교의 학칙이 정하는 바에 따라 해당 학교의 해당 학년 수학가능성 평가결과에 따라 학교장이 편입할 학년을 결정하게 된다. 따라서 귀국 후 거주지 인근의 편입 희망학교를 직접 방문하여 해당 학교 학칙에 따라 편입학을 허가받아야 한다.

3) 불법유학 및 재취학

① 입학포기원을 내고 불법유학 : 출신 초등학교에서 졸업을 인정했으면 그 졸업은 유효하다. 그러나 학교배정을 받은 후 배정포기원을 내고 불법유학을 했다면 〈초·중등교육법시행령〉 제72조의 "당해 학교에 입학을 포기한 경우에는 당해 연도에 다시 다른 학교에 입학배정을 받지 못한다."의 규정과 동 시행령 제67조의 "중학교의 입학시기는 학년 초부터 30일 이내로 한다."는 규정에 의해 처리해야 한다.

② 6개월 불법유학 후 재취학 : 불법유학 후 정원 외 관리된 학생은 원칙적으로 당해 학년도에 재취학이 불가능하다. 다만 학교장이 재취학을 허가할지라도 〈초·중등교육법시행령〉 제50조에 의해 출석일수 부족으로 진급을 할 수 없다.

6. 생활기록부 작성요령

1) 법적 성격과 작업기준

• 법적인 성격

① 학교생활기록부는 법정 장부로서 반드시 작성해야 하는 문서(〈초·중등교육법시행령〉 제25조)인 동시에, 작성하도록 되어 있는 사항은 반드시 작성해야 하는 강제성이 있다.

② 작성된 결과를 학생에 대한 교수-학습지도자료로 활용됨과 동시에, 학교에서 이루어지고 있는 대부분의 학생활동 결과를 입력하여 학생을 총체적으로 이해하는 자료로서 상급학교의 진학, 취업 등의 자료로도 활용된다.

③ 학교에서 이루어지고 있는 전반적인 학생활동 결과를 작성·보존함으로써 학생의 학적에 대한 증명으로서의 성격을 가진다.

- 활용

① 교과활동, 창의적 체험활동 등 학교생활 전반을 구체적으로 입력하여 학생을 총체적으로 이해하는데 도움이 되도록 작성된 자료이므로, 학생과 학부모를 위한 정보제공, 교사와 카운슬러를 위한 정보제공, 학교행정을 위한 정보제공 등으로 활용된다.

② 교과성적이나 행동발달상황에 대한 정보는 학습성취수준의 파악과 학생의 학습동기유발 및 학습의욕을 고취시키는 자료로 활용된다.

③ 교사는 학생에 대한 충분한 정보를 기초로 수업계획을 세우고, 학습결손을 진단하며, 또 행동발달상의 문제점을 해결하는 자료로 활용된다.

④ 학생의 진급과 졸업을 결정하며, 특기소지자 등을 선정하는데 활용되고, 상급학교 진학시 입학전형자료로 활용된다.

⑤ 다른 학교나 취업할 직장을 위한 학생의 정보를 제공한다.

- 작성의 기준

① 객관성 ; 학생의 정보는 오랜 기간에 걸쳐서 다수의 사람들에 의한 관찰, 누가기록에 의해 작성·활용되기에 입력되는 모든 정보는 객관적 사실에 입각해야 한다.

② 계속성 ; 학생의 성장·발달은 그 자체가 계속적이고 점진적이기에 충실하게 입력해야 한다.

③ 신뢰성 ; 입력되는 정보의 신뢰도를 높이기 위해 측정의 신뢰도, 입력의 정확성을 기해야 한다.

④ 타당성 ; 학생의 학습지도와 생활지도 및 진로지도 등에 유익하게 활용될 수 있도록 타당한 자료를 입력해야 한다.

⑤ 해석가능성 ; 가급적 의미 있고 쉽게 해석할 수 있도록 입력해야 한다.

⑥ 실용성 ; 유용하게 활용될 수 있는 점도 고려해야 한다.

⑦ 포괄성 ; 학습지도, 생활지도, 상담 및 가정통신, 진학, 취업, 유학 등 필요한 각종 증명자료로 제공되므로, 학생에게 관련된 모든 정보를 포괄적으로 입력해야 한다.

2) 기록 및 입력사항

• 인적 사항

① '학생'란에는 성명, 주민등록번호와 입학 당시의 주소를 입력하되, 재학 중 주소가 변경된 경우에는 변경된 주소를 누가 기록한다.(주민등록등본을 제출 받아 정확히 기록한다.)

② '가족사항'란에는 부모의 성명, 생년월일, 직업을 입력하고, '특기사항'란에는 부모 이외의 가족과 가족의 변동사항을 입력한다.

• 학적 사항

① 초등학교의 '입학 전 교육경험'란은 유치원, 어린이집, 학원, 선교원 등의 기관명칭을 입력하고, 괄호 속에는 재적기간을 입력한다.

② 중·고등학교에서는 입학 전 전적학교의 졸업연월일과 학교명을 입력하며, 검정고시 합격자는 합격연월일과 '검정고시 합격'이라고 입력한다.

③ 재학 중 학적변동이 발생한 경우에는 전출교와 전입교에서 각각 학적변동이 발생한 일자, 학교와 학년, 학적변동 내용을 입력하되, 전출·휴학·면제·유예·제적·자퇴·퇴학은 입학(전입) 기록 줄 괄호 속에 입력한다.

④ '특기사항'란에는 학적변동의 사유를 입력한다.

• 신체발달 사항

① 키와 몸무게는 소수 첫째 자리까지 입력한다.

② 체력급수는 체력검사에 의한 판정급수를 입력한다.

③ 특기사항란에는 학생의 신체가 학습활동에 영향을 미치는 특별한 병력이나 기타 신체의 특징이 있을 때 그 사항을 간략하게 입력한다.

④ 키, 몸무게, 체력급수란에는 건강기록부에 기재한 내용을 그대로 입력한다.

⑤ 특기사항란에는 학생의 학습에 영향을 미치는 건강상태, 즉 지체부자유, 심장판막증, 빈혈증, 관절염, 뇌수술 등 학생지도상 참고가 될 만

한 사항을 입력하되, 학생에게 부정적인 영향을 줄 만한 사항은 입력하지 않을 수 있다.

- 수상 경력 사항

① 재학 중 학생이 교내·외에서 수상한 상의 명칭, 등급, 수상연월일, 수여기관명을 입력한다.

② 교외에서 수상한 상의 입력범위는 중앙행정기관과 지방자치단체 및 그 산하기관, 대학교를 비롯한 각급학교, 언론기관에서 주최했거나 주관한 대회, 기타 학교장이 추천하여 참가한 대회에서 수상한 경우에 한하여 표창장(선행, 효행, 모범상 등)의 경우도 위의 범위와 같다.

③ 동일한 작품이나 내용으로 수준이 다른 상을 여러 번 수상하였을 경우, 최고수준의 수상경력만을 입력한다. 단체상은 지역교육청 규모 이상일 경우에 한한다.

- 자격증 및 인증취득 사항

① 학생이 취득한 자격증과 인증의 명칭 또는 종류, 번호 또는 내용, 취득연월일, 발급기관을 입력한다.

② 자격증은 국가기술자격법에 의한 국가자격증, 자격기본법에 의한 국가공인을 받은 민간자격증에 한하며, 자격증과 인증은 원본을 대조한 후에 취득한 순서대로 입력한다.

③ 초등학교에서는 5·6학년, 중·고등학교에서는 각 학년별로 조사하여 입력하되, 진로희망란에는 자신의 특성(적성, 인성, 지능 등)을 정확히 이해하고, 주위의 환경을 충분히 고려해 자신의 능력에 맞는 직업을 구체적으로 선택하도록 하여 입력하며, 특기사항란에는 지도내용 및 소감 등을 간략하게 입력한다.

- 진로지도 사항

① 학년 초에 학생의 특기 또는 흥미, 학생과 학부모의 진로희망 등을 조사하여 입력한다.

② 특기사항란은 담임교사, 상담교사 및 그 외의 교사가 상담·권고한 내용을 종합하여 학년 말에 담임교사가 입력한다.

• 창의적 체험활동 사항

① 봉사활동 영역 중에서 봉사활동의 구체적인 실적을 기록해야 할 필요가 있을 때에는 별도의 봉사활동실적란에 연간 실시한 봉사활동의 일자 또는 기간, 장소 또는 주관기관명, 활동내용, 시간, 누계시간을 실시일자 순으로 모두 입력하되, 평가는 특기사항이 있는 학생에 한하여 활동내용과 함께 간단하게 문장으로 입력한다. 그리고 봉사활동 영역 중학교에서 실시한 봉사활동교육(봉사정신, 필요성, 태도 등)의 내용 및 시간과 개인적으로 실시한 봉사활동의 구체적인 실적은 별도의 양식인 '봉사활동실적란'에 입력한다.

② 자율활동 영역 중 자치활동 영역에는 협의활동, 역할분담활동, 민주시민활동 등을, 적응활동 영역에는 기본생활습관형성활동, 친교활동, 정체성확립활동 등을 입력한다.

③ 동아리활동 영역 중 보건체육활동, 실습노작활동, 여가문화활동, 정보통신활동, 청소년단체활동 등을 입력한다.

• 출결 사항

① 수업일수는 〈초·중등교육법시행령〉 제45조의 규정에 의하여 학교장이 정한 학년별 연간 총 출석해야 할 일수를 입력한다.

② 결석일수, 지각, 조퇴, 결과는 '출결상황관리'에 따라 질병·사고·기타로 구분하여 연간 총일수 또는 횟수를 각각 입력한다.

③ 재·전·편입학한 학생의 수업일수 및 출결상황은 원적교의 것과 재·전·편입학 이후의 것을 합산하여 입력한다.

④ 특기사항란에는 장기결석생의 결석사유 등 출결상황의 특기사항에 대한 학급 담임교사의 의견을 입력한다.

• 교과학습발달 사항

① 교과학습 발달상황의 평가는 '교과학습 발달상황 평가 및 관리'에 의거 시행한다.

② 중·고등학교는 제1항의 규정에 의하여 시행한 평가에 따라 교과, 과목명, 단위수, 성취도, 석차/재적수를 산출하여 각 학기말에 입력한다.

③ 비고란에는 학교간 통합 선택교과 이수, 학적변동으로 인한 이수과목 사이 등 교육과정운영에 따른 특기사항에 관한 내용을 간략하게 입력한다.

④ 세부능력 및 특기사항란에는 과목과 관련된 세부능력 및 수행평가, 학습활동 참여도 및 태도 등을 특기할 만한 사항이 있는 과목 및 학생에 한하여 간략하게 입력한다.

⑤ 초등학교의 교과학습 발달상황은 각 교과의 학습활동 진보정도, 수행평가결과, 특징 등을 종합하여 세부능력 및 특기사항란에 과목별로 간략하게 문장으로 입력한다.

⑥ 고등학교의 일반선택 교양과목군(한문, 교련, 교양) 중 교양교과는 과목명, 이수단위 또는 이수여부를 입력하고 평가는 세부능력 및 특기사항란에 특기할 만한 사항이 있는 과목 및 학생에 한하여 입력한다.

• 행동특성 및 종합의견

행동특성 및 종합의견은 수시로 관찰하여 누가기록된 행동특성은 물론 총체적으로 학생을 이해할 수 있는 종합의견을 문장으로 입력한다.

① 입력내용의 중복을 피하여 학교생활기록부 기재의 경제서을 제고하기 위하여 기존의 행동발달상황란의 입력내용을 종합의견란에 같이 기록하도록 하였으며, 행동특성 및 종합의견이라는 제목에 맞게 위치도 서식의 가장 마지막에 두었다.

② 행동특성 및 종합의견란에는 행동발달상황을 포함한 각 항목에 기록된 자료를 종합하여 학생을 총체적으로 이해할 수 있도록 문장으로 입력하여 학생에 대한 일종의 추천서 또는 지도자료가 되도록 작성한다.

- 기타 사항

① 졸업대장번호란은 졸업대장의 번호를 입력한다.

② 구분란은 학생의 학과, 반, 번호 및 담임성명을 입력하며, 변경사항이 있을 경우에는 변경 전후의 내용을 함께 입력하며, 전공·과정란에는 실업계고등학교의 학기별 전공코스 이수, 산업체 실습과정 또는 일반계 및 기타계 고등학교의 개인별 과정선택 등 교육과정 이수에 따른 특기사항을 입력한다.

③ 사진란에는 졸업시 최종 출력한 학교생활기록부 용지에 당시 촬영한 천연색 상반신 사진 1매를 붙이거나 스캐너를 활용하여 전산 입력할 수 있다.

3) 교육행정정보시스템의 활용

- NEIS(National Education Information System)

나이스는 전국 1만여 개의 초·중등학교, 16개 시·도교육청 및 산하기관, 교육부를 인터넷으로 연결하여 교육관련 정보를 공동으로 이용할 전산환경을 구축하는 수요자 중심의 전국단위 교육행정정보시스템이다. 학교장은 학교생활기록을 〈초·중등교육법시행령〉 제30조 제4항의 규정에 의한 교육정보시스템으로 작성·관리하도록 규정하고 있다. 이에는 교무업무지원시스템, 교육정보유통시스템, 학교경영업무지원시스템, 교육정보통합안내시스템 등이 있다.

- 전산처리요령

① 학교생활기록부 전산처리를 위한 자료입력은 당해업무를 담당하는 사용자가 행함을 원칙으로 한다.

② 모든 문자는 한글로, 숫자는 아라비아 숫자로 입력한다.

③ 학교생활기록부 작성에 필요한 보조부는 각 학교의 실정에 알맞게 계획을 수립하여 작성·활용하되, 전산입력 후 그 출력물로 대신할 수 있다.

④ 학생이 전학할 때, 원적교에서는 재학 당시까지의 상황을 입력한 학교생활기록부 전산자료, 용지에 출력한 출력물 및 향후 학교생활기록부 작성에 필요한 각종 자료를 전·편입학하는 학교로 이송하고, 원적교에서는 그 사본을 보관한다.

⑤ 자료입력업무를 직접 담당하는 사용자는 각 학급담임교사나 교과담당교사로 지정하는 것이 원칙이나 불가피한 경우 보조원을 둘 수 있다. 이 경우 학교장은 제19조 규정에 의한 사용자의 임명(정보부장), 제21조 규정에 의한 보안관리에 철저를 기해야 한다.

⑥ 학교생활기록부 작성을 위해 필요한 보조부는 각 학교의 실정에 알맞게 그 종류와 서식을 정하여 활용하거나 학교생활기록부 전산입력 후 그 출력물로 대신한다.

• 프로그램관리

① 학교생활기록부 전산처리에 사용되는 프로그램의 등록과 사용, 코드의 목록·내용 및 수정, 파일의 구조변경절차는 사용설명서에 의한다.

② 각급 학교의 학교생활기록부 전산처리 프로그램은 학교 또는 기관이나 개인이 임의로 변경하거나 개조할 수 없다.

③ 각 항목의 전산처리 코드목록과 번호, 각 교과목의 번호는 한국교육학술정보원에서 대행하여 수행한다. 또한 새로운 항목이나 교과목의 번호를 부여할 때에는 한국교육학술정보원 담당부서와 협의하여 등록하고 번호를 부여받아야 한다.

• 보안관리

① 학교장은 학년 말 학교생활기록부 전산처리 후 출력물의 내용과 각종 보조부 내용과의 일치여부를 확인한 후 이상이 없을 때 전산담당자에게 자료확정처리를 하도록 하여야 한다.

② 자료확정에 따른 보안조치는 사용설명서에 명시된 방법으로 처리한다.

③ 학교장은 자료의 관리 및 보안을 위하여 학교생활기록부 전산자료 및

전산기기 등을 보관하는 별도의 장소를 설치하고 제한구역으로 설정하여 정·부관리책임자를 임명하고 관계자 외 외부인의 출입을 통제해야 한다.

④ 학교생활기록부 전산처리 사용자의 컴퓨터 비밀번호의 갱신은 월별, 분기별, 학기별로 할 수 있으나 구체적 갱신시기는 학교실정에 따라 정한다. 또한 학교장은 정보부장의 정기전보에 따른 인수인계가 철저히 이루어질 수 있도록 한다.

- 자료보관

① 각급 학교장은 학교생활기록부 전산매체를 당해 학생이 졸업한 해로부터 50년간, 출력물은 10년간 당해 학교에 보관해야 하며, 유사시를 대비해 부본 전산자료를 제작하여 이를 별도로 보관해야 한다.

② 학교장은 졸업생의 학교생활기록부 전산매체 원본 및 종전의 모든 학생생활기록부를 졸업 후 50년간 당해 학교에 보관하고, 열람 또는 활용 편의를 위하여 출력물을 졸업 후 10년간 당해 학교에 보관한다. 또한 유사시를 대비해 부본 전산자료를 제작하여 이를 별도로 원본과 같은 기간 동안 보관해야 한다.

③ 보관기간 50년이 경과된 학교생활기록부라도 그 특수성을 감안하여 임의로 폐기되는 일은 없어야 한다.

- 자료활용

① 학교생활기록부의 전산자료, 관련내용이 수록된 파일 및 그 출력물은 학교의 지도교원이 학생의 지도자료로 활용할 수 있다.

② 학교생활기록부의 전산자료 및 그 출력물은 학생의 전·편입학, 상급학교 진학 등 관련 업무에 제공할 수 있으며, "공공기관의 정보공개에 관한 법률" 및 "동법시행령"의 규정에 의한 정한 절차에 따라 민원인에게 교부할 수 있다.

③ 학교의 교원은 학생의 교과지도, 생활지도, 상담지도, 특별활동 등 학생지도 필요시 학급담임을 통하여 해당 학생의 학교생활기록부 전산

입력 내용을 열람하거나 그 출력물을 지도자료로 활용할 수 있다. 다만, 학교장의 허락 없이는 이를 외부로 반출 또는 유출할 수 없다.

7. 문서관리 및 전자시스템

1) 공문서의 작성과 관리

① 개념과 요건

공문서는 행정기관이나 공무원이 직무상 작성·접수한 문서를 말한다. 사문서도 행정기관에 제출하여 접수된 것은 공문서이다. 학교에서 취급하는 공문은 교육부나 교육청과 같은 외부기관에서 발송해 학교에 접수된 공문인 시행문, 결재 후 인편, 팩스, 전자문서시스템으로 외부로 발송하는 일반문서와 전자문서 모두를 포괄하는 일반기안문, 보고서, 계획서, 검토서 등 내부결재 문서용인 간이기안문으로 나눌 수 있다. 기안의 일반사항으로는 기안은 전자문서로 함을 원칙으로 하며 내부결재문서는 발신명의를 표시하지 않는다.

공문서로 인정되려면, 첫째, 당해기관의 의사표시가 명확하게 표시되어야 한다. 의사표시란 기관장이나 장으로부터 권한을 위임 받은 직책의 서명이 있어야 함을 말한다. 둘째, 위법·부당하거나 시행이 불가능한 사항이 없어야 한다. 법령에 위반되거나 어긋나지 않아야 하며 문서내용이 시행할 수 있는 것이어야 한다. 셋째, 법령에 규정된 절차에 따라 형식이 정리되어야 한다. 행정기관에서 생산하는 문서이기 때문에 법령에 규정되어 있는 일정한 절차와 형식에 부합해야 한다.

② 처리의 원칙

공문서 처리는 정확하고 원칙에 맞도록 처리되어야 하는데 그 원칙은 다음과 같다. 첫째, 즉일로 처리하는 것이 원칙이다. 공문서는 내용에 따라 그 처리기간이나 방법이 다를 수 있으나, 효율적인 업무수행을 위하여 당일에 처리하는 것이 좋다. 둘째, 책임처리의 원칙이다. 공문서는 분장 사무에 따라 직무의 범위 내에서 책임성을 가지고 관련규정에 따라 신속·정확하게 처리되어야 한다. 셋째, 적법성의 원칙이다. 공문서는 법령의 규정에 따라 일정한 형식 및 요건을 갖추어야 하며, 권한이 있는 자에 의하여 작성·처리되어야 한다. 넷째, 전자처리의 원칙이다. 현재는 공문서의 기안, 검토, 협조, 결재, 등록, 시행, 분류, 편철 등 모든 처리정차가 전자문서시스템에 의해 처리되어야 한다.

③ 작성 및 관리

공문서에 쓰이는 용지는 특별한 규정이 없는 한 흰색으로 하는 것이 원칙이며 공문서 글자의 색은 검정색으로 하되 도표의 작성이나 수정·주의환기 등 특별한 표시를 할 때는 다른 색을 사용할 수도 있다. 황색이나 보라색 또는 담홍색 계통의 색은 복사나 팩스로 보낼 때 잘 나타나지 않을 수 있으므로 사용하지 않는다.

공문서를 수정할 경우는 원안의 글자를 알 수 있도록 삭제 또는 수정하는 글자의 중앙에 가로로 두 선을 그어 삭제 또는 수정하고, 삭제 또는 수정한 자가 수정한 곳에 서명 또는 날인한다. 당해 문서에서 특히 중요한 내용을 삭제 또는 수정한 경우는 문서의 여백에 삭제 또는 수정한 글자 수를 표시하고 서명 또는 날인한다. 전자문서를 수정한 경우는 수정한 내용대로 재작성하여 시행한다. 만일 수정 전의 문서를 기안자·검토자 또는 결재권자가 보존할 필요가 있다고 인정한 경우는 이를 보존해야 한다.

2) 기안과 결재의 절차

① 기안 서식

기안문은 통일성과 편의성을 도모하기 위하여 일정한 서식을 취하고 있는데 대체로 다음과 같다.

참고자료 30 기안문 예시

학교명

수신자 OOO
제목 OOOOO

본문 ………………………………………………………………………………………………
………………………………………………………………………………………………………

1. 첫째 항목
   가. 둘째 항목
      1) 셋째 항목
         가) 넷째 항목
            (1) 다섯째 항목
               (가) 여섯째 항목
                  ① 일곱째 항목

붙임 1. 1부.
2. 1부. 끝.

발신명의(예 : OO 학교장)

기안자(직위/직급 성명)서명 검토자(직위/직급 성명)서명 결재자(직위/직급 성명)서명
협조자(직위/직급 성명)서명
시행 OO 학교-일련번호(시행일자) 접수 OO 학교-일련번호(시행일자)
우 OOO-OOO 기관 주소 / 기관홈페이지 주소
전화번호 (000)000-0000 전송(000)000-0000 /기안자 이메일 / 공개, 비공개 구분

② 결재 받기

기안자는 기안 내용이 본인이 속하지 않은 다른 부서와 관련이 있을 경우 결재자의 결재를 받기 전에 그 부서의 협조를 받아야 하며 협조자의 서명도 필요하다. 그런데 협조부서에서 의견을 달리 할 경우는 당해 문서 또는 별지에 그 의견을 표시하여 결재자의 판단을 구해서 결재를 받아야 한다. 학교에서의 결재자란 학교장을 말하나 당해 학교의 전결 규정에 의하여 교감이나 당해 부서의 부장교사가 될 수도 있다. 결재자가 출장 등으로 부재중일 때는 그 직무를 대리하는 자에게 대결을 받아 시행할 수도 있으나 반드시 사후에 보고를 해야 한다. 결재는 업무의 성격에 따라 담당교사 → 부장교사 → 교감 → 교장의 절차를 따른다. 결재를 받은 문서는 기록물 철에 순서대로 편철하고 보존기준에 따라 행정실에 이관하여 보관한다.

③ 간이 기안

상위 기관에 보고하지는 않고 행정기관(학교)에서 내부적으로만 사용할 보고서나 계획서, 검토서 등은 번거롭게 일반 기안이나 전자 기안을 하지 않고 간이 기안문으로 처리할 수 있다. 간이 기안문은 왼쪽 상단에 위치한 문서 등록의 표시(등록 번호, 보존 기간, 결재 일자 및 공개 구분), 오른쪽 상단에 위치한 결재란의 표시(기안자, 검토자, 협조자, 결재권자), 제목, 요약 설명문 표시, 작성 일자, 작성 기관 표시 등을 하여 활용한다.

3) 전자시스템에 의한 공문서

각 시·도교육청 별로 구축하여 운영하는 전자문서시스템을 활용하면 기안, 결재, 발송, 접수, 접수된 문서의 공람 및 담당자 지정 등의 공문서 관련 업무를 처리할 수 있다. 교육청 별로 약간씩의 차이는 있으나 문서를 작성하는 절차는 비슷하다. 단위 학교의 직속 상부 교육행정기관인 교육청의 전자문서시스템에 접속하여 로그인하기 위해서는 사용자 아이디와 비밀번호가 있어야 한다. 로그인 → 문서 정보 입력 → 본문 작성과 첨부 등록 → 결재 상신의 고정을 거친다.

제10장 학교장학과 수업장학

1. 학교장학

1) 장학의 의미

장학이란 학교교육에서 교사와 학생 간의 교육작용을 한층 더 효과적으로 하기 위하여 지도·조언하는 전문적인 기술봉사를 말한다. 현대사회에서 공교육제도의 발달, 교육의 양적 팽창으로 인해 교육활동의 전반적인 측면이 발달되어 장학은 보다 민주적인 개념으로서 그 기능이 전문화되고 있다.

장학이 가장 먼저 발달되어온 미국에서 장학 개념의 역사적 변천은 대개, ① 행정적 감시의 단계(1900년 이전), ② 전문가에 의한 시학의 단계(1910년대), ③ 과학적 장학의 단계(1920년대), ④ 민주적 인화(人和) 강조의 단계(1930, 1940년대), ⑤ 이성과 실천적 지식을 통한 장학의 단계(최근)로 변화되어왔는데, 한국에서도 이와 유사한 변화과정을 거쳤다.

이러한 역사적 변천에 따라 장학의 방법도 1920년경 교수개선이 장학의 중요한 영역이 되면서 교사의 평가라는 행정업무와 학습지도방법 등이 중시되었다. 그 후 시학적 운영에서 교수(teaching)지도를 중요시하게 되면서, 과학적 장학, 민주적 장학, 창의적 장학이 강조되었다.

창의적 장학은 지도자로서의 장학, 교육과정 개선으로서의 장학, 집단과정으로서의 장학, 교수 팀으로서의 장학 등으로 발전되고 있다. 이러한 창의적 장학의 형태들은 모두 학급을 중심으로 일어나는 교수·학습과정을 개선하기 위하여 교사와 학생 간의 상호작용에 중점을 둔 장학의 형태들인데, 최근에 이르러서는 임상장학(clinical supervision)의 유형으로 발전되고 있다.

근대적 장학 개념을 처음으로 정의한 W. H. Burton은 장학은 교수행위의 개선, 현직교사의 성장, 교육과정의 선정과 조직, 교사의 평가와 관련이 된다고 하여 교사의 성장을 통한 교수개선, 교육과정 조직 등이 장학에 포함된다고 했다. 장학사의 일은 교사들의 활동에 전문성을 띠도록 해주며, 의사소통을 원활히 하도록 해주고, 자료나 적절한 암시를 해주는 일들로서 그들의 역할은 지시하는 것보다는 지원해주고, 공유하는 기능을 수행하는 것이다.

즉 장학이란 교수·학습사태(Teaching-Learning Situation)의 개선과 향상을 위해 교사들을 조력하는 것이라고 하면서 주로 교수·학습사태의 개선을 위한 보조활동 및 교육과정의 개선에 장학의 중점을 두었다. 최근에는 인간자원적 접근방법에서 장학을, 학교의 교육목표를 성취하기 위해 좀 더 효율적·창조적인 교수를 위한 높은 수준의 욕구실현을 하도록 교사를 돕는 일이라고 정의한다. 장학은 학교조직이 최대한으로 건강하도록 도와주는 일이다. 그러므로 목표에 대한 인식, 의사소통의 적정성, 권력의 평등화, 자원사용, 사기, 자율성 등 개방된 조직 풍토 속에서만이 목표달성을 성공적으로 이끌 수 있다.

과업수행이나 문제해결에 있어서 생산적이기 위해서는 교사와 장학사 간의 상호관계가 서로 주고받을 수 있는 환경이 되어야 한다. 장학의 개념은 법규적·기능적·이념적 측면으로 나눌 수 있다. ① 법규적인 장학이란 교육의 계획, 학교 및 학급의 관리, 학습지도, 생활지도면 등을 포함하는 영역에서 조직의 행정활동에 대한 전문적·기술적 조언을 통한 참모활동이라 할 수 있다. ② 기능적 장학이란 교사의 전문성 신장, 교육운영의 합리화, 학생의 학습환경 개선을 위한 전문적·기술적 보조 활동이다. ③ 이념적 장학이란 교수, 즉 학습지도의 개선을 위해 제공되는 지도·조언이다.

참고자료 31 장학의 어원

supervision	뛰어난 사람(super)이 위에서 쳐다본다(vision).
inspection	안으로(in) 자세히 들여다본다(spect).
奬學	學問을 奬勵한다.

2) 장학의 원리

① 태도의 원리

장학 담당자에게 올바른 장학관이 확립되어 있느냐 하는 것이며, 민주적인 교육관과 태도, 그리고 철학적인 이념에 투철한 태도가 근본적으로 요구되는 원리이다.

② 창조성의 원리

교육의 현실문제를 해결하기 위해서는 창조성의 발휘가 필연적으로 요구된다. 장학이 교사의 성장·발달을 도모하여 모든 교수·학습의 개선 및 향상을 도모하기 위해서는 지도·조언의 전문성과 기술적인 봉사자로서 창의성의 발휘가 요구된다. 교사들의 창조성을 개발하기 위해서는 무엇보다도 장학 담당자 자신의 창조적인 능력이 요구되는 장학의 원리이다.

③ 협력의 원리

장학담당자가 일방적으로 지시, 명령, 충고, 권고하는 것이 아니라 교사와 같이 더불어 협력해서 교육의 문제를 긍정적으로 해결해야 한다는 원리이다. 이러한 협력을 통해 교사 자신들이 성장하고 창의성을 기르게 되며 교육문제에 대한 인식을 개선하여 나가는 원리이다.

④ 과학성의 원리

장학 담당자가 전문적, 기술적 봉사를 하려면 과학적인 방법을 제시할 수 있어야 한다. 과학적이고 논리적인 방법으로 제시하지 못하면 장학은 신뢰를 얻을 수 없다는 원리이다.

⑤ 효과의 원리

장학 담당자가 장학의 효과와 능률을 높이기 위해서는 계속적인 자기 평가가 요구된다. 즉 장학 프로그램에 대한 항상 점검으로 그 효과를 계속적으로 평가해야 한다는 원리이다.

3) 장학의 목적

장학을 통하여 교사의 자질과 전문성을 향상시키고, 학습여건을 개선하며 지역사회와의 협조를 통하여 학교운영의 성과를 분석하고 해결하는 과정을 통해 반성하고 차기 계획수립에 적극 활용하고자 하는데 그 목적이 있다. 장학은 첫째, 교수-학습 및 평가방법개선에 중심적 역할로 학생의 성장발달에 기여 한다. 둘째, 자율장학을 통하여 교사자신의 문제해결 능력 및 자주성을 배양한다. 셋째, 전문적인 대화의 기회를 통한 연구풍토를 조성한다. 넷째, 새로운 지식정보의 교환과 교사의 전문성을 제고한다. 다섯째, 학교시설 및 기자재를 효율적으로 활용한다.

4) 장학담당자의 자질

오늘날 민주주의 장학의 기본이념을 신봉하고 효율적인 장학지도를 하기 위해서는 지도성의 기술, 집단의 융화단결, 의사소통, 의사결정에의 참여 등의 자질이 요구되어 지는데 이를 요약하면 다음과 같다.

① 지도성의 기술

장학담당자가 장학지도 대상자에 대하여 발휘하는 지도성은 장학사라는 지위나 외부의 권위에 의하여 수행되는 권위주의적 지도가 아니라 집단내부에서의 지도성 이어야 한다. 이 같은 지도성을 발휘하기 위해서는 장학담당자는 지도 대상자 집단의 감정과 의견에 민감하게 반응할 수 있어야 하며, 협동적이며 원만한 인간관계를 수립하는데 노력하여야 한다.

② 집단의 융화와 단결

장학지도자는 집단의 융화와 단결을 강조하고 사기를 앙양하는데 노력해야 하며, 그것은 공동의 목표의식과 가치관을 발전시킴으로써만이 가능하다. 집단의 융화와 단결을 공고히 하는 데 있어서 유용한 방법은 집단 연수의 토의를 통하는 방법이다.

③ 의사소통

장학지도자가 효율적으로 장학업무를 수행하기 위해서는 의사소통의 기술이 필요하다. 이미 언급했듯이, 민주적 지도성과 집단의 융화와 단결은 결국 집단성원간에 또는 장학담당자와 대상자간에, 상호작용의 관계에 의하여 이루어지며, 그것은 집단 내에서의 자유로운 의사전달의 통로를 마련해야 한다. 그와 같은 의사소통은 민주적 지도와 협동적 집단과정에 있어서 필수조건이 된다.

④ 의사결정의 참여

장학담당자가 갖추어야 할 기술로서 중요한 것은 집단성원으로 하여금 교육의 개선을 위한 대책이나 방침수립에 민주적 참여의 기회를 제공해 주는 일이다. 교육과정과 학습지도방법을 개선하는데 타율적으로 결정을 하기 보다는 일선교사들 스스로가 새로운 개선방안을 모색하는데 참여하도록 기회를 제공해 줌으로써 보다 더 효율적이며 영속적인 변화를 가져올 수 있다.

이와 같이 장학 담당자는 근본적으로 교수, 학습을 개선하기 위한 전문적 지도와 조언의 기능을 수행하고 있다. 따라서 장학담당자는 교수, 학습의 효과를 고양할 수 있도록 교사의 이해와 태도를 바람직한 방향으로 변화시켜 그것이 곧 행동의 변화를 가져오도록 하는 데 있다.

이와 같은 기능을 수행하기 위해서는 보다 민주적이고 창의적인 지도성을 발휘해야 한다. 그러기 위해서 장학담당자는 존경과 신뢰획득능력, 감정이입과 감수성, 정열, 문제대응력, 독창성, 유머감각, 상대적 가치관, 성실성, 풍부한 자원을 제공하는 인성적 자질과 광범위한 교양교육, 전문교육, 교수기술, 교육과정에서의 역할에 관한 명확한 인식, 지도성의 기술, 교수자료와 방법에 관한 지식, 생산적 교수, 학습요소를 평가하고 해석할 수 있는 능력, 과정과 생산의 중요성에 대한 인식, 실험과 연구에 대한 숙달, 인간적 및 전문적 성장을 계속할 능력과 의욕을 갖춘 전문적 자질이 필요하다.

5) 장학담당자의 역할

장학은 다양한 역할을 수행해 나가는 하나의 과정으로 볼 수도 있고, 장학현장에는 그 일차적 기능은 수업의 개선을 위해 특정한 역할을 부여받고 그 역할을 수행하는 수많은 사람들이 존재한다는 사실이다. 교육감, 교육장, 장학관, 교육연구관, 장학사, 교장, 교감, 원장, 원감 등은 장학이라는 역할을 부여받고 실제로 수업개선 차원에서 현지연수, 의사결정에의 유도, 동기화 등을 통해 장학활동을 수행한다.

물론 지위에 따라 그 부여된 역할이 다르며, 장학활동을 수행하는 방식도 다양하다. 그러나 일반적으로 볼 때도 장학담당자 일반이 어떠한 지위를 갖느냐에 따라 다소간 역할은 상당히 달라질 수 있다. 즉, 장학담당자가 행정의 개선에 위치해 지도, 감독하느냐 아니면 기능에 충실하느냐에 따라 어떤 역할을 수행할 것인가가 결정될 것이다. 그렇기는 해도 직위나 지위에 무관하게 장학담당자들에게 기대되는 역할에는 공통적인 요소가 있다.

인간자원 장학의 주창자인 Sergiobann은 장학담당자의 역할은 교육프로그램의 수립자 및 교육과정 관리자로서의 전문성에 그 성패가 좌우되며, 어떤 면에는 대립적이라 볼 수 있는 행정관리기능과 장학기능을 동시에 수행해야 하기 때문에 역할 수행에 난점이 많으며, 행정관리와 같은 개선 기능이 아니라 참모기능에 가깝기 때문에 그들의 권한에서 제약될 수 없는 특징을 가지고 있다는 점을 지적하고 있다

Dull도 그들과 유사한 영역을 지적하였다. 그가 제시하고 있는 장학담당자의 역할영역은 교육과정의 내용과 범위, 교육과정의 개발, 교수의 방법과 전략 및 기술, 교육내용의 선정과 활용, 학생지도, 단원계획, 학생의 조직과 시간계획, 학급경영과 학급풍토, 교사와 학생 및 프로그램의 평가 등이다.

주삼환은 장학조직 속에서 교사의 교수기술을 향상시키고 계속적인 전문적 성장을 도우며, 교육과정과 교육환경을 위하여 일하는 모든 사람을 장학담당자라고 정의하면서 장학사와 장학관만을 장학담당자로 생각하는 것은 너무 좁게 해석한 것이라고 한다. 장학담당자의 역할도 다양하다. 장학담당자가 누구냐에 따라 역할은 서로 다르고 다양하다. 교육감(장), 장학관, 장학사, 교장, 부장교사에 따라 역할이 다르다. 또 같은 사람이라고 하는 일에 따라 역할이 달라질 수 있다. 예를 들면 수업개선, 교육과정개발, 지원연수, 교사평가 등 하는 일에 따라 역할은 달라진다.

6) 장학의 발전과정

미국 장학의 대가인 Wiles는 장학의 개념 변화에 초점을 맞춰 지도·감독시대, 과학적 관리장학시대, 인간관계 장학시대, 상호작용 지향운동의 장학시대로 크게 나누어 장학의 발달과정을 설명하고 있다.

Lucio와 Mcnell은 장학담당자와 장학관의 변화에 의하여 1900년대 이전의 행정적 시학, 20세기 초의 전문가에 의한 장학, 1920년대의 과학적 장학, 1930-1940년대의 민주적 인간관계 장학, 1950년대 이후의 이성과 실천적

지성에 의한 장학으로 발전해 온 것으로 기술하고 있다.

Sergiovani와 Starratt는 장학의 발달과정에 대하여 철학의 변화를 바탕에 깔고 전통적·과학적 관리 철학의 장학, 인간관계 철학의 장학, 신과학적 관리 철학의 장학, 인간자원 철학의 장학으로 발전해 오고 또 발전해 나가야 한다고 보고 있다. 동시에 행정지향, 관료지향으로부터 인간지향, 전문지향으로 발전해 나가야 할 것을 시사하고 있다.

장학담당자도 많이 변하고 발전해 왔다. 비전문인이 감독하고 시학하던 장학으로부터 차차 전문가에 의한 장학으로 발전하고 있다. 교사 출신자를 연수를 통하여 장학 전문가로 만들던 시대로부터 장학전문가 양성교육에 의한 장학으로 발전해 가고 있다. 1750~1910년은 시학과 강제적 장학, 1910~1920년은 과학적 장학, 1920~1930년은 관료적 장학, 1930~1955년은 협동적 장학, 1955~1965년은 교육과정 개발의 장학, 1965~1970년은 임상(교실) 장학, 경영적 장학, 인간자원 장학, 1980년대는 장학의 지도성으로서의 장학으로 구분할 수 있다.

7) 장학의 유형

① 중앙장학

중앙장학은 중앙교육기관인 교육부 내에서 이루어지는 모든 장학활동을 말한다.

② 지방장학

지방장학은 지방행정교육기관인 시·도교육청, 지역교육청에 의해 이루어지는 장학행정을 말하며, 실제 종합장학, 확인장학, 개별장학, 요청장학, 특별장학 등의 방법으로 시행된다.

③ 학교장학

학교장학은 단위학교에서 교육활동을 성공적으로 수행할 수 있도록 주로 교장·교감이 장학담당자가 되어 당해 학교의 교사를 지도하고 교사에게 조언을 하는 장학활동이다.

참고자료 32	지방장학의 유형
종합장학	학교운영 전반에 관해 종합적으로 지도·조언하는 장학
확인장학	종합장학 결과 시정할 점과 시간이 소요되는 사항의 이행여부를 확인·점검하는 장학
개별장학	학교현장의 현안문제를 중심으로 확인·지도·조언하는 장학
요청장학	개별학교의 요청에 의하여 해당분야의 전문장학담당자를 파견하여 지도·조언하는 장학
특별장학	학교의 현안문제에 전문적 식견을 갖춘 장학요원들이 현안문제가 해결될 때까지 장학활동을 수행하는 장학

2. 수업장학

1) 수업장학의 필요성

교육행정기관 중심의 장학은 교사들을 부담스럽게 하고 불안하게 하는 관리, 감독 위주의 활동으로 인식하고 있으며, 해당 학교 교육활동을 과시하기 위한 지나친 준비에 치중하는 경향이 있다. 또한 담당 학교에 대한 정확한 실태 파악 부족과 교사들과의 인간관계 형성 곤란, 장학활동에 대한 재정적 지원의 미흡, 학교의 지역적 특수성을 고려하고 있지 못하고 있다는 인식이 존재한다.

교육행정기관 중심의 획일적이고 통제적인 장학활동으로는 수업개선과 전문성 신장을 기하기 어렵다. 장학의 궁극적인 목적인 교원의 계속적인 전문성 신장과 잠재능력을 최대한 발휘할 수 있도록 도와주고 학생의 학업성취를 향상시키기 위해 교사들의 참여와 관심은 필수적이다.

장학활동에 대한 교사들의 참여와 관심을 이끌어내기 위해서는 교육행정기관 중심에서 단위학교와 교실중심으로, 획일적 방식에서 개별화방식으로, 평가중심에서 지도·자문과 보상이 주어지는 장학으로, 상하관계에서 동료관계로, 가르치고 배우는 관계에서 공동으로 문제를 해결하는 형식으로, 일방적으로 주어지는 장학에서 교사의 자발적인 참여와 협동을 통한 장학으로, 시책전달이나 강의식 장학지도에서 교수자료의 개발·제공하는 현장 수업중심 장학으로 방향을 전환하여야 한다.

따라서 현장중심의 실제적이고 자율적 장학이 이루어지기 위해서는 구성원 간의 노력을 바탕으로 한 교내 자율장학이 활성화되어야 하며, 장학담당자와 교사의 역할·태도·인식의 변화가 나타나야 한다.

이제 학교단위 책임경영이 보편화되면서 단위학교 중심의 자율장학은 더욱 각광을 받고 있다. 교육수요자의 욕구를 충족시키고 학교교육의 목표달성을 위해서는 구성원 간의 노력이 무엇보다 요구되며, 구성원의 자율적인 참여와 노력은 수업개선을 통하여 학교교육의 효율성을 높일 수 있다. 따라서 교원의 수업 전문성 신장을 위한 제도적 장치로서 수업장학의 활성화가 필요하다.

2) 수업장학의 원리

수업장학은 수업의 질을 개선하기 위하여 교사의 교수·학습방법 개선에 직접적으로 영향을 주며 학생들의 학업성취 능력을 향상시키고 학교경영목표를 달성하기 위한 장학담당자의 전문적, 공식적, 구체적, 지도와 조언 및 지원활동이며 학교의 적절한 수업성과를 성취하는 일에 주로 초점을 두는 학교영영의 한 양상이다. 수업장학의 기본 원리로서는 다음과 같다.

① 교사들은 가르치는 일에 전문적 성장을 하려는 의욕을 갖고 있으며, 또 자기의 전문성이 신장하고 있다는 점을 알 때 가르치는 일에 더욱 보람을 느낄 것이다.

② 교사의 가르치는 기술이나 능력은 출생할 때부터 타고 나는 것이 아니라 후천적으로 학습되는 것이다.

③ 교사들은 가르치는 일의 전문가로 자주성과 존엄성이 인식될 때 수업장학에 적극적으로 참여할 것이다.

④ 교사들이 수업장학은 자신의 수업개선에 도움을 줄 것이라는 긍정적인 태도를 갖고 있을 때 수업장학의 효과는 클 것이다.
⑤ 교사와 장학담당자의 관계는 상호존중의 유대가 형성되었을 때 효과적이다.
⑥ 교사의 가르치는 수업행동이나 기술은 그 요령을 이해하는 것으로 끝나는 것이 아니라, 실연을 통해서 숙달시켜야 한다.
⑦ 수업장학은 계속적으로 이루어질 때 그 효과를 높일 수 있을 것이다.
⑧ 수업장학의 효과를 증대시키기 위해서는 장학을 담당하는 사람부터 수업장학 효과를 확신시켜야 한다.

3) 수업장학의 특성

단위학교는 실제적인 수업장학이 이루어지는 곳으로서, 교사들의 요구와 특성에 맞게 장학활동이 자율적으로 운영되어야 한다.

① 학교 중심성

장학의 주체는 교육행정기관이 아닌 단위학교이며, 학교의 인적·물적 조건 및 조직적·사회심리적 특성을 기초로 하여 이루어진다. 학교는 피동적이고 소극적이었던 전통적 장학에서 벗어나 능동적·적극적·독립적으로 장학을 실천함으로써 교육효과를 극대화 할 수 있다.

② 자율성

외부로부터의 통제와 간섭 없이 단위학교의 구성원들 스스로 학교의 교육활동 개선을 위하여 장학활동을 계획하고 실천하며, 그 결과에 대하여 책임을 지는 것을 중요시한다. 학교장은 대외적으로 교내 자율장학의 책임자가 되며, 대내적으로는 가능한 교직원들의 자율성을 보장하는 바람직한 지도·조언자가 되어야 한다.

③ 협력성

교내 자율장학은 단위학교 내에서 교장, 교감을 중심으로 하여 부장교사,

교사들의 협력적이고 참여적인 공동노력을 통하여 이루어지며, 경우에 따라서는 학교 외부로부터 필요한 협력을 얻어야 한다. 따라서 효과적인 자율장학이 이루어지기 위해서는 무엇보다 교직원들이 교내 자율장학에 적극적으로 참여할 수 있는 분위기와 여건이 조성되어야 한다. 그리고 필요한 경우에는 교육행정기관, 유관기관, 인근학교, 학부모 또는 지역사회인사로부터 협력을 받아야 한다. 교육행정기관의 요청장학이나 학부모 및 지역사회인사의 초빙특강, 학부모공개수업도 협력성의 한 표현이다.

④ 다양성

효과적인 장학의 내용과 방법은 학교의 종류, 소재 지역, 규모, 학교 내의 인적·물적·제반 조건 등의 요인에 따라 다르게 나타날 수 있다. 또한 교직원의 교직경력, 담당과목, 담당업무, 성별, 연령 등의 요인에 따라서도 장학의 내용과 방법은 개별화·다양화되어야 한다. 교내 자율장학의 형태가 반드시 전문적이고 체계적이며 공식적이지 않을 수도 있는 것이다.

⑤ 계속성

교내 자율장학은 일시적이고 단기적인 과정이 아니라 계속적이고 장기적인 과정이다. 교육활동은 본질적으로 계속적이고 장기적인 과정인 바, 교육활동의 개선을 위한 교내 자율장학도 계속적이고 장기적인 과정이 아닐 수 없다.

⑥ 자기발전성

교내 자율장학은 그 목적상 단위학교의 기관으로서의 자기발전을 추구할 뿐만 아니라, 단위학교의 조직원으로서 교장, 교감, 부장교사, 교사 모두의 자기발전을 도모할 수 있는 과정이다. 특히 전통적 장학에서의 교장과 교감은 주로 지도·조언의 역할만 수행하였으나, 교사들과의 협력적인 상호작용을 통하여 자신들의 발전을 위한 유익한 자극이나 정보를 얻을 수 있다.

4) 수업장학의 실제

① 수업장학

수업장학은 교사들의 수업기술 향상을 위하여 교장·교감이 주도하는 개별적이고 체계적인 성격이 강한 지도·조언 활동이다.

단위 학교에서 자율적으로 실시되는 수업장학은 원칙적으로 교장·교감의 주도하에 교사들의 수업기술 향상을 위하여 임상장학, 수업장학 그리고 마이크로티칭 등의 방법으로 초임교사나 경력이 짧은 교사, 수업기술 향상의 필요성이 있는 교사를 대상으로 실시한다.

참고자료 33 수업장학 일정표의 예

교과	수업교사	대상	수업일	교시
도덕	심영섭	1-8	4.21	5
국어	이경윤	2-7	5.9	4
사회	지덕훈	1-1	6.7	2
수학	강대광	2-5	7.3	3
영어	방병국	2-4	9.17	6
음악	김효준	1-2	10.8	3
미술	이승수	1-5	10.19	2
체육	유을선	1-7	11.8	2
가정	장영순	2-1	12.6	5

② 동료장학

동료장학은 동료 교사들이 그들의 교육활동의 개선을 위하여 모임이나 짝을 이루어 상호간에 수업 연구, 공개 활동의 추진이나 공동과제 및 관심사의 협의, 연구 등 공동으로 노력하는 과정이다.

동료장학으로는 교직 경력 5~15년 미만 교사를 대상으로 하며. 교장, 교감 선생님 및 같은 교사 참관의 수업연구로 하되 동 교과연구회 교사나 타 학년 교사도 참관, 장학 1주일 전에 교수-학습 지도안을 작성하여 동 학년교사, 교과연구회 교사들과 사전협의하여 수업을 하고, 동 학년교사들은 수업참관록을 작성하여 제출하며 협의내용은 동 학년 협의록에 기재. 동 학년, 교과연구회 및 동호인별로 상호협력적인 관계에서 수업공개활동 및 교육과정운영과 교수학습 기술개선을 위한 정보교환 및 상호간의 정보아이디어의 교환 등 교육활동의 개선을 위하여 공동으로 노력한다.

동료장학을 활성화하기 위하여 교과연구회 운영을 내실화하고, 동 학년부별 협의회를 강화하며 수업장학을 위한 전문요원을 양성하여 운영한다. 수업장학을 위한 전문요원 운영은 수업분석 및 협의에 대한 전문요원을 양성하여 교수-학습의 질을 향상시키는 데 목적을 두고, 학년별로 전문요원을 2명씩 선정하여 전문요원 협의회를 조직한다.

수업분석 분야별로 분과위원회를 조직하여 교수-학습안 작성 및 수업분석 협의에 전문요원을 활용한다. 연구과제를 선정하여 연구과제를 발표하고, 그 내용으로는 주제별로 수업분석 분야별 연구, 교수-학습과정안 작성 연구 및 교과, 분야별 교사 지도, 수업분석 및 수업협의 주도, 각종 세미나, 연수 등에 참가하고 학교 교사들에게 전달연수를 실시한다.

참고자료 34	동료장학 추진과정
계획수립	자율적이고 협력적인 분위기 조성 수업공개자 또는 연구발표자 선정 수업연구과제 확인·선정, 잠정적 해결방안 논의, 수업상황 정보교환 상호간 사전교과연구진행, 공동협의기초 수업지도안작성 수업관찰 계획수립
수업관찰	수업지도안 재확인을 통한 수업활동의 전반적 과정에 대한 이해 수업실시, 수업관찰기록표에 따라 수업관찰 실시 연구과제 개선을 위한 객관적 자료수집 수업관찰결과 분석정리
관찰 후 협의회	상호 협동적이고 동료적인 분위기에서 자유로운 논의 수업연구과제 해결 및 개선방안 설정 설정방안을 적용하기 위한 추가적 수업관찰계획 장학활동 전 과정에 대한 반성평가 실시

③ 자기장학

교사 개인이 자신의 전문적 발달을 위하여 스스로 체계적인 계획을 세우고 이를 실천하는 활동으로 비디오 녹화, 녹음, 학생과 동료 교사로부터의 피드백 등을 통하여 수업개선과 자기성장을 위하여 노력하는 방법이다.

자기장학으로는 교직 경력 15년 이상 및 원로교사를 대상으로 하며, 교사 개인이 자신의 전문적 발달을 위하여 스스로 체계적인 계획을 세우고 실천한다. 자기장학 평가표를 통하여 전문성 신장을 위해 부단히 자기 자신을 계발하며, 자기장학 지원체제를 강화한다. 즉 자기 수업을 녹음 또는 녹화하여 분석 및 평가를 실시한다. 자기 수업활동에 대한 학생 대상의 의견 조사를 실시하고 평가한다.

교직, 교양, 전문서적, 잡지, 논문 등의 자료를 탐독하고 활용하며, 교육기관의 연수참여를 통하여 전문성 신장(대학원 수강, 직무연수, 자격연수 등), 각종 교육연구대회(현장교육 연구대회, 교육자료전, 교육방송연구대회 등) 참가를 활성화한다. 시범수업 참관 및 각종 연수회, 세미나 발표회, 강연회 등에 참가하며, 교과연구회나 학회 등 학술활동에도 참여한다. 관계기관을 방문하여 담당전문가의 조언경청을 통하여 정보를 입수하고, 교육방송 또는 TV 교원연수 프로그램을 시청한다. 그리고 1교사 1연수제를 운영한다.

참고자료 35	자기장학 추진과정
계획수립	자기발전을 위한 연구과제 선정 연구과제의 해결을 위한 구체적인 활동계획 수립 교장과 교감으로부터 지원 받기를 원하는 자원 구체화 연구과제 해결여부 평가기준과 방법구안 교장과 교감협의를 통한 자기장학 계획의 최종확정
실행	정해진 기간에 수립된 계획에 따라 자기장학 전개 연구과제 해결에 관한 정보서 작성 장학담당자와 수시협의, 교장·교감은 교사 요구 지원 사항을 적극 격려·지원
결과협의	자기장학 과정과 결과에 대해 교사 스스로 분석·평가 분석·평가내용을 서면으로 정리하여 결과협의를 위한 자료로 활용 장학담당자와 교사는 서면 자료를 중심으로 의견교환 자기장학을 통해 얻어진 아이디어나 정보공유 및 일반화

④ 약식장학

약식장학은 교장·교감이 간헐적으로 짧은 시간동안 학급순시나 수업참관을 통하여 교사들의 수업활동과 학급경영 활동을 관찰하고 이에 대하여 교사들에게 지도·조언하는 활동이다. 약식장학은 교장·교감의 계획과 주도하에 전개되는 비공식적인 성격이 강한 활동으로 다른 형태의 장학에 대하여 보완적이고 대안적인 성격을 갖는다. 현실적으로 학교장이나 교감의 학급순시나 수업참관에 대해 대부분의 교사들은 부정적인 반응을 보인다. 약식장학이 효과적으로 운영되기 위해서는 약식장학에 대한 거부감을 없애고 장학의 의미로 교사들이 수용해야 하며, 교장은 법적·지위의 권위가 아닌 전문적·인간적 권위를 얻도록 부단히 연구하고 노력하여야 한다.

⑤ 자체연수

교육활동의 개선을 위하여 교직원들의 필요와 요구에 터해 교내·교외의 인적·물적 자원을 활용하여 학교 자체에서 실시하는 연수활동으로 교장·교감, 교사뿐만 아니라 행정직원이나 관리직원들도 참여할 수 있다.

⑥ 방문장학

전 학급, 전 교사를 대상으로 하며, 학교장과 교감이 수시로 교내순시나 수업참관을 통하여 수업 및 학급 경영활동을 관찰하고 이에 대해 해당 교사들에게 지도·조언한다. 교사들은 교장, 교감이 학교교육 활동이나 학교경영 등 전반적인 영역에서 전체적으로 학교를 파악해야 함을 이해하고 방문장학에 대한 거부감을 갖지 않고 받아들인다.

교장, 교감은 법적인 권위나 지위의 권위보다는 전문적인 권위와 인간적인 권위로 교사들로부터 신뢰를 얻도록 노력하며 협의나 지도·조언을 통해 학년이나 학급에 필요한 정보나 각종 지원을 통해 현장의 문제점을 해결하도록 돕는다.

⑦ 임상장학

교육경력 5년 미만의 교사를 대상으로 교과는 수업자가 선정하고 동 학년 수업 전문요원의 협조를 받고. 장학 일주일 전에 동 교과 연구회 및 학년 수업 전문요원과 협의하여 교수-학습지도안(세안)을 작성한 후 결재를 득하고 수업을 한다. 수업이 끝난 후 교장, 교감과 협의하며 지도와 조언을 듣는다.

일반적으로 장학은 교육에 도움을 주고자 하는 중요한 교육활동이지만, 우리나라는 물론 외국에서도 장학은 교사들과 밀착되지 못하여 오히려 부정적인 태도를 보이는 문제점이 나타나고 있다. 이러한 문제점의 대안으로 나타난 것이 임상장학이다. 이는 1960년대 하버드 대학교가 개발한 교사의 직전교육의 프로그램에서 시작된 이후 현직교사의 수업기술 향상을 위한 장학의 중요한 방법으로 발전되어 오고 있다.

임상장학은 교실에서 이루어지고 있는 교수-학습 과정에서 일어난 사태를 실제로 관찰하여 자료를 얻고 이를 토대로 교사와 장학사가 교수계획과 전략을 수립하여 실행한 다음 그 결과를 평가하여 재반영함으로써 교사의 교실활동을 개선하고 학생들의 학습효과를 제고하려는 장학의 유형이다.

이는 교사의 전문적 성장과 수업지도의 개선어 목표를 두고 장학담당자와 교사가 상하관계가 아닌 수평적인 동료관계로서 상호신뢰하고 친밀한 관계에서 관찰결과를 평가하고 교사는 이를 수용하여 수업을 개선하고자 노력하는 인간관계의 신뢰가 바탕이 되는 장학이라 할 수 있다. 임상장학은 Cogan, Goldhammer, Anderson 등에 의해 개발되었다.

임상장학은 교사와 장학자 간의 상호작용적이고, 교사중심적인 장학의 한 대안이며, 교사의 필요에 의하여 교사가 주체가 되어 실시되는 장학이다. 또한 교사의 잠재능력을 믿고 이를 개발해주어 교사의 전문적 자질과 수업의 질을 향상시키고자 하는 수업장학의 한 형태인 실내장학이라고 할 수 있다. 그러므로 임상장학의 특징을 정리해보면 다음과 같다.

1. 교수향상을 위한 기술이다.
2. 교수과정에 의도적으로 개입한다.
3. 목표지향적이며 학교와 교직원의 성장욕구를 결합한다.
4. 교사와 장학사 간에 함께 일하는 관계를 확립한다.
5. 체계적이며 융통성 있는 방법론이 필요하다.
6. 이해, 지원, 성장을 위해 상호 신뢰가 필요하다.
7. 현실과 이상의 간격을 메워주는 생산적 노력을 창조한다.
8. 장학사를 위한 훈련이 필요하다.
9. 장학사는 교수와 학습에 관해 교사보다 더 많이 알고 있는 것으로 가정된다.

⑧ 사이버장학

사이버 공간을 통해 장학담당자와 학교간 정보교환 및 의사소통을 통하여 신속하게 문제를 해결함으로써 장학의 효율성을 제고할 수 있다. 시·공간을 초월한 사이버장학은 교육정보의 센터화를 지향하며 현장 접근성이라는 장점을 살려 교내 장학활동을 지원해주는 차원에서 사이버 공간이 매우 효율적일 것이란 가정으로 출발하고 있다.

장학활동이란 교수·학습활동의 효율화를 목적으로 교사의 전문성 신장, 교육과정 운영 및 학교 경영의 합리화를 위해 제공되는 지도, 조언, 조정, 정보제공, 자원봉사 등 일련의 전문적·기술적 활동으로 학교장의 지도력을 발휘하여 학교가 가지고 있는 인적·물적 자원을 최대한 동원하여 학교교육의 목표를 달성하려는 것이다.

소규모 학교나 산간지역의 고통문제 등으로 장학활동에 제한이 상존하고 있어 이를 극복하기 위한 새로운 모델로 사이버장학체제의 현장접근성은 점증되고 있는 추세이다. 이러한 시·공간적 제약을 극복하는 사이버장학은 전통장학 방법에 대한 대안으로 선택적 장학과 유층장학을 접목하여 실시한다면 여러 가지 제약요소에 의해 양질의 정보공유가 어려운 상황에서 좋은 효과를 거둘 수 있다.

사이버 장학의 운영방식으로는 첫째, 묻고 답하기 방식으로 교육관련 홈페이지에서 볼 수 있는 방식이다. 질문하기, 묻고 답하기를 통해 질문자가 단기간에 자신의 어려움을 해결하거나 도움을 얻을 수 있는 장점이 있다. 둘째, 상담형 운영방식인데 장학담당자와 2회 이상 사이버공간에서 교류하면서 문제를 해결하는 방식이다. 사이버공간의 장점을 최대한 활용하여 개인수업을 개선하거나 문제를 해결할 수 있는 가장 핵심적인 활동이지만, 교사 개인의 심적 부담과 장학담당자의 업무량 과다로 원활한 운영이 힘들다. 셋째, 게시형 운영방식인데 게재될 자료가 유용할 것이라는 가정 하에 다양한 장학자료를 웹을 통해 배부하거나 게시하는 운영방식으로 자료실 운영과 차이가 없다. 사이버장학의 전문화 실효성을 높이기 위해서는 기존의 자료실 운영과 같은 방식에서 벗어나 보다 진보한 체제를 구축해야 한다.

⑨ 수업컨설팅

수업컨설팅은 의뢰인이 자발적으로 컨설턴트에 전문적 도움을 구해서 스스로 문제를 해결하는 활동이다. 수업컨설팅의 기본 원리는 자발성의 원리, 전문성의 원리, 독립성의 원리, 자문성의 원리, 일시성의 원리, 학습성의 원리라고 할 수 있다.

수업컨설팅의 기본 입장은 교원들로 하여금 자신들에게 필요한 도움을, 자신들이 원하는 전문성을 가진 사람으로부터 받을 수 있도록 함으로써, 전문성 개발에 스스로 책임을 지도록 하면, 많은 교원들이 자긍심을 가지고 여기에 참여할 것이라는 것이다.

수업장학과 수업컨설팅은 매우 유사한 점도 있지만, 상당한 차이점도 있다. 장학은 손윗사람이 손아랫사람을 지도하는 일로 인식되는 경향이 강한 반면, 컨설팅은 지도보다는 상담을 해주는 것으로서 장학에 비해 두 교사가 더 평등하면서 상호작용적인 관계를 맺는 것을 전제로 한다. 즉 교사가 지도와 조언을 받는 것이 아니라 자신의 문제점을 상담자에게 알리고, 그 문제를 해결하기 위한 상담을 비교적 장시간에 걸쳐서 여러 번 실시하는 것이다. 그러므로 이 과정에서 교사가 자유롭게 질문도 하고 스스로 문제의 해결을 위한 대안도 제시해 보면서, 더 나은 대안을 함께 찾아 나가는 활동이 이루어져야 수업장학이 아닌 수업컨설팅이 이루어졌다고 할 수 있다.

수업컨설팅은 첫째, 문제의 진단이다. 교사들이 가지고 있는 문제가 무엇인지 알기 위하여 브레인스토밍, 설문조사, 면담을 실시한다. 둘째, 대안 마련이다. 더 자세히 수업컨설팅의 과정을 나누어 보면 다음과 같다.

참고자료 36 수업컨설팅 활동과정

문제의뢰	문제확인	문제진단	문제해결
• 수업교사 요구확인 • 문제해결방법 및 절차와 도구 협의	• 수업관찰 관점 명료화 • 수업관찰 및 데이터수집	• 관점/기준요소에 기초한 수업 및 수업자료 분석 • 수행수준 결정	• 개선 및 자원관련 조언 • 맞춤형프로그램 처방 • 추수활동 및 개선정도 확인

이러한 수업컨설팅은 자료활용을 토대로 하면 다음과 같이 네 가지로 살펴볼 수 있다.

첫째, 수업계획안의 분석이다. 수업계획안을 자료로 활용하는 것은 수업컨설팅의 여건상 수업관찰이나 학생들과의 면담이 불가능할 때에만 실시하는 것이 좋다. 수업자가 작성한 수업계획안을 수업상담자가 분석한 후, 이를 토대로 필요한 상담을 한다.

이때 상담자의 수업에 대한 안목 못지않게 컨설팅의 승패를 좌우하는 중요한 요인은 수업계획안이 어떻게 작성되느냐 하는 것이다. 수업계획안의 형식보다 구체성이 중요하며, 한 차시의 수업계획안보다 한 단원의 수업계획안을 제시해야 전체적인 맥락에 맞는 상담이 가능하다. 수업계획안에는 핵심적인 학습의 목표, 수업의 배경, 교과서와의 관계, 학습의 구조 및 학습진단의 구성방식, 시간계획 및 시간이 남거나 부족할 경우의 대안, 가정학습의 과제, 평가계획이 반드시 제시되어야 한다.

둘째, 수업 비디오테이프의 분석이다. 수업교사의 수업전체 과정을 비디오에 담은 후 상담자는 이 비디오를 사전에 분석한 후에 교사와 함께 비디오를 보면서 필요한 상담을 하는 것이 일반적이나, 수업교사가 자신의 수업비디오를 먼저 본 후에 스스로 반성적인 분석을 하도록 하고 교사의 반성과 상담자의 제언을 비교하면서 같이 보는 것이 효과적이다.

셋째, 학습일지 활용이다. 학습일지는 학생 피드백인데 학기 중에 수시로 활용할 수 있고, 학습일지의 작성 자체가 학습능력의 향상에 도움이 되기 때문에 교사들의 수업반성과 학습 이해도 파악을 위한 자료로 그 활용이 크게 늘어나고 있다. 작성된 학습일지는 상담자가 분석한 후에 교사에게 돌려주어 수업개선에 참고하도록 한다. 또는 교사와 상담자가 각각 분석한 후에 그 결과를 비교할 수도 있다. 결국 학습일지 활용은 학생들의 성취수준에 따라서 피드백이 달라지는지 비교하는 것이다.

넷째, 수업관찰기록이다. 수업장학은 주로 수업을 관찰한 직후에 수업에 대한 장학담당자의 의견을 제시하는 방식으로 이루어져 일회성 만남으로 끝났다. 그러나 수업컨설팅에서의 수업관찰을 토대로 한 상담은 3단계로 이루어진다.

먼저 사전면담인데, 사전 면담 시 관찰의 초점을 어디에 둘 것이지 협의한다. 이때 교사가 상담자에게 관찰에 필요한 정보와 자료를 미리 제공하는 것도 중요하며, 상담자가 수업에 대한 사전 이해를 위한 질문을 하기도 한다.

다음은 수업관찰인데 상담자는 수업시작 10분 전에 들어와서 학생들의 동향과 구조를 파악하며, 교사는 관찰자가 있음을 알리고 수업을 시작한다. 가능하면 비디오 촬영도 병행하며, 관찰자는 수업의 내용과 방법, 학생들의 참여방식과 정도, 학생들의 반응시간과 함께 가능한 한 자세히 적으면서, 떠오르는 질문이나 제언, 수업에 대한 느낌 등도 기록한다.

끝으로 사후면담인데 상담시간에는 교사가 하고 싶은 말을 먼저 충분히 하고, 긍정적인 부분부터 언급하는 등 교사가 편안하게 대화할 수 있는 분위기를 조성한다. 또한 개선이 필요한 부분의 피드백 제공과정에서 교사가 언제라도 질문을 할 수 있도록 하고, 같이 대안을 토론하는 교사와의 긍정적인 상호작용이 이루어지도록 노력한다.

5) 수업의 전문성

교사도 자신의 경쟁력을 높이기 위해서는 자신을 바꿔야만 한다. 수업도 과거의 형식, 관행을 과감히 탈피하고, 새로운 패러다임으로 바꿔야 한다. 자신의 수업에 전문성을 신장시키기 위해서는 첫째, 충실한 교재연구가 항시 선행되어야 한다. 학생의 능력과 학급의 실정을 고려한 다양한 방법의 교재연구와 교재의 특징을 고려한 수업지도안의 작성, 체제 및 내용, 본시 수업목표의 구체적인 제시, 내용 전개상 적당한 시간의 배분 등이 필요하다.

둘째, 기본 교수법의 숙지 및 실행이 중요하다. 안정감 있는 자세로 적절한 언어를 사용하며 간명하게 설명하고, 흥미를 끌 수 있는 발문을 하고, 계획에 따라 바른 필체로 구조화된 판서를 하며, 또한 학습자가 의욕을 갖고 발표하도록 도와준다.

셋째, 적절한 지도과정이 필요하다. 학습자들로 하여금 문제해결을 위한 적절한 동기유발을 촉진시키고, 교재의 특징에 따라 학생활동을 유도한다.

넷째, 교재내용에 알맞은 학습형태와 활동을 해야 한다. 집단화와 개별화가 조화를 이루도록 학습하여 개인의 학습속도를 촉진시키고, 개인차를 고려한 학습과 협동활동을 통하여 효과적인 학습목표에 접근시킨다.

다섯째, 학습자료를 적절하고도 효율적으로 활용해야 한다. 수업분위기 조성에 알맞은 교실환경에 마음을 쓰며 자료의 형태, 색깔, 안정성 등을 고려한다.

여섯째, 효과적인 수업의 정리에 신경을 쓴다. 개인차를 고려하여 학습내용을 정리하고 환류하며, 학습자의 능력을 고려하여 흥미를 유발할 수 있는 차시 학습 계획을 제시하며, 적절한 시기에 형성평가를 실시하여 학력성취도가 적절한 수준에 도달하였는가를 점검한다.

한편, 수업전문성 신장을 위한 정부의 주요 정책과제로서는 1영역 : 우수교사의 양성 및 임용을 위해 교원양성기관의 평가강화, 수업전문성 중심의 교원임용, 교원의 복수전공 활성화, 2영역 : 교사의 수업전문성 신장지원을 위해 교원능력개발평가의 전면실시, 맞춤형 교원연수 실시, 평가결과에 따른 전문성의 지원, 학교단위 성과급제의 도입, 수업 잘하는 우수교사 인증제 확산, 3영역 : 수업전념의 여건 및 분위기 조성을 위해 학교 내 행정업무처리체계 개편을 통한 행정업무의 경감, 국감 등 자료요구 관련한 학교현장의 업무경감 추진, 순회교사제도의 활성화, 교사의 수업공개 활성화 등이다.

기대되는 효과로서는 교사의 수업전문성 신장을 통해 교실수업 중심의 학교문화를 창출하고, 학생·학부모의 학교교육 만족도를 제고하며, 공교육의 경쟁력을 강화하고 사교육 수요를 흡수할 수 있다는 것이다.

또 교사의 수업능력 신장 및 수업연구의 활동 확대를 통해서 학교의 학습조직화 및 학교수업의 질을 제고하고, 교실수업의 질 개선으로 공교육의 경쟁력 강화 및 사교육 수요의 일정 부분 흡수가 가능하다는 것이다.

그리고 수업의 전문성 신장을 통한 공교육의 강화로 교사의 신뢰를 회복하고, 교사의 수업전문성 강화를 통한 교실수업의 개선으로 공교육에 대한 국민의 신뢰를 회복하며, 잘 가르치는 교사를 우대함으로써 교단교사 존경풍토를 조성하고, 교실수업 중심의 학교문화를 조성하며, 양성 및 임용단계에서의 수업전문성을 강화한다는 것이다.

한편 재직단계의 수업전문성 신장 등 교직 전 단계에 걸친 지원으로 교실수업을 개선하고, 교사가 수업에 전념할 수 있는 여건을 조성함으로써 교실

수업 중심의 학교문화를 창출하며, 수업중심의 평가실시로 자기주도적인 교육 연구 활동을 촉진할 수 있게 된다는 것이다.

끝으로, 인사관리형 평가에서 수업전문성 중심의 평가제 도입으로 교사의 자기주도적인 수업능력 개발을 촉진하고, 교원능력개발평가 결과와 연계한 맞춤형 연수실시로 인한 연수 효과를 제고하며, 연수기관 및 연수과정에 대한 교사의 선택권 부여를 통한 연수기관의 질 제고를 유도한다는 것이다.

6) 수업전문성의 일반기준

지식, 계획, 실천, 전문성으로 나누며 요건은 교사가 알아야 할 것, 교사가 해야 하는 것, 교사가 전문성 발달을 위해 해야 할 것 등이다.

참고자료 37 수업전문성 일반기준영역

대영역	중영역	기준요소
지식	내용 지식 및 내용 교수법	내용 지식의 이해
		내용 교수법 및 오개념 인지
	학생 이해	발달, 인지 학습
		개인차
계획	수업 설계	학습 목표 설정 및 진술
		일관성 있는 수업 설계
실천	학습 환경 조성 및 학급 운영	안전하고 효율적인 물리적 환경
		생동감 있는 학급 분위기와 학습 문화 조성
		효율적인 학급 운영과 학생 지도
	수업 실행	사전 지식 활성화와 학생 지도
		이해와 사고를 촉진하는 수업 전략
		유의미한 학습 활동 및 과제 수행
		효과적인 자료 활용
		명료한 의사 소통 및 적절한 언어 사용
		효과적인 질문 사용
		이해 점검 모니터링 및 피드백
		유연한 상황 대처
		구조화된 수업 전개와 효율적인 시간 관리

전문성	수업 반성 및 전문성 발달	교사의 수업 반성
		동료 교사와의 협력
		학부모와의 협력
		전문성 발달 노력

제11장
교육과정의 편성과 운영

1. 교육과정 편성·운영의 필요성
2. 교육과정 편성·운영의 성격
3. 교육과정 편성의 기본원리
4. 교육과정의 편성체제
5. 교육과정의 편성절차
6. 학교급별 교육과정 편성·운영
7. 학교급별 공통사항
8. 국가수준 교육과정 운영
9. 2007 개정교육과정
10. 2009 개정교육과정
11. 2011 개정교육과정

1. 교육과정 편성·운영의 필요성

교육과정, 곧 영어의 curriculum이란 그 어원이 라틴어의 currere에서 출발한다. currere란 '뛴다'라는 의미의 라틴어 동사이며, 이는 말이 달리는 코스(a course of race)라는 명사 curriculum의 근원인 셈이다. 말이 경주를 할 때에는 무작정 달리는 것이 아니고, 반드시 뚜렷한 목표지점에 인도되는 주로(走路) 위를 뛰어가기 마련이다. 이와 같은 뜻이 교육에 도입되어 일정한 목표를 향해서 학습하는 진로, 또는 진로에서 경험하는 내용을 의미하여 교육과정이라는 말로 쓰여 지게 되었다. 이렇게 생겨난 교육과정이 가지는 일반적인 의미는 여러 가지로 나타나는데, 협의의 의미와 광의의 의미로 구분해 볼 수 있다.

좁은 의미로 보는 입장은 교육과정을 교과과정이라고 보는 견해들을 말하는 데, 이런 입장을 보이고 있는 견해를 살펴보면 다음과 같다. 더글러스(Douglass)는 교육과정을 "교육관에 따라 행해지는 일련의 교과 체계, 또는 작업이나 활동을 포함한 생활경험"이라 하였고, 맥너니(McNerney)는 교육과정의 개념을 두 가지 견해로 피력하여 첫째, "학생들을 교육시키기 위해서 그들을 가르치는 내용이 교육과정"이고, 둘째는, "교육이 일어나게 되는 환경이 곧 교육과정"이라 보고 있다. 또한 허친스(Hutchines)는 "교육은 가르침을 뜻하고, 가르치는 것은 지식이며, 지식은 진리를 뜻하므로 어디서나 동일하며, 따라서 교육은 어디에서나 동일해야 한다."고 단편적으로 피력하고 있으며, 인로우(Inlow)는 "예정된 성과를 거둘 수 있도록 학생들의 학습을 이끌어 가는 학교의 모든 노력에 관한 계획"을 교육과정이라고 정의하고 있다. 이러한 견해는 1950년대 세일러(Saylor)와 알렉산더(Alexander)에게서도 알 수 있다.

그동안 우리나라의 초·중등학교 교육은 획일적 교육과정의 운영으로 개성 없는 규격화된 인간을 양산해 왔다. 그리고 그 모두라고 해도 좋을 정도로 입시위주의 주입식 지식교육 일변도로 치닫고 있다. 그만큼 학교교육은 학생들에게 무거운 부담을 주고 있으며 삶의 의미와 기쁨을 찾는 과정이 되지 못한 닫힌 체제의 교육으로 일관되고 있다.

그러나 앞으로의 교육은 교육개혁위원회가 신교육체제에서 구상하고 있는 바와 같이 열린 체제로 바꾸어야 건전한 인성발달을 도모하고, 다양한 능력과 적성을 존중하며 독창적이고 유용한 지적가치를 생산할 창의적 능력을 기를 수 있게 될 것이다. 그렇게 되어야 지식·정보의 양이 급증하는 지식·정보사회의 요구에 대응할 수 있는 인간성이 가능해 질 것이다.

이런 측면에서 많은 나라가 학교교육에 대한 개혁노력을 경주하고 있는데 미국, 영국, 일본 등 선진국들은 이미 1980년대에 21세기를 대비한 교육개혁을 단행하였다. 이러한 교육개혁의 공통적인 흐름은 한결같이 21세기를 정보화 사회로 규정짓고 정보화 사회 대응 차원에서 정보교육을 도입, 강화한 것이다.

이와 같은 교육개혁은 많은 측면에서 제기되는데 그 중에서도 학교교육의 핵심을 이루는 것은 바로 교육과정의 편제요, 운영이라 하겠다. 이렇듯 미래사회가 정보사회라는 데에는 많은 사람들이 의견의 일치를 보이고 있을 뿐만 아니라 선진국의 미래대비 교육 중 상당 부분이 정보화 사회 대비교육으로 집중되고 있는 것이다.

그리고 선진제국의 정보화 사회를 대비한 교육적 노력은 크게 컴퓨터교육, 첨단 정보공학의 교육적 이용 및 학교경영의 정보화 등으로 구분되고 있다. 여기서 우리는 21세기 교육은 작게는 정보화 사회에서 요구되는 정보활용의 능력을 육성하고, 크게는 정보화 사회를 주도할 인간을 기르기 위해서 정보화 사회 대응차원에서 총체적인 교육과정 개편과 교육체제의 개편이 요구된다.

제7차 교육과정에서도 컴퓨터에 의한 교육을 강화할 것을 제시하고 있거니와 컴퓨터 통신의 급격한 발전과, 전국적인 컴퓨터네트워크화로 학습정보 데이터베이스 구축이 가시화되고 있다. 그리고 지식·기술의 수명이 정보화 사회에서는 더욱더 단명해짐에 따라, 성인교육의 수요가 폭증하게 될 것이다. 뿐만 아니라 정보화 사회에서 더욱더 요구되는 정보의 창조, 선택, 처리, 평가능력, 문제해결 능력과 고차원적인 사고능력을 신장시키는데 컴퓨터를 이용하는 노력이 계속적으로 경주되어야 한다.

또한 앞으로의 학습자료는 교육용으로 소프트웨어화되어서 컴퓨터통신에 의해 전달될 것이기 때문에 다른 무엇보다 교육용 소프트웨어의 질관리 제도의 정착이 요구된다. 그리고 궁극적으로는 정보화 사회에 걸맞은 가치관 교육이 가장 긴요한 문제이다. 산업사회에서의 가치관과 정보화 사회에서의 가치관은 다르다. 그러므로 정보화 사회에 걸맞은 새로운 가치관 교육이 긴요한 문제다.

위에서 전망한 교육은 각급 학교교육에서 교육과정의 개정을 통하여 구체화되어야 한다. 즉 초·중등학교 교육과정은 교육의 목표, 내용 및 방법 등에서 정보화를 추진하여야 한다. 이를 위해서 초·중등학교 교육과정은 첫째로 정보심성을 키울 수 있는 내용을 교과목에서 폭넓게 개발하도록 하여야 할 것이다.

다음에 초·중등학교 교육과정의 정보화는 정보문제를 높이기 위한 목표를 세워야 할 것이다. 그리고 정보화 사회와 관련한 또 다른 발전과제는 교육과정의 구조를 정보화 사회에 조화롭게 변화시켜 나가도록 할 것이며, 나아가 정보화 사회의 학교교육과정은 인간존중의 정보과학 기술교육을 목표로 해야 할 것이다.

오늘날 우리의 교육은 입학시험, 평준화, 의무교육, 영재교육 등 제도개혁으로 일관하고 있다. 그러나 교육은 이들 제도개혁만으로 달라지는 것이 아니다. 그 제도 속에서 무엇을, 누가, 어떻게 가르치느냐를 연구하여야 하며, 이것이 곧 교육과정에 관한 문제가 된다.

기초교육인 읽기·쓰기·셈하기에서 연령별, 학년별 능력을 명백하게 분석해내야 하며, 이러한 교과의 분류와 학생의 성장·발달을 동시에 고려하여 학교교육의 성과를 보다 높일 수 있도록 연구·개발되어야 하되, 그것이 앞으로 정보화 사회에 걸맞은 것이 되어야 한다.

따라서 학교수준에서 학교 교육과정을 편성하고 운영해야 할 필요는 첫째, 교육의 효과성을 높이기 위해서이다. 둘째, 교육의 적합성을 높이기 위해서이다. 셋째, 교원의 자율성과 전문성을 신장시키기 위해서이다. 넷째, 교육의 다양성을 추구하기 위해서이다. 다섯째, 학습자 중심의 교육을 실현하기 위해서이다.

2. 교육과정 편성·운영의 성격

1) 학교별 특성

학교별 교육과정의 운영과 편성은 각 학교가 위치해서 가지고 있는 지역사회의 특성과 학생들의 특정한 요구에 초점을 맞추어 편성해서 운영하여야 한다. 학교는 〈초·중등교육법〉 제23조에 의거, 교육과정을 운영하여야 한다고 법률적 근거를 부여받았으므로, 학교의 실정에 맞도록 교육과정을 편성·운영할 수 있는 것이다.

학교 교육과정은 당해 학교가 수용하고 있는 학생에게 책임지고 실현하여야 할 교육목표, 내용, 방법, 평가 등에 대한 구체적인 실행교육 프로그램이고, 특색 있는 교육설계도이며, 상세한 교육운영 세부시행 계획이다. 학교 교육과정에는 당해 학교의 교육목표와 경영철학, 전통, 특성 등이 치밀하게 반영되어 있어야 하며, 당해 학교의 창의적이고 독특한 교육내용, 방법과 특색 있는 운영방안이 나타나 있어, 모든 학교가 다양한 교육의 모습을 보일 수 있게 편성되어야 한다.

2) 상황 적응성

학교 교육과정의 편성·운영은 반드시 국가수준의 교육과정, 시·도교육청의 교육과정 편성·운영지침이나 지역교육청에서 제공하는 교육과정 편성·운영 장학자료에 관하여 구성되는 것이 아니고, 오히려 그런 교육과정들을 기초로 학교의 특정한 상황에 맞게 조화를 시키는 활동이다.

따라서 학교 교육과정의 편성·운영은 국가수준의 교육과정과 시·도교육청에서 제공하는 교육과정 편성·운영 지침 등 교육청에서 제공하는 교육과정의 틀을 기준으로 하여 학교가 자율적으로 특색 있도록 편성·운영하는 활동을 말한다.

3) 과정 중심성

학교의 교육과정 편성·운영은 과정 중심적이어서 교육과정 편성·운영의 전략적 측면에서 보면 결과보다는 편성·운영과정 그 자체에 중요성을 둔다. 바꾸어 말하면, 학교 교육과정 편성·운영은 최종적인 결과인 프로그램의 산출도 중요하지만, 그 보다는 산출을 내기까지의 과정을 통해서 학교의 구성원들이 학교 교육과정의 의미와 중요성을 잘 이해하고, 자율성과 협동성을 발휘하여 전문성을 신장시키는 측면을 더욱 중요하게 생각하는 활동이다.

4) 참여성

학교 교육과정의 편성과 운영은 참여적이기 때문에, 교사들이 변화를 위한 계획을 세우는 데 있어서 서로 협동하는 것이 적절한 교육과정의 편성·운영 방식이자 바람직한 모습이다. 그러므로 비록 어느 교사 한 사람의 노력으로 뛰어난 수준의 학교 교육과정을 편성한다 하더라도 그것은 과히 바람직하지 아니 하며, 또한 성공하기도 어렵다. 왜냐하면, 학교의 교육과정은 그 본질이 집단적 사고의 산물이자 집단적인 지식이기 때문이다. 따라서 교사들의 협동적인 참여와 민주적인 의사결정이 배제된 학교의 교육과정은 학교 구성원들의 학교 교육과정에 대한 인식의 공유를 이끌어내지 못하기 때문에 그 실행과정에서 소기의 성과를 기대할 수 없게 된다.

5) 개방성

편성된 교육과정은 실행한 후에 평가를 통해서 얼마든지 수정될 수 있기 때문에 실험적이고 개방적인 특징을 지니게 된다. 학교의 교육과정은 일회적이고 정적인 개념이 아니고, 계속적이고 동적인 개념으로서 해를 거듭하면서 꾸준히 발전되어 나가는 프로그램이라고 할 수 있다. 따라서 주어진 것이 아니라, 계속 만들어 가며 보완해 가는 것이다.

6) 교사의 역할확대

학교 교육과정의 편성·운영은 교사의 역할을 확대하는 것이어서, 학급으로 제한되어 있는 교사의 역할 범위를 좀 더 넓은 범위까지 확대하게 되고, 그 결과로 교사들은 기존의 역할에 변화와 융통성을 주어야 할 것을 요구받고 있다. 전통적으로 교사들은 외부로부터 주어진 내용을 학급 내에서 학생들에게 수업을 통해서 전달하는 수동적이고 타율적인 역할에만 머물러 있었다. 그러나 학교 교육과정의 편성과 운영은 교사들이 그러한 역할을 넘어서서 때로는 교육과정 전문 학자, 교과의 전문가, 교육과정의 해설 및 자문가 등 교육학자의 역할과 함께 새로운 지식의 창조자로서의 능동적이고 전문적인 역할을 새롭게 요구하고 있다.

3. 교육과정 편성의 기본원리

1) 목적지향성의 원리

교육과정을 통하여 국가수준과 시·도교육청 및 지역교육청 수준의 핵심적인 교육목적이 달성되어야 하는 것이므로, 학교의 교육과정은 이러한 교육목적에 꼭 부합되어야 한다. 각 교과 및 학년은 학교의 교육과정 및 활동을 상위의 교육목적들과 연결시켜야 한다. 학교 교육과정위원회는 상위의 각 교육목적이 학교의 교육과정에서 적절하게 강조되고 있는지, 또 내용 간에 지나친 반복은 없는지, 그리고 내용들이 더 통합될 수는 없는지 등의 사항들을 반드시 검토해 보아야 한다.

2) 균형성의 원리

핵심적인 교육목적을 다루어야 하는 필수과목과 학생들의 개별적인 특수한 흥미를 개발, 탐색하게 하는 선택과목 및 창의적인 체험활동 등은 적절한 균형을 이루어야 한다. 동 교과목들에 할당된 시간은 학교가 설정한 교육목적상의 우선순위를 반영해야 한다. 무엇이 적절한 균형이며 어떤 과목들이 중요한가 하는 것은 학교마다 다소 주관적이어서 획일적으로 말하기는 어려운 문제이다.

그러나 한 가지 방법은 교과별로 국가수준 혹은 교육청 수준에서 주어지는 최소한의 시간 배당, 전문가들이 판단하는 시간 배당, 현재 학교의 실태 등을 비교하는 표를 만들고 이를 토대로 교사와 학부모들이 협의하여 각 교과별로 학교가 앞으로 배당해야 할 적절한 시간을 결정한 후에 학교 교육과정위원회가 이를 수렴하여 최종적으로 결정하는 방법이다.

3) 통합성의 원리

종적인 연결은 학년 간 및 수준 간 연결을 의미하는데 이는 학생들의 학업 성취 등의 결과를 분석하거나 교사들 간의 협의로 파악될 수가 있다. 횡적인 연결은 특정 학년에서의 교과 간 연결을 의미한다. 횡적 연결의 문제는 상위학년일수록 더욱 중요하다. 횡적 연결의 문제를 해결하는 쉬운 방법은 각 학년별로 교사들이 모여 연간교육계획을 펼쳐놓고 비교·조정하는 것이다.

단원계열의 변경, 통합단원의 개발, 특정교과의 내용추가, 연속성이 낮은 부분을 찾아내고 그 부분의 수정 등을 통해서 가능하다. 통합은 학생들로 하여금 지식간의 관계를 이해시키고 여러 학문분야의 지식을 두루 활용하도록 하기 위해 교과들을 서로 연결시키는 다양한 접근법을 사용하게 된다.

4) 학습자 중심의 원리

학교의 교육과정은 해당 학교 학생들의 특수한 요구에 부응해야 한다. 학생의 요구도 보는 이의 가치관에 따라 다르게 판단될 수 있다. 그러나 학교 내외의 가용한 자원, 지역사회의 가치관, 교육자의 신념 등을 토대로 요구가 판단되어야 한다. 구체적으로 학교 교육과정위원회는 학생의 요구를 파악하기 위해서 학부모, 학생, 교사들의 의견을 모두 들어야 한다. 그리고 필요한 요구는 여러 가지의 다양한 방법과 조치를 통해서 수용하여야 한다.

4. 교육과정의 편성체제

학교 교육과정의 편성 형태는 당해 학교에 자율권과 재량권이 부여되어 있으므로, 여러 가지 방안이 나올 수가 있다. 그러나 어떤 형태나 체제로 편성하든지 간에 학교 교육과정에는 학교장의 교육철학이나 학교의 교육목표,

당해 연도의 노력 중점이 뚜렷이 부각되어야 하며, 교육과정의 편제와 시간의 배당, 교과, 창의적 체험활동의 학년·교과·영역별 교육중점과 연간지도계획, 평가계획 등이 포함되어야 한다. 따라서 학교 교육과정의 편성에 있어서 고려해야 할 주요한 점들은 다음과 같다.

- 학교 교육목표의 결정

① 교육의 가치성, 실천의 가능성, 평가의 가능성 등을 고려하여 신중하게 결정한다.

② 교과목표, 학년목표, 영역별 활동목표 등의 하위목표로 구체화될 수 있도록 상위목표를 설정한다.

- 각 교과별 학년목표의 결정

① 국가수준 기준에는 교과별로 학교급별 학년목표가 제시되어 있지 않으므로, 각 학교에서 학교 교육과정 편성 시 당해 학교의 학습자 실태 및 특성을 고려하여 적정한 학년목표를 필수적으로 결정해야 한다.

② 학년목표의 수준, 목표의 수, 설정영역 등은 그 학교의 학생에게 적합하도록 결정해야 한다.

- 교과별, 학년별 교육내용의 결정

① 국가수준에 지시된 교과별, 영역별, 학년별 교육내용을 골격으로 상세화 하고 보완한다.

② 교과별, 영역별로 가장 기초·기본적인 지식과 능력을 정선하여 체계화한다.

- 교육내용별 소재의 결정

① 교육내용별로 그 지역, 그 학교에 적절한 수업소재를 선택·결정한다.

② 소재선정 시에는 학습자와 친근한 것, 간단한 것, 최근의 것, 보편적인 것, 구체적인 것부터 우선적으로 한다.

• 교육방법의 결정

① 교사의 일방적인 강의, 해설, 설명은 꼭 필요한 경우에만 적용하고, 팀 티칭, 협력학습 등 다양한 교육방법을 도입한다.

② 학생의 직접 체험활동, 소그룹별 공동과제 해결활동, 개별 학습활동이 전개될 수 있는 교육방법을 선택한다.

• 학습시간의 설정

① 교육내용의 수준과 분량, 특성, 학습형태와 학습방법 등을 고려하여 적정한 학습시간을 배당한다.

② 고정적인 학습시간 배당의 종래 방식에서 벗어나 유연하고 융통성 있게 배당한다.

③ 심도 있는 학습이 이루어질 수 있도록 개인차에 따른 소집단별 학습시간을 고려한다.

④ 창의적 체험활동의 영역별 학습시간을 균형 있게 배정한다.

• 학습시기의 결정

① 교육과정 및 교과서에 제시된 배열순서에 전혀 구애 받지 않고 그 학교에서 학습하기에 가장 알맞은 시기를 결정한다.

② 특히 계절, 기후, 세시풍속, 국가 및 지역의 행사, 환경, 자연계의 생태, 각종 역사적·사회적 사건과 관련 있는 교육내용은 학습하기에 가장 적합한 시기에 학습과제가 다루어질 수 있도록 편성한다.

• 학습매체의 결정

① 학습매체는 교사용, 학생용을 모두 포함하여 선택·결정한다.

② 교수·학습에 필요한 모든 분비물을 포함하여 선택하고, 견학, 방문, 실습과 자원 인사초빙도 학습매체 선정 시 계획한다.

③ 교과용 도서 외에 다양한 학습매체를 활용한다.

• 평가계획의 결정

① 평가도구, 평가방법, 평가시기 등을 결정한다.

② 선택형 지필검사에만 의존하지 않도록 각별히 유의한다.

③ 학생은 기대하는 대로 성장하기보다는 평가하는 대로 성장한다는 점에 유의한다.

5. 교육과정의 편성절차

학교 교육과정 편성 시 사전 준비사항으로는 다음과 같이 네 가지가 있다.

• 학교 교육과정위원회의 조직·운영

교원, 학부모, 지역사회 인사 및 교육과정 전문가로 구성되는 교육과정위원회를 조직한다. 위원회는 학교운영위원회와 연계하여 구성하되 다양한 사람들로 구성하는 것이 바람직하다. 위원회는 자료수집, 실태조사, 교육과정 편성 및 운영평가 등의 소위원회로 조직하여 가능한 많은 교사들이 참여하도록 하는 것이 좋다. 위원회는 활동계획, 회의록, 평가보고서 작성 등 실질적인 활동을 하도록 운영한다.

• 국가수준의 기준과 시·도교육청 지침의 내용분석

국가수준 교육과정 기준에는 교육과정의 성격, 교육을 통해 추구하는 인간상, 교육과정의 구성방침, 초·중·고의 교육중점과 교육목표, 편제와 시간배당기준, 학교 교육과정 편성·운영지침 등이 제시되어 있다. 또 각 시·도교육청에서 제시한 학교 교육과정 편성·운영지침을 근거로 하여 단위학교의 학교 교육과정을 편성하여야 한다.

• 각종 실태조사·분석과 시사점 추출

국가에서 문서로 고시한 교육과정 기준과 시·도교육청에서 제시한 교육과정 편성·운영지침의 내용을 근거로 하여 교과활동, 재량활동, 특별활동에 따라 분석하고, 필요한 경우는 관계법령, 교육시책, 교육지표 중점과제의 내용을 분석하여 학교 교육과정에 반영할 시사점을 일관성 있고 체계적으로 추출하는 것이다.

지역의 특수성과 학교실정에 맞는 특색 있고 창의적인 교육프로그램을 편성하려면, 무엇보다 중요한 것이 각종 기초조사와 실태분석을 하여 학교 교육과정에 반영할 시사점을 추출하는 일이다.

- 지역사회의 교육여건과 환경조사

학교 교육과정을 편성·운영하는 데에는 교원조직, 학생실태, 학부모요구, 지역사회실정 및 교육시설과 설비 등의 교육여건과 환경이 충분히 반영되어야 한다. 모든 학습활동을 통하여 조사, 탐구, 견학, 답사, 실험, 실습, 관찰 등과 같은 직접적인 체험활동이 이루어지도록 하려면 지역사회의 교육시설, 문화재, 역사유적, 전적지, 자연 등을 활용한 교육활동이 중요하다.

지역사회의 교육설비나 시설을 이용하기 위해서는 사전준비와 해당기관과의 유기적인 협조체제가 강구되어야 하며, 활동주제에 따라서는 지역사회의 자원인사를 적극 활용할 수 있는 대책이 수립되어야 한다.

새 학년 교육과정은 전년도 11월부터 작업에 착수해야 한다. 절차와 추진계획을 세부적으로 작성하되 순서와 추진내용, 담당자와 필요한 자료 등을 명세화한 계획을 작성하여 일정대로 추진하고 수시로 보완해 가야 한다. 우선 교육과정 편성·운영의 일반적인 절차를 살펴보고 학교 나름대로 추진계획을 수립한다. 교육과정위원회의 조직과 임무를 분담하고 세부업무 추진사항을 정한 다음 일정을 잡아야 한다.

그러므로 편성절차는 학교 교육과정위원회 조직 → 국가수준 교육과정 분석, 시·도교육청 교육과정 편성·운영 지침분석 → 기초실태 조사분석 → 학교 교육과정 구성방향 및 편성기준 결정 → 학교 교육목표 및 구현방안 설정 → 학교 교육과정 시안작성, 분석, 검토 → 학교 교육과정 확정 → 학교 교육과정 운영 → 학교 교육과정 평가로 나타낼 수 있다.

6. 학교급별 교육과정 편성·운영

- 초등학교 교육과정 편성·운영 중점

① 학교는 1학년 학생들의 입학초기 적응교육을 위해 창의적 체험활동의 시수를 활용하여 자율적으로 입학초기 적응프로그램을 편성·운영할 수 있다.

② 학교는 모든 교육활동을 통해 학생의 인성과 기본생활습관을 형성할 수 있도록 교육과정을 편성·운영한다.

③ 각 교과의 기초적, 기본적 요소들이 체계적으로 학습되도록 계획하고, 정확한 국어사용 능력을 신장할 수 있도록 배려한다. 특히, 기초적 국어사용 능력과 수리력이 부족한 학생들을 위해 별도의 프로그램을 편성·운영할 수 있다.

④ 학교의 특성, 학생·교사·학부모의 요구 및 필요에 따라 학교가 자율적으로 교과별 20% 범위 내에서 시수를 증감하여 운영할 수 있다.

⑤ 초등학교에서는 학교의 여건과 교과별 특성을 고려하여 학년, 학기별로 집중이수를 통해 학기당 이수교과 수를 감축하여 편성·운영할 수 있다.

⑥ 정보통신 활용교육, 보건교육, 한자교육 등은 관련교과와 창의적 체험활동 시간을 활용하여 체계적인 지도가 이루어질 수 있도록 한다.

⑦ 전입학생이 특정교과목을 이수하지 못할 경우 교육청과 학교에서는 보충학습과정을 통해 학습결손이 발생하지 않도록 한다.

⑧ 학년을 달리하는 학생을 병합하여 복식학급을 편성·운영하는 경우에는 교육내용의 학년별 순서를 조정하거나 공통주제를 중심으로 교재를 재구성하여 활용할 수 있다.

⑨ 학교는 학생이 학년군별로 이수해야 할 학년별, 학기별 교과목을 편성하여 안내한다.

⑩ 예술은 음악과 미술교과를 중심으로 편성·운영한다.

• 중학교 교육과정 편성·운영 중점

① 학교는 학생들이 이수해야 할 3년간의 교과목을 학년별, 학기별로 편성하여 안내한다.

② 교과의 이수시기와 수업시수는 학교가 자율적으로 결정할 수 있다.

③ 학교의 특성, 학생·교사·학부모의 요구 및 필요에 따라 학교가 자율적으로 교과별 수업시수를 20% 범위 내에서 증감하여 운영할 수 있다.

④ 교육효과를 높이기 위해 학생의 학기당 이수 교과목 수를 8개 이내로 편성하도록 한다.

⑤ 예술은 음악과 미술교과를 중심으로 편성·운영한다.

⑥ 선택과목을 개설할 경우 학교는 2개 이상의 과목을 개설함으로써 학생들의 선택권이 보장되도록 한다.

⑦ 학교는 필요한 경우 새로운 선택과목을 개설할 수 있다. 새로운 과목을 개설하여 운영하고자 할 경우는 시·도교육청의 교육과정 편성·운영지침에 의거하여 사전에 필요한 절차를 거쳐야 한다.

⑧ 학교는 학생의 직업 및 진로에 대한 탐색과 선택을 돕기 위해 진로교육을 강화한 교육과정을 편성·운영한다.

⑨ 전입학생이 특정 교과목을 이수하지 못할 경우 교육청과 학교에서는 보충학습과정을 통해 학습결손이 발생하지 않도록 한다.

• 고등학교 교육과정 편성·운영 중점

① 고등학교 교육과정의 총 이수단위는 204단위이며 교과 180단위, 창의적 체험활동 24단위로 나누어 편성한다.

② 교과의 이수시기와 단위는 학교에서 자율적으로 편성·운영할 수 있다.

③ 교육효과를 높이기 위해 학생의 학기당 이수과목 수를 8개 이내로 편성하도록 한다.

④ 선택과목 중에서 위계성을 갖는 과목의 경우 계열적 학습이 되도록 편성한다. 단, 학교실정 및 학생요구, 과목성격에 따라 탄력적으로 운영할 수 있다.

⑤ 선택과목은 학교실정과 학생요구를 반영하여 편성하되, 학교는 필요

에 따라 이 교육과정에 제시되어 있는 과목 외에 새로운 과목을 개설할 수 있다. 새 과목을 개설하여 운영하고자 할 경우는 시·도교육청의 교육과정 편성·운영지침에 의거하여 사전에 필요한 절차를 거쳐야 한다.

⑥ 일정규모 이상의 학생이 이 교육과정의 편제에 있는 특정 선택과목의 개설을 요청할 경우 학교는 이를 개설하여야 한다.

⑦ 학교에서 개설하지 않은 선택과목 이수를 희망하는 학생이 있을 경우 그 과목을 개설한 다른 학교에서의 이수를 인정하도록 한다.

⑧ 학교 및 학생의 필요에 따라 지역사회의 학습장에서 행하는 학습을 이수과목으로 인정할 수 있다. 다만, 이 경우 시·도교육청이 정하는 지침에 따른다.

⑨ 학교는 필요에 따라 대학과목 선이수제의 과목을 개설할 수 있고, 국제적으로 공인 받은 교육과정과 과목을 선택과목으로 인정할 수 있다. 다만, 이와 관련된 구체적인 사항은 시·도교육청지침에 따른다.

⑩ 학교는 필요에 따라 교과의 총 이수단위를 증배(增配) 운영할 수 있다. 단, 전문교육을 주로 하는 학교는 전문교과에 한하여 증배 운영할 수 있다.

⑪ 학생이 3년간 이수해야 할 학년별, 학기별 과목을 편성하여 안내해야 한다.

7. 학교급별 공통사항

① 학교는 이 교육과정을 바탕으로 학교실정에 맞는 학교 교육과정을 편성·운영한다.

② 학교는 학교 교육과정 편성·운영계획을 바탕으로 학년 및 교과목별 교육과정을 편성할 수 있다.

③ 학교 교육과정은 모든 교원이 전문성을 발휘하여 참여하는 민주적인 절차와 과정을 거쳐 편성·운영한다.

④ 교육과정의 합리적인 편성과 효율적 운영을 위하여 교원, 교육과정 전문가, 학부모 등이 참여하는 학교 교육과정위원회를 구성하여 운영하며, 이 위원회는 학교장의 교육과정 운영 및 의사결정에 관한 자문의 역할을 담당한다.

⑤ 학교 교육과정을 편성·운영함에 있어서는 교원조직, 학생실태, 학부모 요구, 지역사회실정 및 교육시설·설비 등 교육여건과 환경이 충분히 반영되도록 노력한다.

⑥ 학교는 동학년모임, 교과별모임, 현장연구, 자체연수 등을 통해서 교사들의 교육활동개선이 이루어지도록 한다.

⑦ 학교가 종교과목을 개설할 때에는 종교 이외의 과목을 포함, 복수로 과목을 편성하여 학생에게 선택의 기회를 주어야 한다.

⑧ 각 교과의 기초적, 기본적 요소들이 체계적으로 학습되도록 계획하고, 이를 일관성 있고 지속성 있게 지도한다.

⑨ 각 교과목별 학습목표를 모든 학생이 성취하도록 지도하고, 능력에 알맞은 성취가 가능하도록 다양한 학습의 기회와 방법을 제공하며, 이를 위한 계획적인 배려와 지도를 하여 학습결손이 누적되거나 학습 의욕이 저하되지 않도록 노력한다.

⑩ 공통교육과정에서는 학생의 능력과 적성, 진로를 고려하여 교육내용과 방법을 다양화 한다. 특히 국어, 수학, 사회, 과학, 영어교과에서는 수준별 수업을 권장한다.

⑪ 수준별 수업운영을 위한 학습집단은 학교의 여건이나 학생의 특서에 따라 다양하게 편성할 수 있으며, 학습결손을 보충할 수 있도록 특별 보충수업을 운영할 수 있다. 특별보충수업의 편성·운영에 관한 제반 사항은 학교가 자율적으로 결정한다.

⑫ 교과수업은 탐구적인 활동을 통하여 개념 및 원리를 이해하고 이를 새로운 사태에 적용하는 기회를 많이 가지게 한다. 특히 여러 가지 자료를 활용한 정보처리능력을 가지도록 하는데 힘쓴다.

⑬ 각 교과의 특성에 맞는 다양한 학습이 이루어질 수 있도록 교과교실 운영을 활성화 한다.

⑭ 실험실습이나 실기지도에 있어서는 시설 및 기계·기구, 약품사용의 안전에 유의하도록 한다.

⑮ 학교는 학생과 학부모 요구를 바탕으로 방과 후 학교 또는 방학 중 프로그램을 개설할 수 있으며, 학생들의 자발적인 참여를 원칙으로 한다.

8. 국가수준 교육과정 운영

1995년 12월 14일, 교육개혁위원회는 교육과정의 개혁안을 마련, 공청회를 통해 발표하였다. 이날 발표된 신교육과정 개혁안은 오는 2000년부터 단계적으로 시행하기 위하여 한국교육개발원에서 그 구체적인 시안작성을 위한 준비를 서두르고 있는데 성사 되는대로 교육부의 심의과정을 거쳐 제7차 교육과정으로 고시될 전망이다.

교육개혁위원회가 발표한 신교육과정은 그 벽두에서 "그 동안 초·중등교육은 입시위주의 주입식, 암기식 단순지식교육과 획일적 교육과정 운영으로 창조력이 부족한 단순지식인, 개성 없는 규격화된 인간을 양산하여 왔다. 학교공부는 학생들에게 삶의 의미와 기쁨을 찾는 과정이 되지 못하고, 오히려 무거운 부담이 되고 있다. 이러한 학교생활 속에서 학생들은 가치관의 빈곤현상 마저 보이고 있다"고 전제하고 있다.

또한 이러한 신교육과정은 학생의 건전한 인성발달을 도모하고 다양한 능력과 적성을 존중하며 독창적이고 유용한 지적가치를 생산할 창의적 능력을 기르는 것은 물론 학생자신들의 적성과 소질에 맞는 교과목을 선택하여 능동적, 자율적으로 공부할 수 있도록 하는 학생중심의 교육과정을 정착시켜야 할 것을 강조하였다.

또한 학생 개인의 능력수준에 맞는 학습이 가능하도록 수준별 교육과정을 구성하고, 정보화·세계화시대를 대비하며, 컴퓨터를 포함한 정보처리능력, 외국어 구사능력, 세계문화에 대한 이해력을 높이고, 단위학교 교육과정의 결정과 운영의 자율성을 확대하여 지역과 학교의 특성을 살리는 다양한 교육이 이루어지도록 한다고 역점을 둠으로써 초·중·고등학교 교육과정의 개혁 의지를 밝혔다.

그리고 교육개혁위원회에서 구상한 신교육과정의 편제는 종전의 교육과정과 다른 많은 문제를 안고 있는데 그 중에서도 다음의 두 가지 측면에서 두드러진 특징을 찾아볼 수 있다.

첫째, 국민공통 기본교육과정 체제의 설정이다. 즉 지식·정보의 양이 급증하는 지식·정보사회의 요구에 대응하기 위하여 초등학교 1학년에서 고등학교 1학년까지 10년 동안을 국민공통기본교육기간으로 설정한다. 그리고 이 기간 중에는 학교·급별 개념이 아닌 학년제 개념에 기초한 일관성 있는 교육과정체제를 갖추게 되었다.

국민공통 기본교육과정은 교과활동, 특별활동 및 재량시간의 3개 영역으로 전체구조를 갖추게 되는데 초등학교 1~2학년의 교과는 바른생활, 국어, 수학, 슬기로운 생활, 즐거운 생활의 5개 교과로 편제한다.

또 초등학교 3학년부터 고등학교 1학년까지 10개 학년의 교과는 바른생활, (중학교 이상에서는 도덕) 국어, 수학, 사회(국사, 일반사회, 지리, 세계사 등) 체육, 음악, 미술, 실과(중학교 이상에서는 기술·가정), 영어의 10개 교과로 한다. 이렇듯 초등학교 1학년에서 고등학교 1학년까지 10년을 국민공통 교육기관으로 설정, 모든 학생들에게 공통 기초교육을 실시하고 수준별 교육과정을 도입하도록 하였다.

둘째, 일반계 고등학교의 선택중심 교육과정 체제의 설정이다. 일반계 고등학교 2~3학년은 학생의 능력, 흥미 및 장래진로를 반영하는 선택과목 위주의 교육과정 체제를 갖춘다. 이에 따라 종래 일반계 고등학교 2~3학년에서 적용하던 인문과정, 자연과정, 예·체능과정, 직업과정을 폐지하고 다양한 유형의 학생 개인별 교육과정이 가능하도록 한다.

이에 따른 구체적인 선택영역, 과목의 종류 및 수준은 각 교과영역 관계자들의 논의를 통해 교육부에서 정하되 학습내용의 난이도에 따라 낮은 수준에서 높은 수준에 이르기까지 다양한 수준의 과목을 개설할 수도 있고, 교과별 학습내용의 제 영역을 독립과목으로 세분하여 개선할 수도 있는데 특히, 이 중에서 높은 수준의 과목은 대학에서도 학점으로 인정받을 수 있게 하였다. 그뿐만 아니라 시·도 교육청과 단위학교는 지역사회와 학교의 특징을 살려 국가수준의 교육과정에서 제시하고 있지 않은 과목을 선택과목으로 신설할 수 있게 하였다.

그리고 고등학교 2~3학년의 총 단위수 144단위 중 약 30퍼센트를, 단위학교가 총 단위수의 약 20퍼센트를 영역별로 지정하고 학생들은 그 지정된 영역에서 과목을 선택하여 학습하게 된다. 그리고 자유선택은 총 단위수의 약 50퍼센트를 개별학생이 자신의 능력, 흥미 및 진로에 따라 자유로이 선택하여 학습하는 것이다.

제7차 신교육과정은 앞에서 말한 두 가지 편제상의 특징과 더불어 교육과정의 운영면에서 수준별 교육과정을 도입하게 된 점이 종래의 교육과정이 추종할 수 없는 또 하나의 특징을 보이게 된다. 즉 수준별 교육과정은 학생의 능력, 적성, 필요, 흥미에 대한 개인차를 최대로 고려한 수업을 통해 학생 개개인의 성장 잠재력과 교육의 효율성을 극대화 할 수 있도록 지도한다. 그리고 이 수준별 교육과정 유형에는 ① 단계형 수준별 교육과정, ② 심화 보충형 수준별 교육과정, ③ 과목선택형 수준별 교육과정을 도입할 수 있다.

첫째로, 단계형 수준별 교육과정은 우선 영어와 수학과에 한하여 도입하되 장기적으로는 국어와 과학교과도 단계형 수준별 교육과정으로 전환한다. 수학교과의 경우 초등학교 1학년부터 고등학교 1학년까지 10년간의 교육내용을 15단계 정도로 등급화 하여 교육과정을 구성한다(영어의 경우는 8년간 교육내용을 12단계정도로 구성).

단계형 수준별 교육과정에서는 학년별 교과서 대신 단계별 교과서를 사용하며 각 단계별로 평가기준을 마련한다. 따라서 학교에서는 같은 학년의 학생들이라도 교과별 능력수준의 차이에 따라 다른 단계의 교육내용을 배울 수 있게 된다.

둘째로, 심화보충형 수준별 교육과정은 국민공통기본 교육기간 중 영어, 수학 이외의 교과에 대해서는 심화보충형 수준별 교육과정을 도입한다. 예를 들어 사회과의 경우 각 학년별로 중간수준의 학생에게 맞는 기본학습내용을 중심으로 교육과정을 구성하되 상위수준 학생을 위한 심화학습내용과 하위수준 학생을 위한 보충학습내용을 포함하여 구성한다. 국어와 과학교과는 단계형 수준별 교육과정으로 전환되기까지 심화보충형 수준별 교육과정으로 구성한다.

셋째로, 과목선택형 수준별 교육과정은 학생들의 능력수준과 관심의 차이를 반영하는 다양한 교과목들을 개설하고 학생들로 하여금 자신의 진로와 능력수준에 맞는 교과목을 선택할 수 있도록 하기 위하여 고등학교 2~3학년에서는 과목선택형 수준별 교육과정을 편제 운영한다. 그런데 단위학교가 과목 선택형 수준별 교육과정의 개설이 어려울 경우 시·도 교육청은 순회교사제를 도입하여 지원하거나 원격교육 또는 학교간의 연대를 통하여 선택과목을 개설할 수 있도록 조정한다.

원격교육을 통하여 학습한 과목도 해당단위를 이수한 것으로 인정하고, 학교간에 선택과목을 연대하여 개설할 경우 학생들은 자신이 소속하지 않은 학교에서도 과목을 이수할 수 있게 된다.

위에서 말한 바와 같이 신교육체제 수립을 위한 초·중·고등학교 교육과정은 구성면에서 국민공통기본교육과정 체제의 설정, 일반계 고등학교의 선택중심 교육과정체제의 설정과 더불어 운영면에서 수준별 교육과정을 도입하고 있는 점이 두드러진 특징을 이루게 되는데 나아가 교육과정 각론 개발에서도 몇 가지 주요지침을 제시하고 있다.

즉, 국민공통기본교육과정의 각론 구성에서는 학교급별 개념에 기초한 각론 구성에서 탈피해야 한다는 점, 요는 국민공통 기본교육과정을 하나의 체제로 보고 학년제 또는 단계개념에 기초한 각론을 구성해야 한다는 점을 강조하고 있다. 또 능력중심의 목표진술과 구체적인 내용제시를 최소화하고, 독서교육의 강화, 교과교육에서 컴퓨터를 활용한 교육의 강조, 예능교과의 내용영역을 확대할 것을 요구하고 있다.

더불어 도덕, 체육, 음악, 미술, 실과 등 도덕성, 정서, 실기 등의 교육이 많이 포함되는 교과에서는 수·우·미·양·가식의 등급화 된 평가를 지양하고 서술식으로 평가하는 평가방법의 개선을 제시하고 있다. 그리고 2000년부터 운영되는 신교육과정이 성공적으로 학교현장에 정착될 수 있도록 시범학교를 운영함으로써 신교육과정 시행상의 문제점을 미리 파악하여 조치하고 그 효과를 널리 홍보해서 현장적용을 확대하기로 하였다. 이와 같이 시범학교 운영을 통한 지원체제와 더불어 선택과목 도입에 따른 수학능력 시험제도를 개선한다.

교과서제도의 자율화 확대 및 교과서의 질을 제고하며, 다양한 교사제도의 탄력적 운영은 물론, 교사연수를 강화해서 수준별 교육과정과 선택과목 확대에 따라 다양한 교과목을 지도할 수 있는 전문성 높은 교사들을 확보하기 위해 기존의 교사 신규 임용제도를 근간으로 하여 다양한 교수인력을 확보할 수 있는 제도를 강구한다.

한편 교사연수를 강화하고 학교환경 및 시설을 선진화, 현대화하여 새교육과정이 원활히 정착될 수 있도록 과대학교를 축소해 나가며, 2005년에는 초·중등학교의 학급당 학생수를 선진국 수준으로 줄이기로 하였다. 또한 정부수준과 시·도교육청에 각각 교육과정위원회를 조직하여 교육과정의 편성·운영에 대해 심의하도록 하는 한편, 교육과정에 대한 업무를 관장할 전담부서를 설치하도록 함으로써 지원체제를 확립하기로 하였다.

이상과 같은 교육개혁위원회의 신교육체제 수립을 위한 교육과정은 한국교육개발원에서 구체적으로 편제하여 교육부의 심의과정을 통해서 더욱 보완하여 2000년부터 새로운 한국인을 길러내는 교육과정으로 역할을 할 수 있게 될 전망이다.

9. 2007 개정교육과정

여기서 국가수준교육과정은 국민공통기본교육과정으로 알려진 제7차 교육과정(1997-2007)을 말하며, 여덟 번째의 교육과정을 2007 개정교육과정이라고 호칭하기 시작하였다.

참고자료 38 초·중등학교 교육과정 총론 신·구 비교(요약)

구 분	현 행(7차)	개 정	비 고
교육과정의 성격	○ 교육과정 고시의 법적 근거 - 교육법 제155조 제1항	○ 교육과정 고시의 법적 근거 - 초·중등교육법 제23조 제2항	○ 관련 법령 개정 반영
추구하는 인간상	○ 개성을 추구하는 사람 등	○ 현행 유지	○ 7차 교육과정 철학 유지
교육과정의 구성방침	○ 사회적 변화를 주도하는 기본 능력 육성 등	○ 현행 유지 - 수준별 교육과정 내용 삭제	○ 수준별 교육과정 개정 고시('06. 8. 29) 반영
교육목표	○ 학교급별 교육 중점 및 교육목표를 교육과정에 제시	○ 현행 유지	○ 7차 교육과정 철학 유지
편제와 시간(단위) 배당기준	○ 연간 총 수업 시간수 - 초등 1, 2 : 830, 850 - 초등 3, 4 : 986 - 초등 5, 6 : 1,088 - 중 1~3 : 1,156 - 고1 : 1,224(72) - 고2, 3 : 144(136+8)	○ 연간 총 수업 시간수 - 초등 1, 2 : 830, 850 - 초등 3, 4 : 952 - 초등 5, 6 : 1,054 - 중 1~3 : 1,122 - 고1 : 1,190(70) - 고2, 3 : 140(132+8)	○ 월2회 주5일 수업제 반영, 수업 시수 감축 ※ 초등 1, 2 : 현행 유지
	○ 국민공통 기본 교육과정 - 중, 고 사회 교과 (고1 국사 : 주당 2시간) - 고1 과학 : 주당 3시간	○ 국민공통 기본 교육과정 - 중, 고 사회, 역사 과목 분리 (고1 역사 : 주당 3시간) - 고1 과학 : 주당 4시간	○ 역사, 과학 교육 강화 요구 반영
	○ 고등학교 보통 교과 - 일반 선택, 심화 선택 구분	○ 고등학교 보통 교과 - 선택 과목으로 단일화	○ 사회적 요구 반영
	○ 고등학교 선택 과목 신설 - 교양 교과에서 전문 교과 개설, 과목 신설	○ 고등학교 선택 과목 신설 - 보통 교과에서 전문 교과 개설, 과목 신설	○ 학교 단위 자율성 확대
	○ 외국어 계열 필수 과목 - 각 외국어 I 및 청해	○ 외국어 계열 필수 과목 - 기초외국어(심화 영어), 청해, 회화 I, 문화 I, 독해	○ 외국어 계열 전문 교과 교육 강화

구 분	현 행(7차)	개 정	비 고
교육과정 편성·운영 기본 지침	○ 재량활동 - 초등학교 : 교과재량활동, 창의적 재량활동 - 중학교 : 교과재량 3시간, 창의적 재량 1시간 - 고 1 : 교과심화보충 4,6단위, 선택과목 4-6단위, 창의적 재량활동 2단위	○ 재량활동 - 초등학교 : 창의적 재량활동 - 중학교 : 재량활동 3시간 - 고 1 : 재량활동 6단위	○ 재량활동 운영의 학교 자율권 부여 ※ 주5일 수업제에 따른 시수 감축
	○ 일반계고 선택과목군 : 5개 - 인문·사회 과목군 - 과학·기술 과목군 - 예·체능 과목군 - 외국어 과목군 - 교양 과목군	○ 일반계고 선택과목군 : 6개 - 인문·사회 과목군 - 과학·기술 과목군 - 체육 과목군 - 예술 과목군 - 외국어 과목군 - 교양 과목군	○ 선택과목의 불균형 이수 문제 해소 ○ 인성, 교양 교육 강화
교육과정 편성·운영 기본 지침	○ 일반계고 학생 선택 과목 - 최소 28단위이상, 최대 50% - 2단위 증감 운영	○ 일반계고 학생 선택 과목 - 최소 28단위 이상만 규정 - 2~4단위 증감 운영 허용	○ 학생 선택권 강화 ○ 단위 학교 자율권 확대
	○ 실업계와 기타계고 - 보통 교과 82단위, 전문 교과 82단위 이상	○ 전문교육을 주로 하는 고교 - 보통 교과 80단위, 전문 교과 80 단위 이상	○ 월2회 주5일 수업제 반영, 단위 수 감축
시·도 교육청 편성·운영	○ 특수아 및 귀국자 자녀 교육 관련 사항	○ 특수아, 귀국자 자녀, 다문화 가정 자녀 교육 관련 사항	○ 다문화 가정 자녀에 대한 교육 요구 반영
	○ 교과 이수 기회 보장 - 고등학교 선택 과목을 위한 다양한 기회 마련 및 지역 사회 연계	○ 교과 이수 기회 보장 - 고등학교 선택 과목 - 국민 공통 기본 교과 (전·편입학, 귀국 등 사유)	○ 학생 중심 교육 과정 구현
지역교육청 편성·운영	○ 특수아 및 귀국자 자녀 교육 기회 마련	○ 특수아, 귀국자 및 다문화 가정 자녀 교육 기회 마련	○ 다문화 가정 자녀에 대한 교육 요구 반영
학교 편성·운영		○ 중·고등학교 학기, 학년 집중 이수 허용 조항 신설	○ 단위 학교 자율성 확대
	○ 범교과 학습 - 민주 시민 교육 등 16개 영역 예시 - 재량활동에서 중점 지도	○ 범교과 학습 - 기존 16개 영역에 청렴·반부패 교육 등 19개 영역 추가 - 학교 교육활동 전반에 걸쳐 통합적 지도 강조	○ 국가·사회적 요구 사항 반영 ○ 범교과 학습의 내실화

구 분	현 행(7차)	개 정	비 고
		ㅇ 계기 교육 관련 조항 신설 - 사회 현안에 대한 이해 목적 - 별도 계기 교육 지침 준수	ㅇ 계기 교육 관련 근거 마련
	ㅇ 방과 후 혹은 방학 중 프로그램 개설	ㅇ 방과 후 학교 혹은 방학 중 프로그램 개설	ㅇ 방과 후 학교 관련 내용 근거 마련
교육과정 평가·질 관리	ㅇ 교육과정 관련 국가 수준 및 단위 학교 평가	ㅇ 교육과정 관련 국가 수준, 시·도교육청, 단위 학교 평가 - 시·도교육청의 학업성취도 평가, 교육과정 편성·운영 평가 근거 마련	ㅇ 교육과정의 편성·운영 및 질 관리 강화
특수한 학교 교육과정	ㅇ 방송통신고 이수단위 - 172단위	ㅇ 방송통신고 이수단위 - 170단위	ㅇ 월2회 주5일 수업제 반영, 수업시수 감축
		ㅇ 특성화 학교, 자율학교 관련 - 국민공통 기본 교과 총 이수 시간 범위 내 증감운영 가능 - 선택과목 자율 편성	ㅇ 특성화 학교, 자율학교 관련 근거 마련 ㅇ 특성화 학교, 자율학교의 자율적 운영 보장

참고자료 39 고등학교 선택과목 변동현황

□ 보통교과

유 형	교 과	현 행	개 정	비 고
신설	국어	·	매체 언어	·다매체 디지털 시대의 언어사용 환경 변화 반영
	사회(역사)	·	동아시아사	·동아시아 평화번영의 기반 마련
폐지	국어	국어 생활	·	·일반 선택과목 폐지 ·수능 미반영에 따른 형식적 운영
	사회	인간사회와 환경	·	
	과학	생활과 과학	·	
내용 재구조	수학	실용 수학 수학 I 수학 II 미분과 적분 확률과 통계 이산 수학	수학의 활용 수학 I 미적분과 통계 기본 수학 II 적분과 통계 기하와 벡터	·학생 진로를 고려한 재구조화 반영 ·선택과목 간, 선택과목과 국민공통 과정 간 내용의 중복성 문제 해결 및 연계성 반영

통합 분리	한문	한문 한문 고전	한문 I 한문 II	· 동아시아 한자문화권에서의 상호교류 등에 알맞은 새로운 교육방향 반영 · 위계성, 계열성 확보 요구 반영
	외국어 (영어)	영어 회화 영어 독해 영어 작문	실용 영어 회화 심화 영어 회화 영어 독해와 작문 심화 영어 독해와 작문	· 학생의 적성·진로를 고려한 실용영어, 학문영어 중심의 계열화 요구 반영 · 언어의 기능별 특성에 따른 과목 개설 요구 반영
명칭 변경	사회	한국 근·현대사 세계사	한국 문화사 세계 역사의 이해	· 역사과목 신설에 따른 교과 내용의 조정과 변화 반영
	도덕	시민윤리	현대생활과 윤리	· 생활 속 가치판단 문제 쟁점 중심으로 재구성
명칭 변경	과학	생물	생명 과학	· 생명현상을 탐구한다는 의미 포함되도록 명칭 변경 · 과목에서 다루고 있는 학문영역을 포괄적으로 나타냄
	기술·가정	정보사회와 컴퓨터 농업 과학 공업 기술 기업 경영	정보 농업 생명 과학 공학 기술 창업과 경영	· 관련 직업 및 학문분야의 변화, 국가·사회적 요구 사항 반영
	체육	체육과 건강 체육 이론 체육 실기	운동과 건강생활 스포츠 문화 스포츠 과학	· 체육이론과 체육실기의 통합 요구 반영 · 최근 체육학 학문 동향 반영
	음악	음악과 생활 음악 이론	음악과 사회 음악의 이해	· 사회의 다양한 음악현상에 대한 이해와 음악의 활용 · 음악과로 진학하는 학생을 위한 기초소양과목 설정
	미술	미술과 생활 미술 이론 미술 실기	미술과 삶 미술 감상 미술 창작	· 학생의 흥미와 적성을 고려한 선택과목 개설 · 시각문화이해력을 위한 감상과 창작관련 교과 개설
	교양	철학 논리학 심리학 교육학 종교 교련 생태와 환경	생활과 철학 생활과 논리 생활과 심리 생활과 교육 생활과 종교 안전과 건강 환경	· 학문명칭 대신 생활 속 관련분야 문제임을 부각(생활속 교양 과목이라는 생활성 강조)시켜 어려운 과목이라는 부정적 이미지 약화 · '생활 속에서의 종교' 추구 이미지 부각 · 시대변화와 학습내용(안전관리, 건강 관리 등)의 일치 · 중학교 교육과정과의 연계성 유지

참고자료 40　편제 및 시간(단위) 배당 기준 신·구 비교표

■ 국민공통기본 교육과정 〈현행〉

<table>
<tr><th colspan="2" rowspan="2">학교 / 학년 / 구분</th><th colspan="6">초 등 학 교</th><th colspan="3">중 학 교</th><th>고등학교</th></tr>
<tr><th>1</th><th>2</th><th>3</th><th>4</th><th>5</th><th>6</th><th>7</th><th>8</th><th>9</th><th>10</th></tr>
<tr><td rowspan="10">교과</td><td>국 어</td><td colspan="2" rowspan="10">국 어
210 238

수 학
120 136

바른 생활
60 68

슬기로운 생활
90 102

즐거운 생활
180 204

우리들은 1 학년
80 ·</td><td>238</td><td>204</td><td>204</td><td>204</td><td>170</td><td>136</td><td>136</td><td>136(8)</td></tr>
<tr><td>도 덕</td><td>34</td><td>34</td><td>34</td><td>34</td><td>68</td><td>68</td><td>34</td><td>34(2)</td></tr>
<tr><td>사 회</td><td>102</td><td>102</td><td>102</td><td>102</td><td>102</td><td>102</td><td>136</td><td>170(10)
(국사68(4))</td></tr>
<tr><td>수 학</td><td>136</td><td>136</td><td>136</td><td>136</td><td>136</td><td>136</td><td>102</td><td>136(8)</td></tr>
<tr><td>과 학</td><td>102</td><td>102</td><td>102</td><td>102</td><td>102</td><td>136</td><td>136</td><td>102(6)</td></tr>
<tr><td>실 과</td><td>·</td><td>·</td><td>68</td><td>68</td><td>68</td><td>기술·가정
102</td><td>102</td><td>102(6)</td></tr>
<tr><td>체 육</td><td>102</td><td>102</td><td>102</td><td>102</td><td>102</td><td>102</td><td>68</td><td>68(4)</td></tr>
<tr><td>음 악</td><td>68</td><td>68</td><td>68</td><td>68</td><td>68</td><td>34</td><td>34</td><td>34(2)</td></tr>
<tr><td>미 술</td><td>68</td><td>68</td><td>68</td><td>68</td><td>34</td><td>34</td><td>68</td><td>34(2)</td></tr>
<tr><td>외국어
(영어)</td><td>34</td><td>34</td><td>68</td><td>68</td><td>102</td><td>102</td><td>136</td><td>136(8)</td></tr>
<tr><td colspan="2">재량 활동</td><td>60</td><td>68</td><td>68</td><td>68</td><td>68</td><td>68</td><td>136</td><td>136</td><td>136</td><td>204(12)</td></tr>
<tr><td colspan="2">특별 활동</td><td>30</td><td>34</td><td>34</td><td>68</td><td>68</td><td>68</td><td>68</td><td>68</td><td>68</td><td>68(4)</td></tr>
<tr><td colspan="2">연간 수업 시간 수</td><td>830</td><td>850</td><td>986</td><td>986</td><td>1,088</td><td>1,088</td><td>1,156</td><td>1,156</td><td>1,156</td><td>1,224
(72)</td></tr>
</table>

〈개정〉

<table>
<tr><th colspan="2" rowspan="2">학교 / 학년 / 구분</th><th colspan="6">초 등 학 교</th><th colspan="3">중 학 교</th><th>고등 학교</th></tr>
<tr><th>1</th><th>2</th><th>3</th><th>4</th><th>5</th><th>6</th><th>7</th><th>8</th><th>9</th><th>10</th></tr>
<tr><td rowspan="14">교
과</td><td>국 어</td><td colspan="2" rowspan="14">국 어
210 238

수 학
120 136

바른 생활
60 68

슬기로운 생활
90 102

즐거운 생활
180 204

우리들은 1 학년
80 ·</td><td>238</td><td>204</td><td>204</td><td>204</td><td>170</td><td>136</td><td>136</td><td>136(8)</td></tr>
<tr><td>도 덕</td><td>34</td><td>34</td><td>34</td><td>34</td><td>68</td><td>68</td><td>34</td><td>34(2)</td></tr>
<tr><td rowspan="4">사 회</td><td rowspan="4">102</td><td rowspan="4">102</td><td rowspan="4">102</td><td rowspan="4">102</td><td colspan="4">사 회</td></tr>
<tr><td>102</td><td>·</td><td>68</td><td>102(6)</td></tr>
<tr><td colspan="4">역 사</td></tr>
<tr><td>·</td><td>102</td><td>68</td><td>102(6)</td></tr>
<tr><td>수 학</td><td>136</td><td>136</td><td>136</td><td>136</td><td>136</td><td>136</td><td>102</td><td>136(8)</td></tr>
<tr><td>과 학</td><td>102</td><td>102</td><td>102</td><td>102</td><td>102</td><td>136</td><td>136</td><td>136(8)</td></tr>
<tr><td rowspan="2">실 과</td><td rowspan="2">·</td><td rowspan="2">·</td><td rowspan="2">68</td><td rowspan="2">68</td><td colspan="4">기술 · 가정</td></tr>
<tr><td>68</td><td>102</td><td>102</td><td>102(6)</td></tr>
<tr><td>체 육</td><td>102</td><td>102</td><td>102</td><td>102</td><td>102</td><td>102</td><td>68</td><td>68(4)</td></tr>
<tr><td>음 악</td><td>68</td><td>68</td><td>68</td><td>68</td><td>68</td><td>34</td><td>34</td><td>34(2)</td></tr>
<tr><td>미 술</td><td>68</td><td>68</td><td>68</td><td>68</td><td>34</td><td>34</td><td>68</td><td>34(2)</td></tr>
<tr><td>외국어
(영어)</td><td>34</td><td>34</td><td>68</td><td>68</td><td>102</td><td>102</td><td>136</td><td>136(8)</td></tr>
<tr><td colspan="2">재량 활동</td><td>60</td><td>68</td><td>68</td><td>68</td><td>68</td><td>68</td><td>102</td><td>102</td><td>102</td><td>102(6)</td></tr>
<tr><td colspan="2">특별 활동</td><td>30</td><td>34</td><td>34</td><td>68</td><td>68</td><td>68</td><td>68</td><td>68</td><td>68</td><td>68(4)</td></tr>
<tr><td colspan="2">연간 총
수업시간 수</td><td>830</td><td>850</td><td>952</td><td>952</td><td>1,054</td><td>1,054</td><td>1,122</td><td>1,122</td><td>1,122</td><td>1,190
(70)</td></tr>
</table>

※ 이 표의 국민공통기본 교육 기간에 제시된 시간수는 34주를 기준으로 한 연간 최소 수업시간수이다. 단, 3~6학년의 연간 총 수업시간수는 주5일 수업에 따라 감축된 시간수이므로 학교에서는 교과수업 시간수 중 연간 34시간의 범위 내에서 감축하여 운영한다.

참고자료 41 고등학교 선택중심 교육과정

〈현행〉

구 분		선택 과목	
		일반 선택 과목	심화 선택 과목
교과	국 어 도 덕 사 회	국어 생활(4) 시민 윤리(4) 인간 사회와 환경(4)	화법(4), 독서(8), 작문(8), 문법(4), 문학(8) 윤리와 사상(4), 전통 윤리(4) 한국 지리(8), 세계 지리(8), 경제 지리(6) 한국 근·현대사(8), 세계사(8), 법과 사회(6) 정치(8), 경제(6), 사회·문화(8)
	수 학 과 학 기술·가정	실용 수학(4) 생활과 과학(4) 정보 사회와 컴퓨터(4)	수학 I(8), 수학 II(8), 미분과 적분(4) 확률과 통계(4), 이산 수학(4) 물리 I(4), 화학 I(4), 생물 I(4), 지구과학 I(4) 물리II(6), 화학II(6), 생물II(6), 지구과학II(6) 농업 과학(6), 공업 기술(6), 기업 경영(6) 해양 과학(6), 가정 과학(6)
	체 육 음 악 미 술	체육과 건강(4) 음악과 생활(4) 미술과 생활(4)	체육 이론(4), 체육 실기(4 이상)* 음악 이론(4), 음악 실기(4 이상)* 미술 이론(4), 미술 실기(4 이상)*
	외국어		영어 I(8), 영어 II(8), 영어 회화(8) 영어 독해(8), 영어 작문(8)
		독일어 I(6), 프랑스어 I(6) 스페인어 I(6), 중국어 I(6) 일본어 I(6), 러시아어 I(6) 아랍어 I(6)	독일어 II(6), 프랑스어 II(6) 스페인어 II(6), 중국어 II(6) 일본어 II(6), 러시아어 II(6) 아랍어 II(6)
	한 문 교 련 교 양	한문(6) 교련(6) 철학(4), 논리학(4), 심리학(4), 교육학(4), 생활 경제(4), 종교(4), 생태와 환경(4), 진로와 직업(4), 기타(4)	한문 고전(6)
	이수 단위	24 이상	112 이하
특별 활동		8	
총 이수 단위		144	

〈개정〉

구 분		선 택 과 목
교과	국 어 도 덕 사 회	화법(6), 독서(6), 작문(6), 문법(6), 문학(6), 매체 언어(6) 현대 생활과 윤리(6), 윤리와 사상(6), 전통 윤리(6) 한국 지리(6), 세계 지리(6), 경제 지리(6), 한국 문화사(6), 세계 역사의 이해(6), 동아시아사(6), 법과 사회(6), 정치(6), 경제(6), 사회 · 문화(6)
	수 학 과 학 기술 · 가정	수학의 활용(6), 수학I(6), 미적분과 통계 기본(6), 수학II(6), 적분과 통계(6), 기하와 벡터(6) 물리I(6), 화학I(6), 생명 과학I(6), 지구과학I(6) 물리II(6), 화학II(6), 생명 과학II(6), 지구과학II(6) 농업 생명 과학(6), 공학 기술(6), 가정 과학(6), 창업과 경영(6), 해양 과학(6), 정보(6)
	체 육	운동과 건강 생활(4), 스포츠 문화(4), 스포츠 과학(6)
	음 악 미 술	음악 실기(4), 음악과 사회(4), 음악의 이해(6) 미술과 삶(4), 미술 감상(4), 미술의 창작(6)
	외국어	영어I(6), 영어II(6), 실용 영어 회화(6), 심화 영어 회화(6) 영어 독해와 작문(6), 심화 영어 독해와 작문(6)
		독일어I(6), 독일어II(6), 프랑스어I(6), 프랑스어II(6), 스페인어I(6), 스페인어II(6), 중국어I(6), 중국어II(6), 일본어I(6), 일본어II(6), 러시아어I(6), 러시아어II(6), 아랍어I(6), 아랍어II(6)
	한 문 교 양	한문I(6), 한문II(6) 생활과 철학(4), 생활과 논리(4), 생활과 심리(4), 생활과 교육(4), 생활과 종교(4), 생활 경제(4), 안전과 건강(4), 환경(4), 진로와 직업(4)
	이수단위	132
특별 활동		8
총이수단위		140

10. 2009 개정교육과정

1) 개정 배경

① 단위학교 차원의 유연하고 창의적인 교육과정운영을 통해 학생들의 학습부담경감 및 학교교육 정상화 도모

② 국가교육과학기술자문회의(대통령자문기구)에서 교육과정 개정논의 시작('08.10), 교육부에 "미래형교육과정구상" 제안('09.9.8) ※ 미래형 교육과정을 2009 개정교육과정으로 명명

2) 개정 방향

① 학기당 이수 교과목 수 축소를 통한 학습의 효율성 제고
- 학기당 배우는 과목 수 : 10~13과목 → 8과목 이내
※ 미국, 영국, 호주 등은 학기당 이수과목이 8과목 이하임

② 창의적 체험활동 도입을 통한 배려와 나눔을 실천하는 창의 인재육성
- 자율활동, 동아리활동, 봉사활동, 진로활동 등 비교과활동 강화

③ 고교 교과 재구조화를 통한 학생의 핵심역량 강화
- 기초교과(국어, 수학, 영어, 과학, 사회)는 모든 학생들이 반드시 이수하고, 세분화된 선택과목(예 : 한국지리, 세계지리, 경제지리 → 한국지리, 세계지리)은 수준별·영역별로 재구조화

④ 교육과정 자율화를 통한 학교의 다양화 유도
- 과목별 20% 자율증감 운영, 고교는 최소 필수 이수단위만 지정

3) 주요 개정내용

① 학년군, 교과군 도입 → 집중이수제 유도(학기당 7~8과목 이수)
- 도덕, 음악, 미술, 실과 등 주 1~2시간 교과는 학기 집중이수 추진

② 특별활동 + 창의적 재량활동 → 창의적 체험활동 도입 및 강화
- 창의적 체험활동(비교과활동) : 현행 주 2시간(고교) → 주 4시간 이상으로 확대

※ 창의적 체험활동 세부영역 : 자율 활동, 동아리 활동, 봉사 활동, 진로 활동 등

③ 교육과정 자율권 확대

- 교과군별 기준시수의 20% 증감운영 가능, 교과군 내 교과별 시수는 단위학교가 결정

④ 학습부진아, 다문화 가정자녀 등에 대한 특별한 배려와 지원

참고자료 42 교육과정 자율화 과제개요

구 분	학년	개선 내용	비 고
교과활동	초1 ~ 고1	① 국민공통기본교과별로 **연간 수업시수의 20% 범위내에서 증감운영** 허용 ② 고교 1학년 교과의 이수시기를 전 학년으로 확대(1학년부터 선택과목 이수가능)	-'10년부터 추가로 자율권 부여
	고 2~3	③ 학교에서 전 교과를 대상으로 선택과목 신설허용(교육감 승인) ④ 일반선택과목과 심화선택과목의 구분을 없애 학생의 과목선택권 확대	-'09년부터 '13년까지 단계적으로 적용되는 '2007개정교육과정'을 '10년도에 일률적 조기 시행(7차교육과정을 대상으로 '10년도부터 적용)
	중1 ~ 고3	⑥ 교과별로 **학년, 학기단위 집중이수 확대**하여 학습부담 경감(중1~고3 공통)	
재량 특별 활동	초1 ~ 고1	⑤ 학교재량으로 특색 있는 교육활동을 할 수 있도록 **재량활동과 특별활동 통합운영**	-'10년부터 추가로 자율권 부여

11. 2011 개정교육과정

2012년에 학교에서 운영된 교육과정만은 3가지였다. 초등학교 3, 4학년과 중학교, 고등학교 2학년에도 2009 개정교육과정이 시행되고, 초등 5, 6학년과 중학교 3학년은 2007 개정교육과정이었다. 고등학교 3학년은 7차 교육과정으로 배웠다. 학생들이 배우는 교과서는 거의 2007 개정교과서였다. 2009 개정교육과정은 내용은 바꾸지 않고 교육과정 운영방식만 변화를 시켰기 때문이다.

2011년 8월 9일에 교육부는 2011 개정교육과정을 고시하였다. 2009 개정교육과정에 이어 두 번째 교육과정을 바꾼 것이었다. 그런데 2013년에 교육과정과 교과서가 또 바뀌었다. 교육부가 2011년 8월 9일에 2009 개정교육과정에 따른 교과교육과정(이하 2011 개정)을 고시했고, 하반기부터 교과서를 만들어 2013년부터 시행하였다. 2009 개정교육과정은 총론이고, 2011 개정교육과정은 각론(교과내용)이다. 전에는 총론과 각론이 같이 고시되었는데, 이렇게 분리된 것은 처음이었다.

그동안 7차 교육과정 : 1997년 고시, 2000년부터 시행 / 2007 개정교육과정 : 2007년 2월 고시, 2009년부터 시행 / 2009 개정교육과정 : 2009년 12월 고시, 2011년부터 시행 / 2011 개정교육과정 : 2011년 8월 9일 고시, 2013년부터 시행하였다. 이 때문에 학교현장은 2009년부터 학생들이 배우는 교과서가 달라졌는데, 2016년까지 8년간 계속 교과서가 바뀌는 셈이 되었다. 학교현장에서는 "실시간 교육과정"이라고까지 냉소하며 불신하였다.

이런 상황에서 안정적인 학교교육을 받는 것은 불가능하였다. 교육과정과 교과서에 따라 교육내용과 목표, 수업방법뿐 아니라 평가도 달라졌고, 심지어 입시와도 연관이 있기 때문이었다. 요즘은 학교생활기록부가 전산시스템과 연동되어 교과서가 바뀔 때마다 생활기록부도 같이 바뀐다. 이 때문에 교사들은 물론 교육청, 교육부 관료들까지 한 학교의 교육과정을 꿰뚫고 아는 사람이 거의 없다. 가르치는 내용에 대한 전문성을 쌓기가 어렵다. 공교육을 정상화시켜 만족도를 높인다더니 바꾸기만 하다가 세월을 다 보내고 말았다.

가장 큰 문제는 교과서가 졸속으로 만들어지고 있는 것이다. 원래 교과교육과정은 2012년에 고시하여 2013년에 만들고, 2014년부터 적용될 예정이었다. 그런데 2011년 상반기에 갑자기 계획을 바꿔 5개월 만에 교육과정을 고시하고, 6개월간 교과서를 만든다고 계획을 바꿔버렸다. 중학교는 집중이수제 때문에 1-3학년 교과서를 한꺼번에 만들어야 했다. 이 때문에 현장에서는 교과서를 만들 수 없다고 반대했는데 교육부는 검인정 교과서 확대정책을 발표했다. 2011 개정(2009 교과교육과정) 교과서 구분 고시 내용은 다음과 같다.

〈초등학교〉

국정 : 국어, 수학, 사회, 도덕, 과학, 통합교과

검정 : 체육, 음악, 미술, 영어(3-6학년), 실과(5, 6학년)

〈중학교〉

검정 : 국어, 사회(역사포함), 도덕 교과서 4종

인정 : 국어, 사회(역사포함), 도덕 교사용 지도서 및 나머지 교과 20종

〈고등학교〉

검정 : 국어 6종, 사회(역사포함), 도덕 교과서 12종

인정 : 나머지 교과 450종

교과서는 만드는 주체에 따라 국정과 검인정으로 나뉜다. 국정은 교육부가 공모를 하여 만들고, 검정은 출판사에서 만든 교과서를 검정기준에 따라 한국교육과정평가원이나 관련 기관에서 검정을 통과하면 학교에서 채택하는 방식이다. 인정교과서는 국정이나 검정교과서가 없을 때 시도교육청에서 심의한 것을 학교에서 채택하여 쓴다. 그런데 2011 개정은 국정과 검정을 축소하고 인정교과서를 확대시켰다. 2007 개정교과서와 비교하면 25%에서 84%로 대폭 늘어났다.

〈초·중· 국정/검정/인정 교과서 비율〉

2007 개정교과서 : 56.1% - 18.9% - 25%

2011 개정교과서 : 9% - 7% - 84 %

교육부는 검인정확대를 학교자율화와 다양성 확대라고 하였다. 초등은 2007 개정교과서부터 영어(3-6학년), 체육, 음악, 미술, 실과(5-6학년)가 검정교과서인데 내용이 어렵고 편집이 어수선해서 교사들이 오히려 국정이 낫다는 평가를 하였다. 여기에 단원순서가 달라 전학생들에게 학습결손이 발생하고, 특히 영어교과는 심각한 문제가 되었다.

중등에서 인정교과서가 확대되면 검정교과서는 출판사에 따라 채택률이 다르지만, 수익은 모든 출판사가 공동배분을 하게 된다. 인정교과서는 보통 검정교과서보다 가격이 비싼데, 출판사에서 판만큼 이익이 생기는 제도이다. 이 때문에 교육부가 해마다 교과서를 바꿔서 출판사들이 난색을 표하자 인정제 확대로 수익을 보장해주는 꼼수를 쓴 것이 아니냐는 비판이 나왔다.

게다가 교육과정을 엉망으로 만들어 놓고 인정업무를 시·도교육청에 떠맡겨 부실교과서 양산에 업무부담을 떠맡긴다는 비판도 나왔다. 시·도교육청에 따라 18-80개의 교과서를 심의하는 것은 보통 일이 아니기 때문이었다. 여기에 교육과정을 엉망으로 만들어놓고 불만은 교과서를 만든 출판사나 심의를 한 시·도교육청으로 전가시키려는 꼼수라는 분석까지 나왔다. 교과서 내용이 너무 어려워 사교육 없이는 따라갈 수 없이 만들어 놓고 교과서 질에 대한 관리는 느슨해졌기 때문이었다.

제12장
교권과 학생의 인권

1. 교권의 개념
2. 교원의 권리
3. 교권실추의 원인
4. 교권침해의 유형
5. 교권침해 예방방법
6. 학생의 인권운동
7. 학생인권조례안

1. 교권의 개념

교권을 설명하기에 앞서서 교육권을 '교육에 관한 권리'라고 한다면, 교육의 주체와 객체 모두에게 각각의 교육에 관한 의지와 목적을 달성하기 위해 서로에 대해 주장할 수 있음을 말한다. 교육적 행위에는 학생, 학부모, 교사, 지역사회 주민, 국가 등의 당사자가 존재한다. 따라서 교육권이라면 특정 당사자가 갖는 교육에 관한 주장이라는 측면에서 볼 것이 아니라 전체가 포함된 구조적 측면에서 살펴보아야 한다.

교육권은 '교육받을 권리'와 '교육할 권리'라고 할 수 있다. 즉 학생이 교육을 받을 수 있는 권리, 자녀교육에 대한 부모의 권리, 학생을 지도함에 있어서 교사가 갖는 권리, 학생교육에 대한 국가·사회의 권리 등이 이에 해당된다.

첫째, 학생이 교육을 받을 수 있는 권리는 〈헌법〉(제31조)에 명시된 것처럼 '모든 국민은 능력에 따라 균등하게 교육을 받을 권리'를 가지고 있음을 의미한다. 또한 〈교육기본법〉(제3조)에는 '모든 국민은 평생에 걸쳐 학습하고, 능력과 적성에 따라 교육받을 권리를 가진다.'는 학습권을 명시하고 있다.

둘째, 자녀교육에 대한 부모의 권리는 '부모로서 그 자녀에 대하여 교육을 할 수 있는 권리'를 말한다. 〈민법〉에서는 '친권을 행사하는 자는 자녀의 감독 및 교육을 행할 권리와 의무를 지니고 있다.'고 규정하고 있으며, 〈교육기본법〉(제13조)에서도 '부모 등 보호자는 그 보호하는 자녀 또는 아동이 바른 인성을 가지고 건강하게 성장하도록 교육할 권리와 책임을 가진다.'고 명시하고 있다.

셋째, 학생을 지도함에 있어서 교사가 갖는 권리는 공공기관이나 부모로부터 교육시킬 권리를 위탁받았기 때문에 교사는 자유롭게 교육할 수 있다는 권리로서 학습지도와 관련된 교재의 선택, 교수방법 및 평가를 자율적으로 행사할 수 있는 권리 등을 포함하고 있다.

넷째, 학생교육에 대한 국가·사회의 권리는 〈헌법〉(제31조)에 명시된 대로

'국가는 평생교육을 진흥하여야 한다.'는 의무를 성실히 수행하기 위하여 갖는 교육권이라고 할 수 있다. 이때 국가나 지방자치단체의 교육행정 행위는 정치적 중립이 보장되어야 하며, 부당한 외부의 간섭이나 규제로부터 자유로워야 한다는 자연법적 불가침성의 권한을 갖고 있음을 의미한다. 그리고 교육에 관한 제반정책의 입안과 시행을 위하여 지원과 통제의 기능을 행사하는 권한을 뜻하는 것이다. 교권을 교육권과 동의어로 사용할 때는 위와 같은 교육권의 개념을 모두 포함하는 광의의 개념이지만, 엄밀히 말하여 교권은 교사에 속한 권리 내지 권위로서 학생의 학습 권리와 대비되는 협의의 개념으로 해석하는 경향이 많다.

교권에 대하여 UNESCO와 ILO는 "교원의 지위에 관한 권고"에서 교권을 교사의 교육자유권이며, 교사의 생활보장권이고, 그리고 신분보장권이라고 규정하고 있다. 이와 같은 개념규정은 협의의 개념규정이라고 할 수 있다. 다시 말하면 교권은 교육에 종사하는 교사가 교육활동을 함에 있어서 전문직으로서의 권위를 인정받고 부당한 간섭이나 침해가 없는 교육활동의 자율성을 보장받아야 할 권리이며, 교사의 전문성을 추구하기 위하여 요구되는 권한이기도 하다.

또한 경제적·사회적 지위가 우대되고 신분보장을 받을 수 있는 권리이며 자율적인 단체 활동을 할 수 있는 권리이다. 국·공립학교 교사는 교육공무원으로서 일반 〈국가공무원법〉에 의하여 지위를 보장받으면서, 교직의 전문성·특수성으로 인하여 〈교육공무원법〉에 의해 더욱 강력한 신분보장을 받고 있다. 사립학교 교사는 학교법인과의 계약관계이기 때문에 국·공립학교교사와는 법률적 지위 면에서 다르다. 그렇지만 교사의 임무와 직무의 특수성 등은 교육공무원과 실질적으로 동일할 뿐만 아니라 복무도 〈사립학교법〉(제53조)에 의하면 국·공립학교의 교사에 관한 규정을 준용하고 있다. 신분보장과 사회보장은 〈교육공무원법〉을 준용(〈사립학교법〉 제60조 2항)하고 있으며, 〈교원지위향상을 위한 특별법〉(제4조) 및 〈사립학교법〉(제60조)에서는 교원의 불체포 특권을 교육공무원과 같이 보장하고 있다. 따라서 교원의 법적 지위나 교권은 공·사립 간에 차이가 없다.

교권은 교사가 자신의 신념에 따라 중앙정부나 지방행정기관으로부터 독립해 교육할 수 있는 권리다. 교사에겐 교육상의 권리, 신분상의 권리, 재산상의 권리, 단체 활동의 권리 등이 보장되지만, 정치권력이나 외부의 간섭 없이 독립적이고 자주적으로 교육할 수 있는 권리를 두고 교권이라고 한다.

교육권은 넓은 의미에서는 학생의 학습권, 학부모의 교육권, 교사의 교육권, 학교설립자의 교육관리권, 그리고 국가의 교육감독권이 모두 포함된다. 좁은 의미의 교권은 정치나 외부의 간섭에서 벗어나 독자적으로 교육할 권리로서 교육행정이 정권이양, 정치세력에게 간섭을 받지 않고 독립적으로 운용될 권리를 가리키며, 이 때문에 교육위원회 등의 제도가 존재한다. 또한 교육자 개개인 역시 존중되는데, 교육행정은 교육 자체에 간섭하는 것이 아니며 교육환경을 정비하는 것이기 때문이다. 다음은 전문직으로서 교직에 종사하는 교원의 권리, 흔히 말하는 교권은 이것이다.

한편 교육권은 교육에 관한 특정한 방침을 결정하고, 그것을 실행할 수 있는 권리로서 교육권 행사의 주체에 따라 부모의 교육권, 교사의 교육권(교권), 국가의 교육권 등이 있다. 이중 대표적인 교육권 행사의 주체는 부모와 국가인데, 이러한 전통은 프랑스 혁명 이후 근대 공교육제도를 성립시키는 과정에서 형성되었다. 프랑스 혁명 당시의 교육권은 부모가 자신의 자녀를 교육시키는 권리를 말하는 것으로, 이를 부모는 당연한 자연권의 행사로 알았고 국가는 모든 국민을 교육시킬 의무를 지닌 것으로 인식되었다.

그러나 국가주의 이념이 강화되면서, 국가가 안정과 발전을 명목으로 국민에게 특정한 국가주의 가치관을 가르치는 권리로 바뀌게 되어, 부모는 국가에 대해 자신의 자녀를 일정기간 동안 국민교육체제에 보내야 하는 의무를 지게 되었다. 이러한 부모와 국가 간의 교육권의 갈등은 현대에 와서 학습자의 학습권이라는 새로운 요인에 의해 재해석되었다. 이로써 부모와 국가는 모두 학습자의 인간적인 발달을 도모하기 위해 교육적 환경을 마련해야 할 의무를 지게 되었으며, 이전의 학습자의 교육권을 무시한 교육관은 학습자의 교육권을 중시하는 방향으로 바뀌었다.

우리나라 〈헌법〉은 제31조에 "모든 국민은 능력에 따라 균등하게 교육받을 권리를 가진다."고 하여 국민의 학습자로서의 교육권을 명시하고 있고,

"모든 국민은 그 보호하는 자녀에게 적어도 초등교육과 법률이 정하는 교육을 받게 할 의무를 진다."고 하여 부모가 자녀에 대해 가지는 교육의무를 더했으며, "국가는 평생교육을 진흥해야 한다."고 하여 국가의 교육의무도 명시하고 있다.

교권과 학생 인권은 모두 중요하다. 따로 떨어지지 않았다. 한편 같으면서 다르다. 같은 것은 두 가지 모두 존중받아야 한다. 다른 것은 상대적 입장이다. 입장에 다르다는 것은 이해관계가 다르다는 것과 같다. 이해관계는 타협이나 객관적 사실과 논리 그리고 사회적으로 보편타당해야 한다. 문제를 일으키는 부분이며 사회가 발전하면서 다양성이 생겨나고 판단하는데 있어서 각각의 기준이 다르게 나타나고 있다.

2. 교원의 권리

1) 적극적 권리

(1) 교육자유권

교사가 아동·학생을 교육할 권리는 자연법상으로는 부모가 교사에게 자녀교육을 믿고 맡긴 것에 의한 것이고, 실정법상으로는 국가에 의한 교원자격증제도와 법률에 정한 방법에 의한 채용 등으로 인정되는 것이다. 교사의 교육권은, 교사라고 하는 법적인 지위에서 성립하는 기능이므로 직무상 법으로 정한 권한이며, 교사 개인의 자유권은 아니다. 학생의 교육을 담당할 때의 교육자유권은 교직의 전문직 특성을 바탕으로 할 때 성립되며 교육의 자율성을 추구할 권리가 발생하는 것이다. 교직을 전문직이라고 규정할 경우, 교사는 직업적 활동에 있어서 권위를 인정받아야 할 것이다. 이 때 권위는 교사가 교과에 대한 지식과 연령단계에 따른 교과의 지도방법 및 평가능력을 갖추었기 때문에 주어지는 것이다.

교원의 자율성은 〈헌법〉이나 〈교육기본법〉 등에 명문으로 규정되어 있다. 즉, 〈헌법〉(제31조 4항)에 의하면 교육의 자주성·전문성·정치적 중립성 및 대학의 자율성은 법률이 정하는 바에 의하여 보장된다. 또한 〈교육기본법〉(제5조)에서는 국가 및 지방자치단체는 교육의 자주성 및 전문성을 보장하여야 한다고 함으로써 교육의 자주성을 명문화하고 있다. 이와 같은 법조항은 교육과정상 교육자들의 활등이 자유롭고 창조적이어야 함을 강조한 것으로 볼 수 있다.

교사의 교육자유권으로서 교육자율성은 학교교육에 있어서 교육과정의 편성권, 교재의 채택 및 선정권, 교육방법의 결정 및 평가권, 징계권 등을 내용으로 하고 있다. 학교교육 활동에서 이러한 판단과 선택은 고도의 창의성을 전제로 하기 때문에 교원의 전문적 판단과 선택은 어떠한 제재나 간섭을 받지 않아야 하며 고도의 창의성을 신장시킬 수 있도록 학문의 자유를 누려야 한다.

그러나 교사의 자율성은 여러 가지 측면에서 많은 제약을 받고 있는 것이 현실이다. 우선, 〈헌법〉과 〈교육기본법〉의 하위법규나 시행령 등을 검토해 보면 교사는 창의성을 발휘하여 교육내용에 대한 판단과 선택을 할 위치에 놓여 있지 않음을 알 수 있다. 그 뿐만 아니라 '학교운영위원회'를 통하지 않은 학부모의 간섭이라든지, 교육행정 당국의 일방적·획일적인 지시 및 통제 등에서 자율성을 제한하는 예를 찾아 볼 수 있다.

교직은 다른 전문직과 마찬가지로 자율성을 행사할 수 있는 여지가 많아야 한다. 그 이유는 교사의 교육적 활동은 고도의 창의성이 요구되는 것으로 인류의 미래를 결정짓는 아동의 지적 성장과 깊이 관련되어 있기 때문이며 학습자에게 변화하는 가치세계로 인도하고 스스로 깨우쳐 변화할 수 있도록 하는 일은 교사의 의무이기 때문이다.

(2) 생활보장권

교사가 가르치는 일에 몰두할 수 있도록 하기 위해서는 교사에 대한 안정된 생활보장이 필수적이다. 교사의 역할이 교육활동에 있어서 핵심적 변인임을 인정은 하면서도 사실 이제까지 교사들이 확고한 교직관과 사명감을 가지고 오로지 교육에만 전념할 수 있도록 제반여건을 마련해 주지 못한 것이 사실이다. 생활보장은 일차적으로 보수 및 기타 물질적 급부에 주로 달려있다. 대체로 교원에게 주어지는 것은 금전적 대가인 보수이며, 그것은 교사들이 법정의 직무를 수행한 결과 국가 및 지방자치단체로부터 받게 되는 금전적 보상이다.

타 직종의 봉급인상률이나 근무조건 및 복지후생 등은 교직보다 훨씬 앞서 가고 교직은 보수체계의 문제점으로 인하여 이에 뒤따르지 못하였다. 교육공무원의 보수는 우대되어야 한다는 〈교육공무원법〉 제34조의 법정신을 실현하지 못하고 있는 실정이며, 또한 1991년에 제정된 〈교원지위향상을 위한 특별법〉(제3조)의 교원보수에 관한 특별우대조항도 국가나 지방자치단체는 지키지 않고 있다.

교원보수가 타 직종에 비하여 상대적으로 낮기 때문에 교직사회에 대한 매력을 떨어뜨리게 되고 결과적으로 우수하고 유능한 교사를 유인할 수 없게 되는 것이다. 이러한 사실은 교직의 매력을 떨어뜨리고 교직의 사회적 지위를 상대적으로 하락시키는 주요한 요인의 하나가 된 것이다.

(3) 근무조건 개선

근무조건의 개선은 교사들이 교직에 만족스럽게 봉사할 수 있도록 하기 위한 근무조건의 정비라고 할 수 있다. 작업환경의 변화와 생산량 증가는 반드시 비례한다고 하는 보고를 찾기는 쉽지 않지만 생산량에 정적인 효과가 있음은 부인할 수 없다. 특히, 전문직인 교직의 경우에는 교육의 효과와 능률을 높이기 위해 근무조건의 개선은 반드시 필요하다. 학교의 적정학급 수나 학급의 적정규모를 제시한 연구는 이를 뒷받침하고 있다.

근무조건의 개선은 교사 1인당 학생수의 변화, 학급당 학생수의 변화, 교사의 주당 수업시수의 변화, 교수-학습과 관련이 먼 잡무 등의 경감이 대상이 된다. 이 중에서 교원의 근무조건으로 가장 민감한 것은 주당 수업시수이다. 그러나 중등학교의 경우 교원정원은 학급당 인원으로 결정되기 때문에 학교에 따라 담당 수업시수가 다르게 된다. 더구나 같은 학교 내에서도 교과에 따라 담당 수업시수가 다르기도 하다.

(4) 복지후생제도의 확충

교원의 복지후생제도는 교사들의 생활안정과 함께 가족에 대한 부양책임을 덜어 줌으로써 교사가 교육활동에 전념할 수 있도록 하는데 그 의의가 있다. 교사들에게 가르치는 일에 전념할 수 있게 하고, 교직의 유인 구조를 개선하기 위해서는 각종 부가혜택이 주어져야 할 것이다.

그러나 현재 교사들의 복지후생대책은 미흡한 상태에 있다. 교직 내에서 복지후생을 확충하기 위한 그 동안의 노력이 적은 데 비해, 교직 외의 타 직종에서 사원들에 대한 복지후생제도를 확충한 노력과 성과와는 큰 차이가 있다. 교직에서 거론되고 있는 복지후생 관련 문제점으로는 연금체계의 불합리성, 자녀교육비 지급의 미흡, 교원의 자기연찬 비용부담, 무주택교원에 대한 지원 대책의 미흡, 학교 안전사고 대비 지원의 미흡 등이다.

2) 소극적 권리

(1) 신분보장

일반적으로 공무원의 권리는 신분상의 권리와 재산상의 권리로 나눌 수 있고, 신분상의 권리는 신분보유권, 직무집행권, 직명사용권, 쟁소제기권 등으로 구분하기도 한다. 교사들의 신분보장에 대해서는, 〈교육기본법〉(제14조)에 '학교교육에서 교원의 전문성은 존중되며, 교원의 경제적·사회적 지위는 우대되고 그 신분은 보장 된다.'고 규정되어 있다. 그리고 〈교원지위향상을 위한특별법〉(제6조)에서도 교원의 신분보장을 규정하고 있다.

이렇듯 법규상으로 보면 교원의 신분보장은 거의 완벽한 상태에 있고 외국에 비해서도 손색이 없다. 교육공무원은 〈국가공무원법〉에 의한 신분보장은 물론이고 〈교육공무원법〉에 의하여 더욱 강력한 신분보장의 권리를 갖고 있다. 예컨대 〈교육공무원법〉(43조)에서도 교육공무원의 의사에 반한 신분조치를 금지하고 직권휴직, 직권강임, 직권면직, 권고사직 등 그들에 대한 신분조치의 법적인 한계와 처분사유 설명서의 교부 및 절차를 명시하고 있다. 또한 〈교원지위향상을 위한 특별법〉(제4조)과 〈교육공무원법〉(제48조)에서는 불체포특권을 규정하고 있어서 일반공무원보다 더 강력한 신분보장을 받고 있다. 교육공무원에 대한 강력한 신분보장을 법으로 규정하고 있는 데 이것은 교직의 전문성과 특수성을 인정하는 법제도의 표현이라고 볼 수 있다.

사립학교 교원의 경우 공립학교 교원과는 달리 그 임무와 특수성에 있어 교육공무원과 같은 국가와 공법상 관계에 있지 아니하고 학교법인 등과 사법상 관계에 있다. 그러나 〈사립학교법〉(제55조-제60조)에서는 사립학교 교원의 복무는 국·공립학교의 교원에 관한규정을 준용하도록 규정하고 있으며, 신분보장에 있어서도 학급이나 학과의 개폐에 의한 폐직이나 과원인 경우를 제외하고는 〈교육공무원법〉과 같다. 그리고 교원의 불체포특권을 교육공무원과 마찬가지로 보장하고 있다.

이와 같이 사학교원도 교육공무원과 마찬가지고 신분을 보장받고 있기 때문에 교원의 법적 지위나 신분상의 권리는 공·사립 간에 차이가 없다. 이상과 같이 국·공·사립 교원 모두 법규상 신분보장은 잘 규정되어 있지만 현실적으로 교사의 신분피해 사례는 줄지 않고 있다. 1991년 이후 5년간의 교권침해 사건현황을 보면 교사와 관련하여 발생한 사건 중에서 신분피해가 126건으로 가장 많았으며, 그 다음이 안전사고로 인한 피해가 56건이었고, 폭행피해도 22건에 이르고 있다. 신분피해는 사립학교가 공립에 비해 월등히 많은 것으로 나타났다. 특히 초등학교의 경우 학교 안전사고로 인한 피해가 가장 많은 점으로 보아, 학교 안전사고에 대비한 정부의 지원체제 구축이 절실히 필요하다.

(2) 쟁송제기권

쟁송제기권은 교사들이 위법·부당한 처분을 받았을 때 소청 기타 행정상 쟁소할 수 있는 권리로서 교사들의 신분과 권익을 최대로 보장하려는 데 그 의도가 있다. 소청은 징계처분에 대하여 '교원징계소청위원회'에 재심을 청구할 수 있는 제도로 징계처분권자가 징계위원회의 의결이 가볍다고 인정할 때 불복함으로써 재심을 요구하는 경우와 징계처분 대상자가 징계위원회의 의결이 과중하다고 인정될 때 이를 불복하고 소청을 청구하는 두 가지 경우가 있다.

(3) 불체포 특권

교사는 불체포 특권을 가진다. 그것은 교사가 현행범인 경우를 제외하고는 소속 학교장의 동의 없이 학원 안에서 체포되지 아니한다(〈교육공무원법〉 제48조 및 〈사립학교법〉 제60조)는 것이다. 교원에게 이러한 특권을 인정하는 것은 학원의 자유를 보장하고 학교로 하여금 교육 및 연구 활동을 수행함에 권력기관의 부당한 압력을 배제하려는 의도로 해석할 수 있다.

이러한 교원의 불체포 특권은 국회의원과 선거관리위원회의 위원 외의 다른 공무원에게는 인정되지 않는 권리이다. 다시 말하면, 수사기관이 비록 형사소송법상 교원을 체포할 수 있는 요건을 갖추었다고 해도 학교장의 허가 없이는 교원을 체포할 수 없도록 하고 있는데 이것은 교원의 신분을 보호하고 그 직무수행을 보장하며 학원의 자유성과 불가침성을 강조하는데 특별한 의의를 갖는다. 그러나 이 불체포 특권은 현행범까지도 은폐하려는 데 그 목적이 있는 것은 아니며, 또 학원 내에서라도 학교의 장이 체포할 것을 허가할 경우는 적용되지 아니 한다. 따라서 이를 허가할 때에는 범죄혐의가 확실할 경우에만 행할 수 있는 것이다. 그리고 이러한 특권은 사립학교 교원에게도 준용된다.

(4) 교직단체 활동권

교직단체 활동권은 교사가 교사로서의 권리를 확보하고 교사로서의 직업을 효과적으로 수행하기 위한 단체 활동을 할 수 있음을 뜻한다. 그런데, 이 단체 활동권은 정치적 활동을 목적으로 하는 것은 허용되지 않으며 극단적인 쟁의수단도 허용되지 않는다. 교사들이 단체를 조직하고 적극적 운영을 통하여 회원들 간의 상호유대를 강화하고, 복지를 향상시키며 자질을 향상시키는 것을 공동목표로 추구하는 것이다.

교원단체와 관련하여 정부는 1998년 12월 교원노조 결성과 활동을 위한 법안을 마련하였고, 이 법안은 1999년 1월 6일 국회 본회의를 통과하였다. 그 동안 교원들이 상호협동하여 교육의 진흥과 문화의 창건에 진력하며 경제적·사회적 지위를 항상 시키기 위해 각 지방자치단체 및 중앙에 교원단체를 조직할 수 있도록 규정한 〈교육기본법〉에 의해 조직된 '한국교원단체총연합회'와 〈교원노조법〉이라는 새로운 입법에 기초한 교직원노동조합과는 활동 범위와 성격이 다소 차이가 있을 것으로 보인다.

교원단체 조직권은 단체 행동권을 법으로 인정한 것이지만 정치적 활동을 목적으로 하는 정치단체 또는 정당과는 구별되며, 파업과 같이 극단적인 쟁의수단이 허용되지 않는 점에서 노동조합과는 구별된다. 그러나 교육의 발전과 교원의 사회·경제적 지위향상을 위하여 교직단체들은 교원정책 형성에 있어서 상호협력하고 노력하는 자세가 필요하다.

3. 교권실추의 원인

점점 교사들의 교직에 대한 봉사정신과 소명의식이 희박해져 가고 있으며, 노동직관이 교직관의 많은 부분을 차지해 가고 있다. 지적 성취만을 요하는 현행 입시제도는 교육의 본질을 파괴하며 교사상을 흐리게 만들고 있다. 또한 최근 대학입학전형에서 내신상대평가에 따른 교육현장의 문제는 학생들을 사교육시장을 내몰아 교사들의 권위를 더욱더 떨어뜨리고 있다. 교직은 같은 학력수준을 갖고 일하는 다른 직업에 비해 사회적·경제적 처우가 미흡하다. 또한 학부모 및 학생으로부터 참 스승으로의 대우를 받지 못하고 있다. 교사는 평생학습자로서 연찬을 통한 교수-학습 기술 개선의 노력과 전문직으로서의 자질구현이 요구되지만 개인 및 제도상의 문제로 그 실천이 미흡한 실정이다.

교권침해는 어제 오늘의 일이 아니지만 갈수록 심각해지고 있어 크게 우려된다. 한국교총 발표에 따르면 지난 5년간 교권침해 사건이 3배 가까이 증가했다고 한다. 교총에 접수되지 않은 것까지 감안하면 교육현장에서의 교권침해는 훨씬 많을 것이다. 교권이 바로서야 교육이 산다는 사실은 누구나 알고 있다. 그런데도 우리의 현실은 정반대로 치닫고 있으니 안타까운 일이다. 교사들은 학교생활에서 최우선적으로 개선해야 할 것으로 '학부모의 지나친 간섭'과 '학생의 교권경시'를 꼽고 있다. 이것은 학교현장에서의 교권실추를 한

눈에 보여주는 지적이다. 사정이 이렇게까지 악화된 것은 교육당국, 학부모, 교사, 학생 모두의 책임이 아닐 수 없다.

우리 사회에는 공교육 부실화와 교실 황폐화 등 교육을 걱정하는 목소리들이 높아만 가고 있다. 이제는 교육정상화를 위한 교권확립에 사회적 관심을 기울여야 할 때이다. 우선 학부모, 학생, 교사 사이의 교권침해 갈등을 합리적으로 풀기 위해 '학교분쟁조정위원회'를 활성화할 수도 있고, 이를 '학교운영위원회'에 통합하고 중재기능을 부여하는 것도 충분히 검토해볼 만한 일이다. 교권확립은 물론 하루아침에 이루어질 수 없는 사안이다. 이를 위해서는 무엇보다 교사들의 역할이 중요하다. 교사들의 사명감과 교육역량이 교권확립의 토대가 되기 때문이다.

갈수록 교원 및 교원단체의 분쟁이 크게 늘고 있다는 사실은 전교조와 교총도 '교육 바로세우기'를 위해 대화하고 협력하는 모습을 보여주어야 한다는 것을 말해준다. 교육당국이 교육정책 마련에 있어서 교사들의 의견을 중시하고 귀담아듣는 것도 꼭 필요한 작업이다. 학생 앞에서 교사를 비하하는 언행을 자제하는 학부모들의 자세변화도 요구된다. 교권이 실추되면 교육이 흔들리고 그 피해는 우리 모두의 피해로 돌아온다. 교권확립을 위해 교사와 학부모, 학생, 교육당국이 모두 열린 마음으로 중지를 모아야 할 것이다.

4. 교권침해의 유형

일반적으로 교권침해는 교사의 신분문제, 학교안전사고와 관련된 교사에 대한 협박과 금품 요구, 학부모의 부당행위 등이다. 이처럼 일상적으로 교권침해 사례로 거론되는 것들을 염두에 둔다면, 교권침해는 교사의 교육할 권리와 전문직 종사자로서의 권리, 인간으로서의 기본권에 대한 교육행정기관, 학교행정가, 동료교원, 학부모, 학생 등의 침해로 정의할 수 있다.

교원침해의 유형들로는 다음과 같은 것들이 있다. 먼저, 교원으로서의 교육할 권리침해 유형으로 인터넷이나 SNS에서의 교사비방 또는 언론매체를 통한 압박, 교사배제를 주장하는 서명운동과 명예훼손, 학내에서의 폭언이나 난동 등 수업과 업무방해, 학내외에서 발생하는 물리적인 폭력, 전화나 이메일 등을 통한 폭언과 협박, 학교안전사고에 대한 손해배상의 청구, 형사고소, 학교안전공제회 보상거부, 직접보상, 추가보상 요구, 학교폭력 처리과정에서 교사에 대한 부당한 압박, 학교폭력 피해자 학부모의 무리한 요구, 교사에게 일방적인 책임 전가, 학생평가와 관련한 권한 침해 등이 있다.

전문직 종사자로서의 침해유형은 사립학교에서의 법인 내 학교 간 강제전보, 교내인사위원회의 운영미흡, 방학 중 근무지 외 연수에 대한 승인권의 남용, 기간제 교사에 대한 교권침해 등이 있고, 인간으로서의 기본권 침해유형으로서는 학생에 의한 교사 성희롱 또는 폭행, 휴가허가권의 남용 등 복무와 관련한 분쟁, 모성보호와 여성의 권리와 관련된 권리침해 등이 있다.

5. 교권침해 예방방법

교권침해 예방방법으로서 교사의 입장에서는 첫째, 수업의 전문성을 향상시킨다. 꾸준한 교재연구와 수업을 위한 자기계발은 학생의 만족도를 높여 교사의 권위가 높아지게 된다. 둘째, 도덕적 모범의 대상이 되도록 노력한다. 교사는 일상생활에서 확고한 교육관을 가지고 열정적·도덕적으로 생활하려고 노력해야 된다. 그러면 학생은 교사에 대해 믿음이 커지고 존경하게 된다. 셋째, 인성교육을 강화한다. 예컨대 창의적 체험활동 시간에 바른말 고운말 교육을 하는 것이다. 이는 학생의 언어순화와 바른 마음을 갖게 하는데 효과가 크다. 넷째, 학부모상담을 실시한다. 이메일상담, 전화상담 등을 통해 학생에 대한 정보를 꾸준히 공유하면 교사와 학부모 간에 혹시 모를 오해를 방지하고 믿음이 커지게 된다. 다섯째, 공개수업을 주기적으로 실시한다. 학부모가 자기 자녀가 수업을 어떻게 받는지 실제로 본다면 교사 전문성에 대한 신뢰도가 커진다. 여섯째, 학기 초에 학부모 간담회를 개최한다. 교사의 교육관과 1년 간 어떻게 학급을 이끌어 나갈지 알리고, 학부모와 의견을 반영한다면 학부모는 믿음이 커진다.

교육청에서의 예방대책은 첫째, 교권침해 예방매뉴얼을 만들어 각 학교에 배포한다. 이는 교사가 교권침해를 예방하고 적극적으로 대처하는데 큰 도움이 된다. 둘째, 교권향상을 위한 캠페인 활동을 벌인다. 교육청 홈페이지, 공익광고 등을 활용하여 교사의 권위존중의 중요성을 알리는 것이다. 교권침해는 개별 교사만의 노력으로는 해결할 수 없다. 따라서 교사의 권위존중을 위해 학생과 학부모, 교사, 교육청은 공유된 관점을 가져야 한다.

교육부는 교권침해 학생과 학부모에 대한 제재 및 피해교원의 구제조치를 강화한 '교권보호 종합대책'을 2012년 8월 28일 발표했다. 이 종합대책은 교권침해 예방과 엄정한 대응 등을 통해 교사의 정당한 교육활동을 보호하고, 학생의 학습권을 보장하기 위해 마련됐다. 현행법령과 제도는 교원에 대한 신분보장을 중심으로 규정하고 있어 사실상 교권침해 대응방법이 부족한 실정이다.

교육부는 우선 학생의 교권침해 수준이 심각하면 학교장이 교육청에 즉시 보고하고, 엄정한 조사를 거쳐 사실로 드러날 경우 해당 학생이 전문교육기관에서 특별교육이나 심리치료를 받도록 했다. 학부모도 특별교육과 심리치료에 참여시켜 가정에 대한 교육적 지도와 책무성을 강화하기로 했다.

특히 학부모 등 학생 이외 사람이 학교 내에서 교사를 폭행, 협박, 성희롱하는 등 교권을 침해하면 기존 형법상 범죄보다 50%까지 가중처벌 하도록 했다. 교권 피해교사에 대한 보호조항도 마련했다. 교권침해로 신체적·심리적 피해를 입은 교원은 수업·업무 등에서 일시적으로 제외된다.

피해교사가 해당학교에서 더 이상 교육활동을 지속하기 어렵다고 판단되면 타 학교로 우선 전보할 수 있도록 할 예정이다. 건강지원센터나 공동병원 등에서 상담과 치료를 받을 수 있고, 비용은 학교안전공제회가 우선 부담한 뒤 가해학생·학부모에게 구상권을 행사한다.

교권 침해가 심각한데도 보고를 축소하거나 은폐한 학교장은 징계한다. 반면 학교장이 적극적으로 교원보호에 기여한 경우 학교평가 및 학교장 경영능력평가 등에 인센티브를 부여한다. 또 학부모가 갑자기 찾아와 생기는 교권침해를 방지하기 위해 학교별로 학교방문사전예약제를 지금보다 더 적극적으로 시행할 방침이다.

참고자료 43 〈경기교권보호헌장〉

2010년 4월 21일 제정 공포

제1장 총칙

1. 교육은 학습자의 총체적 성장을 도모하고자 하는 활동으로서, 학습자를 교육하는 교육자의 자질과 전문성에 크게 좌우됨을 인식한다.
2. 교육자는 자신의 지위가 자신에게 달려 있음을 자각하고 전문성과 윤리 의식을 드높이기 위하여 최선의 노력을 경주하여야 한다.
3. 학습자와 학부모 및 교육행정당국은 교직을 전문직으로 간주하고, 교육자들이 자신의 전문성을 최대한 발휘할 수 있도록 지원하여야 한다.
4. 교육 당사자는 각자 자신의 권리와 의무를 명확히 인식하고, 교육권의 조화로운 실현을 위하여 노력한다.
5. 교육행정당국인 교권이 보호받고 부당하게 침해되지 않도록 적절한 정책적 노력을 경주하여야 한다.

제2장 교사의 권리와 책무

제1절 일반 원칙

6. 교육자는 인간으로서 존엄을 유지하고 행복을 추구하기 위하여 이하에서 규정하는 최소한의 권리를 가진다. 이하에서 규정되지 않은 권리라고 하여 경시되어서는 안 된다.
7. 교육행정당국은 교사의 권리를 보장하기 위하여 최선의 노력을 다하여야 한다.

제2절 교육자로서의 권리

8. 교육자는 가르치는 일에서 학문의 자유를 누려야 한다. 교육자는 교육내용 선택과 교육방법 결정, 평가와 학생지도에서 전문가로서의 식견과 윤리의식에 입각하여 자유롭게 전문성을 발휘하여야 한다.
9. 교육자는 연구자로서 새로운 교육과정과 교육자료를 개발하는 일에 적극적으로 참여할 수 있도록 장려되어야 한다.

10. 교육자는 학교공동체의 중요한 일원으로서, 학교의 공동사무에 적극적으로 의견을 개진하고 참여할 수 있도록 장려되어야 한다.

제3절 전문직 종사자로서의 권리

11. 교사가 안정적으로 직무를 수행할 수 있도록 교사의 신분은 보장되어야 한다. 사립학교 교원의 신분을 보장하고 직업적 안정을 도모하기 위하여 사회 각계의 최선의 노력이 있어야 한다.
12. 교사들이 각종 전문적 단체를 조직하여 자신들의 교직 전문성을 계발하는 일은 적극 권장되어야 한다.
13. 교사는 교육활동과 관련된 부당한 요구로부터 자유로워야 한다. 학교행정가는 교사가 부당한 요구를 받지 않고 자유롭게 교육 활동을 전개할 수 있도록 최선의 노력을 다하여야 한다.
14. 교사에 대한 징계 조치는 명확히 규정되어야 한다. 모든 교원은 어떤 징계 절차든 각 단계마다 다음과 같은 권리를 보호받아야 한다.
    ① 징계회부와 그 이유를 서면으로 통지받을 권리
    ② 징계사유에 관한 증거를 충분히 알아볼 수 있는 권리
    ③ 충분한 준비기간을 가지고 스스로 변호하거나, 자기가 선택한 대리자로 하여금 변호하게 할 수 있는 권리
    ④ 결정사항과 그 사유를 서면으로 통지받을 권리
    ⑤ 명확히 지정된 기관이나 기구에 소청할 수 있는 권리
15. 교사는 건강하게 교직업무를 수행할 수 있어야 하며, 교육행정당국은 교사의 건강을 유지·증진하기 위하여 적절한 노력을 다하여야 한다.
16. 여교사에 대한 어떠한 차별행위도 존재하지 않아야 하며, 특히 가정의 책임을 가진 여 교사가 육아와 교육활동을 조화롭게 전개할 수 있도록 적극적으로 배려하여야 한다.

제4절 인간으로서의 권리

17. 교사는 인간으로서 헌법상 보장된 기본적 권리를 특별한 이유 없이 제한받지 않아야 한다.

18. 교사는 교육활동과 관련하여 인간으로서의 존엄과 행복을 추구할 권리를 보장받아야 한다.

제5절 교사의 책무

19. 교사는 자신의 전문성과 윤리의식을 신장하기 위하여 지속적으로 노력하여야 한다.
20. 교사는 교육활동 중에 학생의 권리를 보장하고 학생을 보호하기 위하여 최선의 노력을 다하여야 한다.
21. 교사는 교육활동 과정에서 정치적·종교적 중립을 유지할 수 있도록 노력하여야 한다.
22. 교사는 학부모의 정당한 의견을 수렴하도록 노력하여야 한다.
23. 교사는 학교의 공동 사무에 적극적으로 협력하여야 한다.

제3장 교권 교육

24. 교육행정당국은 교사들이 교권을 자각하고 보호받을 수 있도록 적절한 교육을 제공하여야 한다.
25. 교육행정당국은 학습자와 학부모를 대상으로 교육권의 조화로운 실현을 도모하기 위한 적절한 교육을 제공하여야 한다.
26. 교육행정당국은 학교행정가를 대상으로 교권을 보호하고 교육리더십을 발휘할 수 있도록 적절한 교육을 제공하여야 한다.

제4장 교권 보호 제도

27. 교육행정당국은 교권실태를 정기적으로 조사하고, 교권보호정책을 결정하는 데에 그 결과를 반영하여야 한다.
28. 교육행정당국은 학교에서 교권교육 및 교권상담이 이루어 질 수 있도록 적절한 지원을 하여야 한다.
29. 교육행정당국은 교권상담 및 교권이 침해된 교사가 심리적 안정을 되찾고 원만하게 교단에 복귀할 수 있도록 (가칭) 교사지원센터 등을 지정· 운영하는 등의 적절한 조치를 취하여야 한다.

30. 교육행정당국은 교권보호정책을 체계적으로 수립하고 추진할 수 있도록 (가칭) 교육권보호위원회 등의 적절한 기구를 구성하고 운영하여야 한다.
31. 교육행정당국은 학부모 등의 무고한 행위로 피해를 입는 교사를 지원하기 위하여 교권 전담 변호인단 구성 및 운영 등의 적절한 조치를 강구하여야 한다.

6. 학생의 인권운동

학생이란 학교를 다니면서 획득하게 되는 사회적·제도적 신분이다. 전통적으로 학생은 어리석고 나약하여 교사에 의해 가르침을 받아야 하는 수동적 존재로 인식되어 왔다. 따라서 학생은 교사나 학부모 등과 같이 성숙한 성인들에 의하여 가치 있는 것으로 판단되고 선택된 것들을 배워서 사회에 적응해야 하는 소극적인 존재로 여겨졌다. 학교라고 하는 교육적 공간뿐만이 아니라 사회적인 삶에 있어서도 학생은 미성년자이기 때문에 많은 권리들이 유보되었다. 그러나 최근에 교육이라는 이름아래 유보되어 왔던 각종 권리들을 찾는 운동이 일어났다. 학생유형을 먼저 언급하고 나서 학생들의 교육운동과 인권운동을 살펴본다.

학생들은 장기간 학교에 다녀야 하고 또 학교에서 많은 시간을 보내야 하기 때문에 학교생활을 어떻게 받아들이느냐에 따라 그 존재유형이 여러 가지로 나누어진다. 하그리브스(D. Hargreaves)에 의하면 중등학교의 경우 크게 4가지 유형으로 나눌 수 있다고 한다.

첫째, 학교에 잘 적응하여 열심히 공부하거나 비교적 학교생활을 성실히 하는 유형이다. 따라서 교사나 부모들에게 이들은 별다른 문제가 없다. 이 유형의 학생들은 학교생활을 미래에 대한 투자로 생각하고 그럭저럭 공부를 열심히 하며 학교의 규범적 가치를 내면화한다. 미래를 위하여 현실적 욕구를 부모와 교사들이 가르쳐주는 대로 억제하고 있는 학생들이다. 대체로 모범생이거나 아니면 그다지 성적은 우수하지 않더라도 특별히 나무랄 데가 없는 순응적인 평범한 학생들이다.

둘째, 대체로 나태하고 무기력한 유형이다. 늘 학교에 출근은 하지만 공부를 열심히 하지는 않는다. 부모와 가족을 실망시킬 수 없고 불만이 다소 있다 할지라도 학교에 도전할만한 생각은 별로 없고 그렇다고 해서 결석 같은 것은 특별히 몸이 아프거나 집안 행사가 있을 때에만 하게 되는 그런 학생들이다. 자발적인 동기나 의욕이 강하지도 않다. 그래서 수업시간에 졸고 있는 경우도 많고 만화책을 보고 있는 경우도 많으며 때로는 숙제를 철저히 해오지 않아 야단을 맞기도 한다. 가끔은 놀이시간에 특별한 재주를 발휘하는 아이들도 있다. 학교의 규범적 질서를 자주 어기지는 않지만 미래에 대한 큰 꿈은 아직 불투명하며 졸업장을 얻기 위해 학교라는 공간에 갇혀 있는 무기력한 학생들이다.

셋째, 학교규범을 거부하고 저항하는 유형이다. 평소에도 학생다움이 없고 거창한 명분이나 명확한 의도를 가지고 학교를 거부하거나 교사들에게 반항하는 것이 아니고, 그저 학교가 싫고 공부가 싫고 학교가 자기들에게 큰 의미가 없다고 생각하는 학생들이다. 그래서 이 학생들은 공식적으로 수업을 거부하고 수업의 질서를 파괴하는 행동을 많이 한다. 교사들에게는 큰 골칫거리로서 주된 생활지도와 통제의 대상이다. 이들에게서 발견되는 거부와 저항의 몸짓은 땡땡이, 무단결석, 가출, 싸움, 폭력, 절도, 대듦, 교칙위반 등으로 나타난다. 그렇다고 해서 학교를 떠나지는 않는다.

넷째, 학교를 떠나 대안을 추구하는 유형이다. 자발적으로 학교를 떠나는 학생들이 많고 타의에 의해 학교를 중퇴하기도 한다. 이들은 학교를 떠나 학원, 독학, 대안학교 등을 찾는다. 기존학교와 일반학생들과는 다른 방식으로 자신들의 삶을 만들어간다. 단순히 학교에 저항하고 거부하는 학생들과는 달리 새로운 삶의 공간을 창조한다는 특징이 있다.

하그리브스는 거부와 저항행동을 반학교문화로 정의한다. 대체로 성적이 좋지 않은 노동자 계층학생들에게서 많이 나타난다고 하였으며, 반학교행동을 학교조직의 인과적 산물로 보고 실패로 규정하며 부정적 평가를 내렸다. 이에 비해 윌리스(P. Willis)는 적극적 저항으로 파악하고 노동자 계층 학생들이 스스로 선택하는 것이라고 긍정적 평가를 하였다. 물론, 윌리스의 주장을 지루(H. Giroux)는 반박하는데 저항과 대항적 헤게모니를 구별하여 반학교 학생행동은 윌리스가 말하는 대항적 헤게모니는 아니고 저항이라고 하였다. 그에 의하면 저항은 주관적 차원의 행위로 성격상 비정치적, 비조직적, 비이론적, 비공식적이라는 것이다. 대항적 헤게모니는 지배의 성격과 그것에 대항하는 적극적인 반대행동에 대하여 보다 정치적이고 이론적이며 비판적인 이해에 기초하고 있으며, 비판수준에 그치지 않고 새로운 사회적 관계는 물론 대안적 공공영역을 창조하는 역할을 집합적으로 담당한다는 것이다.

이제 학생들의 교육운동은 수동적이 아닌 능동적 학습과 주체적인 학습자라는 인식이 발전되었다. 학생들의 권리운동은 학습내용, 교육방법, 학교운영에까지도 확대되고 있다. 교복착용이나 두발자유화문제, 급훈의 결정, 소풍장소와 수학여행지 결정문제, 아침자습과 야간 자율학습문제에 이르기까지 학생들은 자신들의 견해를 학교홈페이지나 학교신문과 교내방송 및 인터넷·SNS 등에 다양하게 제시하고 있다. 점점 학교의 질서와 안전을 위해 학생들의 의견을 전적으로 무시할 수는 없는 현실이 되어가고 있다. 말하자면, 학생들이 교육의 수동적 객체가 아닌 학교의 적극적인 공동파트너가 되었음을 인식해야 하는 시대가 된 것이다.

학생인권운동은 그동안 교육이라는 이름으로 억제되었다. 1980년대 단초가 시작되어 1990년대에 본격화되기 시작하였다고 할 수 있다. 오늘날은 집단적 차원의 새로운 사회운동의 주체로 부상하고 있다. 학생들은 보다 민주적인 학교를 원하고 있으며 자율성을 확보하려고 노력하고 있다. 또한 학교구성원 모두가 개방적인 의사소통 교육환경을 요청하고 있다. 전통적인 학생관을 가지고 있는 일부 교장과 교사들은 학생들의 역동적인 활동이나 노력들을 학교를 혼란과 무질서로 끌고 가려는 움직임으로 오해하기도 한다.

인터넷은 새로운 학생운동의 가능성을 많이 발견할 수 있는 사이버 공간이다. 더불어 핸드폰과 같은 새로운 정보통신기술은 교사들에게 보다는 학생들이 훨씬 빠르고 친숙하며 의사소통이 쉽게 이루어진다. 학생들은 인터넷의 특성을 십분 활용하고 있으며 학교에서 일어나는 일들을 빠르게 전파시키며 민주적 의사소통 무대로 활용하고 있다. 또한, 학생들은 핸드폰 문자메시지를 통해 쉴 새 없이 친구 간에 대화를 나누고 있다. 이제 이 문명의 이기들은 편리한 점도 많이 있지만 교사의 잘못들이 인터넷에 공개되어 학교를 위축시키기도 하고, 이를 통한 부정행위가 이루어지고 수업까지 방해를 받는 등 그래서 수능시험에서 또는 일반학교에서 핸드폰을 일체 가지고 등교하지 못하게 하는 사태가 벌어질 정도로 학교에서도 큰 골칫거리가 되고 있다.

7. 학생인권조례안

학생인권조례안은 다양하게 등장하고 있는데 과도한 체벌을 경험하거나 지켜본 학생들의 입장에서는 찬성할 것이다. 그러나 책임, 의무 등이 뒷받침되지 않는 인권은 결국 허울에 불과하다는 것도 깨달을 수 있다. 세계인권위원회의 마지막 선언인 제30조에는 다음과 같은 선언이 있다. “어떤 권리와 자유도 다른 사람의 권리와 자유를 짓밟기 위해 사용될 수 없다. 어느 누구에게도 남의 권리를 파괴할 목적으로 자기 권리를 사용할 권리는 없다.”

서울특별시교육청이 교권침해 상황정도에 따른 4단계 대처방안을 마련한 ‘학생생활교육 매뉴얼’은 학교현장에서 학생지도가 어렵다는 교사들의 고충에 대해 교육당국이 적절한 대책을 마련한 것인데, 교권을 보호한다는 명분하에 학생의 기본권을 제한하는 것은 문제다.

학생생활교육 매뉴얼에서 교권을 침해한 학성들은 4단계의 처벌을 받는다고 한다. 1단계는 학생을 즉시 교실에서 격리하는 조치다. 정당한 지시를 듣지 않을 경우 교사들은 학교마다 지정된 교권보호책임관에게 요청해 해당 학생을 교실 밖으로 내보낼 수 있다. 2단계는 학생을 ‘성찰교실’이라는 교내 별도공간에서 면담하는 조치이다. 3단계는 학교선도위원회를 열어 교권침해 수위에 따라 봉사 또는 외부기관의 특별교육을 받게 한다. 4단계는 학부모와 외부 전문가가 참여하는 학교 교권보호위원회의 심의와 학교장의 동의를 거쳐 학생을 강제 전학시키는 것이다. 단계별 조치의 적용은 각 학교가 사안에 따라 개별적으로 정하도록 했다.

그러나 강제전학 조치처분을 받은 학생에게 재심을 청구할 기회가 없다는 것은 심각한 문제다. 아무리 흉악한 성인 범법자라도 자기를 변호할 권리가 있고 최종 심급까지 재판을 받을 기본권이 보장된다. 하물며 청소년의 이른바 '교권침해' 행동에 대해 재심청구의 기회를 주지 않는 것은 법리상 용인될 수 없다. 이는 민주주의 사회에서 당사자가 처벌을 받고 재심을 청구할 기회를 주지 않는 공권력의 폭력이다.

또한 "퇴학조치에 대하여 이의가 있는 학생 또는 그 보호자는 시·도 징계조정위원회에 재심을 청구할 수 있다."고 명시되어 있는 〈초·중등교육법〉 제18조의 2(재심청구)에도 정면으로 배치된다. 이뿐 아니라 〈학교폭력예방과 대책에 관한 법률〉에서도 가해학생이 전학이나 퇴학조치를 받을 때 시·도 학생징계조정위원회에 재심을 요청할 수 있게 되어 있다. 게다가 학생의 행동이 '교권을 침해한 심각성의 정도'를 판단하는 것도 문제다. 자칫 교사와 학생의 갈등이 증폭될 수 있기 때문이다. 만에 하나 학생에 대한 조치로 인해 억울한 학생이 발생할 수 있다면 이에 대해 항변하여 바로잡을 기회를 주는 것이 마땅하다.

교권과 학생인권은 모두 존중되어야 한다. 학교교육의 중요성은 가르침을 매개로 교사와 학생이 서로 존중하는 것을 배우는 것이다. 학생을 때리는 교사, 교사를 때리는 학생이라는 극단적이고 자극적인 상황에서 문제를 해결하기 위한 조치로 내놓은 것이라면 학교는 더더욱 혼란에 빠지고 말 것이다. 배움과 나눔의 공동체, 교권과 학생인권이 숨을 쉬는 교육현장을 만들려면 교권매뉴얼이 아니라 상호협의를 통한 공동체 규약을 제정하고 운영하는 것을 보장해야 한다.

한국은 1990년 'UN의 아동권리에 관한 협약'을 비준했으나 아직도 한국의 학생들은 인권침해를 심하게 당하고 있다는 주장이 청소년운동가들을 중심으로 제기되었다. '자기의 일은 스스로 하자' 이에 따라 2006년 제17대 국회에서 민주노동당 최순영 의원의 대표발의로 초·중등교육법 개정안의 형식으로 처음으로 발의되었으나 회기만료로 자동폐기 되었으며 이어서 2008년 제18대 국회에서 민주노동당 권영길 의원 등이 2006년 발의된 학생인권법의 내용을 일부 수정하여 청소년인권법을 재발의 하였으나 계류하다가 국회통과에 실패하였다. 이후에 지방자치단체 수준에서라도 협약을 잘 이행하기 위해 2009년 경기도교육청(교육감 김상곤)이 학생인권조례제정위원회(회장 서울교육감 곽노현)을 구성해서 250인의 학생참여기획단의 의견을 검토해 학생인권조례를 발의해 2010년 9월 16일 한나라당 전원 불참 속에 경기도에서 전국 최초로 학생인권조례가 본회의를 통과하였다.

경기도 이외에 서울, 인천 등 다른 지역에서도 인권조례를 제정해야 한다는 목소리가 높아졌다. 제정을 위해 주민발의가 각지에서 이어졌다. 진보적 교육감이 있는 곳은 대부분 교육청이 알아서 제정하지만 지방의회가 찬성하지 않으면 헛수고여서 의회가 보수화되어 있으면 통과가 어렵다.

학생인권조례는 말 그대로 '조례'다. 지방자치단체가 제정하는 자치법규에는 조례와 규칙이 있는데 이 중 조례는 '상위법규'에 해당한다. 학생인권조례가 제정되면 이행 강제성이 생겨 해당 자치지역에 속한 모든 학교는 이를 따라야 한다. 만약 이를 지키지 않았을 경우 징계를 당한다. 사립학교의 경우는 시정을 해도 교장을 징계할 수는 없지만 여러 가지 불이익을 당하므로 사립학교도 지키는 편이다. 〈초·중등교육법시행령〉이 "교육상 불가피한 경우를 제외하고 신체적 고통을 줄 수 없다(31조 7항)."라고 되어 있으므로, 체벌을 금지하는 학생인권조례는 상위법을 위반하고 있다는 주장이 제기됐으나, 〈초·중등교육법〉이 개정되면서 오히려 체벌을 금지한다는 조항이 들어감에 따라 상위법과의 충돌 논란은 사라졌다.

내용은 각 조례별로 약간씩 다를 수 있으나 기본적으로 들어가 있는 중요한 공통사항들은 다음과 같다.

- 학교에서 체벌은 금지된다(경기도 학생인권조례 제6조 2항).
  - 상위법에서 직접체벌은 금지되어 있지만 간접체벌은 모호해서 교육청에서는 간접체벌도 금지한다고 해석한 것이다.
- 학교는 학생에게 야간자율학습, 보충수업 등을 강제해서는 아니 된다(제9조 2항).
  - 방학 중의 보충수업도 포함된다.

- 학생은 복장, 두발 등 용모에 대해서 자기의 개성을 실현할 권리를 가진다(제11조1항).
  - 교복을 금지한다는 말이 아니다.
- 학교는 두발의 길이를 규제해서는 아니 된다(제11조 2항).
  - 염색을 허용한다는 조항이 논란 끝에 빠졌으나, 명시적으로 허용하지 않는다는 것은 아니다.
- 학교는 학생의 휴대폰 자체를 금지해서는 아니 된다(제12조 4항).
  - 수업 중에 쓰면 금지할 수 있다는 말이다.
- 학교는 학생에게 양심에 반하는 내용의 반성, 서약 등 진술을 강요해서는 아니 된다.
  - 학기 초에 어떤 일이라도 감수하겠다는 서약서 등이 문제가 되어 생긴 조항이다. 자기가 잘못하지 않았다고 생각할 경우 반성문도 거부가 가능하다.
- 학생은 세계관·인생관 또는 가치적·윤리적 판단 등 양심의 자유와 종교의 자유를 가진다(제15조 2항).
  - 종교의 자유, 대체수업 마련 등은 대광고 강의석 사건 때문에 생긴 영향이 크다. 종립학교는 미션스쿨이 압도적으로 많기 때문에 기독교는 반대성명을 내고 불교 쪽은 찬성하였다.
- 학생은 임신, 출산 등의 이유로 차별받지 않을 권리를 가진다(제5조 1항).
  - 실제로 실업계에서는 임신해서 퇴학당하는 경우가 매우 많다.
- 여학생은 생리로 인한 고통 때문에 결석하거나 수업에 참여하지 못하는 경우 그로 인해 불이익을 받지 않을 권리가 있다(제24조 2항).
- 교직원은 학생과 교직원의 안전을 위하여 긴급히 필요한 경우가 아니면 학생의 동의 없이 소지품 검사를 하여선 아니 된다(제12조 2항).
  - 실제로 현재 학교에서는 담배나 흉기, 도난품을 가지고 있는 근거가 없으면 학생들이 소지품 검사를 거부하고 있다고 한다.
- 학교는 학생과 교원에게 학기당 2시간 근로권을 포함하여 인권교육을 해야 한다(제 30조 1항).

- 곽노현 서울시교육감은 노동교과서를 배포하여 특성화 학교에서 노동교육을 할 예정이라고 밝혔다.

- 학생은 학교운영 및 교육청의 교육정책과정에 참여할 권리를 가진다(제19조 1항).
- 학생의 인권에 관한 정책의 수립 및 평가를 위해 학생인권심의회를 두고 학생도 참여한다(제35조 1항).
- 교육감은 학생과 관련된 정책에 따라 학생의 의견을 수렴하기 위하여 100명 이내의 학생참여위원회를 설치하고 간담회를 가져야 한다(제36조 1항).
  - 학생회를 활성화하고 자치능력을 기른다는 이야기다. 학생회에 예산을 주는 문제와 학생회실 마련, 학생교류처 신설, 학운위 참여 그리고 학생징계위원회의 참여와 학교교칙 제정에 참여하는 문제까지 해야 될 것은 너무나 많다.
- 조례가 실제로 잘 시행되기 위해 학생인권침해에 대한 상담 및 구제를 위하여 학생인권옹호관을 둔다(제39조 1항).
  - 준 5급 공무원 학생인권옹호관이라는 사상 초유의 직책이 생겨났다. 우선 경기도와 서울시는 뽑는다고 한다.
- 학생은 집회의 자유를 가진다(제19조).
- 성별정체성을 이유로 차별받지 않을 권리를 가지고 있다(서울학생인권조례 초안 6조).
  - 서울학생인권조례 초안에 동성애자 인권연대의 요구로 들어간 조항인데 (일부 선진국 같으면 당연한 조약이겠지만) 엄청난 논란이 되는 사항이다.

학생인권조례안들에 대한 반대(보수) 측 주요논리는 다음과 같다.

1) 학교폭력(왕따)을 방치하거나 조장한다.
   - 이에 대해 조례안 찬성(진보) 측은 학생인권조례와 학교폭력이 상관없다고 한다. 과거에도 늘 있던 문제였으며, 상대적으로 학생인권이 보장된 서구사회에서도 학교폭력은 존재하고, 학교폭력은 학생인권

이 보장됨으로써 그들의 방종 때문에 생기는 게 아니라, 부족한 인성 교육으로 인해 생긴다는 것이다.

2) 교권과 학부모 자녀교육권을 침해한다.
- 이에 대해 찬성 측은 윤리교육을 침해하는 것이 아니며 키드맘은 예전부터 있었고, 예전부터 문제되던 사안임으로 인권조례안과 크게 관련성이 없다는 주장이다.

3) 동성애의 허용·확산, 성자유화를 가속시킨다.
- 이에 대해 찬성 측은 동성애는 범죄가 아니며 비윤리적이지 않다는 주장이다. 동성애는 동서고금을 막론하고 나타난 자연적 현상이며, 대부분 동성애를 터부시하는 국내정서상, 동성애에 대한 차별을 금지시킨다 하여 동성애가 크게 늘어나지 않는다는 것이다.

4) 종교사학의 종교교육권리를 훼손한다.
- 이에 대해 찬성 측은 학생들에게 종교를 가르칠 권리가 학교에 있다고 하지만, 그보다 우선은 헌법에 명시된 종교의 자유라는 주장이다.

5) 정치집회에 미성년 학생들 동원, 제도권 내에서 홍위병 양성의 위험성이 있다.
- 이에 대해 찬성 측은 과거의 민주화운동은 중·고등학생의 주도하에 이루어진 경우가 많았고, 뿐만 아니라 집회의 자유 또한 헌법에 명시된 사항이라는 것이다. 특히 학생인권조례안에서 언급하는 집회의 자유는, 학교 측의 일방적인 운영에 대한 집회도 포함되는 건데, 그간 학생들에게 우월의 입장에 있던 교권이 자신들의 아래에 있던 학생들의 반발을 막기 위해서 하는 말이라는 주장이다.

6) 인권 미명하에 교육자 상위권력 기구를 제도화한다.
- 시민단체들이 학교교육을 둘러싸고 제도권 내에서 영향력을 확대할 수 있는 기회를 제공하는 통로가 될 것이라는 보수단체들의 주장에

대해, 찬성 측은 자신들의 그릇된 교육체제를 비판하려는 외부세력에 대해서 제3자니 빠지라는 소리에 불과하다는 주장이다.

7) 체벌금지 조항이 맹목적이다.

- 이에 대해 찬성 측은 체벌을 찬성하는 보수 측이 그동안 학생들에게 가해진 체벌에 대해서 정당성을 부여하는 것에 불과하다는 주장이다.

제13장
교육법과 관련 법규

1. 헌법
2. 교육기본법
3. 초·중등교육법
4. 고등교육법
5. 평생교육법
6. 장애인 등에 관한 특수교육법
7. 유아교육법
8. 지방교육자치에 관한 법률
9. 국가공무원법
10. 교육공무원법
11. 사립학교법
12. 교원지위향상을 위한 특별법
13. 기타 관련법규

1. 헌법

교육에 관한 성문법으로는 〈헌법〉이 가장 상위법이고, 그 다음이 법률, 명령, 조례 및 교육규칙, 훈령 및 예규, 조약 등이 있다. 불문법에는 관습법, 판례, 조리 등이 있다. 〈헌법〉에서 교육과 관련된 내용은 제31조에 포괄적으로 규정되어 있다. 그 자세한 조문은 다음과 같다.

(1) 모든 국민은 능력에 따라 균등하게 교육을 받을 수 있는 권리를 가진다.
(2) 모든 국민에게 그 보호하는 자녀에게 적어도 초등교육과 법률이 정하는 교육을 받게 할 의무를 진다.
(3) 의무교육은 무상으로 한다.
(4) 교육의 자주성, 전문성, 정치적 중립성 및 대학의 자율성은 법률에 정하는 바에 의해 보장된다.
(5) 국가는 평생교육을 진흥하여야 한다.
(6) 학교교육 및 평생교육을 포함한 교육제도와 그 운영, 교육재정과 교원의 지위에 관한 기본 사항은 법률로 정한다.

먼저 〈헌법〉 제31조에서는 국민의 교육권을 포함하여 〈교육법〉의 기본원칙이라고 할 수 있는 의무교육, 무상교육, 교육의 자주성, 전문성, 정치적 중립성 및 대학의 자율성, 평생교육, 교육제도의 법률주의 등을 규정하고 있다.

"모든 국민은 능력에 따라 균등하게 교육을 받을 수 있는 권리를 가진다."라고 명시한 제1항은 학습과 교육의 자유를 전제로 하여, 생존권적 기본권으로서의 교육권 보장을 규정한 조항이며 이는 공교육제도의 정비를 통해 국가가 적극적으로 국민의 교육권을 보장해야 함을 말한다.

"모든 국민은 그 보호하는 자녀에게 적어도 초등교육과 법률이 정하는 교육을 받게 할 의무를 진다."의 제2항과 "의무교육은 무상으로 한다."의 제3항은 교육권의 최소한의 내용인 무상의무교육제도를 규정한 것인데, 제2항은 부모의 친권남용으로부터 아동·학생의 학습권을 보호하기 위한 것이며, 제3항은 공적으로 부담해야 할 교육비의 최소한의 범위를 명시한 것이다.

"교육의 자주성, 전문성, 정치적 중립성 및 대학의 자율성은 법률이 정하는 바에 의해 보장된다."라는 제4항은 공교육제도가 국가권력 또는 특정 정파에 의해 교육이 왜곡·지배되는 것을 방지하고, 교육자치의 보장을 규정한 것이다.

"국가는 평생교육을 진흥하여야 한다."라는 제5항은 국민의 교육권이 학교교육을 받는 것에 한정되지 않고 전 생애에 걸쳐 보장됨을 뜻하는 생애교육 또는 사회교육의 보장을 규정한 것이다.

마지막 제6항은 "학교교육 및 평생교육을 포함한 교육제도와 그 운영, 교육재정과 교원의 지위에 관한 사항은 법률로 정한다."로 되어 있는데 이는 제1항부터 제5항까지를 보장하기 위해, 교육에 관한 중요한 사항은 법률로 정하도록 하는 원칙 즉 교육제도의 법률주의에 관한 규정이다.

이외에도 〈헌법〉에는 직접적으로 규정하고 있지는 않으나 간접적으로 교육권 보장을 규정하고 있는 간접조항들이 많이 있다. 이들 간접조항들로는 국제조약과 국제법규(제6조), 공무원의 지위와 책임(제7조), 기본적인 인권존중과 행복추구권(제10조), 학문·예술의 자유(제22조) 등에 관련된 것들이 있다.

참고자료 44 교육 관련 법규 위계

	법률	명령	자치법규	기타
헌법	교육기본법 초·중등교육법 교육공무원법 사립학교법 지방교육자치에 관한 법률	대통령령 총리령 부령 초·중등교육법시행령	조례 교육규칙	학칙 정관 행정규칙

2. 교육기본법

〈교육법〉은 1949년 11월 31일에 제정되고 12월 31일에 법률 제86호로 공포(11장 173조)된 이래 단일 교육법으로 존속되어 오다가 1997년 12월 13일에 법률 제5437호로 〈교육기본법〉이, 그리고 〈초·중등교육법〉, 〈고등교육법〉 등으로 세분화 되어 시행되어 오고 있다. 2013년 3월 23일 일부 부분개정이 있었다. 또 새로 제정된 법률들과 함께 기존부터 시행중이던 〈사립학교법〉(1963년 6월 공포), 〈평생교육법〉(1982년 12월에 공포되어 시행중이던 〈사회교육법〉을 2000년 3월에 명칭 변경), 그리고 이후에 추가로 제정된 〈유아교육법〉(2004년 1월 공포) 등이 현재 우리나라 교육법 체계의 근간을 형성하고 있다.

1949년에 제정되어 48년간 우리나라 교육이념과 제도의 근간이 되어왔던 〈교육법〉, 그리고 현행의 〈교육기본법〉과 다양한 하위 법률들은 우리 교육이 지향해야 할 바람직한 목표, 그리고 이를 달성하기 위한 구체적인 실천방안, 교육주체들의 역할 등을 규정함으로써 교육발전에 기여하여 온 것은 사실이다. 그럼에도 불구하고 〈사립학교법〉이나 〈유아교육법〉을 둘러싼 오랜 논쟁과 갈등이 보여주듯이 일부 교육관련 법규나 조항은 사회적 갈등의 상징으로 남아 있기도 하다.

교육법의 분화와 발전에도 불구하고 공교육의 실패 논의는 지속되고 있으며, 교육법과 유리된 교육현실이라는 비판 또한 끊이지 않고 있다. 교육관련 법규들의 전문성이나 기술성은 향상되고 있으나 포괄적 지도성은 약화되고 있다는 지적에 귀를 기울일 필요가 있다.

〈교육기본법〉은 제1장 총칙(제1조-제9조), 제2장 교육 당사자(제12조-제17조), 제3장 교육의 진흥(제17조-제29조) 등 전문 29조와 부칙으로 이루어져 있다.(제10조는 사회교육, 제11조는 학교 등의 설립, 제12조는 학습자))

제1장 총칙에서는 우리 교육의 이념과 국민의 학습권, 교육의 기회균등 원칙 그리고 교육의 자주성과 중립성을 선언하고 있다. 또한 교육재정과 의무교육의 기본 방향, 학교교육 및 사회교육에 관한 기본적 사항을 규정하고 있다.

제2장 교육당사자에서는 학습자의 기본권, 보호자의 권리와 의무, 교원의 지위와 신분, 교원단체와 학교설립·경영자, 국가 및 지방자치단체의 기본 방향을 규정하고 있다.

제3장 교육의 진흥에서는 남녀평등교육의 증진, 학습윤리의 확립, 건전한 성의식 함양, 특수교육의 지원에 관한 조항과 함께 영재교육, 유아교육, 직업교육, 과학·기술교육, 교육의 정보화 및 국제교육의 진흥, 학술문화의 진흥, 사학육성, 학생 및 교직원에 대한 복지시책 및 장학제도 수립, 국제화 교육에 대해 규정하고 있다.

참고자료 45 교육기본법

제1장 총칙

제1조 (목적) 이 법은 교육에 관한 국민의 권리·의무 및 국가·지방자치단체의 책임을 정하고 교육제도와 그 운영에 관한 기본적 사항을 규정함을 목적으로 한다.

제2조 (교육이념) 교육은 홍익인간의 이념 아래 모든 국민으로 하여금 인격을 도야하고 자주적 생활능력과 민주시민으로서 필요한 자질을 갖추게 함으로써 인간다운 삶을 영위하게 하고 민주국가의 발전과 인류공영의 이상을 실현하는 데에 이바지하게 함을 목적으로 한다.

제3조 (학습권) 모든 국민은 평생에 걸쳐 학습하고, 능력과 적성에 따라 교육 받을 권리를 가진다.

제4조 (교육의 기회균등) ① 모든 국민은 성별, 종교, 신념, 인종, 사회적 신분, 경제적 지위 또는 신체적 조건 등을 이유로 교육에서 차별을 받지 아니한다.

② 국가와 지방자치단체는 학습자가 평등하게 교육을 받을 수 있도록 지역 간의 교원 수급 등 교육 여건 격차를 최소화하는 시책을 마련하여 시행하여야 한다.

제5조 (교육의 자주성 등) ① 국가와 지방자치단체는 교육의 자주성과 전문성을 보장하여야 하며, 지역 실정에 맞는 교육을 실시하기 위한

시책을 수립·실시하여야 한다.

② 학교운영의 자율성은 존중되며, 교직원·학생·학부모 및 지역주민 등은 법령으로 정하는 바에 따라 학교운영에 참여할 수 있다.

제6조 (교육의 중립성) ① 교육은 교육 본래의 목적에 따라 그 기능을 다하도록 운영되어야 하며, 정치적·파당적 또는 개인적 편견을 전파하기 위한 방편으로 이용되어서는 아니 된다.

② 국가와 지방자치단체가 설립한 학교에서는 특정한 종교를 위한 종교교육을 하여서는 아니 된다.

제7조 (교육재정) ① 국가와 지방자치단체는 교육재정을 안정적으로 확보하기 위하여 필요한 시책을 수립·실시하여야 한다.

② 교육재정을 안정적으로 확보하기 위하여 지방교육재정교부금 등에 관하여 필요한 사항은 따로 법률로 정한다.

제8조 (의무교육) ① 의무교육은 6년의 초등교육과 3년의 중등교육으로 한다.

② 모든 국민은 제1항에 따른 의무교육을 받을 권리를 가진다.

제9조 (학교교육) ① 유아교육·초등교육·중등교육 및 고등교육을 하기 위하여 학교를 둔다.

② 학교는 공공성을 가지며, 학생의 교육 외에 학술 및 문화적 전통의 유지·발전과 주민의 평생교육을 위하여 노력하여야 한다.

③ 학교교육은 학생의 창의력 계발 및 인성 함양을 포함한 전인적 교육을 중시하여 이루어져야 한다.

④ 학교의 종류와 학교의 설립·경영 등 학교교육에 관한 기본사항은 따로 법률로 정한다.

제10조 (사회교육) ① 국민의 평생교육을 위한 모든 형태의 사회교육은 장려되어야 한다.

② 사회교육의 이수는 법령으로 정하는 바에 따라 그에 상응하는 학교교육의 이수로 인정될 수 있다.

③ 사회교육시설의 종류와 설립·경영 등 사회교육에 관한 기본적인 사항은 따로 법률로 정한다.

제11조 (학교 등의 설립) ① 국가와 지방자치단체는 학교와 사회교육시설을 설립·경영한다.

② 법인이나 사인은 법률로 정하는 바에 따라 학교와 사회교육시설을 설립·경영할 수 있다.

제2장 교육당사자

제12조 (학습자) ① 학생을 포함한 학습자의 기본적 인권은 학교교육 또는 사회교육의 과정에서 존중되고 보호된다.

② 교육내용·교육방법·교재 및 교육시설은 학습자의 인격을 존중하고 개성을 중시하여 학습자의 능력이 최대한으로 발휘될 수 있도록 마련되어야 한다.

③ 학생은 학습자로서의 윤리의식을 확립하고, 학교의 규칙을 준수하여야 하며, 교원의 교육·연구 활동을 방해하거나 학내의 질서를 문란하게 하여서는 아니 된다.

제13조 (보호자) ① 부모 등 보호자는 보호하는 자녀 또는 아동이 바른 인성을 가지고 건강하게 성장하도록 교육할 권리와 책임을 가진다.

② 부모 등 보호자는 보호하는 자녀 또는 아동의 교육에 관하여 학교에 의견을 제시할 수 있으며, 학교는 그 의견을 존중하여야 한다.

제14조 (교원) ① 학교교육에서 교원의 전문성은 존중되며, 교원의 경제적·사회적 지위는 우대되고 그 신분은 보장된다.

② 교원은 교육자로서 갖추어야 할 품성과 자질을 향상시키기 위하여 노력하여야 한다.

③ 교원은 교육자로서의 윤리의식을 확립하고, 이를 바탕으로 학생에게 학습윤리를 지도하고 지식을 습득하게 하며, 학생 개개인의 적성을 계발할 수 있도록 노력하여야 한다.

④ 교원은 특정한 정당이나 정파를 지지하거나 반대하기 위하여 학생을 지도하거나 선동하여서는 아니 된다.

⑤ 교원은 법률로 정하는 바에 따라 다른 공직에 취임할 수 있다.

⑥ 교원의 임용·복무·보수 및 연금 등에 관하여 필요한 사항은 따로 법률로 정한다.

제15조 (교원단체) ① 교원은 상호 협동하여 교육의 진흥과 문화의 창달에 노력하며, 교원의 경제적·사회적 지위를 향상시키기 위하여 각 지방자치단체와 중앙에 교원단체를 조직할 수 있다.

② 제1항에 따른 교원단체의 조직에 필요한 사항은 대통령령으로 정한다.

제16조 (학교 등의 설립자·경영자) ① 학교와 사회교육시설의 설립자·경영자는 법령으로 정하는 바에 따라 교육을 위한 시설·설비·재정 및 교원 등을 확보하고 운용·관리한다.

② 학교의 장 및 사회교육시설의 설립자·경영자는 법령으로 정하는 바에 따라 학습자를 선정하여 교육하고 학습자의 학습성과 등 교육의 과정을 기록하여 관리한다.

③ 학교와 사회교육시설의 교육내용은 학습자에게 미리 공개되어야 한다.

제17조(국가 및 지방자치단체)국가와 지방자치단체는 학교와 사회교육시설을 지도·감독한다.

제3장 교육의 진흥

제17조의2 (남녀평등교육의 증진) ① 국가와 지방자치단체는 남녀평등정신을 보다 적극적으로 실현할 수 있는 시책을 수립·실시하여야 한다.

② 국가 및 지방자치단체와 제16조에 따른 학교 및 사회교육시설의 설립자·경영자는 교육을 할 때 합리적인 이유 없이 성별에 따라 참여나 혜택을 제한하거나 배제하는 등의 차별을 하여서는 아니 된다.

③ 제1항에 따른 시책에는 체육·과학기술 등 여성의 활동이 취약한 분야를 중점 육성할 수 있는 교육적 방안이 포함되어야 한다.

④ 학교교육에서 남녀평등을 증진하기 위한 학교교육과정의 기준

과 내용 등 대통령령으로 정하는 사항에 관한 교육부장관의 자문에 응하기 위하여 남녀평등교육심의회를 둔다.

⑤ 제4항에 따른 남녀평등교육심의회 위원의 자격·구성·운영 등에 필요한 사항은 대통령령으로 정한다.

제17조의3 (학습윤리의 확립) 국가와 지방자치단체는 모든 국민이 학업·연구·시험 등 교육의 모든 과정에 요구되는 윤리의식을 확립할 수 있도록 필요한 시책을 수립·실시해야 한다.

제17조의4 (건전한 성의식 함양) ① 국가와 지방자치단체는 학생의 존엄한 성(性)을 보호하고 학생에게 성에 대한 선량한 정서를 함양시킬 수 있도록 필요한 시책을 수립·실시하여야 한다.

② 제1항에 따른 시책에는 학생 개인의 존엄과 인격이 존중될 수 있는 교육적 방안과 남녀의 성 특성을 고려한 교육·편의시설 마련 방안이 포함되어야 한다.

제18조 (특수교육) 국가와 지방자치단체는 신체적·정신적·지적 장애 등으로 특별한 교육적 배려가 필요한 자를 위한 학교를 설립·경영하여야 하며, 이들의 교육을 지원하기 위하여 필요한 시책을 수립·실시하여야 한다.

제19조 (영재교육) 국가와 지방자치단체는 학문·예술 또는 체육 등의 분야에서 재능이 특히 뛰어난 자의 교육에 필요한 시책을 수립·실시하여야 한다.

제20조 (유아교육) 국가와 지방자치단체는 유아교육을 진흥하기 위하여 필요한 시책을 수립·실시하여야 한다.

제21조 (직업교육) 국가와 지방자치단체는 모든 국민이 학교교육과 사회교육을 통하여 직업에 대한 소양과 능력을 계발하기 위한 교육을 받을 수 있도록 필요한 시책을 수립·실시하여야 한다.

제22조 (과학·기술교육) 국가와 지방자치단체는 과학·기술교육을 진흥하기 위하여 필요한 시책을 수립·실시하여야 한다.

제22조의2 (학교체육) 국가와 지방자치단체는 학생의 체력 증진과 체육활동 장려에 필요한 시책을 수립·실시하여야 한다.

제23조 (교육의 정보화) 국가와 지방자치단체는 정보화교육 및 정보통신 매체를 이용한 교육을 지원하고 교육정보산업을 육성하는 등 교육의 정보화에 필요한 시책을 수립·실시하여야 한다.

제23조의2 (학교 및 교육행정기관 업무의 전자화) 국가와 지방자치단체는 학교 및 교육행정기관의 업무를 전자적으로 처리할 수 있도록 필요한 시책을 마련하여야 한다.

제23조의3 (학생정보의 보호원칙) ① 학교생활기록 등의 학생정보는 교육적 목적으로 수집·처리·이용 및 관리되어야 한다.

② 부모 등 보호자는 자녀 등 피보호자에 대한 1항의 학생정보를 제공받을 권리를 가진다.

③ 제1항에 따른 학생정보는 법률로 정하는 경우 외에는 해당 학생(학생이 미성년자인 경우에는 학생 및 학생의 부모 등 보호자)의 동의 없이 제3자에게 제공되어서는 아니 된다.

제24조 (학술문화의 진흥) 국가와 지방자치단체는 학술문화를 연구·진흥하기 위하여 학술문화시설 설치 및 연구비 지원 등의 시책을 수립·실시하여야 한다.

제25조 (사립학교의 육성) 국가와 지방자치단체는 사립학교를 지원·육성하여야 하며, 사립학교의 다양하고 특성 있는 설립목적이 존중되도록 하여야 한다.

제26조 (평가 및 인증제도) ① 국가는 국민의 학습성과 등이 공정하게 평가되어 사회적으로 통용될 수 있도록 학력평가와 능력인증에 관한 제도를 수립·실시할 수 있다.

② 제1항에 따른 평가 및 인증제도는 학교의 교육과정 등 교육제도와 상호연계되어야 한다.

제26조의2 (교육 관련 정보의 공개) ① 국가와 지방자치단체는 국민의 알 권리와 학습권을 보장하기 위하여 그 보유·관리하는 교육 관련 정보를 공개하여야 한다.

② 제1항에 따른 교육 관련 정보의 공개에 관한 기본적인 사항은 따로 법률로 정한다.

제27조 (보건 및 복지의 증진) ①국가와 지방자치단체는 학생과 교직원의 건강 및 복지를 증진하기 위하여 필요한 시책을 수립·실시하여야 한다.

② 국가 및 지방자치단체는 학생의 안전한 주거환경을 위하여 학생복지주택의 건설에 필요한 시책을 수립·실시하여야 한다.

제28조 (장학제도 등) ① 국가와 지방자치단체는 경제적 이유로 교육받기 곤란한 자를 위한 장학제도와 학비보조제도 등을 수립·실시하여야 한다.

② 국가는 다음 각 호의 자에게 학비나 그 밖에 필요한 경비의 전부 또는 일부를 보조할 수 있다.

1. 교원양성교육을 받는 자
2. 국가가 특히 필요로 하는 분야를 국내외에서 전공하거나 연구하는 자

③ 제1항 및 제2항에 따른 장학금 및 학비보조금 등의 지급 방법 및 절차, 지급받을 자의 자격 및 의무 등에 관하여 필요한 사항은 대통령령으로 정한다.

제29조 (국제교육) ① 국가는 국민이 국제사회의 일원으로서 갖추어야 할 소양과 능력을 기를 수 있도록 국제화교육에 노력하여야 한다.

② 국가는 외국에 거주하는 동포에게 필요한 학교교육 또는 사회교육을 실시하기 위하여 필요한 시책을 마련하여야 한다.

③ 국가는 학문연구를 진흥하기 위하여 국외유학에 관한 시책을 마련하여야 하며, 국외에서 이루어지는 우리나라에 대한 이해와 우리문화의 정체성 확립을 위한 교육·연구활동을 지원하여야 한다.

④ 국가는 외국정부 및 국제기구 등과의 교육협력에 필요한 시책을 마련하여야 한다.

3. 초·중등교육법

제1장 총칙, 제2장 의무교육, 제3장 학생과 교직원, 제4장 학교, 제5장 보칙 및 벌칙 등 전문 68조와 부칙으로 이루어져 있다. 1997년 12월 13일 법률 제5438호로 제정된 이후, 2013년 3월 23일 일부 내용이 개정되었다.

제1장 총칙에는 학교의 종류, 국·공·사립학교의 구분, 학교의 설립, 학교의 병설, 지도·감독, 장학지도, 학교규칙, 평가, 수업료, 학교시설의 이용 등에 관해 규정하고 있다.

제2장 의무교육에는 의무교육, 취학의무 및 면제, 고용자의 의무, 친권자 등에 관한 보조 등을 규정하고 있다.

제3장 학생과 교직원에는 학생 자치활동, 학생징계, 교직원의 구분 및 임무, 교원의 자격, 산학 겸임교사에 관해 규정하고 있다.

제4장 학교에는 교육과정, 수업, 학교생활기록부, 학년제, 조기진급 및 조기졸업, 교과용 도서의 사용, 초·중·고등학교의 통합·운영 등의 총칙과 학교운영위원회의 설치와 기능·구성·운영 등에 관한 사항, 각종 학교 등에 관한 사항을 규정하고 있다.

제5장 보칙 및 벌칙에는 학교 및 교육과정 운영의 특례, 시정 및 변경 명령, 휴업 및 휴교 명령, 학교의 폐쇄, 청문, 벌칙 등에 관한 사항을 규정하고 있다.

4. 고등교육법

고등교육에 관한 사항을 정하기 위한 목적으로 제정된 법률로, 학교교육과 관계된 대표적인 법률이다. 주요 내용은 총칙, 학생과 교직원, 학교, 보칙 및 벌칙 등 4개 장 64개 조항과 부칙으로 이루어져 있는데, 학제와 학교 종류, 교육과정, 수업 및 수업 연한, 입학 및 졸업, 학위 수여 등 고등교육제도에 관한 기본적인 사항을 정하고 있다.

1949년 12월 31일에 제정·공포된 교육법이 1997년까지 38회의 개정으로 인해 그 체계와 내용의 일관성이 부족하고, 당시의 교육 여건에 부합하지 못하며, 각급학교의 특수성을 충분히 반영하지 못하고 있는 등 문제점이 노출되었다. 이에 교육법의 전면적인 개정 필요성이 제기되고, 대학의 자율성 신장과 질적 수준의 향상을 지향하는 많은 방안들이 발표·시행됨에 따라 이의 제도화를 위한 법적 근거를 명확히 하여 교육개혁 방안의 제도화를 위한 법적 기반을 마련하기 위해 1997년 12월 13일 〈교육기본법〉 제9조 4항 "학교의 종류와 학교의 설립·경영 등 학교교육에 관한 기본적인 사항은 따로 법률로 정한다."는 조목에 근거하여 법률 제5439호로 제정되었다. 이후 2013년 5월 22일 일부 개정이 이루어졌다.

5. 평생교육법

〈헌법〉과 〈교육기본법〉에 규정된 평생교육의 진흥에 대한 국가 및 지방자치단체의 책임과, 평생교육제도와 그 운영에 관한 기본적인 사항을 정할 목적으로 제정한 법률이다. 제1장 총칙, 제2장 평생교육진흥기본계획 등, 제3장 평생교육진흥원 등, 제4장 평생교육사, 제5장 평생교육기관, 제6장 문자해득교육, 제7장 평생학습 결과의 관리·인정, 제8장 보칙 등 전문 46조와 부칙으로 이루어져 있다. 1982년 12월 31일 법률 제3648호에 의해 〈사회교육법〉으로 제정되었다가 1999년 8월 31일 법률 제6003호로 내용이 전부 개정되며 〈평생교육법〉으로 법률명이 변경된 후, 2013년 5월 22일 일부 내용이 개정되었다.

이 법에서 사용하는 평생교육이란 학교의 정규교육 과정을 제외한 학력보완교육, 성인 기초·문자해득교육, 직업능력 향상교육, 인문교양교육, 문화예술교육, 시민참여교육 등을 포함하는 모든 형태의 조직적인 교육활동을 말한다(제2조).

국가 및 지방자치단체는 모든 국민에게 평생교육 기회가 부여될 수 있도록 평생교육진흥정책을 수립·추진해야 하며(제5조), 교육과학기술부장관은 5년마다 평생교육진흥기본계획을 수립해야 한다(제9조). 국가는 평생교육진흥과 관련된 업무를 지원하기 위해 평생교육진흥원을 설립한다(제19조).

학교형태의 평생교육시설을 설치·운영하고자 하는 자는 대통령령으로 정하는 시설·설비를 갖추어 교육감에게 등록해야 한다(제31조). 대통령령으로 정하는 규모 이상의 사업장의 경영자는 교육과학기술부장관의 인가를 받아 전문대학 또는 대학졸업자와 동등한 학력·학위가 인정되는 평생교육시설을 설치·운영할 수 있다(제32조). 누구든지 정보통신매체를 이용하여 특정 또는 불특정 다수인에게 원격교육을 실시하거나 다양한 정보를 제공하는 등의 평생교육을 실시할 수 있다(제33조).

이 법에 따라 학력이 인정되는 평생교육과정 외에 이 법 또는 다른 법령의 규정에 따른 평생교육과정을 이수한 자는 〈학점인정 등에 관한 법률〉로 정하는 바에 따라 학점 또는 학력을 인정받을 수 있다(제41조). 교육과학기술부장관 또는 교육감은 평생교육시설의 설치자가 거짓이나 그 밖의 부정한 방법으로 인가를 받거나 등록 또는 신고한 경우, 인가 또는 등록 시의 기준에 미달하게 된 경우 그 시설의 설치인가 또는 등록을 취소하거나 평생교육과정을 폐쇄할 수 있고, 1년 이내의 기간을 정하여 평생교육과정의 전부 또는 일부에 대한 운영의 정지를 명할 수 있다(제42조).

6. 장애인 등에 관한 특수교육법

장애인 및 특별한 교육적 요구가 있는 사람에게 통합된 교육환경을 제공하여 이들이 자아실현과 사회통합을 하는 데 기여하기 위한 법률이다. 제1장 총칙, 제2장 국가 및 지방자치단체의 임무, 제3장 특수교육 대상자의 선정 및 학교배치 등 6장으로 나누어진 전문 38조와 부칙으로 이루어져 있다.

2007년 5월 25일 제정된 이후 2013년 4월 5일 내용이 일부 개정되었다.

만 3세부터 만 17세까지의 특수교육대상자는 유치원·초등학교·중학교 및 고등학교 과정의 의무교육을 받을 권리를 가지며, 의무교육 및 무상교육에 드는 비용은 대통령령으로 정하는 바에 따라 국가 또는 지방자치단체가 부담한다(제3조). 국가 및 지방자치단체는 특수교육대상자에게 적절한 교육을 제공하기 위해 장애인에 대한 특수교육종합계획의 수립, 특수교육대상자의 조기발견과 취학지도 등의 업무를 수행해야 한다(제5조). 국가 및 지방자치단체의 업무수행에 관한 주요 사항을 심의하기 위해 교육과학기술부장관 소속으로 중앙특수교육운영위원회를, 교육감 소속으로 시·도특수교육운영위원회를, 교육장 소속으로 시·군·구특수교육운영위원회를 각각 둔다(제10조).

교육장 또는 교육감은 영유아의 장애 및 장애 가능성을 조기에 발견하기 위해 지역주민과 관련 기관을 대상으로 홍보를 실시하고, 해당 지역 내 보건소와 병원 또는 의원에서 선별검사를 무상으로 실시해야 한다(제14조). 만 3세 미만의 장애영아의 보호자는 조기교육이 필요한 경우 교육장에게 교육을 요구할 수 있으며, 국가 및 지방자치단체는 장애영아를 위한 교육여건을 개선하고 설비를 정비하기 위해 노력해야 한다(제18조). 특수교육기관의 유치원·초등학교·중학교·고등학교과정의 교육과정은 장애의 종별 및 정도를 고려하여 교육과학기술부령으로 정하고, 영아교육과정과 전공과의 교육과정은 교육감의 승인을 받아 학교장이 정한다(제20조). 특수교육기관에는 고등학교 과정을 졸업한 특수교육대상자에게 진로 및 직업교육을 제공하기 위하여 수업연한 1년 이상의 전공과를 설치·운영할 수 있다(제24조).

대학의 장은 장애학생의 교육 및 생활에 관한 지원을 총괄·담당하는 장애학생지원센터를 설치·운영해야 하며(제30조), 해당 학교에 재학 중인 장애학생의 교육활동의 편의를 위하여 각종 학습보조기기 및 보조공학기기 등의 물적 지원을 적극적으로 강구하고 제공해야 한다(제31조). 장애학생 및 그 보호자는 대학에 이 법에 따른 각종 지원조치를 제공할 것을 서면으로 신청할 수 있고, 대학의 장은 이에 대해 2주 이내에 지원 여부 및 그 사유를 신청자에게 서면으로 통지해야 한다(제35조). 장애를 이유로 특수교육대상자의 입학을 거부하거나 입학전형 합격자의 입학을 거부하는 등의 불이익한 처분을 한 교육기관의 장은 300만 원 이하의 벌금에 처한다(제38조).

7. 유아교육법

〈교육기본법〉 제9조에 따라 유아교육에 관한 사항을 정할 목적으로 제정한 법률이다. 제1장 총칙, 제2장 유치원의 설립 등, 제3장 교직원, 제4장 비용, 제5장 보칙 및 벌칙 등 전문 34조와 부칙으로 이루어져 있다. 2004년 1월 29일 법률 제7120호로 제정된 이후, 2013년 5월 22일 일부 내용이 개정되었다.

이 법에서 사용하는 유아란 만 3세부터 초등학교 취학 전까지의 어린이를 말하며, 유치원이란 유아의 교육을 위해 이 법에 따라 설립·운영되는 학교를 말한다(제2조). 국가 및 지방자치단체는 보호자와 더불어 유아를 건전하게 교육할 책임을 진다(제3조). 유아교육에 관한 정책, 사업의 기획·조사 등에 관한 사항을 심의하기 위해 교육과학기술부에 중앙유아교육위원회를 두고, 특별시·광역시·도 및 특별자치도 교육청에 시·도 유아교육위원회를 둔다(제5조).

유치원은 국가가 설립·경영하는 국립유치원, 지방자치단체가 설립·경영하는 공립유치원, 법인 또는 사인(私人)이 설립·경영하는 사립유치원으로 구분한다(제7조). 원장은 교육하고 있는 유아에 대해 건강검진을 실시하고, 그 결과 치료가 필요한 유아에게는 보호자와 협의하여 필요한 조치를 해야 한다(제17조).

국립유치원은 교육과학기술부장관의 지도·감독을 받고, 공립·사립유치원은 교육감의 지도·감독을 받으며, 교육과학기술부장관과 교육감은 유아교육을 충실히 하기 위해 유치원의 교육과정 운영에 대한 장학지도를 할 수 있다(제18조).

초등학교 취학 직전 1년의 유아교육은 무상으로 하되, 대통령령으로 정하는 바에 따라 순차적으로 실시하며(제24조), 유치원의 설립·경영자는 교육과학기술부령으로 정하는 바에 따라 수업료 등의 교육비용과 그 밖의 납부금을 받을 수 있다(제25조). 국가 및 지방자치단체는 무상교육 대상이 아닌 유아 중에서 〈국민기초생활 보장법〉에 따른 수급권자와 대통령령으로 정하는 저소득층 자녀의 유아교육에 필요한 비용의 전부 또는 일부를 예산의 범위에서 부담하되, 유아의 보호자에게 지원하는 것을 원칙으로 한다(제25조).

국가 및 지방자치단체는 사립유치원의 장이 유치원 목적 외에 보조금을 사용한 경우나 거짓 등의 부정한 방법으로 보조금을 지급받은 경우에 이미 지급한 보조금의 전부 또는 일부의 반환을 명할 수 있다(제28조). 유치원 설립인가를 받지 않고 유치원을 운영한 자, 거짓이나 그 밖의 부정한 방법으로 유치원의 설립인가·폐쇄인가, 변경인가를 받은 자 등은 3년 이하의 징역 또는 2,000만 원 이하의 벌금에 처한다(제34조).

8. 지방교육자치에 관한 법률

지방교육자치에 관한 기관의 설치와 조직 및 운영에 관한 법률은 교육의 자주성 및 전문성과 지방교육의 특수성을 살리기 위하여 지방자치단체의 교육, 과학, 기술, 체육, 기타 학예에 관한 사무를 관장하는 기관의 설치와 그 조직 및 운영 등에 관한 사항을 규정함으로써 지방교육의 발전에 이바지하려는 목적으로 1991년 3월 8일 법률 제4347호로 제정되었으며, 2013년 4월 5일 부분 개정되어 시행되고 있다.

제1장 총칙에는 목적, 교육·학예사무의 관장, 지방자치법과의 관계에 대하여 규정하고 있다. 제2장 교육위원회에는 설치 및 구성, 교육의원, 권한, 회의 및 사무직원에 관한 사항을 규정하고 있다. 제3장 교육감에는 지위와 권한, 보조기관 및 소속교육기관, 하급교육행정기관, 교육재정, 지방교육에 관한 협의에 관하여 규정하고 있다.

9. 국가공무원법

공무원이 국민전체의 봉사자로서 민주적이고 능률적인 행정을 하도록 제정된 법률이다. 1963년 4월 17일에 제정되었고, 국가공무원에게 적용할 인사행정의 기준을 처음으로 정한 것은 1948년 11월 <인사사무처리규정>을 대통령령으로 제정한 것이 최초이다. 그 뒤 1949년 8월에는 <국가공무원법>이 제정되었고, 이 법률이 1963년에 전문 개정되었으며, 2013년 8월 2일 부분 개정을 하였다.

주요내용은 ①공무원을 경력직공무원과 특수경력직공무원으로 구분하고, 경력직공무원은 다시 일반직공무원·특정직공무원·기능직공무원으로, 특수경력직공무원은 정무직공무원·별정직공무원·계약직공무원·고용직공무원으로 세분하고 있다. 그러나 특수경력직공무원에 대하여는 이 법률 중 보수 및 복무에 관한 규정을 제외하고는 원칙적으로 적용하지 않도록 하고 있다. ②공무원의 징계처분 기타 불이익처분에 대한 소청을 심의하기 위한 소청심사위원회의 설치 및 조직·운영에 관한 사항을 정하고 있다. ③공무원의 임용은 능력에 따라 행하도록 규정하고 신규채용은 공개경쟁시험 또는 특별채용시험에 의하도록 규정하고, 공무원의 결격사유·임용·승진 등에 대한 규정을 두고 있다. ④신분보장·권익보장·징계·벌칙·보칙에 관한 규정을 두고 있다.

공무원은 신분보장에 관한 권리, 직무수행권, 보수청구권, 연금청구권 등의 권리를 가질 뿐만 아니라 법령준수의무, 복종의무, 비밀엄수의무 및 직무에의 전념을 보장하기 위한 의무들, 즉 겸직금지의무, 정치활동의 금지의무, 집단행의의 금지의무 등을 부담한다. 이 중에서도 특히 집단행위의 금지의무에 관해서 헌법은 법률로 정하는 공무원 이외에는 단결권, 단체교섭권, 단체행동권을 행사하지 못하도록 하고 있으며, 이와 함께 <국가공무원법>은 원칙적으로 공무원의 노동운동 기타 공무 이외의 일을 위한 집단적 행위를 금지하고 있다. 그러나 예외적으로 '사실상 노무에 종사하는 공무원'과 '대통령령으로 정하는 공무원'에 대해서는 집단행위가 인정된다.

10. 교육공무원법

교육공무원의 자격·임용·보수·연구·신분보장 등에 관한 사항들을 규정하는 법률이다. 1963년에 처음 제정되었고, 법률 제3458호로 1981년 11월 23일 전면 개정되었으며, 그 후 여러 차례를 거쳐 2013년 3월 23일 부분 개정이 또 이루어졌다. 교육공무원도 공무원이므로 〈국가공무원법〉이나 〈지방공무원법〉에 의해 규제를 받아야 하지만, 교육이라는 특수한 직무를 담당하고 있다는 점에서 별도의 법률이 마련된 것이다.

이 법은 제2조에 교육공무원을 ① 교육기관에 근무하는 교원(〈교육법〉 제75조 1항 1호 내지 4호), ② 교육행정기관에 근무하는 장학관 및 장학사, ③ 교육기관·교육행정기관 또는 교육연구기관에 근무하는 교육연구관 및 교육연구사로 규정하고 있다. 여기에서 교육기관이란 각급학교(〈교육법〉 제81조), 교육양성기관 및 교육연수기관(〈교육법〉 제124조), 학생수련기관 등 교육연수기관을 의미하고, 교육행정기관이란 교육부 및 소속기관과 특별시·직할시, 각 도의 교육관서를 말한다. 교육연구기관이란 교육에 관하여 전문적으로 연구 조사하기 위해 설립된 국립 또는 공립의 기관을 말한다.

11. 사립학교법

1963년 6월 26일 법률 제1326호로 제정·공포된 사립학교에 관한 법률로, 여러 차례 개정을 거쳐 2013년 3월 23일 부분 개정되어 현재에 이르고 있다. 제정목적은 '사립학교의 특수성에 비추어 그 자주성을 확보하고 공공성을 앙양함으로써 사립학교의 건전한 발전을 도모'하는 것으로 되어 있어 영리만을 추구하는 사립학교의 폐단을 시정하려는 의도도 들어 있었지만, 사립학교를 감독관청의 지도를 받도록 함으로써 사립학교의 자율성을 저해하는 결과를 낳기도 했다.

학교법인의 수익사업에 관한 내용을 일일이 감독청에 신고해야 하는 규정, 임원의 정원·구성·임기 등에 관한 세밀한 제한규정을 두고 임원의 취임요건으로 감독청의 승인을 필요로 하는 규정, 교육부장관의 직권으로 임시이사를 선임할 수 있도록 한 규정, 학교법인의 예산편성요령과 회계규칙, 기타 예산 또는 회계에 관한 필요사항을 교육부장관이 정하고 감독청은 예산안의 시정을 요구할 수 있도록 한 규정, 감독청은 학교법인이 경영하는 수익사업의 정지를 명할 수 있고, 필요할 때에는 학교법인에게 보고서·장부·서류 등을 제출하도록 하여 검사할 수 있도록 한 규정, 사립학교의 장을 임명하는 경우 감독청의 승인을 받도록 한 규정 등은 사립학교의 자율적인 운영을 통제하는 대표적인 예다.

이후 사립학교의 공공성을 강조하는 교육부와 자율성을 주장하는 사학 측의 관계에서 〈사립학교법〉은 계속 개정되었다. 현행의 〈사립학교법〉 중 논쟁이 계속되는 부분은 학교법인의 권한이 강화되면서도 이사회 임원의 친족비율을 1/3에서 2/5로 높임으로써 교육의 공공성이 저해될 우려가 있다는 점, 예산결산위원회가 자문기구에 불과하여 학교재정운영에 적극적으로 참여하기가 어려운 점, 교수재임용제도의 상한연한이 철폐되어 교원의 사기저하가 우려되는 점, 직권면직사유가 모호하고, 재심위원회에 교원단체의 참여를 배제함으로써 공정성의 확보가 어렵다는 점 등이다.

12. 교원지위향상을 위한 특별법

1991년에 제정되고 여러 차례 부분 개정을 거쳤으며, 2013년 3월 23일 부분 개정을 또 하였다. 주요내용은 다음과 같다.

제1조(목적) 이 법은 교원에 대한 예우와 처우를 개선하고 신분보장을 강화함으로써 교원의 지위를 향상시키고 교육 발전을 도모하는 것을 목적으로 한다.

제2조(교원에 대한 예우)

① 국가, 지방자치단체, 그 밖의 공공단체는 교원이 사회적으로 존경받고 높은 긍지와 사명감을 가지고 교육활동을 할 수 있는 여건을 조성하도록 노력하여야 한다.

② 국가, 지방자치단체, 그 밖의 공공단체는 교원이 학생에 대한 교육과 지도를 할 때 그 권위를 존중받을 수 있도록 특별히 배려하여야 한다.

③ 국가, 지방자치단체, 그 밖의 공공단체는 그가 주관하는 행사 등에서 교원을 우대하여야 하며, 교원이 교육활동을 원활하게 수행할 수 있도록 적극 협조하여야 한다.

제3조(교원 보수의 우대)

① 국가와 지방자치단체는 교원의 보수를 특별히 우대하여야 한다.

② 「사립학교법」 제2조에 따른 학교법인과 사립학교 경영자는 그가 설치·경영하는 학교 교원의 보수를 국·공립학교 교원의 보수수준으로 유지하여야 한다.

제4조(교원의 불체포특권)

교원은 현행범인인 경우 외에는 소속 학교장의 동의 없이 학원 안에서 체포되지 아니한다.

제5조(학교 안전사고로부터의 보호)

① 각급학교 교육시설의 설치·관리 및 교육활동 중에 발생하는 사고로부터 교원과 학생을 보호함으로써 교원이 그 직무를 안정되게 수행할 수 있도록 하기 위하여 학교안전공제회를 설립·운영한다.

② 학교안전공제회에 관하여는 따로 법률로 정한다.

제6조(교원의 신분보장 등)

① 교원은 형(刑)의 선고, 징계처분 또는 법률로 정하는 사유에 의하지 아니하고는 그 의사에 반하여 휴직·강임(降任) 또는 면직을 당하지 아니한다.

② 교원은 해당 학교의 운영과 관련하여 발생한 부패행위나 이에 준하는 행위 및 비리 사실 등을 관계 행정기관 또는 수사기관 등에

신고하거나 고발하는 행위로 인하여 정당한 사유 없이 징계조치 등 어떠한 신분상의 불이익이나 근무조건상의 차별을 받지 아니한다.

제7조(교원소청심사위원회의 설치)

① 각급학교 교원의 징계처분과 그 밖에 그 의사에 반하는 불리한 처분(「교육공무원법」 제11조의3제4항 및 「사립학교법」 제53조의2제6항에 따른 교원에 대한 재임용 거부처분을 포함한다. 이하 같다)에 대한 소청심사(訴請審査)를 하기 위하여 교육과학기술부에 교원소청심사위원회(이하 "심사위원회"라 한다)를 둔다.

② 심사위원회는 위원장 1명을 포함하여 7명 이상 9명 이내의 위원으로 구성하되 위원장과 대통령령으로 정하는 수의 위원은 상임(常任)으로 한다.

③ 심사위원회의 조직에 관하여 필요한 사항은 대통령령으로 정한다.

제8조(위원의 자격과 임명) ① 심사위원회의 위원(위원장을 포함한다. 이하 같다)은 다음 각 호의 어느 하나에 해당하는 자 중에서 교육부장관의 제청으로 대통령이 임명한다.

1. 판사, 검사 또는 변호사의 직에 5년 이상 재직 중이거나 재직한 자
2. 교육 경력이 10년 이상인 교원 또는 교원이었던 자
3. 교육행정기관의 3급 이상 공무원 또는 고위공무원단에 속하는 일반직공무원이거나, 3급 이상 공무원 또는 고위공무원단에 속하는 일반직공무원이었던 자
4. 사립학교를 설치·경영하는 법인의 임원이나 사립학교 경영
5. 「교육기본법」 제15조제1항에 따라 중앙에 조직된 교원단체에서 추천하는 자

② 심사위원회 위원의 임기는 3년으로 하되, 1차에 한하여 연임할 수 있다.

③ 심사위원회의 위원장과 상임위원은 대통령령으로 정하는 다른 직무를 겸할 수 없다.

④ 심사위원회의 위원장과 상임위원의 신분에 관하여는 국가공무원법 제11조를 준용한다.

제9조(소청심사의 청구 등) ① 교원이 징계처분과 그 밖에 그 의사에 반하는 불리한 처분에 대하여 불복할 때에는 그 처분이 있었던 것을 안 날부터 30일 이내에 심사위원회에 소청심사를 청구할 수 있다. 이 경우에 심사청구인은 변호사를 대리인으로 선임할 수 있다.

② 본인의 의사에 반하여 파면·해임·면직처분을 하였을 때에는 그 처분에 대한 심사위원회의 최종 결정이 있을 때까지 후임자를 보충 발령하지 못한다. 다만, 제1항의 기간 내에 소청심사청구를 하지 아니한 경우에는 그 기간이 지난 후에 후임자를 보충 발령할 수 있다.

제10조(소청심사 결정) ① 심사위원회는 소청심사청구를 접수한 날부터 60일 이내에 이에 대한 결정을 하여야 한다. 다만, 심사위원회가 불가피하다고 인정하면 그 의결로 30일을 연장할 수 있다.

② 심사위원회의 결정은 처분권자를 기속한다.

③ 제1항에 따른 심사위원회의 결정에 대하여 교원, 「사립학교법」 제2조에 따른 학교법인 또는 사립학교 경영자 등 당사자는 그 결정서를 송달받은 날부터 90일 이내에 「행정소송법」으로 정하는 바에 따라 소송을 제기할 수 있다.

④ 소청심사의 청구·심사 및 결정 등 심사절차에 관해 필요한 사항은 대통령령으로 정한다.

제11조(교원의 지위 향상을 위한 교섭 · 협의) ① 「교육기본법」 제15조제1항에 따른 교원단체는 교원의 전문성 신장과 지위향상을 위하여 교육감이나 교육부장관과 교섭·협의한다.

② 교육감이나 교육부장관은 제1항에 따른 교섭·협의에 성실히 응하여야 하며, 합의된 사항을 시행하기 위하여 노력하여야 한다.

제12조(교섭 · 협의 사항) 제11조제1항에 따른 교섭·협의는 교원의 처우 개선, 근무조건 및 복지후생과 전문성 신장에 관한 사항을 그 대상으로 한다. 다만, 교육과정과 교육기관 및 교육행정기관의 관리·운영에 관한 사항은 교섭 · 협의의 대상이 될 수 없다.

제13조(교원지위향상심의회의 설치) ① 제11조제1항에 따른 교섭 · 협의에서 요청이 있으면 이를 심의하기 위하여 교육부와 특별시·광역시 및 도(이하 “시·도”라 한다)에 각각 교원지위향상심의회를 두되 교육부는 7명 이내, 시·도는 5명 이내의 위원으로 구성한다. 다만, 위원장을 제외한 위원의 2분의 1은 교원단체가 추천한 자로 한다.
② 교원지위향상심의회의 운영과 위원의 자격 및 선임에 관하여 필요한 사항은 대통령령으로 정한다.

13. 기타 관련법규

〈헌법〉의 교육조항과 〈교육기본법〉의 교육이념 및 조문을 시행하기 위하여 각종 법규가 제정되어 있다. 이러한 교육법을 보다 구체화 한 것에는 대통령령으로 〈초·중등교육법시행령〉, 〈고등교육법시행령〉, 〈지방교육자치에 관한 법률시행령〉 등이 있다.

교육조직과 편제에 관해서는 〈정부조직법〉, 〈국립학교설치령〉 등이 있고, 인사에 관해서는 〈교육공무원임용령〉, 〈교육공무원 승진규정〉, 〈교육공무원 인사기록 및 인사사무처리규칙〉, 〈교육공무원징계령〉, 〈교육공무원인사관련법〉, 〈교원자격검정령〉, 〈교원자격검정령시행규칙〉, 〈공무원보수규정〉, 〈공무원수당 등에 관한 규정〉, 〈국가공무원 복무규정〉 등이 있다.

학사에 관해서는 고등학교 이하 〈각급학교 설립·운영 규정〉, 〈한국사학진흥재단법〉 등이, 과학·사회·체육에 관해서는 〈산업교육진흥법〉, 〈과학교육진흥법〉, 〈학원의 설립운영 및 과외교습에 관한 법률〉, 〈유아교육진흥법〉, 〈학교보건법〉, 〈학교보건법시행규칙〉, 〈학교급식법〉, 〈학교급식법시행령〉, 〈학교급식법시행규칙〉 등이 있다.

재무·회계에 관해서는 〈지방교육재정교부금법〉, 〈지방교육재정교부금법시행령〉, 〈교육세법〉, 〈교육세법시행령〉 등이, 문서·서무에 관해서는 〈학교생활기록부의 작성 및 관리에 관한 규칙〉, 〈사무관리규정〉, 〈행정감사규정〉,

〈민원사무처리에 관한 법률〉, 〈보안업무규정〉 등이 있고, 기타 〈학교폭력예방 및 대책에 관한 법률〉, 〈학교폭력예방 및 대책에 관한 법률시행령〉이 있다.

참 고 문 헌

강봉규 외(2011), 새로운 교직실무, 태영출판사.
강원근(2008), 학급경영, 교육과학사.
경북대학교 교육학과 이명자 외(2010), 교직실무의 이론과 실제, 교육과학사.
권기욱(2010), 교직실무, 보현사.
권이종 외(2007), 청소년이해론, 교육과학사.
권이종(2011), 학급경영의 길잡이, 교육과학사.
김계현 외(2001), 학교상담과 생활지도, 학지사.
김규태(2005), 교육의 책무성, 원미사.
김대현 외(2008), 교육과정 및 교육평가, 학지사.
김명수 외(2011), 교직실무, 학지사.
김민호 외(2011), 지역사회와 다문화교육, 학지사.
김상남(2007), 효과적인 학급운영의 실제, 원미사.
김진한(2009), 교직실무, 학지사.
김헌수 외(2012), 신교직실무, 태영출판사.
문용린 외(2007), 학교폭력예방과 상담, 학지사.
박병량 외(2005), 학교·학급경영, 학지사.
박세훈 외(2011), 중등교직실무, 교육과학사.
박아청 외(2010), 교직실무, 공동체.
박재윤(2005), 학교교육법편람, 교육과학사.
박종렬 외(2007), 신교육행정 및 경영, 형설출판사.
서울대학교 교육연구소편(1998), 교육학대백과사전, 하우동설.
송영경(2013), 교사와 교육현장을 위한 교직실무, 교육아카데미.
용인대학교 교육대학원·교직과(2013), 예비교사를 위한 교육실습일지.
이병환·박미란(2010), 교직실무, 교육과학사.
이성은(2011), 초등교직실무, 교육과학사.
이철웅(2011), 학급경영 학교행정의 길잡이 교직실무 이론과 실제, 서현사.
임채식(2011), 교직실무, 태영출판사.
장선철 외(2012), 신교육학개론, 태영출판사.
장재천(2009), 교육사회학의 이론과 실천, 교육과학사.

정석기(2008), 수업기술 향상을 위한 좋은 수업설계와 실제, 원미사.
정주영(2013), 이론과 실제가 함께 담긴 교직실무, 학지사.
정찬기오 외(2011), 유·초·중등예비교사를 위한 교직실무, 양서원.
조대훈 외(2013), 학교폭력예방 및 대책, 박영사.
조동섭 외(2009), 새내기 교사가 알아야 할 교직실무 100가지, 교육과학사.
조석훈 외(2007), 학교와 학교법, 교육과학사.
조흥순(2012), 교사입문을 위한 교직실무, 교육과학사.
주철안 외(2013), 교직실무, 학지사.
한국교원단체총연합회편(1999), 예비교원을 위한 교사론.
한상길(2011), 교직실무, 공동체.

색 인

인명 색인

내용 색인

ㄱ

저자소개

장재천

· 성균관대학교 교육학과 졸업(문학사)
· 성균관대학교 대학원 교육학과 졸업(교육학 석사)
· 성균관대학교 대학원 교육학과 졸업(교육학 박사)
· 성균관 한림원 학정계제 및 한림계제 졸업
· 현) 용인대학교 교육대학원 교육사회학 주임교수
(교수학습지원센터장 역임)

[저서]
· 대학생의 명심보감(공저)
· 문묘일원과 석전대제(공저)
· 연행록연구총서(공저)
· 한국인의 효사상(공저)
· 한국의 효사상과 정신문화 1, 2, 3(공저)
· 교육사회학의 이론과 실천
· 교육의 기초와 인간상(공저)
· 조선조 성균관 교육과 유생문화
· 조선 성균관 교육문화(2013 학술원 우수학술도서)

[학회 및 기타 활동]
· 한국교육학회 우수회원
· 한국교육사학회 이사(감사 역임)
· 한국사상문화학회 연구이사, 윤리위원
· 한국청소년문화학회 편집이사
· 동방사상문화학회 편집이사
· 한국역경문화학회 편집이사
· 국제교류문화진흥원 이사
· 성균관대학교 총동창회 이사
· 대전광역시 효문화진흥원 자문위원

저자와의
협의하에
인지 생략

교직실무론

2014년 2월 5일 인쇄
2014년 2월 10일 발행

저 자 장재천
발행자 박준식

발행처 도서출판 원미사
서울 성북구 화랑로21길 58(1층)
전화 : 02) 919-9630, 942-1276
등록 : 1994년 1월 18일(제6-192호)
E-mail : wonmisa9630@daum.net

잘못된 책은 교환해 드립니다. 정가 20,000원

ISBN : 978-89-5544-194-9